Schauplätze postdigitaler Kunst und ihr politisches Potenzial

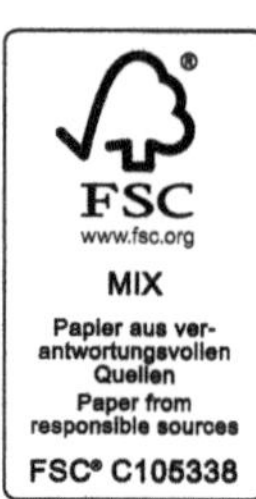

www.fabrico-verlag.de

ISBN: 978-3-946320-22-7

Bibliografische Information der Deutschen Nationalbibliothek:
Die Deutsche Nationalbibliothek verzeichnet diese Publikation in der Deutschen Nationalbibliografie; detaillierte bibliografische Daten sind im Internet über http://dnb.d- nb.de abrufbar.

Schauplätze postdigitaler Kunst und ihr politisches Potenzial

Eine Annäherung an drei Kunstwerke der Gegenwart – »Delivery for Mr. Assange«, »How Not to Be Seen: A Fucking Didactic Educational .Mov File«, »All You Need Is Data – The DLD 2012 Conference Redux«

Antje Winkler

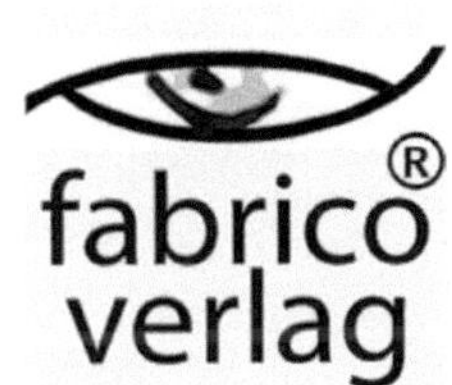

Diese Dissertationsschrift wurde von Hans-Böckler-Stiftung gefördert.

Hans **Böckler**
Stiftung

INHALT

Anhang

I Einleitung

»Die Erde war eine Kugel, die durch den Raum rollte. Ich sah einen kleinen Abschnitt der Kugel, mit einem Krankenhauspark, einem Zaun, einer leeren Straße. In den Bäumen war ein Wachsen. Säfte stiegen durch die Verästlungen zu den Knoten, in denen die Keime der Blätter verborgen lagen. Die Zweige zitterten, regten sich im leichten Wind. Die Stadt war bewohnt. [...] In wenigen Wochen würden sich die Knospen an ihnen öffnen. Die Bäume ertasteten die Luft, die Offenheit, sie waren aufnahmefähig, wie der Vogel, der sich aus dem Schatten erhob, höher hinaufschwebte, hinter den Dächern verschwand. Vielleicht ist es so, dachte ich, daß auf der Erde, die im Weltall rotiert, alles ein einziges Lauschen und Spüren ist, von unzähligen Nervenfäden und Tentakeln, von feinsten Stoffen und Organen aller erdenklichen Formen, daß alles Leben nur da ist, um zu fühlen und, in ständiger Regung, aus der Blindheit zu einem Begreifen zu gelangen. [...] Ich wußte, daß ich mich nun nicht mehr allein im Gehege der Insel aufzuhalten brauchte, daß ich es wagen könnte, in die Stadt einzudringen, [...]«[1] (Weiss)

Es war stets das Gefühl, dass etwas nicht stimmt. Ein merkwürdiges Unbehagen, das mich umtrieb, weil irgendwie immer etwas zu fehlen schien, die Dinge nicht zusammengehen wollten. Dieses Gefühl stellte sich wiederkehrend ein, wenn ich Ausstellungen, Installationen oder Galerien besuchte, in denen Kunst der Gegenwart zu sehen war. Dieses Unbehagen war mir aber auch aus anderen Zusammenhängen bekannt, etwa dann, wenn gesellschaftliche Themen behandelt wurden und dabei alles an der Oberfläche blieb. Ein Ergebnis dieses Unbehagens ist diese Arbeit, denn ich wollte kritisch prüfen und begreifen, was sich mir in der Kunst der Gegenwart diffus zeigt und für mich nach Konkretion und Formulierung ruft.
Im Rahmen dieser Untersuchung geht es um eine kunsttheoretische, ästhetische und politische sowie medienwissenschaftliche Annäherung an kontemporäre postdigitale[2] Kunst, die sich ihrer digitalisier-

[1] Weiss, Peter (1998): Die Ästhetik des Widerstands, Frankfurt/M, S. 582–583.

[2] Vgl. hierzu den Begriff »postdigital« im Sinne von: Cramer, Florian (2016): Nach dem Koitus oder nach dem Tod? Zur Begriffsverwirrung von »postdigital«, »Post-Internet« und »Post-Media«, in: Kunstforum International, Bd. 242, Titel: postdigital

ten Gegenwart künstlerisch, ästhetisch als auch politisch wie ethisch annimmt. In dieser Arbeit kommt es auf die Möglichkeit an, das Ästhetische politisch zu eröffnen.

Im Zentrum dieser Arbeit stehen folgende drei künstlerische Arbeiten, die für mich in ihrer Bezugnahme auf die Gegenwart modellhaft sind: die »Live-Mail-Art«-Performance »Delivery for Mr. Assange« (2013) des Zürcher Kunstkollektivs !Mediengruppe Bitnik, die Videoarbeit »How Not to Be Seen: A Fucking Didactic Educational .Mov File« (2013) von Hito Steyerl und die intermediale Installation »All You Need Is Data – The DLD 2012 Conference Redux« (2013) von Simon Denny.

Vorangestellt sei, dass es dabei nicht um die Klassifizierung der drei Kunstwerke geht mit dem Ziel, eine neue kontemporäre Kunstkategorie herauszuarbeiten. Ebenso wenig soll eine empirische Theoriebildung politischer Kunst im Sinne einer sozialen Praxis zur Lösung gesellschaftlicher Probleme betrieben werden. Auch erforscht die Untersuchung nicht kontemporäre Medienkunst hinsichtlich ihrer Verwobenheit mit digitalen Distributions- und Kommunikationsmöglichkeiten und diskutiert in diesem Zusammenhang Fragen von Partizipation und Teilhabe. Die ausgewählten Kunstwerke als Beispiele für eine Kunst einzuführen, die sich zwangsläufig als kritisch zu gegenwärtigen Kontroll- und Überwachungspraxen einer sich etablierenden Sicherheitsgesellschaft kontextualisieren und interpretieren ließ, musste auch ausgeschlossen werden. Kontrolle und Überwachung sind zwar als Bedingungen der Gegenwartsgesellschaft zu berücksichtigen, ohne die sich die ausgewählten künstlerischen Arbeiten nicht herausgebildet hätten, sie können aber nicht als universell geltender inhaltlicher wie formaler Schwerpunkt für alle gegenwartsbezogenen bzw. zeitgenössischen Künstler_innen oder Werke geltend gemacht werden.

Diese Arbeit geht einen anderen Weg. Sie versucht, verschiedene Konzeptangebote produktiv miteinander auf das Feld der kontemporären postdigitalen Kunst anzuwenden, weiterzuführen und an den ausgewählten Kunstwerken zu konkretisieren. Zudem stellt sich die Frage nach politischer Kunst überhaupt bzw. ob Kunst ein politisches Potenzial besitzt. Darüber existieren unterschiedliche Auffassungen. Die einen sprechen Kunst per se eine politische Funktion zu. Andere bestreiten dies vehement und betonen die Autonomie der Kunst. Ein

---

1, S. 54, verfügbar unter: http://www.kunstforum.de/lesen/ artikel.aspx?a=242005 (Stand 12.10.2016).

Teil meines Unbehagens hat hier seine Ursache. Denn die von mir in verschiedenen Kunst- und Kulturkontexten wahrgenommenen Kunstwerke, die vorgeben, ein politisches Potenzial zu besitzen, scheinen sich in der Regel entweder formal-ästhetisch zu wiederholen oder bleiben der Materialität ihres Werkstoffes verhaftet. Der Versuch, sich einem aktuellen Thema der Gegenwart anzunehmen, erweist sich in diesen Werken oft als reine Kommentierung, ohne etwas »Eigenes« hinzuzufügen. Es werden zwar verschiedene künstlerische Formen und Strategien angewandt, aber die Überführung des künstlerischen Anliegens in den Kunstraum des White Cube funktioniert nicht, weil die Anbringung, Hängung oder Installation des Objektes handwerklich unbedacht scheint. Auch irritieren die Werke, weil sie bei genauerer Betrachtung wenig Raum für emanzipatorische oder gesellschaftskritische Positionen offen lassen und kaum Lust hervorrufen, wahrzunehmen, mitzumachen oder mitzuerleben, und darüber hinaus teilweise ideologisch verbrämt erscheinen.
Mit anderen Worten: Immer wieder sehe ich mich mit Kunst konfrontiert, die offensichtlich für einen Markt erzeugt oder marktkonform entwickelt wird, Kunst, die im Sinne einer Kopie der Kopie funktioniert und lediglich eine bessere soziale Praxis (Bourriaud)[3] vorgibt, statt den sinnlichen Eigenwert (Ranciére)[4] betont. In einer solchen Kunst, die nur existiert, um schön und gefällig zu sein, die im Sog partizipatorischer Kunstpraxen eingehegt ist, scheint das Künstlerische und Ästhetische schlicht als Instrumentarium benutzt zu werden und der Eigenwert von Kunstwerken verloren zu gehen. Dass erscheint mir besonders auffällig bei künstlerischen Arbeiten, die mit den durch die Digitalisierung veränderten Bedingungen der Bildproduktion konfrontiert ist. Ob in Kunstgattungen wie Medienkunst, Fotokunst, Videokunst, digitale Kunst, Internetkunst, Neue Medien, Netzkunst, Post-Internet-Art: Über die Herstellung von kategorialer Konformität wird der Zugang zum Werk selbst verstellt. Weil verallgemeinernde Eigenschaften als Genrebegriff Geltung finden, bleibt das Prozesshafte[5] von Form, Inhalt und Materialität nahezu unberücksichtigt. Die Vernachlässigung der ästhetischen Differenzierung begünstigt Pau-

[3] Vgl. Bourriaud, Nicolas (2008): Relational Aesthetics, Dijon.

[4] Vgl. Ranciére, Jacques (2006): Die Aufteilung des Sinnlichen. Die Politik der Kunst und ihre Paradoxien, Berlin.

[5] Vgl. Stakemeier, Kerstin; Witzgall, Susanne (Hg.) (2014): Macht des Materials – Politik der Materialität (hors série), Zürich.

schalisierungen, die wie Nebelkerzen wirken und der Sache – dem Erfahren des Werkes – nicht dienlich sind. Bedeutungsoffene Kunst im Prozessmodus des »in the making« (vgl. Das Politische in der Kunst – Eine Ästhetik des Widerstands (nach Weiss) *Im Bruch fallen Anfang und Ende zusammen*) bleibt hingegen oft unbeachtet. Dabei lernen wir doch gerade aus der ästhetischen Wahrnehmung von Werken und sehen, wie spektral, gefaltet, satellitenförmig und auch widerstrebend Werke sich gegen tradierte Deutungsschemata der Kunst und des Kunstsystems richten können.
Kurzum, das beobachtete Phänomen zielt auf ein Problem, das quer zu kunst- und kulturproduzierenden wie -rezipierenden Feldern der Gegenwartskunst liegt und in enger Verknüpfung mit hegemonial geführten Diskussionen um die Stellung der Kunst in der Gesellschaft sowie in Relation zum Kunstbetrieb steht. Offensichtlich rüttelt die Vermischung von Kunst und Nicht-Kunstformen an einem herkömmlichen Kunstverständnis ebenso wie an einem ästhetischen Verständnis von Gegenwartskunst und verlangt nach einer Verhandlung der Begriffe.
Die gesellschaftliche Funktion von Kunst im Spiegel der Moderne wird in den philosophischen Theorien des 20. und 21. Jahrhunderts in verschiedene Richtungen ausgelegt. Im Zuge der Moderne wurde ihr oftmals eine politische Funktion für das soziale Leben zugetragen und die künstlerische Avantgarde bemühte sich, Kunst aktiv ins Leben zu überführen. Auch wenn diese Rolle der Kunst im Gleichschritt mit technischem Fortschritt vonstattenging, blieb es ein paralleler Prozess, dem angesichts der ideologischen Anreicherung der Kunst und ihrer Künste in der Zeit der Postmoderne die Zurückweisung aller ideologischen Ausrichtung in der Kunst folgte.
Die Forschung zum Thema der Bedeutung der Gegenwartsbedingungen für Kunst und die sich daran anknüpfende Frage der Ästhetik um »Entgrenzung« sowie »Entkunstung« beschäftigt seit Walter Benjamins Aufsatz »Das Kunstwerk im Zeitalter seiner technischen Reproduzierbarkeit« und Adornos Auseinandersetzung zur »Ästhetischen Theorie« die Kunst- und Kulturwissenschaften. Adorno wollte Kunst als autonomes Konstrukt gegenüber der Gesellschaft mit besonderem sinnlichem Eigenwert verstanden wissen. Ähnlich argumentiert der französische Philosoph Jacques Rancière, der im Sinnlichen der Kunst selbst den politischen Charakter betont. Er wirbt damit für die ästhetische Differenz, wie es auch Adorno, Bubner, Eco oder Rebentisch tun.

Seit den 1970er Jahren entwickelte sich insbesondere im deutschsprachigen Kontext durch die Beuys´sche Theoriefigur des »erweiterten Kunstbegriffs« ein anderes Verstehen und Denken von Kunst als sozialräumliches Mitbestimmungselement,[6] bei der die Idee »Jeder Mensch ist ein Künstler« und die »Soziale Plastik« eine Rolle spielen. Nicolas Bourriaud greift unter anderem die Beuys´sche Denkfigur auf, wenn er mit der »relationalen Ästhetik« eine Modellvorstellung von Kunst als sozialer Praxis formuliert.[7] In der Arbeit werden diese Theoriekomplexe in erster Linie auf spezielle thematische Aspekte hin überführt und auf die ausgewählten künstlerischen Arbeiten angewandt, denn der Diskurs um »Ästhetisierung des Politischen« oder »Politisierung des Ästhetischen« ist aktueller denn je, zumal die gegenwärtigen gesellschaftlichen Bedingungen Kunst heute herausfordern wie selten zuvor.
Die Allgegenwärtigkeit des Kunstbetriebs, die den »Mehrwert von Kunst« als monetären Nutzen in den Fokus der Kunst(re-)produktion wie -rezeption rückt, wirft philosophisch-ästhetische Fragen der Beurteilung der Qualität von Kunstwerken auf: Sind diese Kunstwerke im eigentlichen Sinne noch Kunst?[8] Begünstigt doch der ökonomische Erfolg einen bestimmten Werktypus und eine Art rhythmische Reproduktion der Wiederholung. Am Ende stellt sich die Frage, was die marktförmige Produktion von Kunst für die Kunst und die Ästhetik bedeutet. Fragt man darüber hinaus mit Adorno nach der menschlichen Verfassung von Gesellschaften unter kapitalistischen Bedingungen, scheint die Kulturindustrie, das marktdominierte Kunstfeld rein an der Verwertung und Inwertsetzung von allem und jedem interessiert zu

---

[6] Vgl. Gillen, Eckhart (2004): Der Künstler als Täter. Keine Schöpfung ohne Zerstörung, in: NGBK (2004): legal/illegal (Wenn Kunst Gesetze bricht/Art beyond Law), Berlin, S. 122. Insofern präsentierte sich Beuys selbst auch als Schamane mit messianischem Anspruch und verlautbarte, dass »Künstler […] die Aufgabe [haben (A.W.)], bewußtseinsbildende Bilder und neue Lebensgebärden anzubieten, die Kunst und Politik zugleich umgestalten«. Beuys, Joseph in: ders.; Ende, Michael (1989): Kunst und Politik. Ein Gespräch, Wangen, S. 16 ff.

[7] Somit hybridisierte sich die Hierarchisierung zwischen Hoch- und Alltagskultur zunehmend. Vgl. Frohne, Ursula; Katti, Christian (2007): Einführung. Bruchlinien und Bündnisse zwischen Kunst und Politik, in: Held, Jutta (Hg.) (2008): Kunst und Politik, Jahrbuch der Guernica-Gesellschaft, Schwerpunkt: Politische Kunst heute, Bd. 9/2007, Osnabrück, S. 17.

[8] Vgl. Diederichsen, Diedrich (2008): On (Surplus) Value in Art. Reflections 01, Berlin, S. 62–63.

sein. Auch wenn dabei die Frage nach dem Neuen in der Kunst von Bedeutung ist, bestimmt oft alleine die Konsumlogik das Geschehen. Die Komplexität des Problems deutet ein Spannungsverhältnis in der Diskussion um die zeitgenössische Stellung von Kunst in der Gegenwartsgesellschaft an. Was bedeutet heute Autonomie und das Besondere von Kunst, insbesondere von Gegenwartskunst, und worin drückt sich ihr politisches Potenzial aus?

Eine zentrale Motivation für diese Arbeit ist, Kunst aufzuspüren, die einen eigenen ästhetischen Wert besitzt. Gezeigt werden soll das ästhetisch-politische Potenzial der drei ausgewählten künstlerischen Arbeiten, indem ihre künstlerisch-ästhetischen und politischen Dimensionen offengelegt werden. Dabei handelt es sich um Werke, welche die Ära des Postdigitalen sowohl künstlerisch, formal wie inhaltlich in eine Ästhetik überführen, die sich nicht in der »Fixierung auf ein Jetzt«[9] erschöpfen. Damit stehen sie etwa im Gegensatz zu den von Jörg Heiser[10] kritisierten Beispielen der Post-Internet-Art. Folgt man Heiser[11], erschöpft sich die künstlerische Praxis von Post-Internet-Art darin, verschiedene künstlerische Sprachformen als Instrumentarium zum Zweck und als soziale Praxis in diverse Lebensbereiche zu überführen. Im Ergebnis erfüllt dann Kunst vor allem einen Nutzen und wirkt weniger Kraft ihres Vermögens, also des Ästhetischen. Reine Materialverliebtheit in Form künstlerischer Erkundung von Code und digitalem Werkstoff führt zur Produktion des Immergleichen, bringt ähnliche künstlerische Strategien hervor, überlagert und vernachlässigt den ästhetischen Eigenwert.

Folgt man diesem Gedanken, stellen sich folgende Fragen: Was ist Kunst heute? Hat Kunst eine soziale und politische Funktion? Wie kann über das Politische in der Kunst gesprochen werden? Und inwiefern ist diese Gegenwartskunst Kraft ihrer (autonomen) Ästhetik in der Lage, sich immer wieder selbst wach zu halten sowie diesen Verhältnissen eine künstlerische Praxis und Formensprache des Widerstands gegenüberzustellen? Wie ästhetisch, künstlerisch kann eine

---

9 Rebentisch, Juliane (2013): Theorien der Gegenwartskunst. Zur Einführung, Hamburg, S. 11.

10 Vgl. Heiser, Jörg (2015): Post-Internet-Art. Die Kunst der digitalen Eingeborenen, in: Deutschlandfunk, Reihe NetzKultur! (2/5), 11.01.2015, verfügbar unter: http://www.deutschlandfunk.de/post-internet-art-die-kunst-der-digitalen eingeborenen.1184.de.html?dram:article_id=304141 (Stand 10.08.2015).

11 Ebd.

Kunst sein, die in einer digitalisierten technisch durchdrungenen Welt entsteht, die ubiquitär von technischen Materialien und Medien geprägt ist? Und inwieweit bringen diese Werke etwas Neues hervor?
Bislang sind die Herausbildung neuer Formensprachen und das Kontemporäre in der Kunst der »postdigitalen Ära« weitestgehend unberührt von Kunst- und Ästhetikdiskursen geblieben. Diese Arbeit erhebt nicht den Anspruch, diese Leerstelle zu füllen, gleichwohl werden die drei künstlerischen Arbeiten entlang ihrer ästhetischen, künstlerischen und inhaltlichen Besonderheiten in Bezug auf das »Postdigitale« untersucht. Insofern gilt es, das Ästhetische der Werke offenzulegen und ihren politischen Gehalt zu prüfen. Analysiert wird der »Ästhetische Eigenwert« der Werke, es wird also der ästhetischen Differenz Raum gegeben, um so den Eigenheiten zeitgenössischer Kunst, dem Spielerischen, der Lust am Dissens, dem Pluralen nachgehen zu können. Des Weiteren gilt die Aufmerksamkeit aktuellen Tendenzen partizipatorischer Kunstformen. Insofern spielt die eigene ästhetische Erfahrung mit den Werken eine zentrale Rolle, denn nur so kann das Ästhetische bzw. Politische der Werke zutage gefördert werden. Für mich ist in Anlehnung an Bubner[12] und Rebentisch ästhetische Erfahrung eine zentrale Kategorie zur Bestimmung des Wertes und der Funktion von Kunst. Das Wie eines Werkes bestimmt die ästhetische Erfahrung mit einem (Kunst-)Objekt. Form und Inhalt werden auf spezifische für das Werk eigene Weise wahrgenommen und äußern sich als subjektiv emotionale wie affektive Erfahrungen entweder »lustvoll, erhellend oder reichhaltig (oder aber auch tief, subversiv, überraschend, verstörend usw.)«[13].
Was bedeutet das für die Diskussion einer Ästhetik postdigitaler Kunst, die den Aspekt ihres politischen Potenzials betont? Und ist es überhaupt berechtigt, den bisherigen Diskursen über Gegenwartskunst eine neue ästhetisch-politische Dimension postdigitaler Kunst hinzuzufügen? Streifen wir also kurz, was unter Gegenwartskunst verstanden wird und in welchen gesellschaftlichen Spannungsfeldern sie sich bewegt, um danach die Bedeutung dieser Arbeit zu begründen.

---

12 Vgl. Bubner, Rüdiger (1989): Ästhetische Erfahrung, Frankfurt/M.

13 Deines, Stefan; Liptow, Jasper; Seel, Martin (Hg.) (2013): Kunst und Erfahrung, Eine theoretische Landkarte, in: dies. (Hg.) (2013): Kunst und Erfahrung, Beiträge zu einer philosophischen Kontroverse, Berlin, S. 7.

Was ist Gegenwartskunst? Wie lässt sich dieser Begriff definieren?

Für meine Arbeit ist die Auseinandersetzung mit den Theorien einer Ästhetik der Reflexion (Rebentisch, Menke) und einer Ästhetik des Widerstands (Weiss, Düttmann) grundlegend. In Anlehnung an Rebentisch ist der Begriff der »Zeitgenossenschaft«[14] zentral, mit dem sich das politische Moment in der Kunst erschließen lässt, als eine Kunst, die mit ihrer Zeit ist. Die zeitgenössische Kunst, von Agamben mit dem Begriff des »kontemporären« beschrieben, nimmt für sich selbst in Anspruch, sich »mit ihrer Zeit« zu verhalten. Damit ist allerdings nicht gemeint, sich mit den Zeitumständen gemeinzumachen, sondern vielmehr ein »mit«, welches sich bewusst mit seinen (Zeit-)Bedingungen auseinandersetzt. Denn »zeitgenossenschaftliche«[15] Kunst eröffnet die Möglichkeit der Reflexion, des Abstandnehmens und fügt ihrer eigenen Zeit »Diskontinuitäten, Spaltungen, Zäsuren« zu, um sie als solches erst »lesbar zu machen«[16]. Genau dieser Aspekt einer idealtypischen zeitgenössischen Kunst scheint in Anschluss an Rebentisch das Wesen von Kunst überhaupt zu sein, worin sich generell erst ihre Relevanz für die Gegenwart ausdrückt.[17] Teilt man diese Beobachtung, dann erweist sich das Ästhetische im politischen Potenzial. Oder anders ausgedrückt: Nur Kunst, die eine Ästhetik des Bruchs praktiziert und bemüht ist, sich neu zu erfinden, ist politisch in dem Sinne, sich gesellschaftlichen Entwicklungen anzunehmen. Wobei Kunst ihrem Wesen nach immer ästhetisch ist, denn Kunst ist Adorno folgend nur Kunst, wenn sie ästhetisch ist. Kunst in diesem Sinne verstanden ist immer Gegenwartskunst, die zeitgenössisch dadurch wird, weil sie die Zeit in ihrer Widersprüchlichkeit sichtbar macht.

Zwei Traditionslinien sind in der Ästhetik unterscheidbar. Die eine versteht ästhetische Erfahrung als Impuls und Reflexionsform für eine »ausdifferenzierte Vernunft«, die andere begreift die ästhetische Erfahrung als über die bloße Wahrnehmung und über die Vernunft der nicht-ästhetischen Diskurse hinausgehendes Potenzial. Meiner Meinung nach verlangt Kunst eine komplexere Betrachtung ihrer gesellschaftlichen Funktion. Ich gehe also weder davon aus, dass es eine repräsentative

[14] Vgl. Rebentisch (2013), S. 17.

[15] Vgl. ebd., S. 13.

[16] Agamben, Giorgio (2009): What is the Contemporary?, in: ders.: What is an Apparatus and other Essays. Stanford, S. 39–40.

[17] Vgl. Rebentisch (2013), S. 17.

»politische Kunst« gibt, noch die Kunst als etwas Universales. Vielmehr gilt es der Frage von Behrens/Stakemeier nachzugehen:

> *»Wie kann demgegenüber Kunst selbst ein politisches Handeln werden, wie kann sie ihre bloß repräsentative Rolle für das Politische bekämpfen und damit ihr Auftreten als spitzfindiges Memoryspiel für Connaiseure_innen zerlegen, heute – jetzt und hier?«*[18]

Mit Düttmann lassen sich diese Gedanken erweitern, denn es geht um die Entwicklung einer Praxis im Sinne einer Ästhetik des Widerstands, wie sie bereits von Peter Weiss in seinem gleichnamigen Roman entworfen wurde:

> *»Ästhetisches Denken, eine sinnliche Affektion, die den Geist trifft, ist ein Denken des Bildes. Diese Bestimmung ist sicher nicht erschöpfend, aber doch zureichend. Was ist ein Bild? Ein Bild ist etwas, das sich vom Gegenstand losgelöst hat, eine Verdopplung der Welt im Bereich des Scheins, eine Verdopplung der Welt, die den Bereich des Scheins schafft, zwischen Sein und Nichtsein, Stoff und Geist. Verdopplung bedeutet aber nicht, daß man das Bild als Abbild verstehen muß. […], ist das Bild fliehend, etwas, das aufscheint und aufleuchtet, eine Zuwendung, etwas, das verschwindet, nicht etwas, das den Bestand des Seins hat oder zum Seinsbestand gehört. Das Bild gibt es nur in der Bilderflut. Es ist, als würde das Bild nicht die Welt, sondern den Bezug zur Welt ausstellen und damit die Welt fernrücken, ihre Konsistenz und Kohärenz lockern. Das Bild ist, wenn man so will, die Spur der Welt, sowohl eine Teilnahme als auch eine Einsamkeit, ein Band und ein Riß, der durch die Welt geht.«*[19]

Einen »Bezug zur Welt ausstellen«, in diesem Sinne verstehe ich das politische Potenzial der Kunst, darauf kommt es mir bei der Unter-

---

[18] Behrens, Roger; Stakemeier, Kerstin (Kunstklub) (2012): Politische Kunst als Pest. Im Kunstklub diskutieren Roger Behrens und Kerstin Stakemeier mit Johannes Paul Raether und Hans Stützer über den neuesten Trend in der Gegenwartskunst, in: Phase 2, Zeitschrift gegen die Realität, Nr. 42, Frühjahr 2012, Frühlingsgefühle – Internationale Aufbrüche und ihr linker Widerhall, verfügbar unter: http://phase-zwei.org/hefte/artikel/politische-kunst-als-pest-62/ (21.12.2016).

[19] Düttmann, Alexander Garcia (2015): Was weiß die Kunst? Für eine Ästhetik des Widerstandes, Konstanz, S. 225.

suchung an – es geht mir darum, den Diskurs einer Ästhetik des Widerstands für die Kunstvermittlung zu schärfen und ein ästhetisches Denken von Kunst und dessen politisches Potenzial im Diskurs um Gegenwartskunst zu bestärken.

Die drei von mir ausgewählten künstlerischen Arbeiten eröffnen ein interessantes Feld kontemporärer Kunstreflexion, weil sie versuchen, zentrale Grundwidersprüche der Gegenwart einzufangen. Es ist sicherlich kein Zufall, dass alle drei Werke im Jahr 2013 entstanden sind, in dem Jahr, in dem der ehemalige CIA-Mitarbeiter Edward Snowden Einblicke in das Ausmaß der weltweiten Überwachungs- und Spionagepraktiken von Geheimdiensten – überwiegend jenen der USA und Großbritanniens – gab. Die aktuellen gesellschaftlichen Verhältnisse sind durch eine tief greifende digitale Technologisierung geprägt. Dabei spielen Themen wie Überwachung, Datensouveränität oder das Verhältnis zwischen Privatem und Öffentlichem eine große Rolle. Soziale Kontrolle, Überwachung, neue Formen von Macht und Herrschaft sind auch Themen der Gegenwartskunst. Die ausgewählten Arbeiten führen den Betrachtenden an die Randzonen eben jener Entwicklung, in die Milieus von Profiteuren und Marginalisierten. Auf besondere Art und Weise verhandeln die Werke zugleich die digitale Reproduktion von Bildern, deren Objektivität und Wahrheitsgehalt, und prüfen kritisch, was sie an Sichtbarem hervorbringen.

Welche Ästhetik ist in diesen drei zeitgenössischen Kunstwerken angelegt, die mit und zu Informationstechnologien (verstanden in der gesamten Bandbreite von Hard- und Software) die Themen Digitalisierung und Kontrolle aufgreifen? Mehr noch: Wie entsteht durch die analog-digitale Verquickung eine Intermedialität, die ganz dem Charakterbild von Gegenwartskunst zu entsprechen scheint? Offensichtlich kann etwas Neues in dieser pluralen und mannigfaltigen Formensprache entstehen. Sie potenzieren die Bedeutungsoffenheit der Kunstwerke und benötigen umso mehr der Interpretation, die sich immer wieder neu das Werk einzuverleiben bemüht. In den widerständigen Momenten, die sich im Ästhetischen Ausdruck verschafft, vermittelt sich in den Werken der !Mediengruppe Bitnik, von Hito Steyerl und Simon Denny ihre Funktion der Reflexion und des Aufzeigens von gesellschaftlichen Spannungsfeldern. Diese können über das Werk sichtbar werden. In dieser Brüchigkeit, diesen Verschiebungen oder Überlagerungen entsteht das Neue, die Kraft der Kunst, das Unmögliche zum Vorschein zu bringen. Dieser Arbeit liegt also die Leitfrage zugrunde, welchen politischen Wert die ausgewählten Kunstwerke haben.

In dieser Arbeit wird weder allgemein Gegenwartskunst behandelt noch Gegenwartskunst empirisch nach Eigenschaften untersucht und klassifiziert. Vielmehr werden Kategorisierungen vernachlässigt. Im Zentrum steht dabei ihr Potenzial, Fragen aufzuwerfen, indem sie Diskontinuitäten, Spaltungen, Zäsuren[20] in den sozialen und politischen Verhältnissen aufzeigen.

Zusammenfassend wird der Untersuchung folgende Argumentation zugrunde gelegt:

1. Universalistische Genrebildung widerspricht dem Charakterbild von kontemporärer Kunst; sie ist konservativ und folgt vor allem einer Marktlogik, die dem besseren Verstehen von Kunstwerken entgegensteht.
2. Um den partikularen Kunstwerken gerecht zu werden, gilt es, die Werke ästhetisch zu erfahren und sich engagiert die besonderen Dimensionen des Werkes interpretativ anzueignen.
3. Die ausgewählten Kunstwerke sind radikal: Sie entfalten eine Ästhetik, die sich über Materialerkundungen hinwegsetzt und amorphe hybride Erfahrungsräume einer postdigitalen Gegenwart erschließt.
4. Sie sind politisch in ihrer Bezugnahme auf die Gesellschaft, die auch die Teilhabe am Kunstbetrieb umfasst, zugleich sind sie imstande, relevante Spannungsfelder aufzuzeigen.
5. Das politische Potenzial »der analysierten Kunstwerke« ist hier in erster Linie zu verstehen als eine Art Aufklärung und Anstoß zum Nachdenken.
6. Als relevantes Spannungsfeld zeigt sich das Konglomerat aus sicherheitspolitischen Bestrebungen verschiedener staatlicher und privatwirtschaftlicher Institutionen, die maßgeblich von technologischen Entwicklungen getragen werden.

Während ich mich zuerst aus kunsttheoretischer Perspektive mit dem Politischen im Verhältnis zur Gegenwartskunst beschäftige, werden anschließend die medientechnologischen, gesellschaftlichen und politischen Bedingungen der Produktion der hier ausgewählten Kunstwerke diskutiert. Im Zentrum steht dabei die Verbindung von künstlerischen und nichtkünstlerischen Aspekten, die in ihnen zum Ausdruck kommt. Charakteristisch ist dabei das Performative und Grenzüber-

[20] Vgl. Rebentisch (2013), S. 13.

schreitende in diesen Arbeiten. Zeitgenössische Kunst der Gegenwart zeichnet sich durch Hybridität, Intermedialität und Interkommunikation aus. Richtungsweisend für diesen Kanon sind ästhetischer Konzepte wie Adornos »Verfransung« oder Ecos »Offenes Kunstwerk«. In diesen Konzepten wird in Erweiterung dessen, was sich bereits ausgehend von der Moderne als Auflösung der Kunst im Leben vollzog, die Pluralität der Kunst und Künste resp. Kunstwerke diskutierbar. Eine Erkenntnis dieser Diskussion: Eine Kunst historisierende Engführungen von Kunstwerk und Genre verstellt das Besondere der Werke. Dies trifft auch für die hier zu diskutierenden Arbeiten zu. Insofern grenze ich die Herleitung meines Forschungsgegenstandes bewusst von einem traditionellen Verständnis von Werk und Gattungen ab. Nur so lässt sich die Durchdringung und Hybridisierung zwischen künstlerischen und nichtkünstlerischen Lebensbereichen diskutieren. Nur so ist ein offener Zugang zu Kunst möglich, der sich im kunstwissenschaftlichen wie kunsthistorischen Sinne vom herkömmlichen Kunstverständnis geschlossener Kunst- und Werkformen abhebt. Dieser offene Zugang bildet die Grundlage[21], auf der auf die Gegenwartsbedingungen der Kunstproduktion eingegangen wird.

Im folgenden Kapitel richtet sich der Blick auf die kulturindustriellen Bedingungen, die wesentlichen Einfluss auf die Produktion und Rezeption von Gegenwartskunst haben. Einleitend wird Gegenwartskunst an sich problematisiert, um anschließend die Frage zu erörtern, was Gegenwartskunst sein sollte resp. eine Neubestimmung des Begriffs vorgenommen. Des Weiteren wird der Aspekt der begrifflichen Aktualisierung von Gegenwartskunst in Beziehung zur Idee von Kunst seit der Moderne gesetzt. Im Anschluss soll diskutiert werden, wie sich die Entgrenzungstendenzen der Kunst seit der Moderne auf die Pluralisierung von Kunst auswirken und welche Bedeutung dies für die Rolle des Publikums hat. Schließlich haben diese Entwicklungen mit dem Wunsch nach Autonomie und Demokratisierung über ihre gattungsspezifischen Grenzen hinweg Auswirkungen auf das Verstehen, Sprechen und Herstellen von Kunst heute. Wie über Kunst heute gesprochen werden kann oder sollte, wird abschließend unter dem Aspekt der Kunstkritik verhandelt.

[21] Vgl. hierzu die Ausführung zum Problem der Interpretation in Auseinandersetzung mit Ecos theoretischem Gesamtwerk von Helge Schalk, siehe: Schalk, Helge (1999): Umberto Eco und das Problem der Interpretation. Ästhetik, Semiotik, Textpragmatik, Würzburg.

II Gegenwartskunst in Zeiten der Kulturindustrie

> *»Resonanzerfahrungen [haben, AW] stets etwas Unverfügbares. Nehmen wir an, es gibt ein Musikstück, das Sie besonders berührt. Wenn Sie das nun hundertmal am Tag hören, verschwindet der Resonanzeffekt bald vollständig. Das feine Gefühl des authentischen Lebens lässt sich eben gerade nicht instrumentalisieren, wie so vieles andere in unserer Warenwelt. Zum Glück.«*[1] (Rosa 2014)

Was ist Gegenwartskunst? Vor dem Hintergrund meiner Forschungsfrage konzentriere ich mich auf die Verwobenheit der Gegenwartskunst in die kapitalistischen Bedingungen von Produktion und Reproduktion von Kunst, denn die kapitalistische Durchdringung aller Lebenswelten betrifft ebenso die Ökonomisierung von Kunst. Widersprüchlich, nahezu unmöglich, erscheint eine gesellschaftskritische Kunst unter Bedingungen einer spätkapitalistischen Kulturindustrie. Manche künstlerische Arbeit, die sich partizipatorisch gibt, mag kraftvoll und authentisch wirken, bleibt allerdings in Ironie oder schlichter Provokation stecken – sie entfaltet über das Werk, die künstlerische Arbeit hinaus keine tiefer gehende Wirkung. Im Endeffekt folgt so aus der »Forderung einer Politisierung der Kunst« lediglich eine »politisierte Ästhetik«, mit der »bestenfalls Grenzen verschoben, jedoch keinesfalls Grenzen überschritten« werden können.[2]

Will man diesen Effekt vermeiden, scheint es mir notwendig, eine Aktualisierung des Begriffs Gegenwartskunst aus kunsttheoretischer wie ästhetischer Perspektive zu unternehmen. Dabei ist zu prüfen, wie Kunst als Gesellschaftskritik möglich wird.

Wenden wir uns deshalb zuerst den spätkapitalistischen Bedingungen der Kulturindustrie zu. Welchen Einfluss haben sie auf das Feld der Kunst im Allgemeinen? Der Kapitallogik unterworfen, wirkt sich die kapitalistische Inwertsetzung von Subjekt (also der Rezipient_in-

---

[1] Schnabel, Ulrich (2014): Rosa, Hartmut. Hier kann ich ganz sein, wie ich bin: Warum wir am glücklichsten sind, wenn wir mit anderen mitschwingen können, Interview: Ulrich Schnabel, in: Die Zeit, Nr. 34/2014, 14.08.2014, verfügbar unter: http://www.zeit.de/2014/34/hartmut-rosa-ich-gefuehl (26.05.2016).

[2] Behrens, Roger (2016): Die Ästhetik des Widerstands. Ästhetisierung der Politik und Politisierung der Kunst in Zeiten der Kulturindustrie. Anmerkungen zu Peter Weiss, in: Körner, Alex; Kuppe, Julian; Schüßler, Michael (Hg.) (2016): Der Widerspruch der Kunst. Beiträge zum Verhältnis von Kunst und Gesellschaftskritik, Berlin, S. 297–298.

nen) und Objekt (also des Werkes) direkt auf die Produktion und Reproduktion von Kunst aus. Denn massive Veränderungen im Bereich der Produktion und Reproduktion von Kunst nehmen Einfluss darauf, was in Ausstellungen und Biennalen insofern auch als Gegenwartskunst »gefeiert« wird. Ausdruck der kapitalistischen Verwobenheit gegenwärtiger Kunstproduktion ist die Vielschichtigkeit, mit der aktuelle Kunstformen benannt bzw. konnotiert werden: Da ist von Contemporary Art die Rede, von zeitgenössischer Kunst oder Gegenwartskunst. Obwohl sie denselben Gegenstand verhandeln, treten sie mit scheinbar abgrenzbaren Alleinstellungsmerkmalen auf. Diese Begriffe sind nicht an sich etwas Neues. Der Punkt ist vielmehr, dass diese Begrifflichkeiten im Kunstbetrieb benutzt werden, um aus ökonomischen Interessen heraus aktuelle Kunst als etwas Neues zu etablieren, um so einen Markt für eine Vielzahl an Kunstprodukten zu erzeugen. Die Begründung dafür, dass aktuelle Kunst an sich etwas Neues wäre, beschränkt sich dabei nur auf den Aspekt, dass diese Kunst aktuell also von Zeitgenoss_innen produziert wird. Allerdings ist unklar, was diese Kunst über das Werk an sich hinaus zu etwas Besonderen macht. Ich plädiere an dieser Stelle mit Düttmann, Menke und Rebentisch den Begriff der Kunst bzw. der Gegenwartskunst differenziert, von der philosophischen Ästhetik aus zu betrachten. Widmen wir uns zunächst dem Phänomen der Inwertsetzungslogik des Kunstmarktes. Dieser der Marktlogik entsprechende Gebrauch von Kunstformen ist Ergebnis des aktuellen Kunstbetriebs, der bestimmte Werktypen und Künstlerfiguren favorisiert und begünstigt (etwa Damien Hirst oder Jeff Koons) und zu einem Konglomerat von Gegenwartskunst als Ware[3] führt.[4]

---

[3] Vgl. Zur Gegenwartskunst als Industrie. Kerstin Stakemeier und Roger Behrens im Gespräch über den Wandel der Kunst im Übergang von der Moderne in die Gegenwart, in: Phase 2, Zeitschrift gegen die Realität, Nr. 43, Sommer 2012, Reich der Mitte, verfügbar unter: http://phase-zwei.org/hefte/artikel/zur-gegenwartskunst-als-industrie-167/ (Stand 14.01.2016).

[4] Vor diesem Hintergrund ist es entscheidend, die Produktions- und Reproduktionsbedingungen von Kunst kritisch in den Blick zu nehmen. Der Kunstbetrieb strukturiert sich entlang kapitalistischer Vereinnahmung, es entsteht eine Struktur, die den »Mehrwert von Kunst« allein als monetären Nutzen ansieht und so jedem ästhetischen Anspruch, wie er Kunstwerken zugrunde liegt, zuwiderläuft. Erzeugt doch der ökonomische Erfolg einen bestimmten Werktypus und befördert eine Art rhythmische Wiederholung. In der Logik des sich markttauglich präsentieren Wollens werden bekannte Elemente wiederholt und rekombiniert. Besonders durch Techniken (wie Collage, Appropriation, Remix, Sample, Rekombination, Loop oder das Kopieren)

»Da die Normalität nicht anders ist als der Zustand des Unmarkierten, also die Lebensform, die kein weiteres Attribut, keine weitere Benennung und keine weitere Legitimation braucht«, so Diedrichsen, »ist die ständige Herstellung, planmäßige Produktion dieser Normalität natürlich eine ununterbrochene Erfahrung ihrer Dekonstruktion«[5]. Walter Benjamin beschreibt diesen Moment in seinem Aufsatz über »Das Kunstwerk im Zeitalter seiner technischen Reproduzierbarkeit« mit dem Begriff der »Aura«. Kunst, die lediglich bereits gemachte Erfahrungen zitiert, verkommt und verspielt ihre Ästhetik als Erfahrung von Erhabenheit. Die Resonanzerfahrung wird unverfügbar. Ein schleifenähnlicher Rückgriff trägt zur Verdichtung eines ewig Gleichen bei. Die wiederkehrende Wiederholung des Loops, gibt Diedrichsen in diesem (seinem) Konzept zu bedenken, zeichnet sich zwar zum einen durch ein sich verstetigendes Immergleiches aus, hat aber zum anderen auch die Qualität einer »biegsame[n] verlässliche[n] Konstanz«[6]. Diese Denkfigur beinhaltet nicht nur Schattenseiten wie die Effekte des Glattmachens und Verwertens, des Funktionierens und Verkaufens, der verschrobenen Kräfte des Mainstreams und etwaige Trendsetzungen oder hierarchische Erscheinungsformen wie Dominanzgebaren und Abhängigmachen im Interesse einer Kontroll- und Leistungslogik. Im Gegenteil, ihr sind starke Möglichkeiten der Unterbrechung inhärent:

> *»Wer im Immergleichen des Loops etwas Neues erlebt, hat es mit einem viel härteren Neuen zu tun, als wer dies in einer Struktur erlebt, in der das Auftreten des Neuen vorgesehen ist, wie in der konventionellen Narration. […]*

---

wird das schleifenähnliche hybride Zusammenspiel von politischen, ökologischen, feministischen, gesellschaftlichen Themen (Partizipation, Repräsentation, Körper, Haare, Naturkatastrophen, Kriegsberichterstattungen) mit Materialien (wie Papier, Textfragmente, Zitate, Synthesizer, Kettensägen, Körper, Sound- und Klangspuren, Licht, Nebel, Holz, Metall, Leinwand oder Farbe) sowie mannigfaltigen Formensprachen (wie Ornamentik, Dreidimensionalität, Figürlichkeit, Zeit und Raum, Virtualität, Implantate) möglich. Diese Prozesse der Strukturierung des Kunstmarktes ereignen sich ungeachtet der Vielzahl an Kunst- und Kulturschaffenden. An der Stelle schlage ich vor, den Blick zu weiten und werbe für eine Kunstbetrachtung, die sich nicht nur auf die Künstler_innengrößen beschränkt. Will sagen, der Kunstkanon kann nicht anhand Einzelner beschrieben werden.

[5] Diedrichsen, Diedrich (2008): Eigenblutdoping. Selbstverwertung, Künstlerromantik, Partizipation, Köln, S. 123.

[6] Ebd., S. 37.

Wenn dann aber etwas Gleiches doch anders wird, etwas Anderes gleich wird, wissen wir besser, woran wir sind. Wir machen Fortschritte.«[7]

Insofern lege ich einen prozessorientierten Kunstbegriff zugrunde, der diese Bedingungen mitdenkt und eben nicht nur eine »historische Objektivität, z. B. ein Ziel oder einen Gegner« fundamental verfolgt, sondern für den die Möglichkeit gilt, dass »der Gegensatz zwischen Objektwelt und Subjektwelt ständig aufgehoben wird«.[8]
Künstler_innen, Kunsthochschulen, Galerien, Museen, Biennalen, Auktionshäuser, Kurator_innen und Kritiker_innen, die Kunstwerke selbst folgen einer verwertungslogischen Richtschnur und erzeugen (s)eine klebrige Konformität. Der vorherrschende Kunstmarkt trägt dazu bei, dass Kunst entsteht, die eigentlich keine Kunst mehr sein kann.[9] Anstelle der Beschreibung ästhetischer Erfahrungen von einzelnen Kunstwerken tritt die Inszenierung der Künstlerfigur im Rahmen von Ausstellungen auf. Inszeniert als Event, werden Ausstellungen zu »Bühnen für personenförmige Gesamtkunstwerke«[10]. Es ist geregelt, was Trend wird. Problematisch ist, dass die dort zum Tragen kommende Tendenz zum Formalismus das »Kontemporäre« der Gegenwartskunst in den Hintergrund treten lässt.
Wenn im Folgenden eine Neubestimmung des Verständnisses von Gegenwartskunst versucht wird, stützt sich dies insbesondere auf den Begriff des »Kontemporären« in der Kunst, verstanden als Kunst, die sich mit ihrer Zeit als »Freund und Genosse«[11] verhält. So versteht auch der Kunstkritiker und Medientheoretiker Boris Groys Kunst als Zeitgenossin, die sich idealerweise wie jeder gute Genosse oder jede gute Genossin verhält. Als Gefährte steht sie ihrer eigenen Zeit bei, dient der Auseinandersetzung und ist Resonanzfläche. So verstanden ist Gegenwartskunst das Gegenteil einer Produktionsstätte von Entfremdungszonen. Trotzdem gibt es in der Produktion von Gegen-

7 Ebd.

8 Ebd., S. 43.

9 Vgl. Diederichsen, Diedrich (2008): On (Surplus) Value in Art. Reflections 01, Berlin, S. 62f.

10 Diedrichsen (2008): Eigenblutdoping, S. 194.

11 Groys, Boris (2009): Comrades of Time, in: e-flux, Journal, #11, 12/2009, verfügbar unter: http://www.e-flux.com/journal/11/61345/comrades-of-time/ (Stand 01.02.2016).

wartskunst zahlreiche Momente von Entfremdung, in der weder die Produktion eines Werkes noch die Rezeption in Schwingungsprozesse mit der Welt kommen. Resonanz und Resonanzorientierung werden hier ganz im Sinne Rosas verstanden, nämlich als eine »Form der Weltbeziehung, der Bezugnahme auf Welt«, die sich als ästhetische Erfahrung ereignet. Auf diese Art der Erfahrung muss man sich einlassen, da man dafür sein eigenes »Ich« auf die Probe stellen muss, auch auf die Gefahr hin, sich angreifbar zu machen. Dieser Zugang zum Kunstwerk steht einer »Dienstleistungsmentalität«12 diametral entgegen:

> *»Resonanz meint also einen Zustand, in dem ich mich berührt oder bewegt fühle, aber zugleich auch die Erfahrung mache, selbst etwas oder jemanden berühren oder bewegen zu können. Interessanterweise fühlt man sich gerade dann am ehesten im Einklang mit sich selbst«.*[13]

Kunst in ihrer Zeit ist mehr als die Beschreibung der eigenen Zeit und mehr als »bloße Teilhabe«[14] an der Chronik. »Kunst ahmt nicht Natur nach«, so Adorno. Jeder Gegenstand, der in der Kunst verhandelt wird, muss »unbestimmbar, negativ« definiert werden.15 Kunst kann nicht konform sein, wenn sie ästhetisch ist, bringt sie doch Formen und Inhalte zusammen, die etwas Anderes, Neues hervorbringen. Demnach zeichnet sich Kunst dadurch aus, dass sie sich quer fragend ins Feld der Auseinandersetzung stellt, um »in das Kontinuum der chronologischen Zeit gewisse Diskontinuitäten einzufügen«[16]. So lassen sich, ob des »weltlichen Charakters«[17] von Gegenwartskunst,

---

[12] Hartjes, Fabian (2016): Hartmut Rosa. Den Panzer auf der Brust der Studenten, Seite 2/2: »Man muss kreativ mit den Strukturen umgehen«, in: Zeit Campus Online, Interview: Fabian Hartjes, 23.05.2016, verfügbar unter: http://www.zeit.de/campus/2016-05/hartmut-rosa-soziologe-studium-entschleunigung-resonanz-bologna-reform/seite-2 (Stand 26.05.2016).

[13] Ebd.

[14] Rebentisch (2013), S. 13.

[15] Adorno, Theodor W. (1997): Ästhetische Theorie, in: Tiedemann, Rolf (Hg. u.a.) (1997): Gesammelte Schriften, Bd. 7, Frankfurt/M, S. 113; vgl. hierzu auch Rebentisch (2013), S. 205–206.

[16] Rebentisch (2013), S. 13.

[17] Smith, Terry; Mathur, Saloni (2012): Contemporary Art. World Currents In Transition Beyond Globalization, in: contemporaneity, #4, 17.10.2012, Department of the History of Art and Architecture, Pittsburgh, zit. n. Rebentisch (2013), S. 185.

mannigfaltige sozialräumliche, geografische, kulturelle, milieuspezifische Dimensionen – tradierte, wie in den (Re-)Produktionsbedingungen verankerte – aufzeigen, die sich als ein Nebeneinander oder als Überlagerungen von Unterschieden feststellen lassen. Das Besondere, das im Werk zum Ausdruck kommt, konstituiert die Einzigartigkeit des Werkes und das Stellen von Fragen aus dem Werk heraus als eine neue Sichtweise auf die Realität und wird so zum authentischen, mit seiner Zeit korrespondierenden, Kunstwerk. Somit ist zeitgenössische Kunst unmöglich ein neutrales Ereignis und verlangt mehr noch nach Intersubjektivität; sie ist Transferleistung von Welt und den gesellschaftlichen Verhältnissen. Allerdings gibt Rebentisch zu bedenken, dass von der Vielzahl an »jüngeren Phänomenen in der Kunst«18 keine fundierten Aussagen über Kunst an sich getroffen werden können, »sondern [dass, AW] das [Kunstwerk, AW] in seiner autonomen Logik selbst erkannt werden will«[19].

Die hybrid-intermediale (Re-)Produktion von Kunst entzieht sich der Enge einer Verabsolutierung, wie sie noch in der Gesamtkunstwerktradition zutage tritt. Vielmehr ist zeitgenössische Kunst heute intermedial, interkommunikativ, verfranst, entgrenzt, offen in der Form und offen in der Interpretation. Denn fundamentale Letztbegründungen basieren auf »Unterdrückung der Differenzen zwischen [der Kunst und ihren Künsten, AW]«[20].

Dagegen sind die

> *»meisten der heute hybrid-intermedial arbeitenden Künstlerinnen und Künstler [...] nicht auf die Herstellung eines einheitlichen Gesamteindrucks aus, sondern im Gegenteil interessiert daran, Differenzen zwischen den jeweiligen Medien sowie den von ihnen angesprochenen Sinnen und Erfahrungsdimensionen in ihren Arbeiten hervorzutreiben.«*[21]

Daraus ist zu schlussfolgern, »dass der Akt der Bestimmung, der Akt des Urteilens also, selbst reflexiv thematisch – und auf eine als lustvoll erfahrene Weise problematisch – wird.«[22] Dies ist laut Rebentisch das

[18] Rebentisch (2013), S. 45.

[19] Ebd., S. 54.

[20] Rebentisch (2013), S. 102.

[21] Ebd.

[22] Ebd., S. 54.

Normative der Kunst überhaupt und keine Zusatzleistung.
Hier kann das nur heißen: Was Kunst heute sein kann, diese Frage muss vor dem Hintergrund der Auseinandersetzung mit der Moderne erörtert werden, weil sie als der Wegbereiter für die Kunst von heute zu verstehen ist. Dies soll im Weiteren unternommen werden.

Die Moderne im Verhältnis zur Gegenwartskunst

Es sind modernistische Tendenzen, die Entwicklungen und Ausformungen der Gegenwartskunst den Weg bereiten. Gleichwohl ist die Gegenwartskunst nicht mit den Triebkräften und Motiven der Moderne gleichzusetzen. Greenberg[23] spricht sogar davon, dass sie regelrecht abzugrenzen seien.
Entscheidend ist der Autonomieanspruch der Avantgardist_innen der Moderne, der sich gegen die Indienstnahme durch Kirche und Staat richtet.[24] Sie betreiben »eine tendenzielle Wendung von der bürgerlich-individualistischen ›autonomen Autonomie‹ der Kunst hin zur avantgardistisch-kollektiven ›autonomen Heteronomie‹, ihre Überschreitung ›zum Leben hin‹ implizierten eine begrenzte Unterordnung unter politische Praxis«[25]. Deren Anliegen stärker noch die »Idee von Kunst selbst«[26] ist, die laut Düttmann »einzig um den Preis einer Widerwendigkeit der Kunst zu haben ist, einer voraussetzungsreichen ›Kündigung der Kunst durch die Kunst‹.«[27] Die avantgardistischen Kunstpraxen der Moderne beanspruchen die Erweiterung von Kunst, vornehmlich dadurch, dass nun das herkömmliche Kunstpublikum nicht mehr im Fokus steht. Ausgehend von der Moderne ist dieser Abgrenzungsmodus entlang der technischen und gesellschaftlichen Entwicklungen zu beobachten. Das künstlerische Schaf-

---

[23] Vgl. Greenberg, Clement (1997): Die Essenz der Moderne. Ausgewählte Essays und Kritiken, Amsterdam/Dresden, S. 265f.

[24] Vgl. Zitko, Hans (2012): »Erstens zum Verhältnis von Kunst und Geld«, in: ders. (2012): Kunstwelt. Mediale und systemische Konstellationen. Bd. 191, Hamburg, S. 41–81.

[25] Raunig, Gerald (2005): Kunst und Revolution, Künstlerischer Aktivismus im langen 20. Jahrhundert, Wien, S. 135.

[26] Düttmann, Alexander Garcia (2015): Was weiß Kunst? Für eine Ästhetik des Widerstands, Koblenz, S. 173.

[27] Ebd.

fen fokussiert nicht mehr auf die Produktion von Originalen im klassischen Kunstsinne. Es geht stattdessen um die Anerkennung des Auratischen und Singulären der künstlerischen Objekte[28], um künstlerischen Kriterien gerecht zu werden. Die Hinwendung der Kunst zum Leben findet seinen Ausdruck im Arbeiten mit gewöhnlichen Dingen und Alltagsgegenständen. Diese Formexperimente erreichen mit den Readymades von Duchamp ihre radikalste Ausprägung und beschleunigen nicht zuletzt kunsttheoretische wie ästhetische Gegenentwürfe. Eine ähnliche Rolle wird auch die Konzeptkunst der 1960er Jahre spielen. Beide künstlerischen Positionen forcieren den Bruch mit dem herkömmlichen Kunstverständnis, da das Werk sich nun nicht mehr von »einfachen Dingen unterscheiden«[29] lässt. Rebentisch verhandelt die künstlerische Position anhand der Frage, »was die Kunst von der Welt der gewöhnlichen Dinge und von der Welt der Ideen unterscheidet, wenn Kunst formal selbst den Anschein von gewöhnlichen Dingen und Ideen annehmen kann?«[30] Denn in diesen künstlerischen Positionen wird das Verhältnis von Kunst und Nichtkunst auf neue Weise aufgeworfen.

Als Erweiterung von Kunst versteht sich der Versuch, den Raum von Kunst als gesellschaftlicher Institution anzusehen – und zwar von der Kunst im Allgemeinen, nicht alleine von demiurgen Künstlerfiguren. Die künstlerischen Experimente mit zeitgenössischen Techniken und Verfahren sind »Bemühungen um Erweiterungen und Einschließungen von bisher Ausgeschlossenen, doch geschieht dies meist, um das Leben zur Kunst zu führen«[31].

In diesem Prozess der Emanzipation bilden sich spezifische Grammatiken der Kunst und ihrer Künste als besonderer Eigenwert heraus. Zwar wird die Kunst immanente innere Reflexion der bildenden Künste über malerische Stile, künstlerische Verfahren und Methoden von der Moderne nicht erfunden, allerdings wirkt das Streben der Kunst, der Kunstschaffenden in dieser Epoche, sich selbst zu überraschen und neu zu erfinden, als Motor, der sich beschleunigt und dem Ruf nach »Verfransung« von Kunst und Leben folgt.

---

[28] Vgl. Rebentisch (2013), S. 110 ff.

[29] Ebd., S. 122.

[30] Ebd., S. 118.

[31] Diedrichsen (2008): Eigenblutdoping, S. 217.

Kunst ist Kunst, eine künstlerische Arbeit kann Kunstwerk sein oder: Kunst ist politisch, sofern sie ästhetisch ist.[32] Der utopische Impetus liegt in dem Diskurs begründet, dass es die Funktion der Kunst sei, wahrhafte gesellschaftliche Veränderungen zu vollziehen. Mit der Denkfigur des Fortschritts verbindet sich der Glaube an eine positivistische Weiterentwicklung der Gesellschaft mit dem Ziel der Freiheit für alle. Die Künstler_innen und ihre Werke bemühen sich um Selbstabhängigkeit. Diese avantgardistischen modernistischen Strömungen evozieren nicht nur die Abkehr vom Künstler als Demiurg[33], sondern zeigen sich besonders in einer progressiven künstlerischen Praxis. Das Gegenteil eines Universalgenies[34] (Demiurg) ist die moderne Künstlerin/der moderne Künstler.
Dieser wahrheitsästhetische Glaube erfährt nach 1945 und durch die Postmoderne der 1960er Jahre eine paradigmatische Wendung hin zur absoluten Widerrufung dieser Idee. Nach 1945 war deutlich geworden, dass es keinen Fortschritt, keine positive Weiterentwicklung in den Künsten mehr geben kann. Die millionenfache Ermordung von Jüdinnen und Juden in Vernichtungslagern konnte mit Adorno gesprochen nur eins zeigen, dass es keine erhabene Kunst, keine absolut gültige Kunst, gibt.[35] Die Erhabenheit von Kunst meint mit Adorno, Kunst, die sich aus sich heraus und in einer Selbstverständlichkeit für die bessere Gesellschaft entwickelt und darin immer wieder eine Weiterentwicklung erkennt und sucht. Kunst ist für Adorno der Ort, um richtiges Leben zu stiften. Kunst ist allerdings kein Bollwerk gegen

---

32 Vgl. Menke, Christoph (2013): Die Kraft der Kunst, Berlin, S. 174f.

33 Beim Gebrauch des Begriffs »Demiurg« möchte ich auf die platonische Lesart verweisen und meine den schöpferischen Akt des künstlerischen Schaffens aus der Künstlerperson selbst heraus. Dem Demiurgen obliegt etwas Gottähnliches und ihm wird die Gabe des Welterschaffenden zugesprochen. Insofern ist der Demiurg auch als mythische Metapher zu verstehen und meint: »Er ist Meister. Das aber heißt, sein Werk ist ein vollendetes Werk. Der Meister, der ein vollendetes Werk schafft, macht nur dieses eine. Das wenigstens gilt von dem Demiurgen, der die Welt schafft, wie Timaios schildert (Tim. 31a). Damit verliert das Kontingente seine Kontingenz, denn es ist einzig in seiner Art.« Gadamer, Hans-Georg (1991): Plato im Dialog, in: Gesammelte Werke. Griechische Philosophie 3, Bd. 7, Tübingen, S. 216.

34 Vgl. Adorno, Theodor W. (1953): Der Artist als Statthalter. Zu Valéry's Degas-Buch, in: Merkur, Heft 69, 11/1953, 7. Jahrgang, S. 1034–1045, Stuttgart, hier: S. 1040.

35 Vgl. Welsch, Wolfgang (1993): Adornos Ästhetik. Eine implizite Ästhetik des Erhabenen, in: ders. (1993): Ästhetisches Denken, Stuttgart, S. 114 ff sowie Rebentisch (2008), S. 14–15.

den gesellschaftlichen Exodus.[36] Sie bietet keine Lösung für Probleme. Sie ist nicht imstande sich für Menschlichkeit zu erheben. Sie ist lediglich Teil hegemonialer Aushandlungsprozesse und steht in keiner Weise über den Dingen.

An dieser Stelle setzt der Diskurs über das Ende der Geschichte und somit der Kunst an. Allerdings gibt Rebentisch zu bedenken, dass die »Posthistoire-Diagnose«[37] zwar als eine fundamentale Veränderung ab der Nachkriegsmoderne verstanden werden kann, kritisiert gleichzeitig aber auch die Endgültigkeit eines solchen Verständnisses. Dass herkömmliche resp. lineare Fortschritts- und Geschichtsmodelle infrage gestellt werden, unterstreicht vor allem aus philosophisch-ästhetischer Perspektive, dass eine Kritik an der Eindimensionalität diverser Kunsttheorien und Ästhetik notwendig wurde.

Diese »politisch technische Fähigkeit«[38], veränderbaren Einfluss auf sozialpolitische Verhältnisse zu haben, äußert sich nunmehr in der Form, »Modelle idealer Verhältnisse zu schaffen«[39]. Insofern wird kunsttheoretisch wie philosophisch seit den 1970er Jahren um das Verhältnis von Kunst und Politik gerungen (vgl. die weiterführende Auseinandersetzung zum Politischen im Kapitel Das Politische in der Kunst – Eine Ästhetik des Widerstands (nach Weiss)).

Die Moderne als grundlegende Erfahrung entäußert sich eben besonders auch in der Kunst, »und zwar eben in der Form einer Poetik des offenen Kunstwerks«[40]. Die damit einhergehende Hinwendung und Öffnung zu sozialen, politischen, ökologischen, biologischen, ökonomischen, kulturellen, künstlerischen wie auch technischen Aspekten des Lebens resp. zum Menschen an sich führt besonders seit der Nachkriegsmoderne ab den 1950er Jahren zur Uneindeutigkeit von Kunst.

Diese Entwicklung spiegelt sich auch in der Herausbildung hybrider und offener Kunstwerke wider. An »die Stelle«, so Umberto Eco, »einer nach allgemeinen Gesetzen geordneten Welt [trat, AW] eine auf Mehrdeutigkeit sich gründende [...], sei es im negativen Sinne des Fehlens von Orientierungszentren oder im positiven einer dauernden

---

[36] Vgl. Adorno, Theodor W. (2006): Zur Lehre von der Geschichte und von der Freiheit, Frankfurt/M, S. 10f.

[37] Vgl. Rebentisch (2008), S. 16 f.

[38] Diedrichsen (2008): Eigenblutdoping, S. 181.

[39] Ebd.

[40] Rebentisch (2008), S. 32.

Überprüfbarkeit der Werte und Gewissheiten«[41]. Denn eine eindeutige Logik im Sinne einer linearen Entwicklung von Kunst könne nicht mehr aufrechterhalten werden. Die Intermedialität der Kunstwerke löse die Einhegung in eine definitive Tradition auf. Hinsichtlich der »Absetzung der Gegenwartskunst von der Programmatik der Moderne« fragt Rebentisch: »Was wäre, wenn man diese Verschiebung nicht als Ausstieg aus der Geschichte denn als eine kritische, eine begründete Wendung gegen bestimmte Aspekte der Moderne verstünde?«[42]. So gefragt, erscheint der Terminus »Gegenwartskunst« aus seiner beiläufigen Neutralität gehoben zu werden und kann »normativ als eine Figur des Fortschritts an kritischem Bewusstsein vom Gehalt der Moderne lesbar«[43] gemacht werden.

Indem nichtkünstlerische Elemente Bestandteil des Kunstwerks werden, zeigt sich der über das System der Kunst hinausweisende Charakter – und stößt damit nicht an das Ende ihrer Entwicklung, wie Danto[44] zurecht feststellt. Gegenwartskunst ist mehr als nur die Auseinandersetzung mit ihren künstlerischen Darstellungsmitteln. Deren Besonderheit lässt sich auch nicht auf die kreativ wie künstlerische Unerschöpflichkeit des Künstlers als Demiurg verkürzen. Stattdessen wirkt die Kunst in den »Verhältnissen, in die sie eingelassen ist«[45]. Aufgrund der Bedeutungsoffenheit zeitgenössischer Kunst benötigt sie stärker die plurale Dimension interpretativer Kontextualisierung.

Diese Annäherung eröffnet Räume der Begegnung und negiert eine geschichtsphilosophische Engführung von Kunst,[46] erhebt allerdings »in ihrer singulären Gestalt gleichwohl Anspruch auf den allgemeinen Begriff von Kunst«[47]. Gertrud Koch bekräftigt diesen Ansatz und gibt zu bedenken, dass angesichts der »Verfransung der Kunst« (Adorno) »weder die Definition von Kunst noch die einzelnen Künste« verschwinden, bleibt doch »deren Eigensinnigkeit bestehen«[48]. Mit

---

41 Eco (1977), S. 38.

42 Rebentisch (2008), S. 12.

43 Ebd.

44 Vgl. Danto, Arthur C. (1991): Die Verklärung des Gewöhnlichen. Eine Philosophie der Kunst, Frankfurt/M, S. 11 f.

45 Rebentisch (2008), S. 165.

46 Vgl. ebd., S. 105.

47 Ebd., S. 109.

48 Gespräch: »Begriffe in Bewegung. Wie können die Kunstwissenschaften den Küns-

Diedrichsen gesprochen kann man ein »Werk« verstehen als »eine Formel, mit der man einen Zusammenhang stiften kann und zugleich dessen Grenzen bestimmen; sie sagt: Dies gehört noch dazu, dies nicht. Aus welchen (natürlich guten) Gründen auch immer«.[49]
Die überbordende Ökonomisierung des Ästhetischen durch Werbung und Massenmedien materialisiert sich unter anderem in einer alles umfassenden Inwertsetzung von Kunst und Kultur. In einer Endlosschleife wird vermeintlich Neues hergestellt. Nur weißt dieses Neue im Unterschied zur Idee des Neuen ausgehend von der Moderne keinen unmittelbaren Aufbruch mit unbekannten Größen auf. Die Erzeugung des Neuen in der Gegenwartskunst scheint stärker der Wiederholung von bereits Dagewesenem zu entsprechen. Demnach vollzieht sich Gegenwartskunst entlang der Produktion von originellen Varianten, allerdings ohne »über die Originalität des Einzelnen«[50] hinauszureichen. Es mangelt diesem Neuen der Anspruch nach Anfang. Hinsichtlich der Gegenwartskunst lässt sich also diagnostizieren, dass es ihr an Weiterentwicklung im Sinne der Moderne mangelt. Verloren gegangen ist jeglicher Begriff des Fortschritts. Eine Neujustierung des Fluchtpunktes des möglichen Unmöglichen ist notwendig.
Zusammenführend kann festgehalten werden, dass Tendenzen der »Entgrenzung« in den Konzepten der modernen Kunst angelegt sind. Eine besondere Bedeutung der mannigfaltigen gattungsbezogenen künstlerischen Praxen und Theorien kommt in der Gegenwartskunst den medientechnologischen Formaten, der postdigitalen Kunst zu. Sie bereichern die Debatte um »Entgrenzung« und »Entkunstung« der Kunst und ihrer Künste. Die Avantgarden des 20. Jahrhunderts haben bewusst die Einteilung in Geschmack, Lust, Natur, Wahrheit unterlaufen und »das Skandalöse, Hässliche und das Unmögliche«[51] gegen das Kunstverständnis ihrer Zeit in Stellung gebracht. Deutlich wird dadurch, dass Kunstwerke eher uneindeutig sind, sich also der Einschreibung in nur eine Kunsttradition entziehen, nicht zuletzt da-

---

ten gerecht werden?«. Eine Podiumsdiskussion mit Gabrielle Brandstetter, Gertrud Koch, Dieter Mersch und Joseph Vogl, Moderation: Markus Rautzenberg, S. 241–265, in: Fischer-Lichte, Erika; Hasselmann, Kristine; Rautzenberg, Markus (Hg.) (2010): Ausweitung der Kunstzone, Interart-Studies, Neue Perspektiven der Kunstwissenschaften, Bielefeld, hier: S. 242 f.

[49] Diedrichsen (2008): Eigenblutdoping, S. 213.

[50] Ebd., S. 11.

[51] Düttmann (2015), S. 201.

durch, dass darin kaum noch klassische Kunstmedien wie die Leinwand alleine als künstlerisches Ausdrucksmittel verwandt werden. Die Kunst, die sich ab den 1960er Jahren herausbildet, wendet sich durch die Inszenierung von Konzepten und Alltagsgegenständen »ganz aus dem System der Künste heraus«[52] und steht so diametral dem Konzept des geschlossenen Werkes gegenüber. Mit Kunst, in der Kunst und durch die Kunst haben sie die Grenzen der Kunstgattungen unterlaufen und der Idee der Pluralität in der Kunst zur Geltung verholfen. Insofern ist der Hauptgegenstand der Gegenwartskunst selbst ihre eigene Gegenwart. Im Verlauf des 20. und 21. Jahrhunderts hat sich eine Gegenwartskunst herausgebildet, die intermedial, hybrid und sich in künstlerischen und nichtkünstlerischen Formen »verfranst«.
Ein weiteres Moment ist in der Politisierung der Kunst seit der Moderne zu sehen, die allerdings zu einer Ästhetisierung der Politik führt und im Endeffekt die Herausbildung einer politischen Kunst konterkariert – Politik macht eine »Politisierung der Kunst tendenziell unmöglich«[53]. Künstlerische Versuche nach 1950 wie »Abstrakter Expressionismus, Pop-Art, oder der Antiformalismus des Sozialistischen Realismus«[54] müssen als gescheiterte Bemühungen einer zu politisierten Kunst betrachtet werden. Auch hier zeigt sich, dass sich die klassisch-modernistische Idee, Kunst in Lebenspraxis zu transformieren, nicht verwirklichen lässt. Insofern hat Gegenwartskunst immer noch ihre Bezugspunkte in den Kunstgattungen. Kurzum: Es gibt nicht eine »allgemeine« Kunst, sondern Kunst und ihre Künste.[55] Trotzdem kann für die Gegenwartskunst festgehalten werden: Sie ist »plural« und insofern als künstlerische Praxis der Öffnung und Hinwendung zum Leben zu verstehen. Im Anschluss wird diese Entwicklung als Charakteristikum der Gegenwartskunst weiterführend skizziert. Es soll ein Puzzlestück im Sinne einer differenzierten Betrachtung der Kunst heute zusammengesetzt werden. Denn versteht man Kunst selbst als plural, entsteht ein weiterer Zugang, um die Ausgangsfrage dieser Arbeit klären zu können. Ob dem so ist, soll im folgenden Abschnitt geklärt werden.

---

[52] Rebentisch (2013), S. 101.

[53] Behrens (2016), S. 287.

[54] Ebd.

[55] Vgl. ebd., S. 288–289.

Kunst ist plural

Seit den 1960er Jahren findet als eine Art kritischer Fortsetzung der Moderne in Form der »Entgrenzung« der Kunst und der Künste ein kunstpraktischer und theoretischer Umbruch statt. Das kunsttheoretische Paradigma modernistischer Ästhetik wird aufgrund der Ausdifferenzierung und Entwicklungen der künstlerischen Praxis auf die Probe gestellt und wendet sich gegen eine Idee von Kunst als geschlossenes Kunstwerk. Im Effekt flutet dieser Prozess die Grenzen zwischen Kunst und Nichtkunst[56]. Es gilt, sich künstlerisch asynchron und diametral verschiebend zu homologen und verabsolutierenden Kunstvorstellungen zu verhalten. Laut Rebentisch ist Kunst eben nicht etabliert; etabliert sie sich, sollte sie schnellstens gegen sich gedreht werden.

Die Kunst »stellt intermediale Hybride her, bei denen sich nicht mehr angeben lässt, welche der angespielten Gattungslogiken und korrespondierenden Sinne die jeweils dominanten sein sollen«[57], resümiert Rebentisch. Nichtkünstlerische Formen seien unlängst Teil aktueller Kunst geworden. Adorno bezeichnet diese Entwicklung der gegenseitigen Durchdringung von klassischen Kunstformen, anderen kulturellen Genres und nichtkünstlerischen Formaten als »Verfransung«. Bei der Verschmelzung müsse jeweils die ästhetische Dimension bei der Beschreibung der kategorialen Unterschiede von Kunst und Nichtkunst berücksichtigt werden.

Ab den 1960er Jahren gerät der Kunstbetrieb selbst im Sinne einer Institutionskritik in den Fokus der künstlerischen Auseinandersetzung. Verstärkt entwickeln sich offenere und stärker intermediale Werke, die sich durch mannigfaltige Erprobungen von Grenzgängen bzw. regelrechte Überschreitung von Grenzen auszeichnen. Exemplarisch seien die Konzepte der »Sozialen Plastik« (Beuys)[58], des »Happenings« (Allan Kaprow, Wolf Vostell)[59] und »Fluxus« (Nam June Paik)[60] oder

[56] Vgl. Rebentisch (2013), S. 21.

[57] Ebd., S. 102.

[58] Vgl. Harlan, Volker; Rappman, Rainer; Schata, Peter (1984): Soziale Plastik. Materialien zu Joseph Beuys, Achberg.

[59] Vgl. Wick, Rainer K. (1973): Theorie des Happenings Teil 1, in: Kunstforum International, Bd 8.

[60] Vgl. Hanhardt, John G. (1982): Nam June Paik, Ausst.Kat. Whitney Museum of American Art New York, New York, S. 25.

die Projekte von Robert Smithson[61] oder Gordon Matta-Clark[62] genannt. Durch die Erweiterung der visuellen Kultur durch angewandte nichtkünstlerische Methoden und Techniken verändert sich die herkömmliche Art und Weise des Zeigens. Die Präsentation der Kunst und Künstler_innen steht nicht mehr allein im Zentrum, sondern das Publikum wird integraler Bestandteil der Kunstproduktion (vgl. Adrian Piper[63]). Bei der Kritik am herrschenden Repräsentationssystem geht es vor allem darum, die »Logik der Repräsentation selbst zu durchbrechen, um sie in ihrer Wirklichkeit ins Bewusstsein zu heben«[64]. Im Zentrum der Kritik stehen Galerien resp. die »weiße Wand«, der White Cube der Ausstellungsräume. Die vermeintliche Neutralität der weißen Wand soll entlarvt werden. Als Michael Asher 1974 die Wände in der Claire Copley Gallery in Los Angeles entfernt, kommt ein gewöhnlicher Geschäftsraum zum Vorschein, wodurch deutlich wird, dass der White Cube ein Ort ökonomischer, politischer sowie kultureller Ein- und Ausschlüsse ist.[65] Unterschiedliche Realweltbezüge sollen deutlich, das Geschäft mit der Kunst als ein Problem der Repräsentation darstellen. In der Institutional Critique spiegelt sich auch die Kritik an der »Geschlossenheit des im modernistischen Sinne autonomen, also kontextunabhängig für sich stehenden, des monadischen Kunstwerks [als, AW] eine Illusion«[66]. Denn das Erfahren von Kunst ist stets durch den Repräsentationsraum bestimmt (vgl. die Arbeiten von Broodthaers[67], Buren[68] oder Haacke[69]). Die institutionskritische Kunst

61 Vgl. Beardsley, John (1989): Earthworks and beyond. Contemporary Art in the Landscape, New York, S. 25.

62 Vgl. Diserens, Corinne (Hg.) (2003): Gordon Matta-Clark, London.

63 Vgl. Breitwieser, Sabine (Hg.) (2002): Adrian Piper seit 1965. Metakunst und Kunstkritik, Köln.

64 Ebd., S. 160.

65 Vgl. Zitko (2012), S. 63 ff.

66 Rebentisch (2013), S. 172.

67 Vgl. Compton, Michael; Crimp, Douglas u.a. (1989): Marcel Broodthaers, Walker Art Center, Minneapolis; Rizzoli; New York.

68 Vgl. Bezzola, Tobia; Kurzmeyer, Roman (Hg.) (2007): Harald Szeemann with by through because towards despite, Ausst. Kat., Zürich; Wien, hier ab: S. 240.

69 Vgl. Haacke, Hans; Straka, Barbara (Hg.) (1984): Hans Haacke. Nach allen Regeln der Kunst, NGBK, Ausst.Kat., Berlin.

(vgl. z. B. »Museum Highlights: A Gallery Talk« von Fraser[70]) überwindet nicht die ökonomisch-politischen Produktionsverhältnisse, »aber sie lässt sich von ihnen auch nicht mehr hinterrücks bestimmen.«[71] Sofern erfährt der Kunstbegriff eine tief greifende Erweiterung.[72]

Die Kunst in dieser Zeit ist nicht im Sinne der Moderne avantgardistisch, da es ihr nicht um die Aufhebung der Kunst im Leben geht. Ihr geht es um Ästhetik und die Kritik der Darstellungsmittel, -formen, -praxen, ihrer Produktions- und Reproduktionsbedingungen. Rebentisch spricht von einer »Politik des Ästhetischen«[73], die den Betrachter »mit den Grenzen unseres Verständnisses, mit den Beschränkungen unserer Weltbilder«[74] konfrontiert.

Im nächsten Abschnitt soll näher auf die Rolle des Publikums vor dem Hintergrund der Pluralisierung der Kunst eingegangen werden, da sich an dieser Entwicklung ein wichtiger Kanon zeitgenössischer Kunst skizzieren lässt.

Die Rolle des Publikums

Zeitgenössische Kunst im Spiegel modernistischer Ästhetik und emanzipatorischer Bewegungen lässt sich durch pluralistische Termini beschreiben. In ihr ist kein Raum für absolutistische, dogmatische Eindimensionalität. Eine besondere Funktion für das kritische Potenzial von Kunstwerken kommt dabei dem Publikum zu.

Die Rezipient_innen sind mitbestimmender Teil des Werkes, indem sie als aktive Interpret_innen über ihre individuellen, identitären und klassenspezifischen Zugänge stets auch die »grundsätzliche Frage nach ihrer spezifischen Funktion für diese Wirklichkeit«[75] der Kunst mitverhandeln. Die Rezipient_innen sind also integral für die Werkswerdung, denn in der Gegenwartskunst ist »der Betrachter [...] – als denkende Kreatur – [...] Teil von ihr«[76] und dynamisches Element der künstlerischen Arbeit. Ohne sie gäbe es kein Werk, nur mit ihr ist

[70] Vgl. hierzu: Möntmann, Nina (2002): Kunst als sozialer Raum. Andrea Fraser, Martha Rosler, Rirkrit Tiravanija, Renée Green, in: Posthofen, Christian (Hg.) (2002): Kunstwissenschaftliche Bibliothek, Bd. 18, Köln, S. 55–60.

[71] Ebd., S. 174.

[72] Vgl. dazu: Zitko (2012), S. 173 ff.

[73] Ebd., S. 192.

[74] Ebd.

[75] Ebd., S. 121.

[76] Ebd., S. 212.

es ästhetisch beschreibbar und somit Kunst. Genau in diesem Moment materialisiert sich das Demokratieversprechen der Kunst seit der Moderne, verstanden als Lust, sich selbst mit Kunst und Kultur zu konfrontieren und auseinanderzusetzen. Im offenen Kunstwerk lässt sich ein besonderes Selbst- und Weltverständnis wahrnehmen und beschreiben. Indem gesellschaftliche Strömungen wie feministische, kapitalismuskritische und antikapitalistische oder ökologische in die zeitgenössische Kanonbildung der Kunst einfließen, werden bürgerliche Kunstvorstellungen dekonstruiert[77].

Im Sinne Rebentischs folgt daraus, dass man nicht mehr von Werken mit »transhistorischer Gültigkeit« sprechen kann – die »Größe« des Werkes selbst rückt in den Blick, da sie sich »selbst historisch bildet: in der und durch die Geschichte ihrer Neu- und Wiedererschließung in jeweils zeitgenössischen Kontexten«[78]. Insofern entfalte sich der Kanon immer dynamisch, denn die Intermedialität von Kunstwerken impliziert »miteinander kommunizierende Elemente«[79], die sich nicht auf ein einzelnes Element reduzieren lassen. Das Werk wird »durch den künstlerischen Eingriff [...] ein Objekt der Interpretation, das seine Betrachter in ein potenziell unbeendbares Spiel der Bedeutungen verwickelt«[80].

Die Kunst und ihre Künste zeichnen sich aber trotz der parallelen Verweise auf unterschiedliche Wirklichkeiten in einer je eigenen Singularität aus. Nun kommt es aber bei der Erschließung der je eigenen Singularität bzw. der inneren Logik von zeitgenössischen Kunstwerken darauf an, zu verinnerlichen, dass »Erfahrung und Werk« auf einer Ebene liegen. Ich wiederhole: denn sie teilen denselben Moment der Erweckung und Entstehung. Insofern entsteht die Rezeption eines künstlerischen Objektes in einem dialektischen Verhältnis zwischen Subjekt und Objekt. Die multiplen Perspektiven und Zugänge eröffnen sich im Verhältnis der Erfahrung, der Auseinandersetzung mit dem Werk. Während wir über das Kunstobjekt sprechen, beginnen wir es zu lesen und seine Grammatiken für uns zu erschließen. Indem wir es beschreiben, sozusagen subjektiv mental anreichern, wird das Objekt zum Werk. Dabei geht es nicht um eine letztgültige Beschreibung des Kunstwerks im Rahmen der Kunstgeschichte, sondern um

---

[77] Vgl. ebd., S. 177.

[78] Ebd., S. 17.

[79] Ebd., S. 155.

[80] Ebd.

die subjektive, individuelle Aneignung als Wert an sich.
Es geht also nicht um eine absolute Kunstgeschichtsschreibung, die die Kunst nach tradierten Gattungen und ikonografischen Elementen festschreibt. Entscheidend ist die Wahrnehmung, Benennung und Kontextualisierung der pluralen Dimensionen von Werken unter Anerkennung ihrer jeweiligen Singularität. Ein Zugang für das Verständnis von Gegenwartskunst lässt sich über die Perspektive der Ästhetik gewinnen, denn damit kommt man »den innersten Intentionen der Moderne selber auf die Spur«[81]: Das Werk befördert die Auseinandersetzung und die Möglichkeit unbegrenzten Nachdenkens über künstlerische, nichtkünstlerische und weltbezogene Fragen.
Was heißt das nun für die Kunstkritik? Und welche Rolle spielen dabei die bislang geführten Diskussionen um die kulturindustriellen Produktionsbedingungen der Gegenwartskunst, deren begriffliche Neubestimmung und der historischen Genese der Idee der Kunst seit der Moderne, die zu dem Schluss führte, als wesentliches Charakteristikum von Gegenwartskunst ihre Pluralisierung anzusehen? Welche Bedeutung diese Veränderungen und Umbrüche für die zeitgenössische Kunstkritik haben, soll im folgenden Abschnitt erörtert werden.

Eine Zusammenführung: Kunstkritik

> *»Es gibt nie »die Kunst«, es gibt nur Kunst.«*[82]
> (Rebentisch 2013)
>
> *»Kritik wäre irgendwie ein neues Beginnen.«*[83]
> (Honneth 2012)

Auch wenn es zu »Verfransungen« an den Grenzbereichen, den Übergängen zwischen Kunstgattungen kommt, löst sich »nicht gleich der Teppich«[84] auf. Jede Einzeldisziplin bleibt bestehen, »und kann sich

---

[81] Ebd., S. 44 f.

[82] Rebentisch (2013), S. 112.

[83] Vgl. Köhler, Benjamin (2013): Theorie der Anerkennung als kritische Theorie der Gesellschaft? – Ein Interview mit Axel Honneth (Teil 2), 14.02.2013, verfügbar unter: http://soziologieblog.hypotheses.org/4002 (Stand 12.11.2015).

[84] Vgl. Rebentisch (2013), S. 99.

dadurch gerade auf andere Künste beziehen, andere Künste in sich einbeziehen«[85]. Allerdings sind »solche Beziehungen der Künste untereinander [...] nicht beliebig; nicht jede Kunst übernimmt für jede andere dieselbe konstitutive Funktion«[86], da dafür ihre jeweiligen Eigenarten wesentlich und ausschlaggebend sind. Ob der Öffnung der Künste aufeinander und die Bezugnahme untereinander treten traditionelle Gattungslogiken in den Hintergrund, denn hybride Kunstwerke verlangen das »In-between-Sein«, also die Analyse der Werke nicht nach schematischen, sich ausschließenden Kategorien von Kunstgattungen, sondern das Sprechen und Lesen der Werke in Beziehung zu den Künsten zueinander. Würde man den herkömmlichen Logiken weiterhin folgen, wäre die anerkennende Analyse der nichtkünstlerischen Anteile in den Werken, also etwa von Alltagsdingen, von fremden Verfahren und dergleichen, nicht ausreichend möglich. Um die Wechselwirkung der Künste in ihrer Geschichtlichkeit kritisch würdigen zu können, gilt es, das Changieren zwischen den Kunstgattungen als konstitutives Element im Ästhetischen aufzuspüren. Oder mit den Worten von Düttmann: »Jedes Kriterium erweist sich als umkehrbar, jeder Fortschritt als Rückschritt, jede Verfransung als Ausfransung«[87]. Vor diesem Hintergrund wird beginnend mit den Autonomieansprüchen der Kunst seit der Moderne ständig über ein vermeintliches »Ende der Kunst« spekuliert[88].

In diesem Zusammenhang sei auf ein Problem in der Beurteilung von Gegenwartskunst verwiesen, welches von Düttmann wie folgt beschrieben wird:

> *»Je mehr eine Gattung von dem in sich hineinlässt, was ihr immanentes Kontinuum nicht in sich enthält, desto mehr partizipiert sie am ihr Fremden, Dinghaften, anstatt es nachzuahmen. Sie wird virtuell zum Ding unter Dingen, zu jenem, von dem wir nicht wissen, was es ist.«*[89]

Durch die Hybridisierung – »zum Ding unter Dingen« – entzieht sich Gegenwartskunst einer eindeutigen Einordnung, erscheint als Gegenstand, von dem »wir nicht wissen, was es ist«. Beschreibbar wird

[85] Düttmann (2015), S. 15 f.

[86] Rebentisch (2013), S. 101.

[87] Düttmann (2015), S. 238.

[88] Ebd., S. 237.

[89] Ebd., S. 238.

sie allerdings, wenn man sich der Dezentralisierung der Gegenwartskunst bewusst stellt und sich der Ausdifferenzierung der historischen Strömungen und Entwicklungen in der Kunst wach annimmt.[90] Das Beschreibbarmachen selbst sollte dabei als Mittel für Kunstkritik verstanden werden, weil dadurch »all jene künstlerischen Produktionen kritisiert werden, die den ›Rätselcharakter‹ der Kunst in eine Unbezogenheit ihrer Elemente oder in eine bloße Undeutlichkeit übersetzen und so eine Selbstmystifikation betreiben, die das Denken beendet, bevor es beginnen konnte«[91]. Der »Rätselcharakter«[92] von Kunstwerken ist ihre Bedeutungsoffenheit oder Unbestimmtheit, also die innere Paradoxie von Kunst.

Die zeitgenössische Kunst hat eine medien- wie gattungsspezifische Pluralität hervorgebracht, die eine kunsttheoretische Herausforderung darstellt und eine dialektische Bestimmung von Gegenwartskunst, also von Kunst und ihren Künsten, notwendig macht. Im Gegensatz zur traditionellen Gattungstheorie ist die Hinwendung zum Kunstwerk für eine Neudefinition von Kunst Voraussetzung, weil es um ein Singular-Plural-Verhältnis geht.

Das verlangt auch, die Kunstkritik neu zu bestimmen. Es ist für das Verstehen von Kunst, auch in seiner Funktion als vermeintlicher Wahrheitsträger einer Kultur und Verfasstheit von Gesellschaft, wesentlich, zu prüfen, inwiefern über das künstlerische Objekt eine Abstandsnahme zu unlängst Vertrautem und Herkömmlichem angeregt und initiiert wird.[93] Das Besondere der Gegenwartskunst ist nicht die Herausbildung unendlich verschiedener Gattungen, die sich ob diverser Dimensionen gespeist durch Techniken, Konzeptionen oder Verfahren bestimmen lassen. Das Besondere kommt vielmehr durch die paradoxe Komplexität und Parallelität von medialen wie gattungsspezifischen Formen und inhaltlichen Ebenen der Werke zum Ausdruck.

Die Singularität der Kunstwerke eröffnet durch die »Entgrenzung« und die jeweils besondere ästhetische Distanz Erfahrungsspielräume. Dass, was die Kunst weiß und zu öffnen vermag, bekundet sie in der ästhetischen Distanz zu Tradiertem, gewöhnlich gewordenen Mustern, Verhaltensweisen, Formen und historisch Vergessenem. Das Eingeschliffene, die Wiederholung oder die Erblindung gegenüber

---

[90] Vgl. ebd., S. 235.

[91] Rebentisch (2013), S. 114.

[92] Adorno (1997): Ästhetische Theorie, S. 184.

[93] Vgl. Rebentisch (2013), S. 113–115.

Dingen und Praxen auf verschiedenste Art und nach bestimmter künstlerischer Haltung und Motivation zu brechen, folgt und formiert sich aus einer »Idee« des Neuen, des Hinterfragens, von Dekonstruktion und Neuzusammensetzung. Die »Idee«, die die Kunst zum Schauplatz macht, die »als Unterbrechung des Kommens und Gehens von Stilen«[94] in Erscheinung tritt, ist die besondere Autonomie der Kunst und diese sollte weniger auf die reine (Re-)Produktion verkürzt werden. Düttmann ist zuzustimmen, dass die profunde und tiefe »Idee« nicht am Fließband produziert werden kann. Dies gilt umso mehr, als die »Idee« unter neoliberalen Bedingungen zur Ware geworden ist; zugespitzt in der ideologischen Verblendung, man könne und müsse für die Produktion von Neuem – was allerdings nur neuartig ist – rund um die Uhr eintreten, womit das neoliberale Credo von Flexibilität, Selbstaktivierung und allzeitiger Verfügbarkeit in die Kunst Einzug gehalten hat. Diese Entwicklung vollzieht sich auch entlang der Einflüsse von neuen Technologien in der Kunst und veränderten Rezeptionsstilen, die sich nicht zuletzt durch die Kultur- bzw. Unterhaltungsindustrie herausbilden.

Auch aus der Perspektive von digitalen, neuen medientechnologischen resp. postdigitalen Kunstwerken scheint der klassische Werkbegriff wegen der Unabschließbarkeit des verabsolutierenden Charakters obsolet.

Nun ist der Werkbegriff eine unablässig notwendige Größe in der Definition von Kunst – besonders bei der Diskussion um Wahrheit. Ist doch das Werk ein Medium und Kategorie der Wahrheit und der Erschließung des politischen Potenzials einer künstlerischen Arbeit. Will man also diskursiv an der öffentlichen Auslotung und Neudefinition von Kunst mitwirken, so kann dies nicht ohne einen Begriff von Werk geschehen. »Damit die Kunst als Ort der Wahrheit wahrgenommen werden kann«, lässt sich in Anlehnung an Bubner argumentieren, »muss sie sich als eine ›eigenständige sinnliche Erscheinungsform‹, eben als Werk, aus dem ›Kreis aller übrigen Objekte der Erkenntnis hervorheben‹«[95].

Allerdings gibt Diedrichsen zu bedenken, dass unter den veränderten Bedingungen der (Re-)Produktion von Kunst, die Kunst eine neue Bedeutung anhand der Betrachtung und interpretativen Teilhabe am offenen Kunstwerk erfährt:

---

[94] Düttmann (2015), S. 181.

[95] Rebentisch (2013), S. 41 f.

»Der einbezogene Kontext, den Kritik und progressive Kuratoren lange gegen eine bürgerliche Werk-Ästhetik als Recht der Wirklichkeit gegen eine kunstideologische bis kunstreligiöse Kunst eingefordert haben, hat sich in den unwillkommenen Kontext verwandelt, der die Kunstrezeption in kulturindustrielle Großformate integriert. Er nimmt ihnen ihre Autonomie nicht, um eine vermeintliche Wirklichkeit ins Recht zu setzen, sondern treibt ihr den letzten Rest an Verbindung zu Wirklichkeit aus. Indem permanent Kontexte um die Werke herumgebaut sind und ihnen übergestülpt werden, die aber nichts mit der Herkunft oder den realen Bedingungen der Werke zu tun haben, sondern eine weitere artifizielle Welt bilden, wird ein zweiter Kontext geschaffen, der mit dem Kontext der kritischen Diskussion nichts zu tun hat.«[96]

Das Sprechen über ein Kunstwerk wird seit der Moderne zum Sprechen aus dem Kunstwerk heraus. Es geht um die subjektive Eröffnung der Grammatiken des Werkes an sich, in der die Rezipierenden prozesshaft aktiver und maßgeblicher Teil der Konstitution der künstlerischen Arbeit zum Werk sind. Weil nicht mehr von der ideologischen Geschlossenheit des Werkes ausgegangen werden kann, wird die plurale Betrachtung unter Berücksichtigung der singulären inneren Logik des einzelnen Werkes notwendig. Ich denke, es ist eine konstruktive Option, die Kritik an Kunst als normative Rekonstruktion zu praktizieren. Die Anerkennung des Werkes ist hier pragmatische Setzung und Bedingung für die Kritik. Denn mit dieser Festlegung kann die Werkgestalt unter Berücksichtigung verschiedener Kunstauffassungen analysiert werden. Vor diesem Hintergrund lässt sich mit Diedrichsen das Werk wie ein »Stopp-Zeichen«[97] lesen, wenn damit ein Innehalten, die Konzentration auf einen Anfang und ein Ende verbunden wird.
Die hier vorgeschlagene normative Rekonstruktion als methodisches Vorgehen an Kunst als Teil von Gesellschaftsanalyse beinhaltet neben der Betrachtung und Beschreibung des Werkes die Einbindung in aktuellen Debatten und Diskurse und deren Hintergründe. Es gilt mitzu-

[96] Diedrichsen (2008): Eigenblutdoping, S. 195.

[97] Ebd., S. 210.

denken, dass das Werk Produkt ist einer

> *»Entwicklung, die man sowohl als ein Ergebnis einer politischen Forderung, ja gar einer Befreiungsidee deuten kann wie auch als ein Ergebnis kapitalistischer Deterritorialisierung. Dabei kann man dann immer sehen: die größte Strafe für eine Forderung ist ihre isolierte Erfüllung, isoliert von ihrem historischen und gesellschaftlichen Kontext.«*[98]

Eine Kunstkritik, die vom Kunstwerk ausgeht resp. von der ästhetischen Wahrnehmung des Werkes als Konglomerat innerer wie äußerer Bezugssysteme, schreitet fragend voran. Um diese Form der inhärenten Politik des Werkes offenzulegen, beziehen sich die zu stellenden Fragen weniger auf das Künstlersubjekt noch auf die Rezipierenden. Diedrichsen schlägt folgendes Herangehen vor:

> *»Was soll es sein? […] Nicht welche Ontologie hat es, sondern welche strebt es an, und wie verhält die sich zu der, die es hat? Welche Reaktionen plant es ein, welche kann es kriegen etc.? […] Ist es gut, dass es das sein soll? […] Sind wir mit seinen impliziten Voraussetzungen einverstanden? Teilen wir seine impliziten Annahmen über es selbst, für es selbst oder für Kunstwerke schlechthin oder für eine bestimmte Klasse von Kunstwerken? […] Ist es das, was es sein soll? […] [oder, AW] [W]er [hat, AW] denn überhaupt das Privileg, so zu diskutieren[?]«*[99]

Es kommt auf die Bemühung an, die Subtexte eines Werkes entlang dieser Fragen zu entschlüsseln und historisch zu rekonstruieren. So lassen sich verborgene oder verschlüsselte Elemente entzifferbar und als Teilsysteme sichtbar machen. Diese Vorgehensweise geht anders als sozialwissenschaftliche Bemühungen der Gesellschaftsanalyse von normativen Vorentscheidungen aus. Es kommt mir hier auf eine Differenzierung der philosophischen Ästhetik von Gegenwartskunst an. Demnach werden im nächsten Kapitel durch Begriffe wie Ästhetik, Widerspruch, Widerstand, Erhabenheit, Kraft der Kunst die Momente des Politischen, also der Gehalt des Utopischen von Kunst eruiert und ein tief gehender Rahmen für diese Untersuchung gespannt.

---

[98] Ebd., S. 193.

[99] Ebd., S. 211.

Die kapitalistische Kulturindustrie produziert eine Atmosphäre des Immergleichen als »Mainstream« und obwohl durch die Produktion des ewig selben und gestrigen eine Art Stagnation die Kunst- und Kulturproduktion begleitet, mit teilweise kunstmarktdominanten Zügen, und somit auch die Idee einer besseren und gerechteren Gesellschaft wegzurutschen droht, verfolge ich den Ansatz, dass andere Sichtweisen möglich bleiben. Orientierungsnorm soll eine Ästhetik des Widerstands sein. In Zeiten der sich ständig verändernden und komplexer werdenden Bedingungen des gesamten gesellschaftlichen Lebens nehmen Brüche zu, verlangen sowohl nach Widerstand als auch nach einer Ästhetik, die diese Brüche spiegelt und bestmöglich Norm zur Orientierung ist.

Im nächsten Kapitel wird eine Ästhetik des Widerstands theoretisch umrissen. Ziel ist es, das politische Potenzial von Kunst und im speziellen von Gegenwartskunst freizulegen. Dabei hat die individuelle Begegnung mit Kunstwerken als ästhetische Erfahrung eine entscheidende Bedeutung. In Abgrenzung zu den Tendenzen der Politisierung von Kunst ebenso wie den Tendenzen der »Entkunstung« wird das Politische über das Ästhetische bestimmt. Denn nur wenn Kunst ästhetisch ist im Sinne eines künstlerischen Ringens und Probierens, wird sie zum Schauplatz, auf dem gesellschaftliche Spannungsfelder sichtbar und verhandelbar werden. Die Radikalität der Sichtbarmachung kreist dabei um die Frage, wie stark eigene Deutungsschemen infrage gestellt werden.

III Zum Widerstand in der Kunst

»Kunst entsteht aus antagonistischen Situationen[,] aus Kontroversen[,] aus Zusammenstößen von Konflikten«[1] (Weiss 1981)

Galt die klassische Moderne als Avantgarde, als gesamtgesellschaftliche Vorreiterin im Sinne einer reflexiven Ästhetik, so scheint die Gegenwartskunst kaum ein vergleichbares kritisches Vermögen aufzubringen.

Zunächst möchte ich einleitend festhalten, dass Kunst in ihren unterschiedlichen Genres grundsätzlich mehr als Politik ist. Das politische Potenzial von Kunst wird missverstanden, glaubt man, es als eine Kunstpraxis im Feld der praktischen politischen Arbeit verorten zu können. Diese Form fände ihre Entsprechung im Politikmachen mit künstlerischen Mitteln und es bestünde die Gefahr des Verlustes des Ästhetischen. Solcherart explizit »politische Kunst« entfaltet meist keine ästhetische Kraft und sie schafft auch keine Lust zur Reflexion, sondern provoziert einen schalen Beigeschmack und teilweise das Gefühl der Fremdscham. Solche Arbeiten zeugen von Übergriffigkeit (etwa die Videoarbeit von Artur Żmijewski »80064«) oder sind eher politischer Aktivismus (Zentrum für politische Schönheit[2]), also nichtkünstlerisches Engagement oder Experiment.

Im Gegensatz dazu entfaltet Kunst ihre politische Kraft, wenn sie aus einer Überschreitung von Grenzen resultiert und sich durch das Zusammenspiel von künstlerischen und nichtkünstlerischen Anteilen in einem Werk ästhetisches wie utopisches Potenzial materialisiert. »Gelungene aktuelle Kunst handelt oft vom Vorbeisein beider Möglichkeiten«[3], zum einen der modernistischen Vorstellung, Kunst und Gesellschaft miteinander verschmelzen zu lassen, und zum anderen der postmodernen Haltung, nach der Kunst nur noch »praktische Arbeit

---

[1] Weiss, Peter (1981): Notizbücher 1971–1980. Bd. 1, Frankfurt/M, S. 415.

[2] Vgl. hierzu: Zentrum für politische Schönheit (o. J.): Selbstbeschreibung, Webseite, verfügbar unter: http://www.politicalbeauty.de/Zentrum.html (Stand 09.12.2016). Außerdem: Stange, Raimar (2014): Interview: Zentrum für politische Schönheit. Wir wollen nicht sterben!, 17.11.2014, in: Art Das Kunstmagazin, verfügbar unter: http://www.art-magazin.de/szene/8317-rtkl-interview-zentrum-fuer-politische-schoenheit-wir-wollen-noch-nicht-sterben (Stand 16.12.2016).

[3] Diedrichsen (2008): Eigenblutdoping, S. 190; vgl. hierzu: Zentrum für politische Schönheit (o. J.) und Stange (2014).

an den Grenzen«[4] sei. Weiterführend wird eine Argumentation einer zeitgenössischen Kunst erörtert, die sich »mit ihrer Zeit« verhält, einer Kunst also, die als Resonanzraum der Bedingungen gesamtgesellschaftlicher Verhältnisse ästhetisch ist und etwas über sich hinaus zum Vorschein bringt. Die spezifische Qualität des künstlerischen Objekts resultiert dabei aus der Imagination, die zwischen Subjekt und Objekt entsteht und ein Mehr zu erzeugen versucht. Dabei entspricht

> *»[d]iesem Mehr der Objekte [...] ein ästhetisch, nämlich auf spezifische Weise reflexiv gewordenes Subjekt, das nicht zuletzt seinem eigenen lebensweltlichen Kontextwissen in den Spiegelungen und Brechungen des ästhetischen Scheins distanziert, fremd, begegnet.«*[5]

In dieser Begegnung vollzieht sich die ästhetische Erfahrung. Mit ästhetischer Erfahrung ist der Prozess gemeint, in dem die Bedeutung von Material und Form subjektiv angeeignet und dekonstruiert wird. Diese dynamische Bewegung lässt das Objekt, besser dessen Form, ästhetisch werden. Ausgehend von der Ästhetik lässt sich in Form der Reflexion der Moment des Politischen begreifen und beschreiben. An dieser Stelle geht es mir um die Diskussion des politischen Potenzials von Kunst, also um Kunst, die potenziell gesellschaftliche Spannungsfelder sichtbar machen kann. Sie ist ästhetisch widerständig, weil ihre Werke – mit Joseph Vogl gesprochen – wie »kleine Inseln des Hinschauens, der Möglichkeit des Hinschauens, Hinhörens«[6] wirken in einer Welt, in der »[w]ir [...] mit Produkten, mit Phänomenen umgeben [sind, A.W.], die uns das Wegschauen impulsiv nahe legen«[7].
Die folgenden Abschnitte legen die Grundlage für die spätere Diskussion der von mir ausgewählten Kunstwerke. Überprüft werden soll, wie Kunst sich mit den aktuellen Bedingungen einer digitalisierten Gesellschaft auseinandersetzt und welche ästhetischen wie politischen Erfahrungsräume dabei entstehen können. Wesentlich ist für mich dabei der Dreiklang von ästhetischer Erfahrung, verstanden als dynamischer Prozess zwischen Interpret_in und Werk, Reflexion als Teil des politischen Potenzials von Kunst und drittens ihr Potenzial als »Schauplatz« und »Regelbruch« im Sinne Düttmanns. Das Politische (in) der Kunst fassbar zu

---

[4] Ebd.

[5] Rebentisch (2013), S. 51.

[6] Fischer-Lichte et al. (2010), S. 251.

[7] Ebd.

machen, scheint mir Bedingung und Notwendigkeit, um die Frage nach der Funktion der Kunst für ihre Gegenwart beantworten zu können. Wichtig ist mir dabei zu betonen, dass ich keine philosophisch-ästhetische oder kunstwissenschaftliche Neubestimmung von »politischer Kunst« anstrebe. Insofern scheint es mir notwendig zu sein, näher auf die Ästhetik, die Formensprache der Kunst und ihrer kleinsten Einheiten einzugehen. Nur die Klarheit der Begriffe ermöglicht ein besseres Verständnis für die Funktion und das Politische in der Kunst.

Dieses Kapitel widmet sich der theoretischen Einführung in den Diskurs über das konstitutive Bezugsfeld Kunst, Gegenwart und Politik und dem Potenzial zum veränderten Deuten und Verstehen von Welt. Dabei stütze ich mich auf die Überlegungen und Positionen von Weiss, Rebentisch/Menke und Düttmann. Peter Weiss verfasst den »Jahrhundertroman« »Die Ästhetik des Widerstands« (1975–1981) und legt damit eine Beschreibung der Niederlagen und Utopien der Arbeiter- und antifaschistischen Bewegungen des 20. Jahrhunderts in Europa vor. Darüber hinaus entwickelt er eine komplexe ästhetische Formensprache des Widerstands, der Hoffnung und des Handelns für Veränderung und für eine bessere Gesellschaft. Während nach Rebentisch und Menke das politische Potenzial im Prozess der ästhetischen Erfahrung durch Reflexion der erlebten Form des Werkes entsteht, radikalisiert Düttmann diese Sichtweise und betont, dass reine Reflexion allein nicht reicht. Düttmann plädiert dafür, im Prozess des Politischen, verstanden als dialektische Aushandlung, immer auch die Möglichkeit des Bruchs in Form von Gewalt und Mechanismen des Ausschlusses mitzudenken und spricht sich deshalb in Anlehnung an Peter Weiss für eine Ästhetik des Widerstands aus.

Demnach folgt dem Erleben der künstlerischen Form des Werkes, die ästhetische Erfahrung und Reflexion. Und im Sinne Düttmanns materialisiert sich nun das Erfahrene als eine Bewertung des Werkes, als etwas über das Werk Hinausweisendes. Eine Materialisierung des Erfahrenen in der Praxis als »politisch« handelndes Subjekt stellt sich hier ein. Ihm kommt es nicht minder darauf an, zu sagen, was zu sehen ist, sondern wie etwas gesehen und verstanden werden kann. Demnach eignet sich die Rezipient_in das Werk an, erlebt es als etwas, das in der Lage ist, Grenzen im Denken, Sehen und Verstehen zu verschieben. Die ästhetische Erfahrung verlangt die intensive Begegnung mit dem Werk. Über das Werk selbst werden Zugänge zu gesellschaftsrelevanten, politischen Themenfeldern geöffnet, wenn man sich denn auf das Werk selbst einlässt und bereit ist, etwas von sich selbst »aufzugeben«. In diesem Moment erweist sich das Werk als authentisch, weil es sich zwischen dem bloßen Bild und dem Ausdruck selbst zu bewegen scheint. In diesem Schwebezustand wird das Faktische, besser: das Formale des Werkes überwindbar.[8] Und des Werkes politischer Gehalt kann hervortreten. Es findet eine Art gegenseitige Aneignung zwischen Subjekt und Objekt statt. Wie sich dieser Prozess konkret gestaltet, soll in dem Kapitel »In der Kunst verstehen, über sich selber hinauszusehen« erörtert werden. Die Leitfrage nach dem politischen Potenzial in der Kunst als eine ästhetische Kraft, die gesellschaftliche Bedingungen als Spannungsfelder entlarvt, behält auch in den folgenden Abschnitten ihre Relevanz.

In der Kunst verstehen, über sich selbst hinauszusehen

> *»[Naturgewalten, AW] machen unser Vermögen zu widerstehen in Vergleichung mit ihrer Macht zur unbedeutenden Kleinigkeit. Aber ihr Anblick wird nur um desto anziehender, je furchtbarer er ist, wenn wir uns nur in Sicherheit befinden; und wir nennen diese Gegenstände gern erhaben, weil sie die Seelenstärke über ihr gewöhnliches Mittelmaß erhöhen und ein Vermögen zu widerstehen von ganz anderer Art in uns entdecken lassen, welches uns Muth macht, uns mit der scheinbaren Allgewalt der Natur messen zu können.«*[9]
> (Kant 1790)

Entscheidend für eine Einordnung von Kunstwerken der Gegenwart ist der Blick auf die ästhetische Erfahrung[10], in der sich die Wahrnehmung einer Ästhetik des Widerstands materialisiert.

> *»Wollen wir uns der Kunst, der Literatur annehmen, so müssen wir sie gegen den Strich behandeln, das heißt, wir müssen alle Vorrechte, die damit verbunden sind, ausschalten und unsre eignen Ansprüche in sie hineinlegen. Um zu uns selbst zu kommen, sagte*

---

[8] Vgl. Düttmann (2015), S. 110.

[9] Kant, Immanuel (1790): Kritik der Urteilskraft, B. Vom Dynamisch-Erhabenen der Natur, § 28. Von der Natur als einer Macht, S. 261, verfügbar unter: https://korpora.zim.uni-duisburg-essen.de/kant/aa05/ (Stand 17.05.2016).

[10] Vgl. Rebentisch (2013), S. 45.

Heilmann, haben wir uns nicht nur die Kultur, sondern auch die gesamte Forschung neu zu schaffen, indem wir sie in Beziehung zu dem stellen, was uns betrifft.«[11]

Hier nehmen in der Auseinandersetzung mit dem Gegenstand die subjektive Reflexion und die Kontextualisierung zu gesellschaftlichen Querlagen ihren Anfang. Und hier kann der »Fortschritt« als Automatismus eines »universalen Verblendungszusammenhangs« thematisch aufgegriffen werden.

In der Kunstkontemplation verweilen, zwischen Gedanken und Ansätzen der Interpretation changieren, sich an zum Vorschein kommenden Dimensionen stören, abstoßen, leidenschaftlich ereifern sowie erfreuen – das Erfahren der Ästhetik im und über das Werk ist eine kraftvolle Bewegung und zugleich Bewegt-sein von etwas, was in dieser Dynamik an einem zu rütteln scheint, zum Sehen animiert und dazu auffordert, die Grammatiken im Werk zu lesen und zu verstehen. Die Interpretation und der Versuch der Kontextualisierung des Spezifischem und Neuem im Werk fordern, sich auf das Objekt einzulassen, um es diskursiv zu verhandeln. Diesem Prozess ist subjektive Freiheit immanent: eine eigene Haltung zum Dinghaften zu formulieren und zu beanspruchen. Nur in diesem Prozess der ästhetischen Erfahrung wird das künstlerische Objekt zum Werk. Diese Materialisierung unterläuft sich allerdings in ihrer eigenen Spiegelung, da sie immer zu neuen Zugängen auffordert. Ästhetik ist die Lehre des Schönen. Gleichwohl ist das Schöne kein in sich homogener Begriff. Die Lehre des Schönen beansprucht die Berücksichtigung dessen, wie die Wahrnehmung und Empfindung des Schönen sich über die Jahrhunderte der Menschheitsgeschichte veränderte, was davon in die Gegenwart einfließt und insofern Zukunft bedingt. Die Frage nach der Kunst ist die Frage nach der Ästhetik und danach, welche ästhetische Erfahrung möglich wird. Ästhetik, bzw. die ästhetische Erfahrung von Kunst (einem künstlerischen Objekt bzw. Kunstwerk) drückt sich in den Begriffen der Schönheit und/oder der Erhabenheit aus. Kant beschreibt in seiner »Kritik der Urteilskraft« (1790) sowohl die Unterschiede als auch die Gemeinsamkeiten dieser beiden Begriffe, die basal für die Bestimmung von dem sind, was Kunst ist. Nach Kant[12] kann man in der Ästhetik von zwei Kategorien der Erfahrung von Kunst sprechen. Zum einen von der Erfahrung des Kunst-

[11] Weiss, Peter (1998): Ästhetik des Widerstands, Frankfurt/M, S. 51.

[12] Kant, Immanuel (1963): Kritik der Urteilskraft, Stuttgart.

schönen, bei dem ein »Lustempfinden radikal subjektiv mit seinem Gegenstand umgeht und dabei im Verlauf eines Prozesses doch seine subjektive Erfahrung in ein ästhetisches Urteil mit Geltungsanspruch und Diskussionsbedarf transformiert«[13]. Das Erleben des Kunstschönen zielt in einer Melange aus »Einbildungskraft, Anschauung und Genuss« auf Potenzierung und Steigerung des Lustempfindens, wobei »[d]ie ästhetische Erfahrung [nicht, AW] [...] das Gefüge der Vermögen und ihrer Anwendung [...] [bedroht, AW], die fragile Konstruktion der Subjektivität bleibt ungefährdet«[14]. Das Schöne wird im 18. Jahrhundert zunehmend als etwas verhandelt »das uns, die wir es wahrnehmen, als solches erscheint, dass es an die Sinne, an die Anerkennung eines Wohlgefallens gebunden ist«[15]. Es geht also nicht um die Infragestellung der eigenen Identitäten und Anschauungen.

Die kantsche Kategorie des Erhabenen, auf die sich auch Adorno bezieht, steht der Kategorie des Kunstschönen diametral gegenüber. Anders als das Innehalten im Erleben des Schönen meint Erhabenheit eine Form des Totalen und der Radikalität. Das Erhabene beschreibt den dialektischen Prozess von Ein- und Ausschlüssen. Dabei steht auf der einen Seite die »Überforderung eines der Erkenntnisvermögen, während ein anderes diese Überforderung kompensiert«[16]. Für Kant ist Erleben von Erhabenheit »die Anerkennung der Unabhängigkeit der menschlichen Vernunft von der Natur dank der Entdeckung der Existenz eines Vermögens des Geistes, das jedes sinnliche Maß übersteigen kann«[17]. Insofern beansprucht das Erhabene als wesentliche Motive »das Unendliche, die Schwierigkeit und das Streben nach etwas immer noch Größerem«[18]. Das Erhabene kann nach Kant auf zwei Arten erfahren werden: Er unterteilt das Erhabene in das »Mathematisch-Erhabene« und das »Dynamisch-Erhabene«. Das »Mathematisch-Erha-

[13] Diedrichsen (2008): Eigenblutdoping, S. 139.

[14] Ebd., S. 140.

[15] Das Schöne beinhaltet für Kant Eigenschaften wie: »Wohlgefallen ohne Interesse, Zweckmäßigkeit ohne Zweck, Allgemeinheit ohne Begriff und Regelmäßigkeit ohne Gesetz [...] während in Wirklichkeit das einzige Ziel, dem diese Form zustrebt, das eigene Bestehen ist, und deshalb freut man sich so, als verkörpere es in Vollendung eine Regel, während es sich selbst Regel ist« Eco, Umberto (2004): Die Geschichte der Schönheit, München/Wien, S. 277.

[16] Diedrichsen (2008): Eigenblutdoping, S. 140.

[17] Eco, Umberto (2004): Die Geschichte der Schönheit, München/Wien, S. 267.

[18] Ebd., S. 290.

bene« kommt in der Kraft der subjektiven Erfahrung zum Ausdruck, denn »man sieht sich veranlasst, sich mehr vorzustellen als das, was man sieht«. Dieses Gefühl beinhaltet das Unendliche, zu verstehen als etwas Unerschöpfliches, das über unsere Sinne, Einbildungskraft und Vermögen hinausweist. Dadurch wird die eigene Beschränkung fassbar »und es entsteht ein unruhiges, negatives Wohlgefallen, das uns die Größe unserer Subjektivität spüren lässt, die etwas zu wollen vermag, das wir nicht bekommen können«[19]. Des Weiteren beschreibt Kant die Erfahrung des Erhabenen durch das »Dynamisch-Erhabene« und vergleicht dieses Empfinden mit dem von Naturgewalten, wie dem eines Sturms.

Die Ästhetik eines Werkes, einer Werkreihe oder eines künstlerischen Objektes entfaltet sich aus seiner künstlerischen Formensprache und unserer Mitwirkung durch unsere Erfahrung des Gefühls von Erhabenheit. In diesem Zusammenspiel wird eine Kraft freigesetzt, die über das Erleben des Schönen – Geschmeidigen, Anschmiegsamen – und unserer eigenen sinnlichen und vermögenden Erfahrungskraft hinausgeht. Im Erfahren des Erhabenen eines Werkes kann eine Ästhetik des Widerstands, des Widerspruchs politisches Potenzial freisetzen.

Insofern beansprucht das Werk vom Subjekt, sich darauf einzulassen, um dieses besondere Etwas zu verstehen, das ihm innewohnt. Allerdings lässt sich keine verabsolutierende Definition dieses Etwas vornehmen, denn es entzieht sich einem direkten Zugriff. So gesehen eröffnet die Kunst Wege, »viel zu denken«[20]. Die Kunst hält »zum Denken hin offen, insofern sie dieses zu immer neuen Bestimmungen veranlasst, sie hält auch das Denken selbst offen, insofern sie dieses nie an ein Ziel kommen lässt. Wir kommen angesichts der Kunst nie zu einem bestimmenden Urteil«[21]. Und doch kommt es darauf an, Urteile über die Formsprache des Kunstwerks, ihre Grammatiken zu fällen. Dieser Prozess der Strukturierung von Komplexität zu einer Ansicht ereignet sich subjektiv vom eigenen Vermögen gelenkt. Inspiriert von der Betrachtung des Schönen vollzieht sich die Urteilsbildung als »freies Spiel« freier Assoziation. Wegen der subjektiv gefühlten Potenzierung der »Erkenntniskräfte« und der damit einhergehenden Lust zur Reflexion verweilen wir bei der »Betrachtung des Schönen«[22].

---

[19] Ebd., S. 294.

[20] Rebentisch (2013), S. 47.

[21] Ebd.

[22] Ebd., S. 47 f.

Dabei geht es um das Erkennen der autonomen Logik des Kunstwerks.
In Bezug auf Kant versucht auch Menke, für die Ästhetik als Teildisziplin der Philosophie einen neuen Zugang für die Begriffsbildung von Kunst zu eröffnen. Ästhetik mit Menke verstanden ist somit die subjektive Kraft der Freiheit, ist menschliche Freiheit als »Ausdruck und Resultat ihrer Krise«[23]. Das Politische meint an dieser Stelle ein dynamisches In-Bewegung-sein und -bleiben, zu dessen integralen Bestandteil die Rezipierenden gehören. Das Politische zeigt sich im Kunstwerk als Spiel fortwährender Überlappung und Zurücknahme von Form und Inhalt. Form und Inhalt lösen sich keineswegs auf oder entfernen sich voneinander. Vielmehr werden in diesem Wechselspiel veränderbare Blickwinkel eingenommen. Reflexion und Interpretation (re-)produzieren regelrecht die »Momente des Scheins, des Als-ob«. Das Reale, insofern es im Werk angelegt ist, bedingt die Wahrnehmung und das Verhalten der Betrachter_innen dem Kunstwerk gegenüber und bewirkt aktiv das Infragestellen der eigenen Deutungsmodi. Hierin vollziehen sich Prozesse der Distanzierung, die durch das scheinhafte Wesen der Kunstwerke hervorgerufen werden und somit das Verhältnis zwischen Subjekt und Objekt reglementieren. In dieser Relation bestimmt sich die ästhetische Erfahrung als »reflexive Transformation«[24], in der das Objekt zur Kunst wird und die eigene Interpretationsleistung dem Subjekt als fremd erscheint. Bei der Interpretation von Werken geht es also um die stetige Reflexion und Überprüfung des eigenen Verhältnisses zum Objekt oder – ich wiederhole – mit den Worten von Rebentisch: »An Kunst reflektiert sich unsere Teilnahme als Frage«[25]. Sich fragend und infrage stellend zu bewegen, ermöglicht die Bewegung eines Gegenübers, sei es etwas Dinghaftes oder seien es Personen. Vor diesem Hintergrund macht es in der Kunst keinen Unterschied mehr, dass künstlerische und nichtkünstlerische Anteile im Werk miteinander verwoben sind. Entscheidend für die Frage, ob es Kunst ist, ist die Interpretation des Ästhetischen zum Nichtästhetischen und ihr Verhältnis zueinander. Wird ein Kunstwerk zum »Schauplatz«, zeigt sich darin die Kraft, den ständigen Vollzug von Wiederholungen

---

[23] Menke (2013), S. 132; S. 153.

[24] Rebentisch (2013), S. 49.

[25] Ebd., S. 80.

zu unterbrechen. Durch das widerstrebende Zusammenspiel von ästhetischen und nichtästhetischen Formen und Inhalten werden herkömmliche Sehweisen und Deutungsschemata ausgehebelt. Das Geschehnis konterkariert den gewöhnlich abgesteckten Raum und setzt vermeintliche Normalität außer Kraft. Hierin stellt sich weiterführend die Frage nach der (gesellschaftlichen) Funktion von Kunst. Bisher blieb ja unbeantwortet, welche Rolle die Politik für die Kunst einnimmt.

Die in den von mir ausgewählten Kunstwerken aufscheinenden Widersprüche aufzuzeigen und zu deuten, will diese Arbeit leisten. Ausgehend von einer Ästhetik des Widerstands im Sinne von Peter Weiss soll im folgenden Abschnitt theoretisch weiterführend das, als etwas erörtert werden, was tatsächlich über sich – über das Kunstwerk an sich – hinausweist. Eine Ästhetik des Widerstands gründet sich auf dem Empfinden von Erhabenheit und manövriert den Rezipierenden quasi in die innere Auseinandersetzung mit sich selbst. Geht dann aber noch einen Schritt weiter: Sie beschleunigt sich durch die Wahrnehmung von Brüchen, von Einbrüchen des Kontexts bzw. der Subtexte. So kann das Aufzeigen gesellschaftlicher Widersprüche im Kunstwerk wie das Erleben eines Sturms wirken, in der die Kraft der Kunst spürbar und sichtbar wird. Weiterführend wird der Fokus auf »Eine Ästhetik des Widerstands« (nach Peter Weiss) gerichtet, um dem Politischen in der Kunst noch mehr Kontur zu geben. Reflexion ist das eine, aber wie ist es möglich, dass ein Kunstwerk zu einem Schauplatz wird?

Das Politische in der Kunst – Eine Ästhetik des Widerstands (nach Weiss)

> *»Gibt es einen Traum politischer Kunst, der sich in diese Kluft begibt, jenseits der Kunst und jenseits der Politik?«*[26] (Düttmann 2015)

> *»Das in diesen künstlerischen Werken, in ihrer ›Ästhetik‹ Investierte und Aufbewahrte – es wird zur Inspiration des ›Widerstands‹, zu seiner ethischen und geistigen*

[26] Ebd., S. 52.

Normierung.«[27] (Wirth 2008)

Ein so verstandenes Empfinden von Erhabenheit kann eine Kunst hervorbringen, die sich praktisch mit den gesellschaftlichen Verhältnissen materiell, also gegenständlich in künstlerischen Arbeiten auseinandersetzt, die sich zwischen den Dichotomien des Möglichen bzw. Unmöglichen immer wieder neu bemüht, eine Ästhetik zu entwickeln, die das Andere, das Neue zum Vorschein bringt. Eine solche Kunst ist praktisches, künstlerisches Ringen und Probieren, die sich auf Veränderung statt auf Kommentierung der gesellschaftlichen Verhältnisse konzentriert. Düttmann beschreibt die Kraft der Kunst darin, etwas zum Vorschein zu bringen, das eine Idee, etwas Neues bzw. den Bruch mit Herkömmlichem in Anschlag bringt und somit eher dem Wesen ästhetischer Kunst entsprechen würde. In den »Verfransungen« (vgl. Die Moderne im Verhältnis zur Gegenwartskunst) findet auch das Widerständige seinen Ausdruck.
Im Folgenden möchte ich auf die Leitfrage nach der Kraft von Gegenwartskunst zur Orientierung auf Veränderung gesellschaftlichen Lebens unter spätkapitalistischen und digitalisierten Bedingungen zurückkommen. Zwar kann diese Frage an dieser Stelle noch nicht abschließend geklärt werden, gleichwohl ist sie Bezugspunkt für die ausgewählten Kunstwerke, die an späterer Stelle beschrieben und diskutiert werden. Es kommt mir grundsätzlich nicht darauf an, zu klären, was die Ästhetik des Widerstands ist. Vielmehr beschäftigt mich die Frage, wie eine Ästhetik des Widerstands möglich wird. In dieser Unterscheidung verdeutlichen sich der Anspruch von Kritik und Analyse als künstlerische Praxis und das Streben nach einer humanistischeren Welt. Die Suche nach Ideen für ein gutes Leben für alle scheint mir ob der gesellschaftlichen Paradoxien – Kriege, Flucht, Rassismus, Antisemitismus, prekäre Lebens- und Arbeitsverhältnisse, Finanzkrisen, Immobilienspekulation, Wohnungsnot, Klimawandel, Hunger- oder Naturkatastrophen – nicht nur interessant zu sein, sondern stellt sich regelrecht als Notwendigkeit dar. In Anlehnung an Peter Weiss´ »Ästhetik des Widerstands« bestimmt die Geschichte – die Gegenwart – die Fragen für die Zukunft. Weiss beharrt mit seinem Roman auf einer Ästhetik, die mit ihrer Zeit ist und sich bemüht, die

[27] Wirth, Günter (2008): Die Ästhetik des Widerstands. Beobachtungen bei der »postsozialistischen« Lektüre, in: UTOPIE kreativ, Heft 208, 02/2008, S. 101–11, verfügbar unter: https://www.rosalux.de/fileadmin/rls_uploads/pdfs/208Wirth.pdf (Stand 27.05.2016), hier: S. 103.

Zukunft in der Gegenwart zu proben. Eine Ästhetik des Widerstands ist im marxschen Sinne eine »praktische Frage«[28] des Handelns für Zukünftiges. Insofern ist dieser Roman mehrdimensional, denn Weiss schreibt zum einen eine Art Genealogie des Scheiterns der Arbeiterbewegung[29] und entwickelt zum anderen eine Sprachform der Reflexion des Scheiterns, die über Fehler, Brüche, Zäsuren hinauswächst und so eine Neubestimmung versucht. Im Gegensatz zu Adorno geht es Weiss um eine materialistische Theorie, wohingegen Adorno eine reine Theorie, eben eine »Ästhetische Theorie«, entwickelt. Der Roman »Ästhetik des Widerstands«[30] gründet sich quasi im »Wesen der Zeit« und folgt der Idee sich »fortwährend [zu, AW] entwerfen, aus den Augen [zu, AW] verlieren und auf neue Art wieder [zu, AW] finden«[31]. Es geht um die tägliche Probe einer revolutionären Praxis – die da meint: Reflexion der Kunst- und Kulturproduktion sowohl auf den produzierenden, reproduzierenden resp. rezipierenden Ebenen in Resonanz mit dem Weltgeschehen. Die Ästhetik des Widerstands von Peter Weiss ist in erster Linie keine direkte Theorie der Ästhetik, sondern vielmehr ein Versuch, eine materialistische Ästhetik zu entwerfen, die gesellschaftliche Widerstände ins Visier nimmt und be-

[28] Marx, Karl (1845): Thesen über Feuerbach, in: MEW, Bd. 3, Berlin, These 5, verfügbar unter: http://www.mlwerke.de/me/me03/me03_005.htm (Stand 06.06.2016).

[29] »Wenn ›Die Ästhetik des Widerstands‹ von Revolution handelt, dann von der doppelten, der wachen und der geträumten. Überhaupt scheint mir, daß die Präzision der historischen Verhöre, im Hades von Plötzensee bis Pergamon, weniger auf einen politischen als einen traumatischen Antrieb weist: die Spaltung, das Scheitern der Arbeiterbewegung, deren Niederlage fortlebt.« Volker Braun zit. n. Wirth (2008), verfügbar unter: https://www.rosalux.de/fileadmin/rls_uploads/pdfs/208Wirth.pdf (Stand 27.05.2016), S. 101.

[30] Die »Ästhetik des Widerstands« ist ein Bildungsroman, an dem Peter Weiss von 1972 bis 1981 arbeitete. Der Roman widmet sich der Geschichte des Widerstands gegen Ausbeutung und Unterdrückung aus antifaschistischer Perspektive der drei Protagonisten – der Freunde Horst Heilmann, Hans Coppi und dem Ich-Erzähler – zurzeit des NS-Faschismus und des Zweiten Weltkriegs. Weiss hat mit diesem Roman eine Sprachform der Kritik, die historisch und materialistisch zu verstehen ist, entwickelt.

[31] »Der Sinn meines langen Wartens aber würde ja sein, von den künftigen Einsichten her das Frühre zu klären, und vielleicht wäre es dann nicht einmal so wichtig, das damalige Ich zu verstehen, sondern dem, der sich besinnt, näher zu sein, denn dies ist ja das Wesen der Zeit, daß wir uns fortwährend entwerfen, aus den Augen verlieren, auf neue Art wiederfinden, ein Prozeß, in dem uns die Untersuchung aller Einzelheiten auferlegt ist, und das Schreiben wäre die Tätigkeit, mit der ich dieser Aufgabe nachkommen könnte, und mit der ich mich von den Praktikern unterschiede.« Weiss (1998), S. 1187.

müht ist, über das Kunstwerk oder die Kunst an sich hinauszuweisen. Dabei ähnelt die Ästhetik des Widerstands mehr dem Bemühen, sich selbst zu bewegen und sich praktisch über das Werk und seine besondere Formbestimmung zu befragen bzw. sich in der Kunstproduktion praktisch mit der Frage zu konfrontieren, wie eine Ästhetik des Widerstands möglich sein kann. In diesem Sinne beansprucht diese Denkhaltung eine »Ästhetik, die zum Widerstand wird, sowie allgemein die Ästhetik, die unabdingbar zum Widerstand dazu gehört«[32], und somit Sinnlichkeit und Praxis verbindet. Ästhetik bzw. Kunst ist demnach mehr als schön, dekorativ, wohl gefallend, geschmeidig oder nur sinnlich wahrnehmbar. In seiner Auslegung ist Ästhetik bzw. sind künstlerische Arbeiten eine Art performatives Gefäß, angereichert und gefüllt mit dem »Gesamt humaner Werte aus allen Epochen der Menschheitsgeschichte«[33]. Es geht Weiss um »die Welt der vielen Gestalten, das Universum um den revolutionären Denker herum, die auftauchenden Figuren, diese ständigen Widersprüche und Auseinandersetzungen und Feindseligkeiten.«[34] Dieses historische Erbe führt Weiss der Leserschaft plastisch und real anhand kunsthistorischer Beispiele vor Augen.

Resümierend und in Anlehnung an Roger Behrens lassen sich vier wesentliche Aspekte bestimmen, die in einer solchen Ästhetik des

[32] Behrens (2016), S. 303.

[33] Wirth (2008), verfügbar unter: https://www.rosalux.de/fileadmin/rls_uploads/pdfs/208Wirth.pdf (Stand 27.05.2016), S. 102. Und weiter heißt es in diesem Zitat: »[…] der Antike (Pergamonaltar), des ostasiatisch-buddhistischen Kulturkreises (Angkor Wat), des Mittelalters (Dantes ›Göttliche Komödie‹, Totentanz in der Berliner Marienkirche), des Übergangs vom Mittelalter zur Neuzeit (Cervantes' ›Don Quijote‹, Dürers ›Melencolia‹, Brueghels Schilderungen des Bauernlebens), der Neuzeit (Schillers ›Wilhelm Tell‹, Géricaults ›Floß der Medusa‹ mit weiteren Anspielungen auf die französische Malerei sowie van Gogh) bis hin zur seinerzeitigen Gegenwart (Kafkas ›Schloß‹, das übrigens Brueghels Gemälden zugeordnet wird, Picassos ›Guernica‹, ein anonymes Wandgemälde an der spanischen Front, Majakowski, vor allem aber Brechts ästhetisch-politisches Laboratorium im schwedischen Exil, fokussiert auf ein geplantes, dann aber nicht ausgeführtes Projekt über den Volksaufstand in Schweden unter Engelbrekt im 15. Jahrhundert)«.

[34] 1981 führt Heinz Ludwig Arnold ein Gespräch mit Peter Weiss über die »Ästhetik des Widerstands«. Am Anfang des Gesprächs äußert sich Weiss entsprechend dem Zitat auf die Frage nach dem Thema des essayistischen Romans »Ästhetik des Widerstands«. Arnold, Heinz Ludwig (1981): Im Gespräch mit Peter Weiss. Peter Weiss über die Ästhetik des Widerstands, in: Youtube.com, verfügbar unter: https://www.youtube.com/watch?v=X_D0zqMaBjU (Stand 06.06.2016).

Widerstands zum Ausdruck kommen sollten: Erstens bedingt die Wirklichkeit, die gegenwärtigen gesellschaftlichen Verhältnisse, eine Notwendigkeit des Handelns und die Besinnung auf die Frage: Was soll ich tun, um mein Leben zu verteidigen, um das Leben der anderen zu verteidigen, um überhaupt das Leben zu verteidigen? Zweitens bedingt eine solche reflexive Haltung den Moment der »Selbstvergewisserung, Selbstentfaltung [und, AW] ›Bildung‹« und nimmt die Frage »Was kann ich wissen?« materialistisch gewendet: »Wie kann ich Autonomie und Identität bewahren?« ins Visier. Drittens geht es bei Weiss nach Behrens um die »konkrete Utopie« und die Hoffnung, mindestens für die, deren Hoffen gebrochen ist, und orientiert sie sich viertens grundsätzlich an dem, was der Mensch sein sollte.[35]
Dem Utopischen, der Transzendenz, die dem künstlerischen Werk im Sinne einer Ästhetik des Widerstands inhärent zu sein scheint, wird im Folgenden nachgegangen.

Das Utopische und das Neue

> *»Sehnen wir uns nach dem Schlaf im Mutterleib, sehnen wir uns auch nach dem Tod, denn als Ungeborne gehören wir noch unmittelbar dem Kreislauf an, der auch den Tod enthält. Draußen dann verlieren wir das Verständnis für das Vorher und Nachher, wir sind nur Hier, und verwunderlich ist es nicht, daß manch einer sich hier austoben will. Ich bin immer für die Beziehungen gewesen zu denen, die vor uns gelebt und gewirkt haben ... Indem wir offen sind für die Vergangnen, würdigen wir auch die, die nach uns kommen.«*[36] (Weiss 1998)

Die Utopie des Fortschritts hin zu einer besseren Gesellschaft ist ins Wanken geraten. Diese Utopie hatte ihren Ort auch in der Kunst, wie auch ihre Fragilität ihren Ort hier hat. Oberflächlich erscheint die Gegenwartskunst Ausdruck davon zu sein, sofern sich gegenwärtige Kunstschaffende mit ihren künstlerischen Arbeiten entlang der kapitalistischen Marktlogik bewegen bzw. sich ihr unterwerfen. Es stellt sich die Frage, ob Gegenwartskunst auch anders – politischer – verstanden werden kann. Es kommt darauf an zu prüfen, wie zeitgenössische Kunst sich von einer Immanenz des Immergleichen

---

35 Vgl. Behrens (2016), S. 306.

36 Weiss (1998), S. 1116.

löst. Wie ist es möglich, dass Gegenwartskunst im hybriden Geflecht bestehend aus künstlerischen und nichtkünstlerischen Feldern unter spätkapitalistischen bzw. digitalisierten Bedingungen eine emanzipatorische Ästhetik hervorbringt – soll heißen: Wie konstituiert Kunst unter Berücksichtigung dieser Bedingungen eine neue Ästhetik? Wie ist es möglich, dass eine solche Kunst das Vergangene würdigt und die im Blick behält, die nach uns kommen werden? Wie kann Gegenwartskunst eine gegenwartsbezogene kritische Perspektive erzeugen? Wie können neue Möglichkeiten am Horizont gefunden werden oder ist das, was sich am Horizont ablesen lässt, nur noch dystopisch bzw. als Unmöglichkeit und alternativlos zu formulieren? Um diese Fragestellungen kreist der vorliegende Abschnitt.

Zunächst lassen sich aus kunsthistorischer Perspektive drei verschiedene Formen des Utopischen in der Kunst allgemein feststellen: erstens eine Form des Utopismus, die das politische Moment in gestalterischen und künstlerischen Mitteln ausdrückt, der es an politischer Idee »an sich« fehlt, weshalb sie als Surrogat in der Darstellung verhandelt wird; zweitens Formen, in denen sich zwar die Idee eines besseren Lebens ausdrückt, dieser Anspruch aber hauptsächlich in den Dienst der autonomen Kunst gestellt wird und nicht in den Dienst politischer Praxis, und drittens der modernistische Typus als Realwerden von Kunst und dessen Aufhebung in gesellschaftlichem Handeln[37]. Begreift man wie Diedrichsen dies als Verpflichtung der Kunst, die Paradoxien und Widersprüche des realen Lebens auszubuchstabieren, dann läuft eine nur auf »Interventionsmöglichkeiten spekulierende, rücksichtslose und saubere Kritik« einer verpflichtenden Utopie zuwider, mehr noch: sie überführt sie in die Negation dessen.[38]

Des Weiteren gilt in Anlehnung an Weiss, dass das Utopische in der Kunst eine andere Vorstellung von Zeit beansprucht. Es reicht nicht, Utopie in einer Zeitebene zu denken – ich begegne einem Kunstwerk und in der subjektiven Begegnung erschließt sich direkt die Utopie, die das Werk transportiert. Vielmehr liegt die Kraft der Kunst in »der Einmaligkeit des Lebens, einer Einmaligkeit, die noch stärker wird, wenn sie sich mit einem andren Leben konfrontiert«[39]. Dies lässt sich als »die Ästhetik«, die zum Widerstand führt, fassen. In der reinen Begegnung – einer bloßen flüchtigen – regt und rührt sich nicht das

[37] Diedrichsen (2008): Eigenblutdoping, S. 179–180.

[38] Ebd., S. 179.

[39] Weiss (1998), S. 1115.

Besondere des Objekts. Es wird erst zum Werk, also zum ernst zunehmenden Ding der Auseinandersetzung, der Reflexion, wenn sich das Publikum darauf einlässt. Hier vollzieht sich der Moment der Kritik, der Meinungsbildung, der Moment des Vergleichens – ob in Relation zu anderen Werken oder eben des Lebens. Die ästhetische Erfahrung in einer solchen Situation kommt z. B. in Benjamins Deutung des Bilds von Paul Klee »Angelus Novus« zum Ausdruck:

> *»Es gibt ein Bild von Klee, das Angelus Novus heißt. Ein Engel ist darauf dargestellt, der aussieht, als wäre er im Begriff, sich von etwas zu entfernen, worauf er starrt. Seine Augen sind aufgerissen, sein Mund steht offen und seine Flügel sind ausgespannt. Der Engel der Geschichte muss so aussehen. Er hat das Antlitz der Vergangenheit zugewendet. Wo eine Kette von Begebenheiten vor uns erscheint, da sieht er eine einzige Katastrophe, die unablässig Trümmer auf Trümmer häuft und sie ihm vor die Füße schleudert. Er möchte wohl verweilen, die Toten wecken und das Zerschlagene zusammenfügen. Aber ein Sturm weht vom Paradiese her, der sich in seinen Flügeln verfangen hat und so stark ist, dass der Engel sie nicht mehr schließen kann. Der Sturm treibt ihn unaufhaltsam in die Zukunft, der er den Rücken kehrt, während der Trümmerhaufen vor ihm zum Himmel wächst. Das, was wir den Fortschritt nennen, ist dieser Sturm.«*[40]

Benjamin beschreibt in seiner ästhetischen Wahrnehmung unter anderem die Bedeutung der Unterbrechung von Linearität und entwickelt anhand dessen in seinem Text »Über den Begriff der Geschichte« sein Verständnis von Geschichte. Im Anschluss daran lässt sich für die Kunst festhalten, dass sie als eine tradierte Kontinuität des Dissens und der Kontingenz nach innen und außen betrachtet werden kann. So kann sie im Bewusstsein der Gegenwart das Unmögliche im Bereich des Möglichen denkbar machen und wird zum Motor der Dekonstruktion und der Entwicklung von Alternativen. Der »Angelus Novus« steht für die Kritik an »einer homogen verlaufenden Entwicklung sowie d[er] Idee einer geschichtsimmanenten Vernunft« und dekonstruiert den Mythos

---

[40] Benjamin, Walter (2010): Über den Begriff der Geschichte, Bd. 19, in: Raulet, Gérard (Hg.): Werke und Nachlaß. Kritische Gesamtausgabe, Frankfurt/M, These IX.

»von Kontinuität, Kausalität und Fortschritt in der Geschichte«.[41]
Worauf es mir in der Diskussion um das Politische in der Kunst ankommt, möchte ich anhand des Zivilisationsbruchs durch die NS-Massenvernichtung der europäischen Jüdinnen und Juden noch einmal deutlich machen. Nicht nur, dass dieser Bruch den Anspruch der Moderne ad absurdum geführt hat, dass die Kunst eben nicht im Leben aufzugehen imstande ist. Nein, die brutale Gewalt des Naziregimes, die ihren Kulminationspunkt im industrialisierten Morden in den Vernichtungslagern erreicht, verdeutlicht drastisch, wie unmöglich eben auch eine lineare Idee von modernistischer Vorstellung in der Kunst ist. Der Anspruch der Kunst in der Moderne scheitert angesichts der Gewalt des Nationalsozialismus. Am deutlichsten formuliert dieses Scheitern Adorno. Seine Kulturkritik weist schonungslos auf den »mangelnde[n] oder fehlende[n] Widerstand, das aktive Neinsagen, an dem man die Kultur erkennen kann«[42] hin. Nach Auschwitz kann Kultur nur noch als dringliche Kritik an Kultur gedacht werden, weil auch Kunst als Teil des Systems das System der »Barbarei«[43] reproduziert. Im industriellen Massenmord der Nationalsozialisten ist das Ideal der Aufklärung über seinen eigenen Anspruch gestolpert, dieser Makel ist unwiderruflich. In diesem Zusammenhang bezweifelt Adorno die Funktion der Urteilskraft von Kunstwerken. Er stellt fest, dass sie in keiner Weise »Aussagen«[44] beinhalten. Versucht man aber Kunst aus der Perspektive der ästhetischen Erfahrung als einen dynamischen Prozess zu beschreiben, der sich zwischen Subjekt und Objekt entfaltet, dann findet sich sehr wohl die Idee des Widerständigen sowie des Politischen. Denn das Politische in der Kunst vermittelt sich in der Reflexion der Negation oder des brüchig Erfahrenem.
Dabei geht es um Momente des nicht eingeplanten Auftretens von Neuem. Ist etwas zur Konvention oder zum herkömmlichen Deutungsschema geworden, dann potenziert sich die Wirkung des Erlebnisses des Neuen, in der Begegnung mit eben diesem Neuen und erscheint

---

[41] Nielson, Sikora, Jürgen (2012): Walter Benjamin und die Europäische Moderne, in: Glanz@Elend Magazin für Literatur und Zeitkritik, verfügbar unter: http://www.glanzundelend.de/Artikel/benjaminmoderne.html (Stand 13.11.2012).

[42] Düttmann (2015), S. 30.

[43] Vgl. Adorno, Theodor W. (1997): Kulturkritik und Gesellschaft, in: Tiedemann, Rolf (Hg. u.a.) (1997): Gesammelte Schriften, Bd 10.1, Kulturkritik und Gesellschaft I, Prismen. Ohne Leitbild, Frankfurt/M., S. 30. Düttmann (2015), S. 30.

[44] Düttmann (2015), S. 60 f.

als Zusammenprall von alter und der als neu erfahrenen Deutung von Sachverhalten. Nur bleibt das Neue nicht etwas unantastbar Göttliches, wird es doch in den Fluss von immer wiederkehrender Verwertung hineingezogen und verliert hiernach die Gravitas des Neuen. Trotzdem kann Kunst ein Schauplatz im Ringen um etwas Neues sein und somit auch Ort für Selbstermächtigung und politische Ermächtigung[45] werden. Zu klären ist allerdings, wer aus welcher Position und über was oder für wen spricht. Wie können aber außerkünstlerische, politische und ästhetische, künstlerische Formen des Sprechens verhandelt werden? Aus kunsttheoretischer Sicht macht Düttmann zurecht geltend, dass es grundlegend sei, dass jede aus politischen Motiven sprechen solle. Die Funktion der Ästhetik allerdings sei – auch vor dem Hintergrund der monetären Verwertung des künstlerischen Produktes –, diesem Sprechakt »eine Uneinholbarkeit [...] durch die übliche Kommunikationskultur mit ihren Themenkonjunkturen«[46] zu gewähren.

Aus ästhetischer Perspektive beherbergt Kunst einen Ort der Handlung, der sich im Schauplatz[47] zeigt. Hier lässt sich der Hort des Widerstandes aufspüren. Doch was ist der Widerstand in der Kunst, wenn man ihn ästhetisch verstehen möchte, und wie lässt er sich aufschlüsseln? Das Widerständige in der Kunst ist der Wert von streit-

---

[45] Diedrichsen gibt allerdings zu bedenken, dass die Idee von Kunst »als Ort politischer Ermächtigung und Selbstermächtigung« einige kritische Fragen aufwirft: »[Z]um einen steht eine Begründung dafür aus, warum und welche schwachen Stimmen gehört werden müssen«. Dabei ist zu beachten, dass die »Begründung [...] nicht künstlerisch her[ge]leitet« werden kann. Weiter wären aus nichtkünstlerischer Sicht die Fragen zu klären, »wer das Rederecht hat« und »welches Verhältnis die ästhetische Arbeit, jene Bearbeitung der Symptome der Inklusion, dabei für eine Rolle spielt«. Insofern gilt »nicht wer soll sie spielen, sondern auch wie soll das Kunst sein?« Diedrichsen (2008): Eigenblutdoping, S. 236. Eine mögliche Antwort könnte für ihn sein, dass eine mögliche »Form des Sprechens, die ästhetische Arbeit also, [...] die Aufgabe [hat], dieses politisch Begründete auf seinem Wege zur Umformung in Bezahlbares so zu begleiten, dass ästhetisch eine Uneinholbarkeit erzeugt wird: Uneinholbarkeit durch die übliche Kommunikationskultur mit ihren Themenkonjunkturen« ebd., S. 238.

[46] Düttmann (2015), S. 238.

[47] Der Schauplatz ist als Konzept von Düttmann wie folgt zu charakterisieren: »Ein Schauplatz ist ein Ort, der sich von der Umgebung abhebt, weil dort ein außergewöhnliches Ereignis oder Geschehen statthat, ein Erscheinen, das, so unscheinbar es sein mag, den Fluß des Kommens und Gehens zum Stillstand bringt, die eingeübten Praktiken ihrer Wirksamkeit beraubt, die Geltung der Koordinaten, an denen man sich auf angelegten Karten gedankenlos ausrichtet, außer Kraft setzt« ebd., S. 163.

barer Auseinandersetzung, der sich durch den Prozess der Reflexion in der Begegnung mit dem Kunstwerk eröffnen kann. Davon ausgehend zeigt sich in einer Ästhetik des Widerstands, die über das Werk hinausgeht, der Moment des Politischen. Das Politische zu denken, das dem Gründungsmoment des Sozialen implizit ist, kann also in der Interaktion der »ästhetischen Negation«, des Widerständigen wie Widerstrebenden im Werk, erschlossen werden, denn es geht um das Erleben und Verstehen von Unvollkommenheit. In diesem Ereignis konstruiert sich soziale Identität als ein »Akt der Macht [...] und Identität als solche ist Macht«[48]. Der Ort des Widerstandes in der Gegenwartskunst der Widersprüche hält Nischen bereit, die das Potenzial eines Schauplatzes eröffnen. Sie lädt mich als Besucherin zum Verweilen ein – und das im körperlich, geistigen, sensitiven wie kognitiven Sinne. In ihr wird der »Gestank der Kultur«[49] sinnbildlich: Sie sind der Ort, an dem sich die Idee des Anderen, das ästhetische Erfahren und Denken von Gegenwart und die Gegenwart der Kunst im Spiegel kapitalistischer (Re-)Produktionsbedingungen verdichten. Die Nische wird so zum Ort der Glückssuche, in der sich der Neubeginn und das Neue andeuten. Das Neue deutet sich im Erleben von Grenzen an und darüber hinaus im Erkennen des Utopischen, das sich vor »der Notwendigkeit des Wörtlichen und der Leere des Bildlichen, vor dem ontologischen ›So-ist-es‹ und dem psychologischen ›Als-ob‹ [schützt, AW]«[50].

Das Potenzial des Neuen, der Veränderung und die Chance der Neuerfindung drücken sich in Disharmonie und im Gewirr partikularer Interessen als Chance des politischen Denkens und Handelns aus. Das Starkmachen des Zufälligen im Sinne des Politischen ist die besondere Leistung für das Erfahren von Gesellschaft. Dieses Erleben ergibt sich in dem Moment des Krisenhaften, des Konflikts. So wird im Aufeinanderprallen partikularer Kräfte das Bewusstsein von Freiheit produziert. Nancy beschreibt dieses Ereignis in seiner Wirkung als »disruptiv in Bezug auf alle Immanenz und Identität«[51] und verweist auf die besondere Fähigkeit des Politischen, Räume der Begegnung zu eröffnen. Er präzisiert: »Dieser Raum wird geöffnet durch Freiheit

[48] Laclau, Ernesto (1990): New Reflections on the Revolution of Our Time, London/New York, S. 31.

[49] Düttmann (2015), S. 152.

[50] Ebd., S. 153.

[51] Nancy, Jean-Luc (1993): The Experience of Freedom. Stanford, S. 78.

– initial, inaugural, aufgehend –, und Freiheit präsentiert sich selbst durch Handlung.«[52]

Der Versuch, Wirklichkeit im ästhetischen Erleben eines künstlerischen Objektes zu finden, ist maßgeblich für Kunst, die sich ihrer Gegenwart anzunehmen bemüht. Allerdings – und ich möchte dies an dieser Stelle noch einmal betonen –, geht es nicht um eine naturalistische oder realistische Darstellung von gesellschaftlichen Umständen und Bedingungen. Eine solche Kunstproduktion hätte zur Folge, dass Künstler_innen zu Kommentator_innen ob ihrer künstlerischen Arbeiten werden, die sich zwar »politisch gebärden, aber nichts machen, außer Kritik mit Entertainment zu verbinden«[53] mit dem Effekt, dass die Möglichkeit über etwas nachzudenken, aus dem Weg geräumt wird.

»Sichtbar« sollen nicht Abbilder werden, sondern durch Intersubjektivität in der Auseinandersetzung mit dem Objekt die Spannungsfelder gesellschaftlicher Konstitutionsbedingungen poli-tischer resp. sozialer Verhältnisse. So versuchte zum Beispiel die »Pictures-Generation«[54] der 1970er und 1980er Jahre, die Realität der »Repräsentation« ins Bewusstsein zu heben. Die Präsentation von Kunst hat gravierenden Einfluss auf soziale Wirklichkeit, nicht zuletzt im musealen Kontext und im Ausstellungsbereich des Kunstbetriebs. Beeinflusst durch die Watergate-Affäre im US-Präsidentschaftswahlkampf 1972 und den

---

[52] Ebd.

[53] Olaf Nicolai zit. n. Alberti, Sarah (2015): Das Fenster zum Wurf, in: Freitag, Ausgabe 20/15, 14.05.2015, verfügbar unter: https://www.freitag.de/autoren/der-freitag/das-fenster-zum-wurf (Stand 16.02.2016), S. 15 f.

[54] 1977 organisierte Douglas Crimp im nichtkommerziell ausgerichteten »Artist Space« in New York eine Ausstellung mit dem Titel »Pictures«. Präsentiert wurden die fünf Künstler_innen (u. a. der Appropriation Art) Sherrie Levine, Troy Brauntuch, Jack Goldstein, Robert Longo und Philip Smith. Crimp prägte mit seinem Ausstellungstitel eine neue Künstler_innengeneration, nämlich die »Pictures-Generation«, die sich intensiv mit den neuen Massenmedien künstlerisch auseinanderzusetzen begann und die an dem Erbe der 1960er Jahre anknüpfte. In Anlehnung an den Prozess radikaler Veränderungen im Kunstfeld, angefangen mit »Pop-Art«, »Concept-Art« und schließlich der »Minimal Art«, entwickelt diese Generation intermedial, entlang der Genre- bzw. Materialgrenzen eine eigene Ästhetik zwischen Performance, Skulptur, Fotografie, Malerei und Film. Vgl. hierzu: Artistsspace (o. J.): Pictures, September 24 – October 29, 1977. Troy Brauntuch, Jack Goldstein, Sherrie Levine, Robert Longo, Philip Smith, Organized by Douglas Crimp, verfügbar unter: http://artistsspace.org/exhibitions/pictures (Stand 03.11.2016).

Vietnamkrieg beginnen Künstler_innen wie Troy Brauntuch, Sherrie Levine, Jack Goldstein, Robert Longo, Philip Smith, Cindy Sherman oder Barbara Kruger massenmediale Bilder zu dekonstruieren und auf eine kritische Art und Weise zu re-präsentieren. Ihr Spektrum an Methoden ist mannigfaltig und zeigt sich unter anderem in dem verwendeten und neu arrangierten Materialien wie Fotografien, Filme, Zeitschriften, Magazine. Die »Pictures-Generation« löst damit auch den bis dahin geltenden modernistischen Begriff der Medienspezifität auf:

> *»[G]egen die Vorstellung, die Hauptaufgabe eines Kunstwerks sei die Selbstreflexion des jeweils verwendeten Herstellungsverfahrens, schrieb Douglas Crimp seinen legendären und stilprägenden Text ›Pictures‹ und kuratierte 1977 die gleichnamige Schau im New Yorker Artists Space.«*[55]

Das feine Warholsche Gespür für die Machtverhältnisse und Produktionsbedingungen der technisch reproduzierten Bilder aus Werbung und Massenmedien, die durch ihn zum künstlerischen Materialfundus werden, wird von der »Pictures-Generation« fortgeführt. Auf minimalistische Weise greifen sie in das Arrangement der verwendeten Motive ein. Unaufgeregt und nicht expressionistisch werden dadurch die ideologischen Produktions- und Rezeptionsmodi der massenmedialen Bilder dechiffriert mit dem Ziel, eine Analyse und praktische Kritik im Umgang mit solchen Bildern anzuregen.

In Cindy Shermans »Filmstill No. 60« von 1980 scheint es nicht nur um eine feministisch-emanzipatorische Komponente als ästhetischen Moment zu gehen. Vielmehr wird dieses Motiv zum Ausgangspunkt eines ästhetischen Experiments mit den künstlerisch-technischen Möglichkeiten von Kunst in starker Auseinandersetzung mit der Technik von Medien wie Kamera, Video und Fotokamera.[56] So erscheint die Frau mit der Zigarette im Mund in einer Situation fotografiert, in

---

[55] Dziewior, Yilmaz (2015): Yilmaz Dziewior über Richard Price. Der Trickster, in: Monopol, Magazin für Kunst und Leben, Interpol, 02.6.2015, verfügbar unter: http://www.monopol-magazin.de/Yilmaz-Dziewior-ueber-Richard%20Prince (Stand 25.02.2016).

[56] Vgl. Crimp, Douglas (2012): Douglas Crimp on Cindy Sherman's Untitled Film Still #60, 1980, aus: Walker Art Center, Cindy Sherman Ausstellung von November 2012 bis Februar 2013, in: Youtube.com, verfügbar unter: https://www.youtube.com/watch?v=JeeDSWPDQJM (Stand 05.09.2014).

der sie sich diese Zigarette hätte anzünden wollen, dabei aber von etwas außerhalb befindlichen gebannt scheint und der Moment des Anzündens außerplanmäßig angehalten wird. Eine Störung, die ungesehen vom Zuschauenden ist, kann nur über ihre Gestik und den Blick der Frau erahnt werden. Nach Crimp tritt genau in diesem Moment das Narrativ und die Assoziation zum Film, als filmisches Element von B-Movies, in Erscheinung, und zwar als überlagerte Narration, die ein szenisches Element im Film hat. Es fallen zwei Ereignisse zusammen. Wobei der festgestellte Moment weitaus länger eingeleitet scheint und in situ gebrochen wird, weil sich plötzlich etwas anderes darüber legt. Das entspricht auch der Idee des Überraschungseffektes. Was affizierende Wirkung hat.
Ähnlich verhält es sich mit der Warhol-Arbeit (unter anderem mit Edie Sedgwick) in »Outer and Inner Space«[57]. Auch hier handelt es sich um eine Technikaushandlung in Bezug zum Möglichen der Kunst, in der die Grenzen von Kunst in Zusammenspiel mit technischen Optionen ausgelotet werden. Nach Rebentisch kommt dieses Unternehmen in Warhols post-kinematografischen Impulsen in Form von mehrfachen Projektionen übereinander und in Projektion zu Musik, Performance und Raum zum Ausdruck. Bei Warhol wird deutlich, dass sein Interesse an der Malerei (Pop-Art-Siebdrucke) in seine Videoästhetik einfließt. Der Siebdruck assoziiert sich dem Videofilm. Warhol zählt zur »Pictures-Generation«. Seine Bilder in »Outer and Inner Space« »unterlaufen ihre Lesbarkeit und verweisen stattdessen auf die Logik der Repräsentation selbst, um auf die Formate und Medien selbst zurückzuweisen«[58]. Provokativ wird die Starmaschine Hollywood, die massenmediale Industrie zur Schau gestellt. Diese brüskierende Art künstlerischer Auseinandersetzung mit dem Visuell-gegebenen alltäglicher Bildwelten und dem Stereotyp massenmedialen Kommunizierens darüber soll eine distanzierte Reflexion ermöglichen. Das Ursprüngliche der Bilder wird durch bewusst gesetzte Störungen und Effekte provoziert. So wird zum Beispiel Edie Sedgwick in »Outer and Inner Space« mit einer früheren Variante von sich selbst konfrontiert und konkurriert als lebendige Gegenwart mit dem bereits Vergange-

57 Vgl. Crimp, Douglas (2012): Our Kind of Movie. The Films of Andy Warhol, Cambridge, S. 77 ff.

58 Rebentisch, Juliane (2014): Lecture & Film: Andy Warhol, Andy Warhols Geisterwissenschaft: Über »Outer and Inner Space, Vortrag von Juliane Rebentisch, 06.02.2014, in: Deutsches Filmmuseum, Youtube.com, Frankfurt/M., verfügbar unter: https://www.youtube.com/watch?v=gTtAw6fcmCI (Stand 06.09.2014), hier: Min. 24-25.

nen – »[…] und das unter den Bedingungen des neuen Televisuellen in einer Kultur der Obsession mit den Live-Momenten des Lebens eingesetzten Aufzeichnungsmedien«[59]. Diese Akte der künstlerischen Aneignung ließen Fragen der Autor_innenschaft aufkommen und banden den Zuschauenden in die künstlerische Auseinandersetzung mit ein. Was ist noch Realität? Was ist Original und was ist Kopie? Kunstproduktion ist zum einen bestimmt durch die Entwicklungen im ureigensten Feld der Kunst, sie steht etwa in der Tradition von Kunstströmungen und -theorien, zum anderen ist sie Ausdruck ihrer Zeit. Dieses Wechselverhältnis charakterisiert Kunst und lässt sie zum Schauplatz werden. Durch die ästhetische Diskussion und Verhandlung von Brüchen, Überlappungen, Wiederholungen, Entfremdungen, Aneignungen wird auf diesem Schauplatz Auskunft gegeben »über die Herkunft, die Verfassung und das Schicksal des menschlichen Geistes«[60]. Um etwas Neues zum Vorschein zu bringen, muss Kunst Schauplatz sein. »Im Bruch fallen Anfang und Ende zusammen« – tritt Kunst als Schauplatz gesellschaftlicher Spannungsfelder in Erscheinung, kann Neues in Form von Praxis übergehen. Inwiefern, soll im nächsten Abschnitt erörtert werden.

Im Bruch fallen Anfang und Ende zusammen

> *»Jedes Wort, das ich niederschreibe und der Veröffentlichung übergebe, ist politisch, d. h. es zielt auf einen Kontakt mit größeren Bevölkerungsgruppen hin, um dort eine bestimmte Wirkung zu erlangen.«[61] (Weiss 1971)*

Konkret zeigt sich Ästhetik in der Kunst in den Momenten unreglementierter Erfahrungen auf der Grundlage eigener, individueller Kontextabhängigkeiten. Nach Dewey besteht das »Ästhetische« aus dem Prozess des »Akts des Schaffens« und des »Akts des Empfindens und Genießens«.[62] Das Empfinden ist integraler Bestandteil des künstlerischen Erlebens und insofern menschlich, spielerisch, formlos sich

[59] Rebentisch (2014), verfügbar unter: https://www.youtube.com/watch?v=gTtAw6fcmCI (Stand 06.09.2014), hier: Min. 47–48.

[60] Menke (2013), S. 9.

[61] Weiss, Peter (1971): 10 Arbeitspunkte eines Autors in der geteilten Welt, in: ders. (1971): Rapporte 2, Frankfurt/M, S. 14.

[62] Dewey, John (2010): Kunst als Erfahrung, Berlin, S. 60.

bildende Kraft. Die Kippfigur, die Gegenstände in Objekte verwandelt, vermag die vordergründige Bestimmtheit von Werkelementen auszuhöhlen.[63] Insofern lassen sich Kunstwerke als intersubjektives Kraftfeld beschreiben, das auf einer menschlich gefühlvollen Erfahrung beruht. Inhärent ist diesem Paradox das Ästhetische, das die subjektive Zugewandtheit zum Objekt bedingt, um es zum Sprechen zu bringen. Demnach liegt das kritische oder politische Potenzial im Ästhetischen. Dem Wesen nach emphatisch, zeigt sich Kunst »uneins mit und in sich selbst«[64].

Die Intersubjektivität, die für mich grundlegend für das Ästhetische in der Kunst ist, ist das Bindeglied zur gesellschaftlichen Wirkung von Kunst, auch wenn Kunst – ich wiederhole mich – keine Probleme löst. Die Frage, welche Aussage ein Werk über die Welt trifft, ist insofern falsch gestellt. Das Intersubjektive macht generell den gesellschaftlichen Charakter von Kunst aus. Wir haben in der aktiven Kunstauseinandersetzung zwei Dimensionen: auf der einen Seite die kritische Urteilsbildung des Interpreten dem Kunstwerk gegenüber, auf der anderen Seite steht das Urteil durch das widerständige Arrangement von Form und Inhalt aus dem Kunstwerk heraus. Für Düttmann ist die Urteilsbildung an und über Kunstwerke orientiert an dem Verhältnis zwischen Inhalt und Form. »Der Inhalt des Urteils geht nicht in seiner Form auf«[65]. Insofern stehen Inhalt und Form in einem Spannungsverhältnis, sie lassen je den anderen Teil auflaufen, spielen sich in gewisser Weise aus. Dieses »Uneinssein des Gegenstands«[66] führt zu Sinnstiftung und Interpretation, durch die etwas Neues entsteht, was in dieser Art und Weise noch nie da war. Der Prozess der Urteilsbildung ist eine dialektische Verhandlung, »die eine formale Übereinstimmung von Gegenstand und Urteil ist«, bei dem »das Sein vom Denken bestimmt wird«[67]. Düttmann[68] argumentiert mit Adorno

---

[63] Vgl. Menke (2013), S. 75f.

[64] Düttmann (2015), S. 48.

[65] Ebd., S. 56.

[66] Ebd.

[67] Ebd., S. 57.

[68] Ich beziehe mich hier auf den Vortrag »Die teilnahmslose Kunst« gehalten von Alexander Garcia Düttmann am 11.06.2015 im Rahmen des Symposiums »Politik der Kunst. Über Möglichkeiten das Ästhetische politisch zu denken«, das in Kooperation zwischen der Akademie der Künste, Berlin und dem Goethe-Institut ausgerichtet wurde. Weitere Informationen zu diesem Symposium: Goethe-Institut (2015): Sym-

und Marcuse[69] gegen die These, dass das politische Potenzial von Gegenwartskunst allein im Moment der Reflexion liegt, indem er betont, dass der Autonomie von Kunst und dem Erfahren von Kunst eine Form der Bewusstwerdung und Selbstermächtigung innewohnt. In diesem Akt vollzieht sich ein Umschlag in Handlung. Grundsätzlich kommt es ihm darauf an, die Funktion der Reflexion weiter zu denken. Ihm geht es in Abgrenzung zu Partizipationsformen in der Kunst, wie er am Beispiel von Rimini-Protokoll »Hausbesuch Europa«[70] diskutiert, um eine radikalere künstlerische Praxis. In Anschluss daran denke ich, dass Kunst dann engagiert ist, wenn sie dialektisch verhandelt wird. Im Prozess der Auseinandersetzung wird »das Beurteilte in das Licht eines Potenzials oder einer ›Idee‹«[71] gestellt. Diese Kraft, die aus dem Kunstwerk durch das Inhalt-Form-Verhältnis entsteht, kann nicht von außen herangetragen werden, sondern ist im Werk als etwas »Neues und Anderes«[72] angelegt. Der kraftvolle Gestus, der im Werk angelegt sein sollte, ermöglicht Reflexion und Urteilsbildung, durch die die »unabdingbare« Form ins Wanken gerät und »die Form des ›Das ist‹« gerade »durch ihre Anwendung«[73] verändert wird (vgl. Eine Zusammenführung: Kunstkritik sowie In der Kunst verstehen, über sich selber hinauszusehen).

posium, Politik der Kunst. Über Möglichkeiten, das Ästhetische Politisch zu denken, 11.–13.06.2015, Akademie der Künste, Berlin, verfügbar unter: https://www.goethe.de/de/uun/ver/pdk.html?wt_sc=politik-der-kunst (Stand 05.08.2015).

[69] Vgl. Die Briefwechsel zwischen Herbert Marcuse und Theodor W. Adorno, in: Kraushaar, W. (Hg.) (1998): Frankfurter Schule und Studentenbewegung. Von der Flaschenpost zum Molotowcocktail 1946 bis 1995, Bd. 2, Hamburg.

[70] Rimini-Protokoll ist ein Autor_innen-Regie-Team bestehend aus Helgard Haug, Stefan Kaegi und Daniel Wetzel. Seit 2000 arbeiten das Team im Bereich Theater, Hörspiel, Film, Installation. Die Aufführung »Hausbesuch Europa« aus dem Jahr 2015 widmet sich den Fragen »Was ist Europa? Ist es eine geografische Grenze, eine kulturelle Identität, ein Staatenverbund?«. Selbstangaben zufolge versucht Rimini Protokoll die »abstrakte europäische Idee mit der Individualität einer Privatwohnung« zu kontrastieren. Weiter heißt es auf der Webseite des Teams: »In einem Wohnzimmer werden 15 Menschen Teil einer Inszenierung, die persönliche Geschichten und die Mechanismen des politischen Europa miteinander verzahnt.« Ziel ist es zu klären, »wie viel Europa steckt in einem Menschen?« Weitere Informationen zu dieser Performance: Rimini Protokoll (o. J.): Hausbesuch Europa, Webseite, verfügbar unter: http://www.rimini-protokoll.de/website/de/project_6692.html (Stand 01.02.2016).

[71] Düttmann (2015), S. 58.

[72] Vgl. hierzu weiter: Rebentisch (2013), S. 129.

[73] Düttmann (2015), S. 58.

Im Bruch fallen Anfang und Ende zusammen[74] und setzten die Energie des Unmöglichen, des Neuen frei. Am Schauplatz eines Werkes zeigt sich der Gestus der Verselbstständigung – »sei es, dass es ihre Voraussetzung außer Kraft setzt und eine Leere produziert, im Nicht-Wissen darüber, ob etwas geschehen oder ungewohnten Formen und Inhalten, Fragen und Antworten erprobt, sei es, dass es Dispositive schafft, die das Unvorhersehbare geschehen lassen«[75]. Der Schauplatz als Ausdruck einer Ästhetik des Widerstands bestimmt sich dadurch, dass er ermöglicht, zu sagen, was man meint. Er steht für die Bemühung und den Versuch, zu probieren und immer wieder neu zu verhandeln, wie gehandelt und geurteilt wird. In dieser Bewegung vollzieht sich im wiederholten Versuch, die Gegenperspektive von »Objektwelt und Subjektwelt«[76] auszuhandeln. Realitäten werden gemacht, und zwar »am Unbenannten und Ungewohnten«[77]. Buchmann formuliert in diesem Zusammenhang die Denkfigur der »Probe«[78]. Mit diesem Konzept verweist sie auf die Autonomie der Kunst als einen kontingenten Prozess des »in the making«. Das Politische wird hier als eine andauernde Verhandlung von gesellschaftlichen Regeln verstanden.[79]

In dieser Situation des aufbrechenden Neuen tritt das Politische als Potenzial in Kunstwerken hervor und spiegelt die Rolle der Politik für die Gesellschaft. Denn Politik ist zunächst »die bloße Verwaltung einer bestehenden gesellschaftlichen Ordnung [und, AW] bedeutet, in-

[74] An dieser Stelle argumentiert Düttmann in Anlehnung an Agambens Essay (Agamben, Giorgio (1996): Disappropiata maniera, in: ders.(1996): Categorie italiane. Studi di poetica, Venedig, S. 103): »Wir können nur sagen, daß hier etwas für immer zu Ende geht und etwas anfängt, und daß jenes, was anfängt, nur in dem anfängt, was endet« Düttmann (2015), S. 174.

[75] Düttmann (2015), S. 209.

[76] Diedrichsen (2008): Eigenblutdoping, S. 43.

[77] Düttmann (2015), S. 210.

[78] Diese Ausführungen über das Konzept der Probe von Sabeth Buchmann basieren auf in ihrem Vortrag »Autonomie auf Probe«. Auch dieser Vortrag wurde im Rahmen des Symposiums »Politik der Kunst. Über Möglichkeiten das Ästhetische politisch zu denken«, welches in Kooperation zwischen der Akademie der Künste, Berlin und dem Goethe-Institut ausgerichtet wurde, am 13.06.2015 gehalten. Vgl. Goethe-Institut (2015), verfügbar unter: https://www.goethe.de/de/uun/ver/pdk.html?wt_sc=politik-der-kunst (Stand 05.08.2015).

[79] Ebd.

stitutionelle Abwicklung«; ihr gegenüber steht das Moment des Politischen als Ort der »Erweiterung jener Ordnung«[80]. Insofern sollte das Politische in der Kunst bzw. in Kunstwerken weniger in realpolitischen Angeboten zur Demokratieförderung im Sinne einer vermeintlich künstlerischen Aktivierung des Publikums zur direkten Teilhabe oder auf der Suche nach Problemlösungen sozialer Fragen vermutet werden als vielmehr in einer Haltung, einer Art des Denkens und eben nicht in zielgerichteten Handlungsanweisungen. Das Politische strebt nach dem Zustand der Auseinandersetzung mit etwas. Es potenziert die Sichtbarmachung von etwas, das sich opak, löchrig, mangelhaft, diffus oder ungereimt zu erkennen gibt. Es kann eine Sog- und Triebkraft entfalten, die zu Situationen des Innehaltens, Nachdenkens, Reflektierens und zur Distanznahme auffordert, sofern die eigene subjektive Blindheit sichtbar war und man sich selbst darin erkennt. In diesem Moment kann der Sprung zu sich selbst zu einer Erweiterung des Bruches mit eigenen Deutungsschemen werden. Das politische Potenzial entfaltet sich somit als Teil der Ästhetik des Widerstands und beherbergt die Kraft, einen Zustand des Hinterfragens, des kritischen Umgangs mit einer Sache zu befeuern.
Im nächsten Abschnitt soll auf Teilhabe bzw. Partizipation als demokratischem Grundbaustein und Form in der Kunst eingegangen werden. Ziel ist es, das Politische, verstanden als Element des Ästhetischen der Kunst, einer reinen »Praxis des Mitmachens« gegenüberzustellen.

Überanspruchung:
Partizipation als das Politische in der Kunst

Das Phänomen des Politischen in Form von Partizipation in der Kunst weist auf eine Problematik hin, die mit den Entkunstungstendenzen seit der Moderne in Zusammenhang steht und repräsentativ für ein Kunstverständnis ist, in dem die Rolle des Publikums stark überbeansprucht wird. Teilhabe und soziales Miteinander werden hier als potenziell künstlerisch verstanden und formal konstruiert. Allerdings ist in der Gegenwart die Idee der Teilhabe zu einem Mainstream in der Kunst verkommen. Wenn z. B. Thomas Ostermeier im vierten Akt seiner Inszenierung des »Volksfeinds« von Henrik Ibsen das Saallicht auf das Publikum ausrichtet und die Schauspieler_innen für kontroverse Stimmung sorgen lässt[81], so ist das reines Spektakel. Davon geht keine

---

[80] Vgl. Düttmann (2015), S. 250–251.
[81] Rakow, Christian (2012): Gut gegoogelt. Ein Volksfeind – Thomas Ostermeier in-

relevante Infragestellung aus, da »das Publikum zum Performer, zum Fetisch oder Edel-Statisten gemacht wird«[82]. Aus dieser verwertungslogischen Rollenzuschreibung entsteht ein normierter und vorbestimmter Raum, der es unmöglich zu machen scheint, dass sich eine subjektive Begegnung zum Kunstobjekt, zu Kunstform und -inhalt ergibt. Die Zuschauenden können demnach auf räumliche, zeitliche, inhaltliche oder formale Positionen im Werk, in der Performance oder in der Theateraufführung beschränkt sein, ohne dass die Wirkung und Bedeutung des Publikums reflektiert wurde. Auch die Zuschauenden verfügen über eine eigene Präsenz und Energie, die es mitzudenken gilt und zwar als ein besonderes Vermögen. Intersubjektivität als Basis der ästhetischen Erfahrung ereignet sich durch grenzenlose Offenheit. Schreibt mir das Werk eine Art der Annäherung, Bewertung oder Bewegung zum und vom Objekt bereits vor oder suggeriert mir der Kontext gleichermaßen eine Rolle des Sehens, dann entsteht das Gegenteil einer lustvollen Erfahrung. Fremdscham, Gefühle der Abneigung, Entrüstung und Ablehnung können aufkommen und das Objekt als nicht authentisch erscheinen lassen.
Geht es um eine progressive Auslotung des Verhältnisses von Kunst und Politik, ist vor diesem Hintergrund in Anlehnung an Rebentisch Partizipation als Frage des »Intersubjektiven« zu verhandeln:

> *»Partizipation an Kunst heißt aus dieser Perspektive, dass der Betrachter, Hörer, Zuschauer oder Leser im Verhältnis zum Werk ebenfalls seine empirische Situiertheit überwinden und im entäußerten Verhältnis zur Sache an etwas Universalem teilhaben soll. Und sofern diese Teilhabe zugleich als Teilhabe an einem ›reinen Wir‹ verstanden wird, gewinnt das Verhältnis zum Werk überdies eine utopische Färbung. Eine ästhetische Erfahrung machen heißt dann, mit Adornos Formulierung, am ›Vorschein von Versöhnung‹ teilzuhaben«*[83]

---

szeniert Henrik Ibsens Demokratiebefragung, in: Nachtkritik.de, verfügbar unter: https://www.nachtkritik.de/index.php?option=com_content&view=article&id=7215:ein-volksfeind-thomas-ostermeier-inszeniert-henrik-ibsens-demokratiebefragung&catid=34&Itemid=100190 (Stand: 13.09.2017)

[82] Diedrichsen (2008): Eigenblutdoping, S. 265.

[83] Rebentisch (2013), S. 58 f.

In der Auseinandersetzung mit dem Werk, also im Erfahren des »Was« (Inhalt) und des »Wie« (Form), eröffnet sich der subjektiv angelegte Zugang zum Werk, in der die Potenzialität einer radikalen Infragestellung angelegt ist.
Partizipation in diesem Sinne verstanden, geht nicht in den Partizipationsanrufungen auf, wie sie zum Beispiel in der »relationalen Ästhetik« von Bourriaud[84] formuliert wird, die er etwa anhand der künstlerischen Arbeiten von Rirkrit Tiravanija (vgl. die Arbeit »Untitled, 1996 (tomorrow is another day)«) oder Félix González-Torres (vgl. Untitled (Candy) entwickelt. Bourriauds »relationale Ästhetik«[85] richtet sich gegen eine »wahrheitsästhetische Bestimmung der Kunst«[86]. In seinem Konzept wird dem Werk selbst nur eine geringe Bedeutung beigemessen. Indem es schlicht in den Kanon der »relationalen Ästhetik« eingehegt wird, verliert das jeweils Besondere der Werke aus ästhetischer Sicht an Wert – mit der Gefahr, dass das, was einmal kategorisiert ist, seinen kritischen Geist verliert.
Rirkrit Tiravanija präsentiert seit den 1990er Jahren Küchenutensilien und Kochzutaten als Ausstellungsprojekt und veranlasst sein Kunstpublikum, den Museumsraum als Küche und soziale Begegnungsstätte zu nutzen. Bourriaud plädiert angesichts dieser Entwicklung für ein Kunstverständnis, das durch Treffen, Rendezvous, Demonstrationen, verschiedene Arten von Zusammenarbeit zwischen Personen, Feste, Orte der Geselligkeit bestimmt ist, also durch die Gesamtheit der Begegnungsarten und der Erfindung von Beziehungen.[87] Rebentisch kritisiert zu Recht, dass es dabei nicht »an sich« um den Moment der partizipatorischen Beteiligung und Begegnung geht, sondern lediglich um »die Problematisierung oder Thematisierung von Partizipation oder Teilnahme«, auch wenn diese Auseinandersetzung »unmittelbar erfahrbare soziale Situationen« erzeugt.[88] Denn zu bedenken ist, dass solcherart »relationale Ästhetik« an exklusiven Orten des Kunstbetriebs stattfindet. Wer hier integriert wird, gehört zum Esta-

[84] Bourriaud, Nicolas (2008): Relational Aesthetics, Dijon. Vgl. hierzu auch die Kritik des Radical Culture Research Collective (2007): A very short Critique of Relational Aesthetics, verfügbar unter: http://transform.eipcp.net/correspondence/1196340894 (Stand 02.01.2016).

[85] Ebd.

[86] Rebentisch (2013), S. 60.

[87] Vgl. Bourriaud (2008), S. 9.

[88] Rebentisch (2013), S. 68.

blishment. Ausgeschlossen sind diejenigen, die am Rande der Gesellschaft stehen, diejenigen, die keine Zugänge zu Kunst und Kultur haben[89]. Zugleich wendet sich Bourriauds Konzept gegen »die Idee der Autonomie von Kunst«[90]. Die Kunst wird vom Leben ebenso wie die Utopie von der Politik getrennt und durch eine kommunizierende Praxis über das im Hier und Jetzt Mögliche ersetzt. Kunsträume werden zum Ort »sozialer Experimente« und zwischenmenschlichem Austausch, Gemeinschaft lediglich gedacht als Begegnung mit »temporär beschränkter, partikularer und konkreter dezidiert postutopischer Natur«[91]. Dem intersubjektiven Verhältnis von Subjekt und Objekt sowie der Möglichkeit der ästhetischen Erfahrung wird kein unmittelbarer Wert zugesprochen, stattdessen geht es um kollektive Teilhabe und ergebnisoffene Begegnung. Es kommt lediglich auf die Begegnung von Subjekten an, auch der Kunstraum und das Kunstobjekt an sich sind sekundär: »Das Werk soll sich [...] auf die Rolle der Vermittlung solcher Inter-Subjektivität zurücknehmen«[92]. Die Form des Objekts tritt zugunsten der »Formierung einer Situation« in den Hintergrund. Diesem Konzept wird aus kunstkritischer Perspektive entgegengehalten, dass diese Neubestimmung der Kunsträume einem Scheuklappenverhalten gleichkommt und nicht Teil einer problemorientierten zeitgenössischen Kultur- und Gesellschaftskritik ist. Es scheint zwar unzeitgemäß, gegen den Mainstream gerichtet zu sein, blendet aber in Wahrheit die Möglichkeit des Utopischen für die Kunst aus.
Aber wie kann – unter den gegenwärtigen gesellschaftlichen Bedin-

[89] Die Idee der Teilhabe am Werk scheint durch verwertungslogische Interessen geschliffen zu sein und muss als solches kritisch geprüft werden, um mit seiner Umwelt ungeniert, unbeobachtet in Verbindung treten zu können. Dafür braucht es einen »sicheren« Raum, der die subjektiven Bedürfnisse u. a. nach Rückzug achtet. Macht man Teilhabe zum Thema, dann sollte auch die gesamtgesellschaftliche Perspektive gewahrt werden. Es gilt demnach, Marginalisierung in erster Linie auszuhebeln, und zwar auf behutsame, sachliche und menschliche Art. Vgl. hierzu: Castro Varela, María do Mar; Dhawan, Nikita (2005): Postkoloniale Theorie. Eine kritische Einführung. Bielefeld; Bonz, Jochen; Struve, Karen (2006): Homi K. Bhabha, in: Moebius, Stephan; Quadflieg, Dirk (Hg.) (2006): Kultur. Theorien der Gegenwart, Wiesbaden sowie Spivak, Gayatri Chakravorty (2007): Can the Subaltern Speak? Postkolonialität und subalterne Artikulation, Wien.

[90] Rebentisch (2013), S. 60.

[91] Ebd., S. 62.

[92] Ebd.

gungen, die von jeder_m »Originalität, Kreativität, Beweglichkeit, Eigeninitiative und Konnektivität«[93] fordern und so Werte wie »Aktivierung, Partizipation, Experiment und Regelbruch«[94] aushöhlen – Partizipation gefasst werden? Konzepte wie die »relationale Ästhetik« reproduzieren Herrschafts- und Machtverhältnisse und sie verstärken die neoliberale Selbstverwertung eines andauernd vernetzt, aktiv und autonom agierenden vereinzelten Subjekts. »Partizipation ist das neue Spektakel«, so spitzt es Diedrichsen zu und diagnostiziert für die gegenwärtigen Konsumverhältnisse folgendes Bild eines Konsumenten: Er ist der

> *»Zwangsvernetzte[], der dauernd aktiv präsent ist, beurteilt, einstuft, antwortet und als networkender Soft-Skills-Virtuose in der heutigen Freizeit-, Service- und Kulturarbeitswelt einem Terror der surrogat-demokratischen Partizipation ausgesetzt ist.«*[95]

Gemeinschaft lässt sich nicht ohne Verhandlungen, Diskussionen, Kompromissbereitschaft und Aushandlungsprozesse denken, ihre Neubestimmung kann nicht konstruktivistisch auf dem Reißbrett angelegt werden. Gemeinschaft will vermittelt sein. Alles andere ist totalitär. Schließlich gibt es nicht den einen Willen und die eine konkrete Form von Gemeinschaft. In diesem Sinne kommt der Kunst eine politische Weckfunktion zu. Sie kann daran rütteln, nicht alternativlos zu glauben, dass das, was ist, auch so bleiben muss. Für die Gegenwart ist höchste Aktualität, das ästhetische Denken als politisches Potenzial zu verstehen, denn diesem Denken ist das Neue inhärent, denn es weiß, »dass es nicht ein einziges Bild gibt, sondern eine Bilderflucht oder vielmehr Bilderfluchten; dass das ästhetische Denken immer wieder neu ansetzt, in der Schöpfung und Entdeckung einer weiteren Bilderflucht.«[96]

Fassen wir zusammen: Das Politische in der Kunst ist in der Reflexion und der Ästhetik der Werke zu finden. Im Lesen und Beschreiben der Ästhetik werden Auseinandersetzung und Diskurs möglich. Dieses Potenzial entsteht durch die Brüchigkeit im Zusammenspiel von formalen und inhaltlichen Dimensionen. »Die Aufgabe des Kritikers wäre, die

---

93 Ebd., S. 64.

94 Ebd.

95 Diedrichsen (2008): Eigenblutdoping, S. 279.

96 Düttmann (2015), S. 243.

Denkbedingungen dieser Öffentlichkeit selber noch einmal auf bislang nicht gedachte Voraussetzungen hin zu hinterfragen«[97], stellt Axel Honneth in einem anderen Zusammenhang fest.
Ich schließe mich diesem Anliegen an, wenn ich im anschließenden Kapitel näher auf die Bedingungen der Produktion von Kunst eingehe. Gegenwartskunst lässt sich ästhetisch betrachtet durch Hybridität, Intermedialität, Interkommunikation und den »Verfransungen« zwischen Kunst und Nicht-Kunst charakterisieren. Zu berücksichtigen sind dabei die gesellschaftlichen Bedingungen des Technokapitalismus, verstanden als Ensemble von Technologie und Kapitalismus. Was bedeutet das konkret für die Gegenwartskunst? Dieser Frage wird im nächsten Abschnitt »II. 3 Schlussfolgerungen« nachgegangen.

Schlussfolgerungen

> *»Die Kultur ist nicht der Überbau, sondern die Basis der menschlichen Tätigkeit.«[98] (Weiss 1981)*

Das besondere Vermögen von Kunst ist ihre Kraft mehr als nur schön zu sein oder als solche wahrgenommen zu werden, vielmehr deutet sich in der Ästhetik das Potenzial an, über das Kunstwerk an sich hinaus zu deuten. Insofern lässt sich festhalten, dass die künstlerische Arbeit nicht mit der Fertigstellung eines Produktes, dem Kunstwerk, endet.
Unter den digitalisierten technischen Bedingungen erfährt das gesellschaftliche Leben eine enorme Umwälzung und verändert nicht zuletzt die Produktion von Kunst bzw. auch die Formen der Rezeption, der Auseinandersetzung und Kritik von Kunst. In einer solchen Situation stellt sich die Frage nach emanzipatorischer Kunst und wie sie unter diesen Bedingungen möglich ist. Wie macht sich Gegenwartskunst diese Bedingungen zu eigen? Und lässt sich diese Kunst politisch aneignen?
In den folgenden Kapiteln widme ich mich Kunst, die – ganz im Sinne meiner oben geschilderten Kategorien einer emphatischen Kunst – sich ihrer Zeit annimmt und bemüht ist, in neuer Art und Weise sich

[97] Vgl. Köhler (2013), verfügbar unter: http://soziologieblog.hypotheses.org/4002 (Stand 12.11.2015).

[98] Weiss (1981), S. 645.

den aktuellen technischen Mitteln der Produktion von Gesellschaft zuzuwenden.

IV Postdigitale Kunst

> *»The all-out internet condition is not an interface but an environment.«*[1] (Steyerl 2013)

Das vorliegende Kapitel ordnet den Untersuchungsgegenstand dieser Arbeit in den Komplex »Postdigitaler Kunst« ein, um relevante Aspekte und Fragestellungen zur Untersuchung der ausgewählten Kunstwerke darzustellen und zu begründen, warum gerade diese drei Kunstwerke als Gegenstand der Untersuchung herangezogen werden. Wie lässt sich also postdigitale Kunst näher bestimmen? Vorausgeschickt sei, dass der Begriff »Postdigital« in dieser Arbeit als Klammer fungiert, mithilfe derer ich sowohl gesellschaftliche Tendenzen als auch die Kunstströmungen der Gegenwart angesichts von Digitalisierung und Etablierung des Internets zu fassen versuche. Im Kunstdiskurs[2] sei »Postdigital« ein »Überbegriff«, so Florian Cramer[3], der an »digitale Kunst« und »Netzkunst« anknüpft und als Genrebezeichnungen »Post-Internet-Art« miteinbezieht. Wie Cramer zu bedenken gibt, verweist die Vorsilbe »Post-« auf eine Mehrdeutigkeit, in der sich zum einen »Distanzierung vom Mediendiskurs« und zum anderen eine »Distanzierung vom erschöpften Attribut ›neu‹« ausdrückt.[4] In dieser Distanziertheit komme zum Ausdruck, dass sich der Diskurs über »neue Medien« – »seit den 1990er Jahren letzter Rückzugsort eines ungebrochenen Modernismus« – überholt habe und diese Erkenntnis zum »kleinste[n] gemeinsame[n] Nenner aller ›postdigitalen‹ Positionen, von Undergroundmusikern bis zu Telekom-Managern«[5]

---

1 Steyerl, Hito (2013): Too Much World. Is the Internet Dead?, in: e-flux, Journal #49, 11/2013, verfügbar unter: http://www.e-flux.com/journal/too-much-world-is-the-internet-dead/ (Stand 14.07.2016).

2 Wesentlich für einen wissenschaftlichen Diskurs um den Terminus »postdigital« ist das Berliner Medienfestival »Transmediale« mit der thematischen Konferenz »Afterglow« aus dem Jahr 2014 oder das Londoner ICA mit der Veranstaltung »#FOMO. Fear of Missing Out«, 2015 sowie u. a. die Künstlerin Hito Steyerl mit ihren Essays wie »Too Much World. Is the Internet Dead?« von 2013 sowie die öffentliche Lecture »Post-digital […] sucks […]« organisiert von der LensBased Klasse von Prof. Hito Steyerl im Jahr 2015.

3 Cramer (2016), S. 54.

4 Cramer (2016), S. 54. Vgl. außerdem: Joselit, David (2013): After Art. Point, Essays on Architecture, Princeton.

5 Ebd.

wurde. In diesem Zusammenhang weist Vogl daraufhin, dass »die kurze Zeit der Differenzierung zwischen Kunst und Technik zu Ende gegangen«[6] sei, also die Spaltung »hier Technologien und auf der anderen Seite Künste, eben die schönen Künste, die auch noch nach Sparten und nach Wissenschaften getrennt sind«, weil sie »so nicht mehr, jedenfalls in ganz zentralen Bereichen, nicht mehr weiter funktionieren«[7]. Offensichtlich ist eine klassisch-modernistische Kunstbetrachtung nicht einfach auf die Kunst von heute zu übertragen, denn längst ist ein Zusammengehen zu beobachten, in denen sich neue Techniken und (schöne) Künste gegenseitig bereichern – ein Prozess, begünstigt durch die Digitalisierung der Gesellschaft, der dazu geführt hat, dass unser Alltag durch die Verschmelzung von digitalen und analogen Produktions- und Kommunikationstechniken bestimmt ist. Das Internet ist keine Schnittstelle, sondern es ist zur Umwelt geworden, die unser Leben beeinflusst: Es gibt kein Außerhalb des digitalen Universums mehr. Wesentlich für diese technische Entwicklung ist die Auflösung der Grenzen zwischen Analogem und Digitalem. Vor dem Hintergrund dieser Entwicklung bezeichnete Kim Cascone bereits im Jahr 2002 die aktuelle Ära als »postdigital«: »because the revolutionary period of the digital information age has surely passed. The tendrils of digital technology have in some way touched everyone«[8]. Diese gesellschaftlichen Tendenzen sind zugleich Kontext gebend für die postdigitale Gegenwartskunst.

Postdigitale Kunstwerke sind gekennzeichnet durch Intermedialität, also das Überschreiten medialer, analoger wie digitaler Grenzen und ihr hybrides Verhältnis von »Kunst und Leben, innen und Außen«[9]. Die Hybridisierung von künstlerischen und nichtkünstlerischen Formen und Inhalten zielt auf den Moment der Grenzüberschreitung, indem spezifische Eigenheiten miteinander in Verbindung gesetzt werden. Durch das Zusammentreffen und Ineinandergreifen von künstlerischen und nichtkünstlerischen Feldern entsteht eine besondere visuelle Dimension. Die technisch und formal »im Innenraum produzierten Bilder« lassen sich kaum mehr von einem »Außenraum«

---

[6] Vgl. Vogl (2010), in: Fischer-Lichte et al. (2010), S. 264.

[7] Ebd.

[8] Cascone, Kim (2002): The Aesthetics of Failure. ›Post-Digital‹ Tendencies in Contemporary Computer Music, verfügbar unter: http://subsol.c3.hu/subsol_2/contributors3/casconetext.html (Stand 13.05.2016).

[9] Diedrichsen (2008): Eigenblutdoping, S. 231.

unterscheiden. Das Außen ist bestimmt durch digitale Bild- und Medientechnologien, die Bilder erzeugen, »die viel wirklicher sind als die Wirklichkeit«[10]. Praxen wie die unendliche Kopierbarkeit sind zur Bedingung der Bildproduktion geworden. Diese künstlerischen Strategien spielen regelrecht mit Formaten, Techniken, Materialen, Motiven und Stilen und ähneln künstlerischen Aneignungsweisen wie der Appropriation Art, in der bewusst und strategisch die Werke anderer Künstler_innen »kopiert« werden.[11] Wir haben es mit einer künstlerischen Praxis zu tun, die in keiner Weise als Neuheit »an sich« zu verstehen ist, aber durch künstlerische Verfahren der Neuzusammensetzung, Aussetzung, Wiederholung oder Wiederaufführungen werden veränderte Sichtweisen möglich. In der postdigitalen Kunst treten die künstlerischen und nichtkünstlerischen Anteile in eine Wechselwirkung und beeinflussen gleichzeitig die jeweils berührten Felder. Anders als z. B. für die Malerei kann sowohl für die Videokunst ab den 1970er Jahren, die Medienkunst ab den 1990er Jahren, die Internetkunst ab den 2000er Jahren und die postdigitale Kunst der 2010er Jahre eine solche direkte Wechselwirkung (hier konkret auf medientechnologische Themen bezogen) beobachtet werden. Solchen Kunstwerke sieht man die medialen und technischen Veränderungen ihrer Zeit unmittelbar an. Die künstlerischen Kompositionen erscheinen progressiv, da sie auf einem bewussten Umgang mit Materialität, Medialität und technischen Geräten basieren und durch ein überlegtes Zusammensetzen der nach individuellen, formalen und inhaltlichen Aspekten gewählten Elemente etwas Neues kreieren. Sie schaffen Aufmerksamkeit für die Bedingungen der Produktion von Kunst in der digital-medientechnologischen Gegenwart, wobei ökonomische, soziale und politische Interessen thematisiert werden. Postdigitale Kunst beinhaltet stets eine künstlerische Auseinandersetzung mit den »Mitteln des technischen Fortschritts und seinen dispersiven Effekten auf Welt und Subjektivität«[12]. Es genügt dabei nicht, sich alleine dem Ausprobieren technischer Neuheiten zu verschreiben, denn Voraussetzungen wie Bedingungen technischer Innovation bilden den historischen Kontext, den es zu berücksichtigen gilt.

---

[10] Ebd.

[11] Vgl. Thalmair (2016), verfügbar unter: http://www.kunstforum.de/intern/artikel.aspx?a=243004&z=lex&page= (Stand 14.11.2016).

[12] Hoffmann; Volkart (2011), S. 29.

Broeckmann[13] gibt allerdings zu bedenken, dass durch die Verwendung von Begriffen wie »›postdigitale‹ Medienkunst« oder »Internetkunst« »gemeinsame medien-, produktions- oder distributionsbedingte Interessen«[14] durchgesetzt werden sollen. Ähnlich argumentiert Vogl, wenn er Kunstformen wie Post-Internet-Art bzw. postdigitale Kunst »historisch funktional als Strategien«[15] beschreibt. Broeckmann wirft zudem die Frage auf, ob durch die ständige Anrufung des Neuen nicht ein eher rückwärtsgewandter Impetus verbunden sei. Rückwärtsgewand deshalb, weil man im Wettlauf um den Einsatz der immer neuesten Technik Gefahr läuft, sich letztlich in einem Materialexperiment zu erschöpfen, und nicht die damit einhergehenden gesellschaftlichen (Macht-)Strukturen einfängt, die mit neuen Techniken verknüpft sind. Auch muss die »naturalistische, visuelle Evidenz« der Bilder, wie sie sich in der postdigitalen Kunst zu wiederholen scheint, im Zusammenhang mit dem »kapitalistischen Egalitarismus der Massenkultur«[16] mitgedacht werden. Welches ästhetische Potenzial ist postdigitaler Kunst vor diesem Hintergrund gleichwohl zu eigen? Um die Frage zu beantworten, ist es wichtig, die Herausbildung derartiger Kunstformate entlang von technischen und gesellschaftlichen Umbrüchen zu diskutieren, wobei auf ein Kunstverständnis zurückgegriffen wird, das sich – wegen der genannten Umbrüche – nicht an einem verabsolutierenden Kunstbegriff orientieren kann.

Der folgende Abschnitt gibt einen kunsthistorischen Überblick über die Entwicklung digitaler und postdigitaler Kunstströmungen und behält sich vor, anhand verschiedener Kunstwerke exemplarisch auf künstlerische wie ästhetische Besonderheiten im Zusammenspiel mit technischen bzw. herkömmlich als nichtkünstlerisch verstandenen Materialien einzugehen. Nach der chronologischen Vorstellung digitaler und postdigitaler Kunstströmungen im folgenden Unterkapitel wird anschließend die konkrete Auswahl des Forschungsgegenstandes erörtert.

---

[13] Vgl. Broeckmann, Andreas (2011): 50 Wege, die Medienkunst (nicht mehr) zu fördern, in: BAK; Shedhalle (Hg.) (2011): Connect. Kunst zwischen Medien und Wirklichkeit. Eine Ausstellung mit Medienkunstarbeiten des Sitemapping-Programmes (BAK) 2003–2011, Shedhalle Zürich 14. Juli–11. September 2011, Zürich, S. 142–149.

[14] Hoffmann; Volkart (2011): S. 29.

[15] Vogl (2010), in: Fischer-Lichte et al. (2010), S. 248.

[16] Ebd.

Eine kunsthistorische Einordnung

Diese Forschungsarbeit, die sich mit ausgewählten Kunstwerken beschäftigt, bedarf im besonderen Maße eine kunsthistorische Einordnung, eröffnet doch erst die historische Kontextualisierung dieser Kunstströmungen eine differenzierte Annäherung an die Prozesshaftigkeit von Kunst, die auf der technischen Höhe ihrer Zeit mit ihrer Gegenwart in Verbindung tritt. Nach einer inhaltlichen Einführung nimmt diese kunsthistorische Einordnung schwerpunktmäßig Bezug auf die Phänomene »Netzkunst« und »Post-Internet-Art«. Diese beiden besonderen Strömungen werden exemplarisch anhand von ausgewählten künstlerischen Arbeiten diskutiert.
In Anlehnung an »digitale Kunst« oder »Netzkunst« kann »postdigitale« Kunst als ein Überbegriff für Kunstströmungen verstanden werden, die im Sinne eines »Internet State of Mind«[17] Ästhetik und Kommunikation verbinden. Dieses Genre impliziert eine andere Art der Auseinandersetzung mit zeitgenössischen technischen Entwicklungen und daraus resultierenden gesellschaftlichen Veränderungen. Die Künstler_innen der Post-Internet-Art verorten sich im Unterschied zu ihren Vorreiter_innen der Netzkunst als selbstbewusste Akteure im internationalen Kunstbetrieb, worin sich unter anderem das gesteigerte Interesse des globalen Kunstmarktes an den hybriden Kunstwerken mit technischen innovativen Formaten widerspiegelt.

> *»Die Post-Internet Artists verbindet kein erkennbarer Stil, wohl aber eine gemeinsame Haltung, die in Anlehnung an Jean-François Lyotard ›Postmodern Condition‹ (Lyotard 1979) nun als Post-Digital Condition gefasst werden kann: Sie leben mit großer Selbstverständlichkeit eine auf den durch digitale Medien induzierten sozialen, politischen, technologischen und wirtschaftlichen Veränderungen fußende Normalität, ohne die Gründe dieser Bedingungen als solche noch zu thematisieren, sind also quasi über das ›Neue‹ und ›Besondere‹ des Digitalen hinaus.«*[18]

---

[17] Meyer, Thorsten (2015): What´s Next, Arts Education? Fünf Thesen zur nächsten Kulturellen Bildung, verfügbar unter: https://www.kubi-online.de/artikel/whats-next-arts-education-fuenf-thesen-zur-naechsten-kulturellen-bildung (Stand 27.07.2017).

[18] Ebd.

Das war in der Anfangszeit dieser Kunstgattung noch anders. Josephine Bosma identifiziert insgesamt »fünf Generationen« in der Internetkunst[19] und bezieht die 1980er Jahre mit ein[20], wobei die erste Generation noch die elektronische Interkonnektivität von Fax, Videotext oder analogen Amateurfunkmöglichkeiten künstlerisch ausgelotet habe. Hier deutet sich schon Bosmas Verständnis von Netzkunst an, das nicht mit dem Hochladen von digitalen Bildern auf eine Webseite oder mit der Präsentation künstlerisch-bildnerischen Schaffens im Internet zu verwechseln ist. Im Gegenteil: Für Bosma ist das Internet Kunst »an sich«, oder wie es Heath Bunting ausdrückt: »net = art«, eine Kunst, die in der Internetkultur verwurzelt ist und deshalb nicht auf ein technologisches Genre reduziert werden kann. Ganz in diesem Sinne agiert auch der serbische Netzkünstler Vuk Ćosić, der 1995 »net.art« als Readymade inszeniert.[21] Eng gekoppelt an dieses Verständnis von Netzkunst ist eine Haltung gegenüber digitaler Technologie, der eine weltumspannende und alles verändernde Bedeutung zugemessen wird.[22] Dieses Bild des Internets stammt aus der

---

[19] Vgl. Olsen, Marisa (2009): Conference Report: Net.Art (Second Epoche), New York, in: Rhizome, 09.03.2009, verfügbar unter: http://rhizome.org/editorial/2009/mar/09/conference-report-netart-second-epoch/ (Stand 28.01.2016).

[20] Vgl. Bosma (2011), S. 65.

[21] Alexei Shulgin erklärte am 18.03.1997 auf der Mailinglist »nettime« über die Entstehung dieses Begriffes folgendes: »I feel it's time now to give a light on the origin of the term – ›net.art‹. Actually, it's a readymade. In December 1995 Vuk Ćosić got a message, sent via anonymous mailer. Because of incompatibility of software, the opened text appeared to be practically unreadable ascii abracadabra. The only fragment of it that made any sense looked something like: [...] J8~g#|\;Net. Art{-^s1 [...] Vuk was very much amused and exited: the net itself gave him a name for activity he was involved in! He immediately started to use this term«, siehe: Shulgin, Alexei (1997): I feel it's time now to give a light on the origin of the term – ›net.art‹, in: Nettime, Nettime mailing list archives, 17.03.1997, verfügbar unter: http://www.nettime.org/Lists-Archives/nettime-l-9703/msg00094.html (Stand 10.08.2015).

[22] Der Chaos Computer Club hat acht Grundregel im Umgang mit Computern, Daten und Privatsphäre aufgestellt, die sogenannten hackerethics. Sie wurden in den 1980er Jahren in Anlehnung an Steven Levys Buch »Hackers« (1984) und angesichts einiger Vorfälle in der Hackerszene, bei denen der Schutz der Privatsphäre und der Informationsfreiheit nicht gewahrt schien, aufgestellt. Aufgrund diverser Vorfälle wurden die sechs von Levy angedachten Regeln um zwei weitere erweitert. Vgl. hierzu: Chaos Computer Club (o. J.): hackerethics, verfügbar unter: http://www.ccc.de/hackerethics?language=de (Stand 25.01.2016) und siehe auch: The Jargon File (o. J.): hacker ethic, in: The Jargon File (version 4.4.7), Glossary, http://catb.org/~esr/jargon/

Zeit vor seiner Kommerzialisierung und erklärt sich auch aus der besonderen Nähe der Kunstschaffenden zu Hackern, Haecksen und Internetpionier_innen.
Anknüpfend an die Idee des »offenen Kunstwerks« bekommt das Publikum in der Netzkunst eine aktive und unmittelbare Rolle im Werk zugesprochen. Es wird zum Hinschauen aufgefordert und zum Hinterfragen traditioneller Kunstvorstellungen. Die interkommunikative Funktion digitaler Medien und Technologien, die in den Werken materiell zum Einsatz kommen, lässt die User_innen zu Produser_innen werden und verstärkt somit die normgebende Funktion des Kunstwerks. Interaktivität, Partizipation und der vielfache Einsatz von Medien sind wesentlich für die Internetkunst. In vielen Fällen ist das Publikum aktiv in die digitale Arbeit eingebunden. Vielen Netzkünstler_innen der ersten Stunde geht es darum, das neue Medium und seine Möglichkeiten auszuloten. Zudem wird das Prozessuale der Produktion betont, da es im Netz nicht um die Schaffung unveränderlicher Werke geht. Häufig werden Projekte kollektiv mit den Rezipient_innen selbst oder anderen Künstler_innen entwickelt. In dieser Zeit etabliert sich eine Haltung der Künstler_innen ganz im Sinne des »Open Access« und der internetspezifischen Freiheits- und Gleichheitsideen. Urheberschaft und Original werden kritisch thematisiert und das Internet als Vorbild für eine sozial-technische Utopie der gesellschaftlichen Demokratisierung gesehen. Ein Gedanke, der diese Generation überdauert und der sich teilweise auch in der künstlerischen Arbeitsweise bzw. den Kunstwerken postdigitaler Künstler_innen wiederfindet (vgl. die Ausführungen im Kapitel VI. Ästhetiken und Spannungsfelder – Sichtbares und Unsichtbares in den Kunstwerken). Die Möglichkeit interaktiver Partizipation wird zum künstlerischen Thema dieser digitalen Arbeiten. Auch postdigitale Kunst wird dieses Phänomen aufgreifen und es zu einem formgebenden Anteil in den Kunstwerken werden lassen.
Die Netzkunstwerke der Pionierzeit zeichnen sich durch Immaterialität und die Unmöglichkeit aus, sie in den Kunst- und Ausstellungsbetrieb zu integrieren. Die Net-Art-Künstler_innen der 1990er Jahre sind die Avantgarde, die noch an die Utopie des freien Internets glaubt und Netzkunst ausschließlich mit den Mitteln des Internets macht. Es ist eine Phase, in der die Grenzen und Möglichkeiten dieser neuen Technik spielerisch ausgelotet werden. So programmiert etwa das

html/H/hacker-ethic.html (Stand 25.01.2016) sowie: Levy, Steven (2010): Hackers. Heroes of the Computer Revolution – 25th Anniversary Edition, Sebastopol.

holländisch-belgische Duo Jodi.org einen Browser als »Fehler-Landschaften«[23]. Auf diese spielerische Weise entstehen in der grafischen Oberfläche des Internets experimentell dekonstruierte wie surreale Bilder der algorithmisch generierten Oberfläche. Der Netzkünstler Vuk Ćosić transformiert unter anderem mit dem Zeichencode ASCII[24] den Film »Raging Bull« von Martin Scorsese, wodurch ein Code-Bild in Form von Zeichen und Zahlen entsteht, und thematisiert in dieser minimalistischen Visualisierung das Verhältnis von Film und Computertechnik. Ebenso wie Ćosić geht es der Netzkünstlerin Olia Lialina um eine andere Art digitaler Bildkunst, indem sie sich die Möglichkeit, mit Links im Browser zu navigieren, zu eigen macht. In ihrem 1996 zurzeit des Bosnienkriegs entstandenen Werkes »My Boyfriend Came Back From the War«[25] kreiert sie die Erzählform des Hypertexts als künstlerisches Element. Durch das Anklicken von Bildern oder Textstücken lässt sich das Werk selbst erschließen und schafft eine eigene Narration durch die individuelle Navigation entlang der Hyperlinks.
Die Netzkünstler_innen der ersten Stunde stehen in engem Kontakt zu Hackern und Haecksen, Techniker_innen und Programmierer_innen und bewegen sich außerhalb des traditionellen Galerien- und Museumsbetriebs. Eine Situation, die das Experimentieren, Hacken und das Selbermachen sowie die Herausbildung von Do-it-Yourself-Communities fördert. Sie sehen sich in Distanz zum Ausstellungsbetrieb sowie zum klassischen Werkbegriff, da die Netzkunstwerke meist auf unendlich kopierbaren Files und Seiten aufbauen. Gleichwohl beeinflussen ihre Arbeiten den Kunstdiskurs, wobei die Neugier aufeinander, von Künstler_innen wie Kunstbetrieb gleichermaßen, im Lauf der Zeit wächst.
Mit Beginn der Kommerzialisierung des Internets ab den 2000er Jah-

---

23 Heiser, Jörg (2015): Post-Internet-Art. Die Kunst der digitalen Eingeborenen, in: Reihe NetzKultur! (2/5), Deutschlandfunk, 11.01.2015, verfügbar unter: http://www.deutschlandfunk.de/post-internet-art-die-kunst-der-digitalen-eingeborenen.1184.de.html?dram:article_id=304141 (Stand 10.08.2015).

24 Die Programmiersprache ASCII ist die Abkürzung für die 7-Bit-Zeichenkodierung »American Standard Code for Information Interchange« und bildet die US-Variante von ISO 646 sowie die Grundlage für spätere mehrbittige Zeichensätze und -kodierungen, vgl. American Standards Association (1963): American Standard Code for Information Interchange, Washington D.C., verfügbar unter: http://worldpowersystems.com/archives/codes/X3.4-1963/ (Stand 18.12.2016).

25 Vgl. hierzu: Lialina, Olia (1996): My Boyfriend Came Back From the War, Browser, Webseite, Hyperlink, Internet, verfügbar unter: http://www.teleportacia.org/war/ (Stand 10.08.2015).

ren lässt sich eine rasante technische Weiterentwicklung beobachten. Im Zentrum künstlerischen Schaffens steht die Vernetzung auf lokaler wie globaler Ebene. Die Internetkunst der 2000er Jahre sucht ihr Publikum vermehrt außerhalb des digitalen Raumes und wendet sich verstärkt analogen Ausstellungszusammenhängen zu. Die Programmierung von Webseiten oder eine ausschließliche Fixierung auf den »virtuellen« Raum wird durch die Produktion hybrider Kunstformen abgelöst. In dieser Zeit wird das Internet ubiquitär und hält global in alle Lebensbereiche Einzug. Die Internetkunst der 2000er Jahre spiegelt diese Entwicklung der Verquickung von analogen mit digitalen Bereichen und thematisiert sie unter Berücksichtigung der gesellschaftlichen Verhältnisse. Erste künstlerische Arbeiten oder Projekte bestehen nicht nur aus immateriellen, sondern auch aus materiellen Bestandteilen, um diese dann unter anderem nach dem »Prinzip Merchandising«[26] in den Ausstellungsbetrieb zu überführen: Das Werk entsteht im Netz, danach werden Überbleibsel der Aktion an entsprechend repräsentativen Orten ausgestellt.[27]
Die Möglichkeit, Codes unendlich kopieren zu können, macht dabei Materialschlachten im Werk obsolet und führt zu einem vergleichbar minimalen Kostenaufwand. In den Werken fließen verschiedene Medien als Formen zusammen: Webseiten, E-Mails, Softwareprogramme, Spiele, inaktive und gestreamte Videos, Audios, Radioarbeiten, Netzwerkperformances etwa in Second Life[28] oder Chatrooms wie 4Chan[29]. Die Arbeiten entstehen entweder innerhalb des Internets oder außerhalb in Kombination mit Projekten oder Installationen.
Im Jahr 2002 greift Cory Arcangel mit seinem Kunstwerk »Super Mario

---

[26] Vgl. Heiser (2015), verfügbar unter: http://www.deutschlandfunk.de/post-internet-art-die-kunst-der-digitalen-eingeborenen.1184.de.html?dram:article_id=304141 (Stand 10.08.2015).

[27] Ebd.

[28] Menschen interagieren, spielen und kommunizieren als Avatar in dieser Online-3D-Infrastruktur und gestalten eine virtuelle Welt. Second Life ist seit 2003 im Internet verfügbar. Ein Avatar ist eine von Internetnutzer_innen kreierte künstliche Identität, die dem Rollentausch dient und die Form von Fantasiewesen, Tieren oder Menschen annehmen kann. Vgl. SecondLife (o. J.): Secondlife. Your World. Your Imagination, verfügbar unter: http://secondlife.com/ (Stand 28.01.2016).

[29] Das Forum 4Chan ist eine einfach strukturierte Webseite, um genauer zu sein ein »Imageboard«, auf dem jede und jeder anonym Kommentare, Themen und Bilder publizieren kann, vgl. dazu: 4chan (o. J.), verfügbar unter: http://www.4chan.org/ (Stand 25.01.2016).

Clouds«[30] das gleichnamige Computerspiel auf. Er minimalisiert das Jump-and-Run-Spiel für die NES-Spielkonsole von Nintendo mit dem Haupthelden Super Mario so stark, dass nur noch der blaue Himmel mit kleinen, pixeligen Wölkchen übrig bleibt. Durch diese Art künstlerischer Aneignung wird das Original dekonstruiert. So wie sich in programmierspezifischer Weise unendliche Elemente hinzufügen, wiederholen und neuartig verbinden lassen, können sie umgekehrt auch schlicht entfernt werden. Das Spiel ist quasi »gehackt«[31]. Dieser Hack kann als eine Funktionserweiterung bzw. Zweckentfremdung verstanden werden. Hacks basieren im Allgemeinen auf einer spielerischen selbstbezüglichen Neugier im Gebrauch von Technik, die lustvoll und kreativ bemüht ist, Systemfehler oder auftretende Probleme zu lösen und im Experiment vermeintliche Grenzen auszuloten. »Ein Hacker ist jemand, der versucht einen Weg zu finden, wie man mit einer Kaffeemaschine Toast zubereiten kann«[32], pointiert das Gründungsmitglied des Chaos Computer Clubs, Wau Holland, diese Einstellung.

Was dabei entsteht, ist die Erweiterung von Handlungsspielräumen. Nicht das Original wird zerstört, nicht einmal in seiner originären Form verändert, vielmehr wird etwas Neues ins Spiel gebracht. Im oben genannten Beispiel ist es die Neukonfiguration und Programmierung des Nintendo-Spiels. Es steht nun für sich und kann im Verhältnis zur Ausgangsform gesetzt und verhandelt werden.

Ähnlich verhält es sich bei dem Kunstwerk des Schweizer Künstler_

---

[30] Arcangel, Cory (2002): Super Mario Cloud. Weitere Informationen und Werkansichten, vgl. hierzu: ders. (o. J.): Super Mario Clouds, in: Cory Arcangel's Official Portfolio Website and Portal, verfügbar unter: http://www.coryarcangel.com/things-i-made/2002-001-super-mario-clouds (Stand 03.11.2016).

[31] Bereits Mitte der 1950er Jahre benutzten US-amerikanische Funkamateure den Begriff »hacking« als eine Bezeichnung für eine ideenreiche Anpassung von Geräten, um deren Potenzial zu steigern. Der Bezug auf eine besonders innovative Anpassung bleibt auch in der Anwendung des Begriffs Ende der 1950er Jahre im Kontext des MIT (Massachusetts Institute of Technology) erhalten und wird weiterführend auch in Anlehnung an eine technikbasierte, geschickte oder gewagte Tat angewandt. Spaß und Raffiné charakterisierten diese »ausgeheckten Streiche« und wurden später für eine schlaue technische Lösung im Allgemeinen benutzt. Das »Hacken« an sich ist nicht auf den Computer beschränkt und findet unlängst als Kulturtechnik (»cultural hacking«) Anwendung.

[32] Holland zit. n. Valodim (2014): Was ist ein Hackerspace?, in: Stratum 0, Hackerspace Braunschweig, verfügbar unter: https://stratum0.org/blog/posts/2014/01/02/was-ist-ein-hackerspace/ (Stand 25.01.2016).

innenduos Ubermorgen.com. Es programmiert während der Präsidentschaftswahl in den USA im Jahr 2000 eine Fake-Internetseite mit dem Titel »Vote-auction.com«[33]. Vor dem Hintergrund, dass die Wahlkämpfe der US-Präsidentschaftskandidat_innen in der Regel von Großkonzernen gesponsert werden, inszeniert diese Online-Arbeit ironisch die Versteigerung von Wähler_innenstimmen als Auktion und wirft so die Frage auf, ob es überhaupt noch Sinn macht, an der demokratischen Willensbildung per Wahl teilzunehmen. Die eher konzeptuelle und immaterielle Arbeit, die mit vermeintlichen Realitäten spielt und kein direktes Kunstprodukt im klassischen Sinn darstellt, landet vor Gericht, weil ihr Kunstcharakter bestritten wird, wobei die rund 500 Kilogramm Papier, die während des Rechtsstreits entstehen, später als Relikte der Aktion in den Ausstellungsraum übertragen werden.
Kunstprojekte der Netzkunst zeichnen sich in der Regel durch die subjektive Einbindung in den hybriden digitalen Kommunikationskontext aus und zeugen vom Interesse an kritischer Analyse der Gegenwartsbedingungen. So ist es nicht überraschend, dass die Themen »Überwachung und Kontrolle« zunehmend zu einem künstlerischen Gegenstand werden. Künstler_innen nehmen sich der Problematik in den 2000er Jahren in innovativen, ironischen, kritischen und kreativen Objekten in Form von Performances, Workshops auf Hackern und Haecksen treffen oder im Ausstellungsraum an. Im transnationalen Verbund Free Art and Technology Lab[34], der sich selbst als Schnittstelle von »Open-Source-Bewegung«[35] und Popkultur definiert, entwickeln unter anderem die Künstler Aram Bartholl und Evan Roth einen »Fake« des »Google Street

[33] Ubermorgen.com (2000): [V]ote-auction – Bringing democracy and capitalism closer together, Webseite, 2000–2006. Auch diese Netzarbeit ist online zugänglich und zwar unter: http://www.vote-auction.net/ (Stand 04.01.2016).

[34] Dieses Kollektiv veröffentlicht seine kreativen Innovationen und künstlerischen Projekte auf der Internetseite: http://fffff.at/ (Stand 04.01.2016). Seit August 2015 wird die Website nicht mehr aktualisiert.

[35] Die Open-Source-Bewegung ist von der Freie-Software-Bewegung zu unterscheiden, obwohl es projektbezogene Kooperationen gibt. »*Open Source [ist] eine Entwicklungsmethodik [und, AW] Freie Software eine soziale Bewegung*«, *d. h. die* Open-Source-Bewegung ist aus rein praktischen Gründen für das freie zugänglich machen von Quellcode, während für die Freie-Software-Bewegung es eine ethisch-politische Frage ist. Vgl. hierzu: Stallman, Richard (o. J.): Warum Open Source das Ziel Freie Software verfehlt, in: GNU Betriebssystem, verfügbar unter: http://www.gnu.org/philosophy/open-source-misses-the-point (Stand 19.12.2016).

View Cars«. Im Rahmen des Medienkunstfestivals Transmediale im Jahr 2010 fahren sie mit einem sehr echt aussehenden Nachbau bemüht auffällig und provokativ durch die Innenstadt Berlins, um so auf die Allgegenwärtigkeit der Datensammelwut von nicht zuletzt Internetgiganten aufmerksam zu machen.

Auch Christoph Wachter und Mathias Jud thematisieren Paradoxien der Internetkultur. Mit ihrer Arbeit »New Nations«[36] nehmen sie die Machtstruktur durch die Adressverwaltung im Netz in den Blick, die durch das Domainsystem (.gov, .mil, .com, .de, .fr, .ch, etc.) gegeben ist. »Jede Internetadresse [weist, AW] auf die Kontrolle- und Steuerungsmacht des World Wide Web« hin und lässt nicht anerkannte Gemeinschaften wie Tibeter_innen, Kurd_innen, Tamil_innen, Uigur_innen oder Sahrauis außen vor. Ihre Arbeit zielt darauf, das Internet als öffentlichen Ort der Meinungsbildung zu wahren. Auf der Webseite des Kunstprojektes wird nicht nur über das Anliegen informiert, sondern auch Software zur Verfügung gestellt, mit der sich eigene Domains einrichten lassen.

Im Übergang zu nächsten medientechnologischen Formationen in der Gegenwartskunst lässt sich eine weitere Veränderung in der Ausstellungspraxis beobachten. Sie wird getragen von einer ernsthaften Auseinandersetzung und Hinwendungen zum White Cube. Mixed-Media-Installationen von Künstler_innen wie der !Mediengruppe Bitnik »Opera Calling«[37], Franco und Eva Mattes »Synthetic Perfor-

---

[36] Wachter & Jud (2008–): New Nations, Installation und Webseite, verfügbar unter: http://www.new-nations.net/ (Stand 19.12.2016). Andere Arbeiten sind »Zone* Interdite« oder »picidae«. Diese Projekte zielen bewusst auf die elektronische Teilnahme an Online-Communities. Damit wird eine Alternative zu den dominierenden Machtstrukturen im Internet bevorzugt.

[37] !Mediengruppe Bitnik (2007): Opera Calling. Hacking The Opera – Arias For All!, Opernhaus Zürich, Performance, Audio-Bugs (Wanzen), 4363 (Haushalte) Telefonanrufe, 09.03.–26.05.2007, Zürich. verfügbar unter: https://wwwwwwwwwwwwwwwwwwwwww.bitnik.org/o/ (Stand 03.11.2016). Hierzu auch: dies. (2007): Opera Calling, Arien für Alle, »Der Rosenkavalier« by Richard Strauss, Performance, Telephone Call – Sunday, March 25th 2007, 16:28:52, Audio-Bugs, Audiomitschnitte, verfügbar unter: https://vimeo.com/66007470 (Stand 20.12.2016).

mances«[38], Michelle Teran »Random Encounters«[39] oder Knowbotic Research »MacGhillie_Just a Void«[40] stehen für eine progressive Annäherung und operative Auseinandersetzung mit den Grenzen vom vermeintlich virtuellen Raum des Internets und analogen Orten bzw. Ausstellungskontexten sowie zwischen sozialen und technologischen Netzwerken.[41] Es sind Arbeiten, die sich nicht mehr auf ein reines experimentelles Ausloten von Software oder grafischer Oberfläche des Internets begrenzen lassen, diese Werke sind hybrid. Diese offenen Formspiele finden als internationale Performances, Live-Installationen oder kollaborative Online-Kommunikationsumgebungen mit physischen Objekten als Interventionen im öffentlichen Raum statt bzw. sind Vorträge oder Onlineauftritte. Dabei gehören öffentliche Webcams, drahtlose Netzwerke oder Kameras zum Instrumentarium. Daneben entwickelt sich die Kunstströmung der Post-Internet-Art[42],

---

38 Mattes, Eva und Franco (2009–2010): Synthetic Performances, Online Performance, Video Game »Second Life«. Bei dieser Arbeit handelt es sich um eine sogenannte Online-Performances innerhalb von Second Life (vgl. Anm. 264). Im Zentrum der Performance steht ein Avatar, der durch die Abbilder der Körper und Gesichter von Eva und Franco Mattes erzeugt wurde. Durch die Möglichkeit an Second Life online teilzuhaben, konnte das Publikum global an der Performance mitwirken. Weitere Informationen zu dieser Arbeit sind verfügbar unter: http://0100101110101101.org/synthetic-performances/ (Stand 26.01.2016).

39 Teran, Michelle (2010): Random Encounters, process, urban narratives, auto-ethnography, social hacking, microhistory, mapping, performance, collaboration, video and information play, urban tour, in: Hacking the City Essen, 16.07.2010–25.09.2010, verfügbar unter: http://www.ubermatic.org/?p=1601 (Stand 03.11.2016).

40 Knowbotic Research (2010): MacGhillie_Just a Void, 2010– ongoing, Performance, verschiedene Orte. Weitere Informationen: http://knowbotiq.net/macghillie/ (Stand 03.11.2016).

41 Vgl. Hoffmann; Volkart (2011), S. 37.

42 Post-Internet-Art meint, Kunst nach dem Internet zu produzieren: Dabei ist das Internet allgegenwärtig geworden und hat im Grund als Medium und Experimentierfeld mit Neuigkeitswert an Relevanz verloren. Zudem unterscheidet sich Post-Internet-Art von der künstlerischen Praxis der Internetkunst der 1990er Jahre. Was hier zum Tragen kommt ist der Diskurs »the Internet is dead«. Vgl. hierzu: Connor, Michael (2013): What's Postinternet Got to do with Net Art?, in: Rhizome, 01.11.2013, verfügbar unter: http://rhizome.org/editorial/2013/nov/1/postinternet/ (Stand 25.02.2016), sowie: Wallace, Ian (2014): »What Is Post-Internet Art?«. Understanding the Revolutionary New Art Movement, in: Artspace, Trend Report, 18.03.2014, verfügbar unter: http://www.artspace.com/magazine/interviews_features/trend_report/post_internet_art-52138 (25.02.2016) und Lemmey, Huw (2013): Mission Creep. K-Hole and Trend Forecasting as Creative Practive, in:

die unter der Bezeichnung postdigitale Kunst firmiert. Die Arbeiten reproduzieren vor allem die Eigentümlichkeit des Internets in ihren Kunstwerken und markieren einen Wendepunkt zeitgenössischer Produktions-, Distributions- und Rezeptionsbedingungen. Die Vorsilbe »Post-« steht für ein Lebensgefühl, das von einer Selbstverständlichkeit im Umgang und Gebrauch digitaler Medialität geprägt ist. Die Künstlerin Marisa Olson spricht in einem Interview mit Lauren Cornell 2006 von dieser Art künstlerisch zu arbeiten: »What I make is less art ›on‹ the Internet than it is art ›after‹ the Internet. Its the yield of my compulsive surfing and downloading. I create performances, songs, photos, texts, or installations directly derived from materials on the Internet or my activity there«[43] und umschreibt somit bereits den Begriff, den sie 2008 als »Post-Internet-Art«[44] formuliert. Diese Konzeption verweist auf eine Weiterentwicklung in der Internetkunst, bei der es nicht mehr darauf ankommt, den Computer oder das Internet als Basis der Kunstproduktion anzusehen, sondern die Künstler_innen denken die Effekte der Digitalisierung mit. Deren Kunstwerke stehen für eine bewusste Auseinandersetzung mit der Ästhetik und Kommunikation von Internet und digitalen Medien.

Die Post-Internet-Art setzt sich von ihren Vorgänger_innen nicht nur hinsichtlich ihres Verhältnisses zum internationalen Kunstmarkt ab, sondern auch hinsichtlich der Bedingungen Kunst digital zu produzieren, und somit sich kritisch der Gegenwart anzunehmen. Die Kunstform der Post-Internet-Art könnte man mit einem Begriff der holländischen Philosophen Tim Vermeulen und Robin van den Akker als »Metamodernismus«[45] bezeichnen, so wie Heiser vorschlägt: Die

---

Rhizome, 26.03.2013, verfügbar unter: http://rhizome.org/editorial/2013/mar/26/mission-creep/#_ftn4 (Stand 25.02.2016). Zum Thema der »Post-Internet-Art« sei auf folgenden Kurztext von Rozendaal aufmerksam gemacht: Rozendaal, Rafael (o.J.): Post internet art, verfügbar unter: http://www.newrafael.com/post-internet-art/ (25.02.2016).

[43] Cornell, Lauren (2006): Net results. Closing the gap between art and life online, in: TimeOut, 09.02.2006, verfügbar unter: https://www.timeout.com/newyork/art/net-results (30.07.2017).

[44] Debatty, Régine (2008): Interview with Marisa Olson, in: We make Money not Art, 28.03.2008, verfügbar unter: http://we-make-money-not-art.com/how_does_one_become_marisa/ (Stand 30.07.2017).

[45] Vgl. Turner, Luke (2015): Metamodernism. A Brief Introduction, in: Notes on Metamodernism, In the Press, Theory, 12.01.2015, http://www.metamodernism.com/2015/01/12/metamodernism-a-brief-introduction/ (Stand 19.12.2016). Auf

künstlerische Praxis handelt in der Manier des Internets[46], die in der Wiederholung der Kopie aufgeht, denn das unendliche Replizieren von Kopien ist der Rhythmus, der Algorithmus, das Internet[47]. Auffallend ist allerdings, dass Post-Internet-Art nicht mehr von der Idee der unbegrenzten Möglichkeiten des Netzes ausgeht, auch fehlt die ironische Art der Auseinandersetzung mit den Bedingungen des Internets, wie sie noch die Generation davor für sich in Anspruch nahm. Diskussionen um die Datensammelwut großer Internetunternehmen wie Google oder Facebook spielen kaum eine Rolle, vielmehr gefallen sich die Künstler_innen in ihrer metamodernen Haltung als »gut informierte Naive«[48]. Ihre Haltung erschöpft sich in dem Glauben, mit dem, was sie der Welt bringen, könnten sie etwas Neues, Noch-nicht-da-gewesenes schaffen.
Im Allgemeinen wird der Post-Internet-Art im Kunstdiskurs eine affirmative Haltung gegenüber der gesellschaftlichen Wirklichkeit unterstellt und das Fehlen einer kritischen Haltung oder gar eines Transformationspotenzials kritisiert.[49] Dies gilt aber sicherlich nicht für alle Künstler_innen. Die Werke oder Videoarbeiten von Ryan Trecartin[50], Holly Herndon[51],

---

dieser Seite setzen sich die genannten Autoren (u. a.) mit der Gedankenfigur des »Metamodernismus« weiterführend auseinander.

[46] Vgl. Heiser (2015), verfügbar unter: http://www.deutschlandfunk.de/post-internet-art-die-kunst-der-digitalen-eingeborenen.1184.de.html?dram:article_id=304141 (Stand 10.08.2015).

[47] Ein »Meme« ist ein Internetphänomen resp. »Memes sind elementare Einheiten kultureller Information, die »sich selbst replizieren«, in Kettenreaktionen, und die in diesem Prozess mehr oder minder komplexe, flüchtige und ausdifferenzierte Felder/Strukturen/Wolken bilden, die wieder auf den gesamten Mem/Sem-Prozess zurückwirken«, so die Definition von: Lindner, Martin (2009): Was sind Meme im Web? Eine Definition, in: microinformation. überleben im digitalen Klimawandel, 28.01.2009, Blog, verfügbar unter: https://microinformation.wordpress.com/2009/01/28/was-sind-meme-im-web-eine-definition/ (Stand 03.11.2016).

[48] Heiser (2015), verfügbar unter: http://www.deutschlandfunk.de/post-internet-art-die-kunst-der-digitalen-eingeborenen.1184.de.html?dram:article_id=304141 (Stand 10.08.2015).

[49] Ebd.

[50] Trecartin, Ryan (2016): »Mark Trade«, Video, Sound, 1:13:30 min, in: Vimeo.com, 20.01.107, verfügbar unter: https://vimeo.com/200299829 (Stand 02.08.2017).

[51] Herndon, Holly (2014): »Home«, Video, Sound, 6:14 min, in: Youtube.com, 16.09.2014, verfügbar unter: https://www.youtube.com/watch?v=I_3mCDJ_iWc (Stand 04.05.2016).

Tobias Zielony (»Ross«), Trevor Paglen, Hito Steyerl (vgl. die Unterkapitel, hier: VIII. 1 Hito Steyerl) oder Rosa Menkman[52] stehen etwa neben einem affirmativen mindestens auch in einem kritischen Verhältnis zur aktuellen sozio- und medienkulturellen Wirklichkeit, denn in ihnen werden aktuelle gesellschaftliche und medien- und technikspezifische Innovationen und Fragen behandelt.

Gleichsam kann mit der Kategorisierung »Post-Internet-Art« nicht nur von Nachahmung gesprochen werden, sondern es gilt zu bedenken, dass in der Nachahmung ein ganzer Denkkontext über die Auswirkungen des Internets auf die Kultur, Kunst und Gesellschaft freigesetzt wird.[53] In diesem Sinne werden Bilder, Nachrichten oder Dinge aus dem Internet bewusst aufgespürt und in neue Kontexte, auch außerhalb des Internets, in Szene gesetzt und eröffnen derart eine Möglichkeit des veränderten Zugangs. Das Kopieren von Kopien, das Nachahmen und Übertragen von Codes und Algorithmen wird durch neue technische Maßnahmen und Geräte materialisiert und schließlich in den Galeriebetrieb übertragen. Diese Art der Gegenwartskunst überführt etwa Bilder, die digital bearbeitet im Internet zum Hype geworden sind, als Collage oder in Mixed-Media-Installationen in den Kunstbetrieb. Einer der einflussreichsten Vertreter dieser Art von Kunstproduktion ist Jon Rafman, der kunsthistorische Stile wie Kubismus oder Pop-Art mit neuesten technischen Innovationen in amorphe Plastiken/Büsten transformiert. Seit 2011 erzeugt er mithilfe von 3D-Druckern Skulpturen, indem er digital die Oberfläche des Modells einer griechischen Büste um Malereien oder Zeichnungen von Künstler_innen wie Malewitsch konfigurativ erweitert (»*NAD*«, »*Zigzagman Malevich*«, 2013 aus der »Serie New Age Demanded«)[54].

Ein weiterer Vertreter ist Yngve Holen, der z. B. in seiner Arbeit »Ex-

[52] Vgl. hierzu: Menkman, Rosa (2015): »Beyond Resolution«, Live AV performance registration, Syndrom 3.X @ Static Gallery, Liverpool, January 2015, Featuring video images by Alexandra Gorczynski, remixed sounds from the track Professional Grin by Knalpot, Sound mastering by Sandor Caron, in: Vimeo, verfügbar unter: https://vimeo.com/125070255 (Stand 17.01.2017).

[53] Vgl. Debatty (2008), verfügbar unter: http://we-make-money-not-art.com/archives/2008/03/how-does-one-become-marisa.php (Stand 02.08.2017).

[54] Vgl. Teasdale, Paul (2013): Tendenz: 3D-Printing. Verschiedene Orte, in: Frieze Magazin, Ausgabe 10, Juni–August 2013, 31.05.2013, Berlin/London/New York, verfügbar unter: http://frieze-magazin.de/archiv/kritik/tendenz-3d-printing/ (Stand 05.01.2016).

tended Operations«[55] Skulpturensockel produziert, die unter anderem aus Gestellen aus Aluminium-Waben-Material mit einem jeweils darauf drapierten in Marmor gefrästen Rindfleischbrocken bestehen. Benutzen Rafman und Holen aktuelle Materialien, Medien oder neue technische Verfahrensweise, übertragen andere Post-Internet-Art-Künstler_innen in Installationen kopierte Bilder aus dem Internet in den Ausstellungsraum des White Cube, so etwa Katja Novitskova in ihrer Ausstellung »Spirit, Curiosity and Opportunity«[56]. Zwei Jahre zuvor präsentiert sie in »Innate Disposition«[57] auf Plastik aufgetragene digitale Prints und präsentiert sie dem Motiv entsprechend ausgeformt als Skulpturen installiert im Ausstellungsraum.
Zusammenfassend lässt sich feststellen, dass es bei postdigitalen Kunstwerken, um künstlerische Arbeiten handelt, die auf der technologischen Höhe ihrer Zeit sind, aber nicht alleine mit dem Tempo technologischer Entwicklungen Stand halten wollen. Sie lassen sich nicht auf Materialerkundung und -experiment beschränken, sondern werfen Fragen zum Zustand der Gegenwart auf, die als »kapitalistisch und digital durchsetzte[r] Scherbenhaufen« bezeichnet werden kann, in dem »die Zukunft suspendiert ist«, wie es Stakemeier formuliert.[58] Die Reformulierung einer »Kritik an dieser sich richtungslos ausdehnenden Gegenwart, der die ideologische Zukunft weggerutscht zu sein scheint«[59], macht es notwendig, die aktuellen gesellschaftlichen Verhältnisse in den Blick zu nehmen, wie sie in der Formensprache

---

[55] Holen, Yngve (2013): ETOPS – Extended Operations, in: Galerie Neu, 2013, Berlin, verfügbar unter: http://www.galerieneu.net/publication/76/1299 (Stand 03.11.2016).

[56] Novitskova, Katja (2014): Spirit, Curiosity and Opportunity, in: Galerie Kraupa-Tuskany Zeidler, 2014, Berlin. Ansichten dieser Installation: Mousse Magazins (o. J.): Exhibitions, Katja Novitskova ›Spirit, Curiosity and Opportunity‹, Copyright Galerie Kraupa-Tuskany Zeidler, Berlin, verfügbar unter: http://moussemagazine.it/novitskove-gw2014/ (Stand 05.01.2016).

[57] Dies. (2012): Innate Disposition, Installation, in: CCS Bard Galleries, 29.04.–27.05.2012, Center for Curatorial Studies, Bard College, Annandale-on-Hudson, New York. Vgl. hierzu: Dies. (o. J.): Katja Novitskova and Timur Si-Qin, Webseite, Installationsansichten, verfügbar unter: http://katjanovi.net/ccsbard.html (Stand 03.11.2016).

[58] Stakemeier, Kerstin (2014): Kapitalaffekt. Zur Beziehung von immaterieller Arbeit und kognitiven Kapital, in: Springerin Hefte für Gegenwartskunst, 4/2014, Wien, S. 34.

[59] Ebd.

dieser Werke zum Ausdruck kommt. Indem sie gesellschaftliche Spannungsfelder der digitalisierten Gesellschaft und der Auswirkungen des Internets auf Kultur, Kunst und andere Felder sichtbar machen, entfalten sie eine ästhetische Erfahrung des Erhabenen.

Rebentisch zeigt anschaulich anhand der Performance »GenTerra«[60] (2001–2003) des Critical Art Ensemble in Kooperation mit Beatriz de Costa, wie durch interaktive Vernetzung eine kritische Ästhetik an der Schnittstelle von Kunst und Technik zu politischen oder sozialen Themen entsteht. In der Performance wird ein gleichnamiges Biotech-Unternehmen simuliert, das seine Produkte der Öffentlichkeit präsentiert und das Publikum ermuntern, bei der Rekombination von genetischem Material auf molekularer und zellulärer Ebene mitzuwirken. Das politische Potenzial dieser Performance entsteht, so Rebentisch, »aus [der, AW] reflexive[n] Distanz zu den Sphären des Wissens und der Handlung«, d. h. nicht unmittelbar bei der Performance, sondern erst mit Abstand. Insofern verflüssigen die »Grenzgänge der Kunst keineswegs die Differenz des Ästhetischen«, sie kommen vielmehr »zur vollen Geltung, wo sie nicht mehr als die Differenz des in sich geschlossenen Werkes zu seinem Außen missverstanden«[61] werden. Das künstlerische Spiel entlang der Hybridität von Kunst und Technik, Kunst und Naturwissenschaften, Kunst und Ökonomie widerspricht dem klassischen Verständnis eines geschlossenen Werkes, gleichwohl ermöglicht es ästhetische Erfahrungen in einer Situation reflexiven Abstandhaltens. Im Anschluss an Rebentisch lässt sich also von Netzkunst, Post-Internet-Art bzw. postdigitaler Kunst als Gegenwartskunst sprechen:

> *»Einmal mehr erweist sich damit, dass die Grenzgänge der Kunst keineswegs die Differenz des Ästhetischen*

---

[60] Critical Art Ensemble (2001): GenTerra, 2001–2003, Internetseite, Performance, verfügbar unter: http://www.critical-art.net/Biotech.html (Stand 29.01.2016). Vgl. hierzu: Medienkunstnetz (o. J.): Critical Art Ensemble (CAE), GenTerra, Werke, Bilder, Webseite, verfügbar unter: http://www.medienkunstnetz.de/werke/genterra/bilder/12/ (Stand 01.02.2016) sowie Greenmuseum (o. J.): Critical Art Ensemble, verfügbar unter: http://www.greenmuseum.org/c/enterchange/artists/cae/ (Stand 01.02.2016). Darüber hinaus gibt es eine Videodokumentation über die GenTerra Performance, die sich als Bestandteil der Arbeit »CleanRooms« in der Gallery Oldham (Greater Manchester | UK) im Jahr 2002 ereignete, vgl. hierzu: Arts Catalyst (2014): GenTerra, Critical Art Ensemble and Beatriz da Costa, in: Vimeo, 27.10.2014, verfügbar unter: https://vimeo.com/110141892 (Stand 13.01.2017).

[61] Rebentisch (2013), S. 217.

aufheben. Im Gegenteil, diese Differenz kommt zur vollen Geltung, wo sie nicht mehr als die Differenz des in sich geschlossenen Werks zu seinem Außen missverstanden wird: in der Gegenwartskunst.«[62]

Geradewegs sich auf das Werk einzulassen, bedeutet, das sich zwischen Materialität und Kontext in nichtkünstlerischer Auseinandersetzung oder eben doch künstlerischer Inszenierung zu bewegen.
Mich interessieren diese visuell, künstlerisch und ästhetisch erzeugten Brüche, die Irritationen und Spannungen, die in diesen Werken neue Perspektiven auf die Welt eröffnen. Mein Ansatz ist es, sich die Besonderheit dieser zeitgenössisch-medientechnologischen Formate in der Kunst der Gegenwart zuzuwenden, um die je eigene Ästhetik dieser Werke zu ergründen. Von besonderer Bedeutung sind für mich dabei Werke von Künstler_innen, die gesellschaftskritische Positionen unter anderem mit Blick auf marktkonforme Aufmerksamkeitsökonomien, also den Mainstream entwickeln.
Im Anschluss an diese Ausführungen über die postdigitale Kunst und die Einführung in deren historische Entwicklung soll im nächsten Abschnitt die Auswahl des konkreten Untersuchungsgegenstandes – dreier künstlerischer Arbeiten – ausführlicher begründet und weiterführende Fragestellungen offengelegt werden.

---

62 Ebd.

V Zur Auswahl der Kunstwerke

Entgegen der aktuellen »diskursiven Strukturen unserer Kultur-Öffentlichkeit«[63] beschäftigt sich meine Analyse weniger mit »Künstler_innen-Biografien«, sondern konzentriert sich auf die »gattungsbezogenen Besonderheiten« von Kunstwerken. Wenn ich die drei ausgewählten Kunstwerke der !Mediengruppe Bitnik, von Hito Steyerl und von Simon Denny untersuche, gehe ich von Ecos Denkfigur des »offenen Kunstwerks« aus. Wenden wir uns nun der Beantwortung der Fragen zu: Warum wurden gerade diese drei Kunstwerke und nach welchen Kriterien ausgewählt?

Die Begründung der Auswahl

Für diese Arbeit sind postdigitale Kunstwerke ausgewählt worden, die auf ihre Gegenwart Bezug nehmen. Es sind Werke, die auf emphatische Weise mit ihrer Zeit sind[64] (vgl. Kapitel II. Gegenwartskunst in Zeiten der Kulturindustrie). Objekte, die durch Irritationen, Störungen und Zäsuren zur Reflexion anregen, Perspektiven verschieben und Spannungsfelder sichtbar machen sowie tendenziell Widerstände aufzeigen. Die Gegenwart ist bestimmt durch den technisierten Fortschritt der Digitalisierung und das spätkapitalistische System des Postfordismus. Die auf diesen Bedingungen beruhenden alles umfassenden Überwachungs- und Kontrollmechanismen sind ein Kulminationspunkt, in dem verschiedene Entwicklungen zusammenlaufen. Die hier vorgestellten Werke setzen sich zu diesem Ensemble der Gegenwartsbedingungen ins Verhältnis. Wie und auf welche Weise,

---

[63] Diedrichsen (2008): Eigenblutdoping, S. 95.

[64] Hierzu auch der Psychologe Arno Gruen. Er widmete sich in seinen wissenschaftlichen Abhandlungen der Frage, warum der Mensch gehorsam ist und welche Konsequenzen dieses Verhalten hat. Dabei appellierte er mehr noch an die Empathie und das Mitgefühl, um dies gegen eine konstruierte Welt der Normierung und Reglementierung zur Funktionalisierung und Verwertung ins Feld zu führen. Vgl. dazu: Gruen, Arno (2015): Wider den Gehorsam, Stuttgart. Kontextspezifisch sei auch zu empfehlen: Lazzarato, Maurizio (2012): Die Fabrik des verschuldeten Menschen. Ein Essay über das neoliberale Leben, Berlin. Direkt hierzu die gleichnamige Rezension von Raul Zelik, in: WOZ, 10.01.2013, verfügbar unter: http://www.raulzelik.net/kritikliteratur-alltag-theorie/410-die-fabrik-des-verschuldeten-menschen-rezension-woz-10-januar-2013 (Stand 24.10.2015).

soll hier gezeigt werden. Eine Gesellschaft, die sich in Abhängigkeit mit digitaler Reproduktionstechnologie entwickelt, durch sie geformt wird, äußert sich eben auch in ihrer Bildproduktion – interessant ist dabei, was für ein Klangteppich der Wirklichkeit in digital (re-)produzierten Bildern mitschwingt. In Zeiten von Photoshop und damit verbunden Möglichkeit, Bilder digital zu manipulieren, verschwimmt zusehends das deutliche Moment von Wahrheit. Wie wird also unter diesen Bedingungen mit der Konstruktion von Elementen, Bildteilen, materiellen Dingen der Darstellung, Formen des Sprechens und der Bewegung, des Performativen, künstlerisch umgegangen. Wie ist ein Sprechen über diese Art »Hyperrealität« möglich, die an der Echtheit, dem Wahrheitscharakter, Zweifel hervorbringt, muss doch davon ausgegangen werden, dass jedes Bild gefälscht sein könnte. Dieser Aspekt ist wegweisend für die Bestimmung der getroffenen Auswahl der Künstler_innen bzw. deren Kunstwerke gewesen.
Bleiben wir bei dem Gedanken der Veränderung der Gesellschaft, die aktuell in ihrer Wirkung mit den Folgen des Buchdrucks und der Industrialisierung verglichen werden kann.[65] Ein Aspekt dieser Veränderung ist der Ausbau des Kontroll- und Überwachungsstaats. Dass Überwachung und Kontrolle zum Zwecke der Prävention und in klebriger Allgegenwärtigkeit möglich ist, basiert auf technologischen Entwicklungen und der Digitalisierung des Lebens. Gleichzeitig bestimmen sie das Verhältnis von staatlichem Sicherheitsstreben, ökonomischen Interessen (an digitalen Daten) und dem Recht auf freie Meinung resp. freiem Zugang zu Wissen mit öffentlicher Bedeutung. Diese gesellschaftliche Umwälzung »bringt einen Paradigmenwechsel mit sich, der in seiner Konsequenz genauso weitreichend ist wie der Buchdruck. Sie hat Konsequenzen bis in die Tiefenstruktur des Denkens, der Empfindung und des Habitus«[66]. Aufgrund der Tiefe der Veränderungen, die nicht eruptiv, sondern schleichend vor sich gehen, erscheinen sie quasi naturwüchsig, alternativlos und unhinterfragbar. Menke beschreibt diese Prozesse der Entpolitisierung als »Befreiung von Freiheit als Entkräftung der Negation«[67], weil eman-

---

[65] Vgl. Bunz (2012), S. 9.

[66] Han, Byung-Chul (2012): Gastbeitrag. Im Schwarm. Wir fingern heute nur noch, statt zu handeln. Souverän ist, wer über die Shitstorms des Netzes verfügt. Das ist das Ende der Politik, in: FAZ.net, 03.10.2012, verfügbar unter: http://www.faz.net/aktuell/politik/staat-und-recht/gastbeitrag-im-schwarm-11912458.html?printPagedArticle=true#pageIndex_2 (Stand 11.08.2015).

[67] An dieser Stelle zitiere ich Christoph Menke und beziehe mich dabei auf seinen

zipatorische Akte stets mit Naturalisierungen und so mit Gesten der Entpolitisierung konfrontiert sind. Was also tun, wenn diese schleifenden und glättenden Prozesse zu einer »Politik der Gefälligkeit«, einer Politik ohne »feste Überzeugungen« führen?[68] So wie es jetzt ist, kann es nicht bleiben[69], ist sich Bunz mit Blick auf die Gestaltungsmöglichkeiten digitaler Technik sicher. »Die Digitalisierung«, so Bunz, »bietet uns heute die Möglichkeit, eine andere Zukunft zu gestalten. Und aus ihr wird, was wir aus ihr machen«[70]. Einen Anteil daran haben auch künstlerische Experimente, Strategien und Arbeiten, die sich nicht nur in Auseinandersetzung mit medientechnologischen Innovationen und Methoden als kritisch und kompetent erweisen, sondern auch die Bedingungen ihrer Zeit und die Produktionsverhältnisse von Kunst mitverhandeln, wie die hier zugrunde gelegten. Klassisch ausgedrückt lassen sich die ausgewählten Werke im Feld postdigitaler Kunst einordnen. Sie haben Wurzel in verschiedenen künstlerischen und nichtkünstlerischen Bereichen der Medienkunst, Netzkunst, Post-Internet-Art, Videokunst, Installation wie Performance, Dada, Pop Art oder Konzeptkunst sowie Gesellschaftskritik, Computer- und andere Hardwaretechnik, Design und Gestaltung, Lehre, Experiment, Kultur- und Politikwissenschaft. Ich bevorzuge den Begriff der postdigitalen Gegenwartskunst. Bei meiner Auswahl habe ich mehrere Aspekte berücksichtigt: Wichtig ist, dass die Werke im Kunstsystem der Galerien, Schauen und Ausstellungen präsent sind. Darüber hinaus sollten sie sich mit dem Aspekt der »Entgrenzung« von Kunst und Technik in einer hackerspezifischen technisierten Perspektive auseinandergesetzt haben, mit dem Entgrenzungsverhältnis von Kunst, Social Media und Machtstrukturen bzw. mit der »Entgrenzung« von Kunst, Kunstbetrieb und digitaler Kapitalakkumulation. Dieses Raster lässt sich auf folgende Kunstwerke beziehen:

Vortrag »Marx und die Kritik des Rechts« am 09.05.2015 im Rahmen der 2. Marx-Frühjahrsschule (08. –10.05.2015) zum Themenkomplex »Marx und Recht. Rechtphilosophie, Rechtstheorie, Rechtskritik«, in den Räumen der Rosa-Luxemburg-Stiftung, Berlin, vgl. dazu das Programm verfügbar unter: https://rechtskritik.files.wordpress.com/2016/04/programm-2-marx-frc3bchjahrsschule-2015.pdf (Stand 20.12.2016).

[68] Han (2012), verfügbar unter: http://www.faz.net/aktuell/politik/staat-und-recht/gastbeitrag-im-schwarm-11912458.html?printPagedArticle=true#pageIndex_2 (Stand 11.08.2015).

[69] Vgl. Bunz (2012), S. 59.

[70] Ebd.

Erstens: die »Live-Mail-Art«-Performance »Delivery for Mr. Assange«[71] des Zürcher Kunstkollektivs !Mediengruppe Bitnik. Mit seinen Arbeiten sucht das Kollektiv auf künstlerisch-ästhetische Weise Widersprüche herrschender Verhältnisse, technischer Überwachungspraxen im öffentlichen Raum und deren Einflüsse auf das gesellschaftliche Miteinander aufzuzeigen.
Zweitens: die intermediale Videoarbeit »How Not to Be Seen: A Fucking Didactic Educational .Mov File«[72] von Hito Steyerl. Diese Arbeit ist in diversen europäischen und internationalen Ausstellungskontexten im Rahmen einer Rauminstallation präsentiert worden. Ausgehend von der Frage, wie es unter Bedingungen der alles umfassenden Überwachung möglich ist, unerkannt zu bleiben, thematisiert die Videoarbeit verschiedene Möglichkeiten, nicht gesehen zu werden. Mit Ironie wird das Paradoxe anderer und eigener medialer Zurschaustellungen, digitaler Verbreitungsmöglichkeiten unter den Bedingungen technischen Fortschritts auf mehreren künstlerisch-medialen Ebenen wie Performance, Kino, Abstraktion oder Konzeptkunst verhandelt.
Drittens: die intermediale Installation »All You Need Is Data – The DLD 2012 Conference Redux«[73] von Simon Denny. Diese Arbeit überführt ein reales Ereignis, nämlich die jährliche »Digital Life Design«-Konferenz der Burda-Stiftung in München, in den Ausstellungsraum

[71] !Mediengruppe Bitnik (2013): Delivery for Mr. Assange, Live-Mail-Art-Performance, 16.–17.01.2013, Postpaket, Tracker, GPS, Kamera, Webseite, Internet, London. Vgl. hierzu: !Mediengruppe Bitnik (2013): Delivery for Mr. Assange, A Live Mail Art Piece, Rrrrrrrrrrrrrrrrrrrrrrrradical Realtime, Werkpräsentation, verfügbar unter: http://wwwwwwwwwwwwwwwwwwwwww.bitnik.org/assange/ (Stand 02.11.2016). Außerdem ist das Video unter Youtube.com zu sehen: !Mediengruppe Bitnik (2014): Delivery for Mr. Assange, !Mediengruppe Bitnik, 2-Channel Video Installation (Web Version), 19.03.2014, in: Youtube.com, verfügbar unter: https://www.youtube.com/watch?v=zlZTghhCuxg (Stand 02.11.2016).

[292] Steyerl, Hito (2013): How Not to be Seen: A Fucking Didactic Educational .MOV File, 2013, Videoarbeit, 15:52 min. Vgl. Morinis, Leora (2014): Hito Steyerl's How not to be Seen: A F**king Didactic Educational .MOV File, in: MoMA.org, 18.06.2014, Collection & Exhibitions, verfügbar unter: https://www.moma.org/explore/inside_out/2014/06/18/hito-steyerls-how-not-to-be-seen-a-fucking-didactic-educational-mov-file (Stand 02.11.2016).

[73] Denny, Simon (2013): All You Need Is Data – The DLD 2012 Conference Redux«, Installation, 89 Leinwände, Metallstangen, Digital-Inkjet-Druck, DLD 2012 Materialien und Dokumente. Weitere Informationen: Petzel Gallery (o. J.): Exhibitions. Simon Denny, All you need is data: the DLD 2012 Conference REDUX rerun, June 20 – July 26, 2013, 456 W 18th Street, New York, verfügbar unter: http://www.petzel.com/exhibitions/2013-06-20_simon-denny/ (Stand 02.11.2016).

des Münchner Kunstvereins. Ein Thema der Konferenz von 2012 war der Umgang mit personenbezogenen Daten und ihre Verwertung. Denny setzt die Transformation der Zurschaustellung der Entwicklungen der digitalen Hightech-Wirtschaft in den Ausstellungskontext in Form einer raumgreifenden Installation um. Gestützt auf Material der Konferenz im Jahr 2012 materialisiert sich in dieser Wiederholung der Veranstaltung, die zum Thema »All you need is Data?« stattgefunden hatte, in Form einer »Display-Struktur aus 89 Leinwänden«. Diese spiegelt die Oberflächen von Computern oder Mobiltelefonen und berichtet von den Visionen der Ökonomie und der »Glattheit« kapitalistischer Verwertungsvollzüge.
Rezeptionsästhetisch ist die Art und Weise der Annäherung an die hier vorgestellte Auswahl an Kunstwerke – was das im Konkreten bedeutet, möchte ich nun vorstellen.

Zur Analyse selbst

Diese Arbeit basiert auf einer rezeptionsästhetischen Vorgehensweise, die sich bei der Annäherung an das Ästhetische von Kunstwerken der Gegenwart bewusst ist, dass das interpretierende Subjekt bereits produktiver Teil der Formensprache des Werkes ist.[74] Oder wie Bubner ausführt: »Die Analyse [...] hält sich strikt an die Wirkung, die von ästhetischen Phänomenen ausgeht und in der allein ›Kunst‹ zum Bewusstsein kommt, und sie bleibt allen weitergehenden Annahmen gegenüber abstinent«[75]. Bubners Gedanke dient mir als Leitfigur, denn es kommt mir auf folgende Aspekte an: Richten wir noch einmal den Blick auf die Entgrenzungstendenzen in der Kunst seit den 1960er Jahren, dann wird deutlich, dass diese das Erfassen von Kunst in einer umfassenden Darlegung von Form und Inhalt quasi unmöglich machen. Insofern bedeutet, Kunst verstehen zu wollen, immer das Sprechen in ihrer Erweiterung. Kunst allgemein definieren zu wollen, verstellt deshalb eher den Blick für zeitgenössische Kunst. Eine ästhetische Theorie, die von der Autonomie der Kunst ausgeht, erkennt die Herausbildung intermedial entgrenzter Kunstwerke als Charakteristikum von Kunst und ihren Künsten an[76] und berücksichtigt

[74] Vgl. Rebentisch (2013), S. 45.

[75] Bubner, Rüdiger (1989): Ästhetische Erfahrung, Frankfurt/M, S. 34.

[76] Vgl. Adorno, Theodor W. (2003): Kunst und Künste, in: Tiedemann, Rolf (Hg. u.a.)

deren mannigfaltige Grammatiken.[77] Werden die Tendenzen dieser »Entgrenzung« der Kunst der Moderne als maßgeblich betrachtet, so muss dem eigenlogischen Werk, das eine eigene ästhetische Autonomie eröffnet, auf »erfahrungstheoretischer«[78] Art begegnet werden. Sich auf Werke einzulassen und sich an und durch sie berühren zu lassen, macht Reflexion erst möglich und eröffnet Spielräume, Fragen über das konkrete Werk und die eigene Subjektivität hinaus stellen zu können.

Es geht also um eine sinnlich-geistige Bewegung, die – in Anschluss an Düttmann – als »Auftauchen der Frage aus einem Element und Sich-Abheben der Antwort in einem Phänomen« charakterisiert werden kann, die zu einer »angespannte[n] Offenheit der Sinne« führt und einem »animalische[n] Spitzen der Ohren« gleichkommt[79]. Düttmann spricht von einem intensiven Erfahren von Erkenntnis, das sich im Einlassen auf das Werk zeigt und besonders durch sinnliche Erscheinung, die »zum Denken hin öffnet und offenhält«[80], evoziert wird. Es ist »der Umstand, dass das Kunstwerk das Denken selber offenhält, die Differenz zwischen Wissen und Kunst, zwischen Erkenntnis und Intensität, in der Erzeugung und in der Beurteilung des Kunstwerks«[81]. Deshalb kann die Auseinandersetzung mit Gegenwartskunst – hier: mit postdigitaler Kunst – nur in Form subjektiv-ästhetischer Erfahrung stattfinden. Ein Vorgehen, das sich nicht von der Rezeption in der traditionellen Kunst unterscheidet: Dies beinhaltet auch eine Form der aktiven Teilhabe an Kunst. Die Teilhabe am Werk wird möglich, in dem man sich auf das Objekt einlässt, es kennenlernen möchte, weil etwas an dem Objekt identitätsstiftend für die Betrachterin ist. Dabei kommen individuelle Facetten zum Tragen, gleichzeitig werden Möglichkeiten eröffnet, sich selbst zu erkennen[82]. Zugleich meint dies den Anspruch, sich selbst als Rezipient_in engagiert zu den Werken in Relation zu setzen und sie für sich eigenständig zu interpretieren. Denn nur so, im Interpretieren, um an Rebentisch anzuknüpfen, bil-

(2003): Gesammelte Schriften, Bd. 10.1, Ohne Leitbild: Parva Aesthetica, Frankfurt/M.

77 Vgl. Rebentisch (2013), S. 25; S. 110.

78 Ebd., S. 105.

79 Düttmann (2015), S. 206 f.

80 Ebd., S. 40.

81 Ebd., S. 41.

82 Vgl. Düttmann (2015), S. 127.

det sich die Verfassung »des Werks als Werk«[83]. Insofern gilt es die Eigensinnigkeit von Kunst, in einer »multiperspektivischen Betrachtung und Analyse«[84] darzustellen, denn die besondere Beschaffenheit eines künstlerischen Objektes leitet sich nicht mehr alleine aus seinen Eigenschaften ab. Um ein ästhetisches Urteil fällen zu können, muss man Kunstwerke zum Sprechen bringen, wobei eben das »ästhetische Objekt« selbst und die intersubjektive Erfahrung zu berücksichtigen sind: Jede Beschreibung einer ästhetischen Erfahrung trägt zur Realisierung des Werkes bei. Im Umgang mit den »Entgrenzungen« und »Verfransungen«, die im Werk zum Ausdruck kommen, schlägt Mersch vor dem Hintergrund der Problematik von Disziplinen, Begriffen und Theorien vor, den »Versuch, eine permanente Metamorphose begrifflicher Arbeiten zu betreiben, in der genau diese Sperrigkeit des Begrifflichen mit zur Geltung kommt«, um die »Inadäquanz, ihre Übersetzungsschwierigkeiten«[85] deutlich zu machen. Die Interpretation von Kunstwerken verlangt daher nicht nach einer Beweisführung in einer Disziplin, »sondern zunächst einmal geht es darum, überhaupt etwas beschreibbar zu machen. Nicht in dem Sinne: Wie lassen sich Grenzen ziehen? Sondern in dem Sinne: Was ist das Spezifikum, ihre Eigenart, wie operieren sie im Einzelfall, was suchen sie auf welche Weise zur Erscheinung zu bringen?«[86] Insofern vollzieht sich der Modus Operandi dieser Arbeit im ästhetischen Erleben der ausgewählten Kunstwerke. Die ästhetische Besonderheit des jeweiligen Werkes soll analysiert und in kontextspezifischen Relationen verhandelt werden, also in ihrem Verhältnis zu Freiheit, Demokratie, Macht und Herrschaft. Herauszuarbeiten gilt, wie im Sinne von Düttmann die Kunstwerke durch ihre ästhetische Form das Spannungsfeld der Sicherheitsgesellschaft im Postfordismus aufzeigen, Paradoxien und Widersprüche der herrschenden gesellschaftlichen Verhältnisse zum Vorschein bringen. Es geht mir also nicht darum, ein Urteil darüber zu fällen, ob es sich um »gute« oder »schlechte« Kunst handelt, sondern darum, ob und wie sie Zugänge zu den von ihnen zum Gegenstand gemachten Fragen eröffnen[87] – oder wie es Brandstetter ausdrückt, dass »Kunst sich auf andere Weise Themen stellt, die aktuell sind in

[83] Rebentisch (2013), S. 26.

[84] Fischer-Lichte et al. (2010), S. 242 f.

[85] Ebd., S. 249.

[86] Ebd., S. 248.

[87] Vgl. Düttmann (2015), S. 42.

unserer Gesellschaft, ohne sie zu ›lösen‹«. Dabei ist – so Brandstetter – eine Art »Multipositionierung, die eine Multiperspektivierung oder eine Beweglichkeit fordert«, nahezu Bedingung.[88]
Zusammenfassend lässt sich festhalten, dass diese Untersuchung nicht den Anspruch erhebt, »absolute Wahrheit« über die zum Gegenstand gemachten drei Kunstwerke zu liefern bzw. eine letztendlich gültige Interpretation dieser Werke. Es gilt, eine emphatische Haltung[89] gegenüber der Gegenwartskunst einzunehmen. Mir kommt es auf eine Interpretation an, die sich bemüht, Kunst und insbesondere intermedialen und offenen Kunstwerken auf offene Weise zu begegnen. Kunst verstehen zu wollen, setzt Offenheit voraus, ansonsten besteht die Gefahr, dass das Werk lediglich konsumiert wird. Um Gegenwartskunst verstehen zu können, muss man »dezidiert anti-empiristisch sein«[90], sie also nicht zählen, einordnen, kategorisieren oder verallgemeinern, sondern als für sich singulär stehend begreifen.[91] Insofern liegt dieser Arbeit auch keine sozialwissenschaftliche Methodik der empirischen Forschung als vielmehr eine rezeptionsästhetische Haltung zugrunde. Die ausgewählten Arbeiten sind als künstlerische Einheiten zu betrachten, die für sich selbst stehen. Allein dadurch schon entziehen sie sich einem kunstontologischen Werkverständnis.[92] Ebenso würde auch eine kunsthistorische Bildanalyse, die etwa Erwin Panofsky zugrunde gelegt hat, kein adäquates Modell mehr sein, strebt sie doch geschichtsphilosophisch motiviert eine definitorische Engführung des Werkes an.
Mein Forschungsansatz folgt Bubner. Analysiert wird »die Wirkung, die von ästhetischen Phänomenen ausgeht«[93]. Um die medialen und ästhetischen Praktiken genauer zu beschreiben, werden diesem Ansatz folgend und unter Bezugnahme auf Mersch die hier herangezogenen Werke anhand folgender Fragen vermessen: »Was passiert in dem Werk? Welches Problem wird verfolgt? Mit welchen Praktiken wird versucht, es zu verfolgen? Welche Rolle spielt zum Beispiel Ma-

---

88 Brandstetter (2010), in: Fischer-Lichte et al. (2010), S. 252.

89 Vgl. Adorno (1997): Ästhetische Theorie, S. 443.

90 Rebentisch (2013), S. 13.

91 »Das Besondere ist nicht mehr das der abzählbaren Künste, sondern das der unabsehbar mannigfaltigen Werke.« Rebentisch (2013), S. 110 f..

92 Vgl. Diedrichsen (2008): Eigenblutdoping, S. 213.

93 Bubner (1989), S. 34.

terialität? Wie wird Materialität eingesetzt?«[94]. Wie emanzipatorisch ist Gegenwartskunst, die sich aus den digitalen Reproduktionstechniken entwickelt hat?

Die ausgewählten Kunstwerke werden im Folgenden kritisch betrachtet. Ziel ist ihre Aneignung im Sinne von Peter Weiss (vgl. Das Politische in der Kunst – Eine Ästhetik des Widerstands (nach Weiss)), sie getreu einer Ästhetik des Widerstands nach ihrem ästhetischen, utopischen und politischen Vermögen zu betrachten.

---

94 Mersch (2010), in: Fischer-Lichte et al. (2010), S. 262.

VI Ästhetik und Spannungsfelder – Sichtbares und Unsichtbares in den Kunstwerken

Im kapitalistischen Informationszeitalter sind soziale Desintegrationserscheinungen zu beobachten, die sich nicht minder durch die Bedingungen eines sich immer mehr entwickelnden »Sicherheitsstaats« herausbilden. Dieses umfassende »Überwachungs- und Kontrollsystem«[95] ist der Schauplatz der Werke der !Mediengruppe Bitnik, von Hito Steyerl und Simon Denny, die hier auf ihre ästhetischen Dimensionen resp. ihr politisches Potenzial untersucht werden: »Delivery for Mr. Assange« der !Mediengruppe Bitnik, »How Not to Be Seen: A Fucking Didactic Educational .Mov File« der in München geborenen Künstlerin Hito Steyerl und »All You Need Is Data – The DLD 2012 Conference Redux« von Simon Denny.

Diese Werke gehen nicht von einer »Antiposition« aus, wie sie sich etwa in der »radikal-postdigitalen Ausstiegs- und Verweigerungshaltung«[96] des britischen Künstlers Heath Bunting zeigt, der sich für die Unsichtbarkeit im digitalen Datenstrom einsetzt (»Identity Bureau«. Vielmehr reflektieren sie die durch das (kommerzielle) Internet und präventive Kontroll- und Überwachungspraxen geprägte Gegenwarts- und Alltagskultur[97] und setzen dabei ganz bewusst digitales Material ein – von digitalen Bildern über den Bestand von Online-Archiven bis hin zu in sozialen Netzwerken wie Youtube gefundenes Bild- und Videomaterial. Diese Kunstwerke sind in der Form und den Materialien nach analog-digital verwoben, wobei die benutzten Medien, künstlerischen Formen und Materialien an sich nicht unbedingt neu sind.

In den Werken wird die Komplexität der Gegenwart durch Überlagerungen von künstlerischen und nichtkünstlerischen Elementen deutlich, die fortwährend stereotype Deutungsmuster von Wirklichkeit und Realität auf die Probe stellen. So kommen die vermeintliche Normalität hegemonialer Prozesse und die Unsichtbarkeit von Desintegrations- und Ausschlusserscheinungen zum Vorschein. Den Arbeiten kommt es darauf an, sich »den heutigen bildkulturellen und aufmerksamkeitsökonomischen Verhältnissen«[98] anzunehmen und

[95] Vgl. Hirsch (1995), S. 75.

[96] Cramer (2016), S. 54.

[97] Vgl. ebd.

[98] Ebd.

unter diesen Bedingungen künstlerisch zu arbeiten. Die Werke dieser Künstler_innen sind also »postkoital« statt »post mortem«[99] entstanden und suchen kein außerhalb des digitaltechnischen Systems der Gegenwart.

Insofern kann es nicht verwundern, dass in den Werken dieser Künstler_innen auch Netzüberwachung und militärisch-geheimdienstliche Nutzung eine Rolle spielen, über deren Ausmaß und Einfluss auf das soziale Leben spätestens seit den Enthüllungen von Whistleblower_innen wie Edward Snowden oder Chelsea Manning kein Zweifel mehr bestehen kann. In gewisser Weise fragen diese Werke uns, das Publikum: Glauben wir alles, was wir sehen? Mich interessiert vor diesem Hintergrund, wie diese Werke der Gegenwartskunst gesellschaftliche Widersprüche aufzeigen. Welche Brüche oder Irritationen scheinen in Kunstwerken auf, vermittels derer die eigenen Deutungsschemata gestört werden und eine andere Sichtweise auf die Welt möglich wird?

Das politische Potenzial eines Kunstwerks entfaltet sich in seiner ästhetischen Setzung und vermittelt sich in der Reflexion dessen, was als Negation, Bruch oder quer liegend erfahren wird. Zeitgenössische Kunst, wie ich sie bereits beschrieben habe, ist bemüht, »mit der Zeit« zu sein, indem sie ihre Diskontinuitäten und Paradoxien aufdeckt und insofern deutlich macht, dass etwas nicht stimmt und ich als Betrachtende der Sache neu gegenübertreten sollte. Dieser Moment eröffnet sich durch die ästhetische Erfahrung des »Als ob«, nämlich dann, wenn etwas zum Vorschein tritt, was so nicht zu erwarten war und was an den eigenen Sehgewohnheiten rüttelt.

Konkret geht es mir, die Dimensionen, die Bedeutungsebenen der Werke zu erschließen, das Kunstwerk zu beschreiben und nach meinem Erleben lesbar zu machen bzw. es als diskursiven Beitrag an öffentlichen Aushandlungen zu verstehen, der die Frage der Beschaffenheit der Gegenwartsgesellschaft behandelt. Inwiefern stellt das Werk eine Alternative von Welt bereit bzw. bringt eine Ästhetik des Widerstands zum Vorschein?

In diesem Sinne versuche ich, das jeweilige Kunstwerk zu diskutieren. Aufgrund seines intermedialen und hybriden Charakters (»Verfran-

[99] Ebd., Internet und digitale Technologie sind fortwährend im Begriff sich in der (analogen) Welt der Dinge aufzulösen bzw. mit ihr zu verschmelzen. Diesen Effekt bezeichnet Cramer als »postkoital«. In Übertragung auf die postdigitale Kunst lässt sich festhalten, dass den Werken eine Haltung zugrunde liegt, die einen innovativen Umgang mit den Bedingungen der digitalisierten Welt ermöglicht.

sung der Kunst«[100], Adorno), werden Eigenheiten der künstlerischen und nichtkünstlerischen Elemente sicht- und an ihren Grenzen behandelbar. Dieses Hauptkapitel verfolgt das Anliegen der Beschreibung, Analyse und Interpretation der ausgewählten Kunstwerke. Die Werke werden zunächst formal-ästhetisch und inhaltlich deskriptiv erfasst. Mein Erkenntnisinteresse richtet sich dabei auf die prinzipielle Frage des Wie. Wie wird Gegenwart in der Gegenwartskunst, also im Kunstwerk, verhandelt und inwiefern befeuert es ein Nachdenken über die Bedingungen in der kapitalistischen Überwachungs- bzw. Sicherheitsgesellschaft? Wenden wir uns also ganz in diesem Sinne dem ersten Kunstwerk zu.

---

100 Vgl. Adorno, Theodor W. (1997): Ästhetische Theorie.

VII »Delivery for Mr. Assange« (2013), !Mediengruppe Bitnik

> *»Wessen Leben gilt bereits nicht mehr als Leben oder gilt nur teilweise als Leben oder gilt schon als tot und verschwunden, noch bevor es ausdrücklich zerstört oder aufgegeben wurde?«*[1] (Butler 2012)
>
> *»How will this End?«*[2] (Filmzitat »Delivery for Mr. Assange« 2014)

»Delivery for Mr. Assange« ist ein Beispiel für Gegenwartskunst, die gesellschaftliche Bedingungen der digitalisierten und kapitalistischen Gesellschaft in den Blick nimmt.
2013, das Jahr, in dem das Werk veröffentlicht wurde, ist auch das Jahr der Snowden-Enthüllungen über das massenhafte Sammeln privater Daten durch den US-Geheimdienst National Security Agency (NSA) und den britischen Government Communications Headquarters (GCHQ).[3]
Im Jahr davor wurde der Whistleblower und WikiLeaks-Gründer Julian Assange wegen Vergewaltigung in Schweden angeklagt. Er hielt sich damals in Großbritannien auf und floh in die ecuadorianische Botschaft in London, weil er befürchtete von Schweden an die USA ausgeliefert zu werden. Von 2012 bis 2019 lebte er dort. Am 11.4.2019 wurde Assange das Asyl in der Ecuadorianischen Botschaft durch

---

[1] Butler, Judith (2012): Gibt es ein gutes Leben im falschen?, Dankesrede bei der Verleihung des Adorno-Preises in der Frankfurter Paulskirche am 11.11.2012, verfügbar unter: http://www.fr-online.de/kultur/judith-butlers-dankesrede-kann-man-ein-gutes-leben-im-schlechten-fuehren-,1472786,17255122.html (Stand 26.07.2016).

[2] !Mediengruppe Bitnik (2014): Delivery for Mr. Assange – !Mediengruppe Bitnik, 19.03.2014, in: Youtube.com, verfügbar unter: https://www.youtube.com/watch?v=zlZTghhCuxg (Stand 02.11.2016).

[3] Seit 2014 liegt dem Europäischen Menschenrechtsgerichtshof eine Klage gegen den britischen Geheimdienst GCHQ vor (vgl. siehe hierzu: Holland, Martin (2014): »NSA-Skandal: Klage gegen britischen Geheimdienst GCHQ erhält in Straßburg Priorität«, in: heise online, 24.01.2014, verfügbar unter: https://www.heise.de/newsticker/meldung/NSA-Skandal-Klage-gegen-britischen-Geheimdienst-GCHQ-erhaelt-in-Strassburg-Prioritaet-2096429.html (Stand 06.01.2017) sowie eine Strafanzeige beim Bundesgeneralanwalt (siehe hierzu: Krempl, Stefan (2014): »Strafanzeige im NSA-Skandal: Zeichen gegen die Ohnmacht«, in: heise online, 03.02.2014, verfügbar unter: https://www.heise.de/newsticker/meldung/Strafanzeige-im-NSA-Skandal-Zeichen-gegen-die-Ohnmacht-2104284.html (Stand 06.01.2017).

den Staatspräsidenten Lenin Moreno entzogen, noch am selben Tag wurde er dem Richter vorgeführt. Diese Entwicklungen als auch die Verflechtung Assanges mit den US-Präsidentschaftswahlen 2016 dechiffrieren die künstlerische Arbeit des Zürcher Kunstkollektivs. Trotzdem ist die Paketperformance als künstlerisches wie technisches Experiment ein Beitrag in der Diskussion um Informationsfreiheit. Die Relevanz der künstlerischen Arbeit wird im Folgenden darlegt.

Julian Assange scheint die Hauptfigur und zentrales Objekt der künstlerischen Auseinandersetzung der Live-Mail-Art-Performance »Delivery for Mr. Assange« des Zürcher Kunstkollektivs zu sein, aber betrachtet man das Werk genauer, eröffnen sich weit aus mehr ästhetische wie ethische Dimensionen.

Die 32-stündige Live-Mail-Art-Performance »Delivery for Mr. Assange« fand am 16. und 17. Januar 2013 statt. Innerhalb dieser 32 Stunden gaben die Künstler_innen ein herkömmliches Postpaket, versehen mit dem Adressaten Julian Assange, auf einer Poststation in London auf und verfolgten das mit digitalem Gerät ausgerüstete Paket auf seinem Weg durch das Zustellungssystem des Royal Mail Postal online per Echtzeitübertragung (Livestream) im Internet. Die Performance wurde videodokumentiert. Das Video ist als eigenständige Form des Werkes »Delivery for Mr. Assange« zu verstehen. In dem komplex strukturierten Werk wird der Leitfrage nachgegangen, welche freien Zugänge es noch zu Menschen unter Bedingungen der totalen Überwachung gibt. Konkreter Anlass für das Werk waren die Ereignisse rund um Julian Assange und seine Flucht in die Botschaft Ecuadors in London im Juni 2012. Reuters TV und Russia Today übertrugen dieses Ereignis via Livestream ins Internet. Im Zuge der Berichterstattung kam es »live« zu einem unvorhergesehenen Ereignis: die Auslieferung einer Pizzabestellung. Sie war im Forum 4Chan bekannt gegeben worden und konterkarierte in ihrer vermeintlichen Normalität diese Situation, zumal es nicht bei dieser einen Pizzaauslieferung blieb.

Die !Mediengruppe Bitnik kommentiert diese Vorgänge folgendermaßen:

> *»Andererseits waren die Taxis, die Limousinen die auf Assange warteten, der zwar soeben Asyl erhalten hatte, aber keinen Schritt vor die Botschaft machen durfte, auch ein politischer Kommentar. Taxis vorbeizuschicken, live auf allen Kanälen, ist zudem ein sehr persönlicher Eingriff mitten in ein geopolitisches Ereignis. Plötzlich*

fühlten wir alle, die auf 4Chan herumhingen und den Weg der Pizza-Bestellung zum Auftauchen der Pizza-Kuriere verfolgt hatten, als hätten wir gemeinsam der abstrakten Geopolitik unsere persönliche Geschichte entgegengestellt.«[4]

Hiervon ausgehend konzipierten sie die künstlerische Arbeit, die zunächst in der Form einer Performance am 16. und 17. Januar 2013 stattfand. Der Versand des Pakets sollte nach Angaben der Künstler_innen die diplomatisch und politisch höchst angespannte Lage zwischen den Ländern Ecuador und Großbritannien widerspiegeln. In diesem Zusammenhang meint »widerspiegeln« in erster Linie das Sichtbarmachen und algorithmische Erfassen und Abbilden der unsichtbaren Verhältnisse, in denen sich Julian Assange seit Juni 2012 in der Ecuadorischen Botschaft in London befindet: Ihm ist es auf Anordnung der britischen Behörden nicht gestattet, die ihm zugewiesenen Räumlichkeiten in der Botschaft zu verlassen, andernfalls droht Arrest.

> *»The parcel contained a camera which documented its journey through the Royal Mail postal system through a hole in the parcel. The images captured by the camera were transferred to Bitnik›s website and the Bitnik Twitter account in realtime. So, as the parcel was slowly making its way towards the Ecuadorian embassy in London, anyone online could follow the parcel›s status in realtime.«*[5]

Das Paket für Assange war mit einem Smartphone, einem GPS-Tracker und einem Controller ausgestattet (Abb. 1). Hinter einem Loch im Karton war das Smartphone so angebracht, dass die Kamera des Geräts Aufnahmen machen konnte. Auf ihrem Weg durch das Versandsystem des Royal Mail Postal schoss die Kamera alle zehn Sekunden ein Bild ihrer Umgebung. Die Bilder wurden automatisch von der Kamera aufgenommen, geben die äußeren Bedingungen resp. die Lichtverhältnisse der jeweiligen Lagestätte des Pakets auf seinem Versandweg unmittelbar wieder und wurden direkt im WebCam-For-

---

4 !Mediengruppe Bitnik (2013): Ein Paket für Herrn Assange. Zürich, S. 14.

5 Dies. (2013): Delivery for Mr. Assange, A Live Mail Art Piece, Rrrrrrrrrrrrrrrrrrrrrrrradical Realtime, Werkpräsentation, verfügbar unter: http://wwwwwwwwwwwwwwwwwwwwww.bitnik.org/assange/ (Stand 02.11.2016).

mat auf die Webseite der !Mediengruppe Bitnik[6] übertragen. Die Aufnahmen wurden auf ihrem Twitteraccount[7] von den Künstler_innen selbst und interessierten Zuschauer_innen bzw. Twitteruser_innen kommentiert. Diese Möglichkeit des kommunikativen Austauschs während der Liveübertragung der Auslieferung ist ein wesentliches Moment des Werkes und machte die Performance zu einem echten und fesselnden Erlebnis für all diejenigen, die am 16. und 17. Januar 2013 an ihren digitalen Endgeräten diesem Ereignis beiwohnten. Der geplante »Real_World_Ping, a System_Test«[8] wurde durch die Übertragung visuell wie auch auf der medial-kommunikativen Ebene sichtbar und zugänglich gemacht. Und die Rezipierenden selbst wurden aktiver Teil der Performance.

Die Bezeichnung »Real_World_Ping, a System_Test«[9] spielt auf das Diagnose-Werkzeug Ping an, mit dem überprüft werden kann, ob ein bestimmter Host in einem IP-Netzwerk erreichbar ist, in dem Datenpakete an einen Rechner versandt werden. Dieser Systemtest ist als eine Übertragung computertechnischer Analyseverfahren auf das analoge System der Post zu verstehen. Vergleichbar mit der Funktionsweise von Algorithmen wurde das Paket regelgeleitet dem Postsystem übergeben. Entsprechend der mechanischen Voreinstellung in Form der technischen Geräte in dem Paket sollten die Schwachstellen oder Fehler im analogen System des Royal Mail Postal aufgespürt werden. Das Paket wurde demnach zur objektgebenden Blackbox, in der von außen nicht einsehbar ist, welche Prozesse im Innern stattfinden. Gleichzeitig wurde das herkömmliche Standardpaket durch den Adressaten zum besonderen Vehikel dieses Experiments. Würde

[6] Die Bilder, die von der Kamera übertragen wurden, sind auf der Künstler _innen-Webseite einzusehen. Vgl. !Mediengruppe Bitnik (2013): Delivery for Mr. Assange, 16.-17.01.2013, #Tracker, Webseite, verfügbar unter: http://wwwwwwwwwwwwwwwwwwwwww.bitnik.org/assange/#tracker (Stand 26.07.2016).

[7] Vgl. !Mediengruppe Bitnik (2012): !Mediengruppe Bitnik, @bitnk, Art Group. Zurich. Post Conceptual Art, (Mis)using the Net, in: Twitter, verfügbar unter: http://twitter.com/bitnk (Stand 26.07.2016).

[8] Vgl. dies. (2013): Delivery for Mr. Assange, A Live Mail Art Piece, Rrrrrrrrrrrrrrr-rrrrrrrrrradical Realtime, Webseite, verfügbar unter: http://wwwwwwwwwwwww-wwwwwwww.bitnik.org/assange/ (Stand 02.11.2016).

[9] Das computertechnische Verfahren »Ping« wurde 1983 von Mike Muuss entwickelt. Auf ihn kann auch der »Ping-Test« zurückgeführt werden. Vgl. hierzu: Muuss, Michael John (o. J.): The Story of the PING Program, verfügbar unter: http://ftp.arl.mil/~mike/ping.html (Stand 12.12.2016).

das Paket den Adressaten erreichen? Welche Wege würden sichtbar werden? Könnte es vom britischen Postsystem zurückgeschickt werden oder würde es doch erfolgreich diesen Test bestehen und bei Assange eintreffen? Diese Fragen wurden während der Performance zum ständigen Begleiter. Sollte das Paket ihn erreichen, war Assange gebeten worden, ein Bild von sich selbst aufzunehmen und die Paketkamera an jemanden seiner Wahl weiterzuversenden: »Show us your view of the diplomatic crisis unfolding outside the embassy«[10].

Im Vorfeld hatten die Bitniks versucht, zu Assange Kontakt aufzunehmen. Dies gelang und sie konnten ihm über sein engeres Umfeld die Nachricht übermitteln, »dass da was kommt«. Die Künstler_innen »[...] wollten nicht, dass sich die [ecuadorianische, AW] Botschaft oder Assange bedroht fühlten[,] denn das Paket kann im Scan für eine Bombe gehalten werden mit dem Handy und den Drähten und den Batterien«[11].

Nähern wir uns nun der Performance in Form des gleichnamigen Videos, das zugleich Dokument der 32-stündigen Live-Mail-Art-Performance ist. Das Video wurde anlässlich einer Ausstellung im Helmhaus in Zürich ein Jahr nach dem Liveact am 19. März 2014 als frei verfügbares Video auf Youtube.com im Internet veröffentlicht. Diese Beschreibung versucht deutlich zu machen, dass die Sichtbarmachung von sozialer Kontrolle ein zentrales Moment dieser künstlerischen Auseinandersetzung ist. Wie drückt sich in diesem Kunstwerk das Spannungsverhältnis der Sicherheitsgesellschaft im Diskurs um Freiheit aus, wie werden das Wechselverhältnis zwischen staatlichem Sicherheitsstreben, ökonomischen Interessen an digitalen Daten und dem demokratischen Recht auf freier Meinungsbildung bzw. -äußerung thematisiert und wie kommt dieses Verhältnis auf ästhetisch-künstlerische Weise darin zum Tragen? Problematisiert wird, inwiefern freiheitliche und demokratische Werte untergraben werden. Bevor diesen Fragen konkret nachgegangen wird, soll zuerst die Künstler_innen-Gruppe vorgestellt werden.

---

[10] Vgl. Lee, Dave (2013): Parcel for Julian Assange is geo-tracked by artists, in: BBC News, Technology, 17.01.2013, verfügbar unter: http://www.bbc.com/news/technology-21058597 (Stand 09.04.2015).

[11] !Mediengruppe Bitnik (2014), S. 17.

!Mediengruppe Bitnik

> *»Das Internet ist unsere Spielwiese und wir weigern uns, sie uns nehmen zu lassen.«*[12] (Weisskopf, !Mediengruppe Bitnik)

!Die Mediengruppe Bitnik ist ein Schweizer Kunstkollektiv und besteht im Kern aus den Medienkünstler_innen Carmen Weisskopf und Domagoj Smoljo sowie den sogenannten Komplizen, dem Reporter Daniel Ryser und dem Londoner Filmemacher und Forscher Dr. Adnan Hadzi. Seit ihrer Studienzeit an der Zürcher Hochschule der Künste (ZHdK) Ende der 1990er Jahre sucht das Kollektiv die spielerisch-kritische Auseinandersetzung mit dem Internet resp. digitalen Informationstechnologien. Der Name des Kunstkollektivs rekurriert auf die kleinstmögliche Maßeinheit für einen informationstechnischen Gehalt – das »bit«[13]. Gelesen werden soll der Name der Gruppe ob des vorangestellten Ausrufezeichens als Verneinung: »the not mediengruppe bitnik«[14].

Ihre künstlerische Praxis kreist um die Möglichkeiten, das Internet bzw. generell technologisches Material physisch lesbar zu machen und somit als einen realen Raum der Gegenwart öffentlich wahrnehmbar zu gestalten. Sichtbar gemacht werden in ihren Projekten die häufig intransparenten Kontroll- und Überwachungsstrukturen, -maßnahmen

---

[12] Mit diesen Worten beschrieb Carmen Weisskopf die künstlerische Bedeutung des Internets für ihr Kunstkollektiv im Rahmen des taz.lab-Panels »Zum digitalen Widerstand« 2014. Weisskopf wurde an dieser Stelle zitiert nach: Bednarczyk, Svenja (2014): Das Wars – Taz.Lab 2014, Überwachung im Hinterkopf, Bei der NSA-Affäre geht´s um Freiheit überhaupt – Das taz.lab-Podium zum digitalen Widerstand, in: taz.de, verfügbar unter: https://m.taz.de/Das-wars---tazlab-2014/!136772;m/ (Stand 14.04.2016).

[13] Dieser Wert bestimmt sich je nach der Wahrscheinlichkeit des möglichen Zustands. Zu unterscheiden sind entsprechend der kleinsten Möglichkeit eines Bits zwei Zustände, zum Beispiel »Ein« oder »Aus« bei einem Schalter oder »geringer Widerstand« oder »hoher Widerstand« bei Transistoren resp. elektronischen Halbleitern oder schlicht »0« oder »1« als binär numerische Angabe.Vgl. ITWissen Das große Online-Lexikon für Informationstechnologie (2017): Bit (binary digit). Binäre Einheit, 05.01.2017, verfügbar unter: http://www.itwissen.info/definition/lexikon/binary-digit-Bit-Binaere-Einheit.html (06.08.2016).

[14] Siehe die Selbstbeschreibung des Kunstkollektiv auf deren Webseite: !Mediengruppe Bitnik (2015): !Mediengruppe Bitnik, verfügbar unter: https://wwwwwwwwwwwwwwwwwwwwww.bitnik.org/about/ (Stand 06.08.2016).

und -mechanismen der Gegenwart, um sie als gesellschaftliche Themen sichtbar zu machen, die es gilt, in öffentlichen Diskussionen zu verhandeln.
Dabei geht es ihnen um Wahrnehmung: Nicht so sehr die Sichtbarmachung und Lösung von technischen Fehlern oder Schwachstellen ist in den Arbeiten des Kollektivs von Bedeutung, sondern das ästhetische Erfahren von Momenten, in denen etwa die »gläserne« Stadt, das Physische von E-Mails oder das vermeintlich Unsichtbare, Unzugängliche sichtbar werden. Räume der Begegnung und der ästhetischen Wahrnehmung sollen geöffnet werden. Dabei ähnelt ihr lustvolles und teilweise respektloses Probieren mit digitaler Technologie dem Herangehen von Techniker_innen (Hacker und Haecksen). Ohne Scheu experimentieren Weisskopf und Smoljo mit kostengünstigen »Lowtech«-Systemen bzw. technischen Endgeräten, die im Prozess des Probierens und Kennenlernens auch kaputtgehen können. Ihr Interesse gilt dabei dem Material, verstanden als Soft- und Hardware. Für den Bau ihrer Geräte verwenden sie mit Vorliebe Open-Source-Programme, also Software, bei der der Code öffentlich zugänglich ist, benutzen für sie relevante Sequenzen und verknüpfen diese mit eigenen Codes, um die Software für ihre Zwecke verwenden zu können. Wie in der Open-Source-Bewegung üblich, stellen sie ihre neu entwickelten Code-Teile der Community wiederum zur Verfügung. Zur Verwendung kommen neben Überwachungskameras, Batterien, GPS-Geräten und diverse Kabel etwa Haushalts- und Antennenverstärker oder Videorekorder.
Im Unterschied zu sogenannten Hackern und Haecksen, denen es meist um das Lösen von Problemen geht, wollen die Bitniks eine Formensprache entwickeln, die es ermöglicht, über gesellschaftliche Schieflagen zu sprechen, konkret das Ausmaß der technologischen Möglichkeiten zur Überwachung im Internet.

> *»Das Internet ist ein öffentlicher Raum, der aber überwacht wird. Man muss sich Gedanken machen, wie man sich versteckt oder sichtbar macht. Wo und wie man sich trifft. Wir wollen die Lücke zwischen Unsichtbarkeit und Öffentlichkeit aufzeigen.«*[15]

[15] Kobler, Seraina (2013): Zürcher Spionage-Angriff auf Assange. Zwei hiesige Künstler überraschten den WikiLeaks-Gründer mit ihrer »Delivery for Mr. Assange«, in: Tagesanzeiger, 01.11.2013, verfügbar unter: http://www.tagesanzeiger.ch/leben/gesellschaft/Zuercher-SpionageAngriff-auf-Assange/story/13270030?track (Stand 05.11.2013).

Dabei bedienen sie sich kunstfremder oder nichtkünstlerischer Strategien, um neue Erfahrungswelten zu konstruieren. Der Kontrollverlust ist ein bewusstes Moment ihrer künstlerischen Praxis. Es scheint, als wollten sie dadurch sich selbst und ihrem Publikum innerhalb ihrer erzeugten künstlerischen Projekte den Raum für Spontanes, das Moment der Überraschung, des Zufälligen offenhalten.
Der Eingriff in bestehende Systeme bzw. ihr manipulativer Einsatz wie etwa das Einfangen von Funksignalen von Überwachungskameras oder das Abhören von Opern-Inszenierungen verlangt gleichsam diese Offenheit, denn nur durch die Konfrontation werden Grenzbereiche sichtbar. In der Irritation der Systeme besteht die Chance der Auslotung von Grenzen. In dieser Weise praktizieren die !Mediengruppe Bitnik sogenannte Umnutzungen. Durch diese Umnutzung von (digitaler) Informations- und Kommunikationstechnologie wird im übertragenen Sinne die »Kommunikation mit den Überwachern«[16] gesucht. Es geht ihnen in ihrer Arbeit darum, die Grenzen der Unsichtbarkeit zu verschieben und das physisch schwer greifbare unmittelbar erfahrbar zu machen. Dabei bedienen sie sich einer Arbeitsweise, die selbst den Komplex der Überwachung abbildet, der sich hinter der Informationstechnologie verbirgt, um ein gemeinsames Sprechen zu ermöglichen. Mittels technischer, also nichtkünstlerischer Strategien wie dem Hacking versuchen sie, in ihrer künstlerischen Praxis entsprechende Fragen aufzuwerfen. Indem sie Elemente, Code, Bauteile, Stoffe, Koffer, Materialen aller Art neu zusammensetzen, konstruieren sie so die Begegnung zwischen Kunst und Nichtkunst – zwischen Kunst und Leben: »Unsere Kunst lebt von Systemtests«[17].
Mit Arbeiten wie »Opera Calling«[18], »CCTV – A Trail of Images«[19]

---

16 Bednarczyk (2014).

17 Ruffo, Nico (2014): Die 20 Quadratmeter des Julian Assange, in: SRF Radio, Kultur, 17.02.2014, verfügbar unter: http://www.srf.ch/kultur/kunst/die-20-quadratmeter-des-julian-assange (Stand 06.08.2016).

18 Weitere Impressionen und Informationen über das Werk »Opera Calling« können auf der Künstler_innen-Webseite entnommen werden: !Mediengruppe Bitnik (2007): Opera Calling (2007), Hacking the Opera – Arias for All!, verfügbar unter: https://wwwwwwwwwwwwwwwwwwwwww.bitnik.org/o/ (Stand 06.08.2016).

19 Das Projekt »CCTV – A Trail of Images« präsentieren die Künstler_innen wie folgt: !Mediengruppe Bitnik (2008): CCTV – A Trail of Images (2008), The Invisible City – Tools for Surveillance, verfügbar unter: https://wwwwwwwwwwwwwwwwwwwwww.bitnik.org/c/ (Stand 06.08.2016).

oder »Surveillance Chess«[20] sucht das Kollektiv aus der Schweiz seit Längerem auf künstlerisch-ästhetische Weise gesellschaftliche Widersprüche aufzuzeigen, wobei technische Überwachungspraxen im öffentlichen Raum und deren Einflüsse auf ein demokratisches Miteinander im Mittelpunkt stehen. Ihnen allen gemeinsam ist, dass es sich dabei um mehrteilige künstlerische Projekte handelt, die auf einem elaborierten Konzept beruhen. Zwischen Online-Performances, »Hack«, Aktionen und Installationen bauen sich deren Arbeiten auf. In ihren Ausstellungen erzählen sie schließlich die Geschichte der Projekte. Einige Werke der !Mediengruppe Bitnik werden nun näher beleuchtet, um das Wirken und Schaffen der Künstler_innen anschaulicher zu machen.

Opera Calling – Arias for All

Das Projekt »Opera Calling – Arias for All« aus dem Jahr 2007 setzt sich aus mehreren Teilen zusammen – am Anfang aus einer Aktion im Züricher Opernhaus bzw. in privaten Wohnungen, die schließlich im Cabaret Voltaire als für sich stehende, räumlich wie zeitlich begrenzte Installation zusammengeführt wurde.

Wie so oft kommt auch in Zürich die Kunstförderung zum weitaus größten Teil der Oper zugute. Die kantonale Förderung ermöglicht also auch in Zürich faktisch den kulturellen Zugang nur für eine Minderheit und wirkt sich positiv vornehmlich für eine Elite aus. In Anlehnung an die »Opernhauskrawalle«[21] im Mai 1980 bietet dieser Zustand Grund genug zu einer Art Erneuerung der Kritik in zeitgemäßer Form: Die Künstler_innen des Kollektivs installieren Abhörwanzen im Zürcher Opernhaus und organisieren so Liveübertragungen der Aufführungen zwischen den Monaten März bis Juni 2007 an ein zufällig ausgewähltes Publikum.

Umfunktionierte Mobiltelefone, die als »Wanzen« im Opernhaus platziert sind, leiten die Tonsignale über einen Computer telefonisch an

[20] Siehe hierzu: !Mediengruppe Bitnik (2012): Chess, Video, 7:00min,verfügbar unter: http://chess.bitnik.org/ (Stand 06.01.2017); Dies. (2012): Surveillance Chess, Hijacking CCTV Cameras in London, Werkpräsentation, Webseite, verfügbar unter: https://chess.bitnik.org/about.html (Stand 06.01.2017) und dies. (2012): Surveillance Chess (2012), Hijacking CCTV Cameras in London, verfügbar unter: https://wwwwwwwwwwwwwwwwwwwwww.bitnik.org/s/ (06.08.2016).

[21] Siehe hierzu unter anderem: Tribelhorn, Marc (2010): Als in Zürich die Jugend rebellierte. 20 Jahre nach dem Opernhauskrawall: Zwei neue Dokumentationen zu den achtziger Unruhen und ihren Folgen, in: Neue Zürcher Zeitung, 29.05.2010, verfügbar unter: http://www.nzz.ch/als-in-zuerich-die-jugend-rebellierte-1.5823074 (Stand 10.10.2016).

die potenziellen Zuhörer_innen weiter. Eine weibliche Stimme offeriert telefonisch das Angebot, die Oper »La Bohéme« in Echtzeit aus dem Züricher Opernhaus mithören zu können. Mit den Worten: »Hier ist das anonyme Opernhaus. Sie erhalten jetzt gleich eine Liveübertragung aus dem Opernhaus«[22] werden die angewählten Züricher Bürger_innen begrüßt. Die Resonanz ist zurückhaltend bis bejahend. Das Opernhaus reagiert zunächst mit einer Anzeige, zieht diese jedoch nach einer öffentlichen Diskussion wieder zurück. Die Aktion – eine Art Re-Inszenierung der Mediengeschichte, denn als das Telefon erfunden wird, überträgt man mittels des sogenannten Theatrophons unter anderem Opern an private Haushalte[23] – wird abschließend im Caberet Voltaire als Installation fortgesetzt, bei der aus einem Arrangement von der Decke hängender Telefonhörer eine Oper aus dem Opernhaus Zürich vom Vorabend übertragen wird.

CCTV – A Trail of Images

Gegenstand dieser Arbeit aus dem Jahr 2008 ist Überwachungstechnologie im urbanen Raum. Das Projekt verbindet Workshops, in denen Stadtspaziergänge angeboten werden, um der Überwachungsstruktur einer Stadt auf die Spur zu kommen, mit der Präsentation einer Video-Installation vermittels eines Empfängers, der in der Lage ist, Videosignale, die von Funk-Überwachungskameras ausgesandt werden, aufzufangen und auf einem kleinen transportablen Screen anzuzeigen.

Das Kollektiv veranstaltete Touren in Städten wie Basel, Essen, London, São Paulo oder Zürich, auf denen die Teilnehmenden die Gelegenheit hatten, mit eigens präparierten Empfangsgeräten die Webcams und Kameras im öffentlichen Raum aufzuspüren und deren

[22] Sievers, Uwe (2014): Kommunikationstechnik. Die Schweizer Mediengruppe Bitnik setzt auf Technik für unkonventionelle Kunstprojekte, in: ND, 23.04.2014, verfügbar unter: https://www.neues-deutschland.de/artikel/930795.kommunikationstechnik.html (Stand 05.08.2016).

[23] Erfunden hatte das Theatrophon der Franzose Clément Ader, um über dieses System stereofon Aufführungen in der Oper oder Theater durch das Fernsprechnetz in Salons oder private Räume zu übertragen. 1881 wurde das System des Theatrophons in Paris zum ersten Mal präsentiert und im Zeitraum von 1890 bis 1932 kommerziell durchgeführt. Gewissermaßen gilt es aus Vorreiter des heutigen Hörfunks. Vgl. hierzu: Patalong, Frank (2014): Oper am Hörer. Telefongeschichte, in: Spiegel Online, 21.04.2014, verfügbar unter: http://www.spiegel.de/einestages/theatrophon-rundfunk-per-telefon-a-963143.html (10.10.2016).

Aufnahmen anzuschauen. Die Geräte zeigen, sobald man in die Funk-Reichweite einer Kamera gekommen ist, live die Aufnahmen; man sieht also just die selben Bilder wie der Überwachende.
Sie selbst nennen diese städtischen Wanderungen in Anlehnung an die »situationistische Psychogeographie« »Dérives«. »[D]urch zielloses Umherschweifen« sollen die »Reisenden« die urbane Gegend auf »planlose« Art durchfließen, neu erkunden und insofern auch anders wahrnehmen. »Statt fremder Stadtpläne zapfen wir auf unseren ›Dérives‹ ein mediales System an, das es – unsichtbar zwar – mittlerweile in jeder Stadt gibt: Die Videoüberwachung«[24].
Während sie die Stadt durchstreifen, sammeln sie digitale Bildströme ein. Graues Rauschen, neblig, bis der tragbare Screen Ansichten von öffentlichen Plätzen oder Innenansichten von Geschäften, Menschen beim Einkauf, beim Probieren von Waren sichtbar macht. Beim Betrachten dieser Bilder steigt ein mulmiges Gefühl auf, denn die Betrachtenden finden sich in der Rolle des Voyeurs wieder. Als stumme Eminenz im Hintergrund, ohne merklich für die Überwachten in Erscheinung zu treten, vollzieht sich ein Eingriff in die Privatsphäre, in das Tun und Handeln von anderen Menschen. Eine Gelegenheit der Einwilligungsabfrage gibt es nicht. Genau in diesem Übergriff zeigt sich die Alltäglichkeit eines allumfassenden Kontrollregimes.
Die Arbeit zeigt, mit welch geringem materiellem Aufwand Funksignale der öffentlich aufgestellten Überwachungskameras zu empfangen sind, mitbeobachtet werden kann, was sich am jeweiligen Standort vollzieht. Und es stellt sich die dringende Frage, was noch alles möglich ist, wenn schlicht Verkehrsüberwachung mit überwacht werden kann.

Surveillance Chess

> *»Before the performance begins he has total power over his system: he is the allseeing observer of the public space in front of his camera. Until !Mediengruppe Bitnik obtains access to his system takes over. But the invitation the play chess makes it clear that the unfriendly takeover is intended to be friendly: The game establishes equality between observer and observed.«*[25] (!Mediengruppe Bitnik 2012)

[24] !Mediengruppe Bitnik (2010): CCTV: Überwachung im geschlossenen Kreislauf. Die städtische Überwachung als Ort künstlerischer Feldforschung, in: Museum Folkwang (2011): Hacking the City. Interventionen in urbanen und kommunikativen Räumen, Göttingen, S. 27.

[25] !Mediengruppe Bitnik (2012): Surveillance Chess (2012). Hijacking CCTV Cameras in

Die Arbeit »Surveillance Chess« aus dem Jahr 2010 widmet sich der machtspezifischen Besonderheit, die dem Überwachungssystem inhärent ist. Der/die ominöse Überwachende ist eine Person, die öffentlich nicht unmittelbar auftaucht. Erneut verschaffen sich die Bitniks in dieser Arbeit den Zugang zu den Überwachungsbildern, die von den Webcams übertragen werden, um zu prüfen, ob Formen der Intervention möglich sind, in dem sie dem Überwachungspersonal eine Partie Schach über den Screen der Überwachungskamera anbieten.
Ein gelber Koffer bestückt mit einem Videosender, einer Richtantenne und einem Schachcomputer ist ihr Begleiter während der Streifzüge durch das urbane Netz von Signalen diverser Überwachungskameras. Mithilfe des Sendekoffers werden die Kameras aufgespürt und »angezapft« und schließlich spielerisch »übernommen«. Der Screen mit dem üblichen Überwachungsbild wird durch ein Schachbrett ausgetauscht. In weißer Schrift erscheint auf dem nun schwarzen Monitor die einladende Frage: »Spielst du Schach mit mir?«. Weiter heißt es in der Anrufung »Du Weiss, ich bin Schwarz«. Die »Übernahme« endet nach fünf Minuten. Die Performance im Vorfeld der Olympischen Spiele 2012 in London findet in einer Stadt statt, die im europäischen Vergleich als Vorreiterin für ein totales Überwachungssystem angesehen werden kann. Die Londoner Verkehrsbetriebe etwa haben mindestens »82 862 Kameras in Bahnhöfen, U-Bahn-Stationen, Zügen und Bussen im Einsatz«[26]. Dazu kommen die privaten Kameras von Geschäften, Banken oder Postannahmestellen. Ihren Abschluss findet diese Arbeit in Form einer Installation und somit eine materielle Überführung in den White Cube von La Gaîté Lyrique in Paris bzw. des Helmhauses in Zürich (2012).
Im Verhältnis zum herkömmlichen Kunstmarkt produziert die !Mediengruppe Bitnik keine fertigen Objekte, die sich zur monetären Verwertung auf dem Markt eignen. Vielmehr beantragen sie für ihre meist digitalen Arbeiten, über die sie selbst auch in Form von Social Media berichten und online publizieren, Anträge auf Atelierstipendien bei öffentlichen Kulturfonds vornehmlich in der Schweiz. Neben diesen Förderungen sind sie auf die Anstellung als wissenschaftliche Mitarbeiter_innen an Kunsthochschulen angewiesen. Gelegentlich

London, verfügbar unter: https://wwwwwwwwwwwwwwwwwwwwwww.bitnik.org/s/ (06.08.2016).

26 Malcher, Ingo (2014): Unter Beobachtung. Kameraüberwachung in London, in: BrandEins, Ausgabe 03/2014, Schwerpunkt Beobachte, verfügbar unter: https://www.brandeins.de/archiv/2014/beobachten/unter-beobachtung/ (Stand 06.08.2016).

verhelfen ihnen ihre Kunstprojekte zu mit Geld dotierten Anerkennungen (Eidgenössischer Kunstpreis, 2009) oder Auszeichnungen wie den Swiss Art Award (2014, Bundesamt für Kultur), Work Grant (2014, Migros Kulturprozent) oder dem »Golden Cube«[27] (gestiftet vom Kasseler Softwareunternehmen Micromata GmbH), die sie für ihre Arbeit »Delivery for Mr. Assange« im Rahmen des 30. Kasseler Dokumentar- und Videofestes erhielten, die im Zentrum dieser Arbeit steht. Der nächste Abschnitt beinhaltet die detaillierte Deskription dieser künstlerischen Arbeit.

Beschreibung und Analyse des Kunstwerks

> *»Absender: !Mediengruppe Bitnik, Hackney, London*
> *Empfänger: Julian Assange, Botschaft Ecuador, London*
> *1 Versuch*
> *121,5 km*
> *30 Stunden 59 Minuten 13 Sekunden*
> *4 Verteilerzentren*
> *4 Batterien*
> *350 Tweets*
> *11015 Live-Bilder*
> *4898 schwarze Bilder«*[28] (!Mediengruppe Bitnik)

Grundlage für die folgende Beschreibung und Analyse des Kunstwerks »Delivery for Mr. Assange« ist die gleichnamige Videoarbeit, die die 32-stündige Live-Mail-Art-Performance dokumentiert.
Die Arbeit gründet auf der Idee, Assange persönlich erreichen zu wollen, um mit ihm zu kommunizieren und gleichzeitig zu prüfen, wie verstellt bzw. geschlossen die Zugänge zu ihm geworden waren. Die

[27] Die Laudatio der Jury des 30. Kasseler Dokumentar- und Videofestes lautet wie folgt: »!Mediengruppe Bitnik haben die inzwischen historische Mail-Art auf intelligente Weise aktualisiert und sie gleichzeitig subversiv als Kassiber genutzt. Der Glaube an den Schutz durch die Öffentlichkeit des Netzwerks, der diesen Kontaktversuch möglich zu machen scheint, hat sie dazu motiviert, die Risiken einzugehen. Der langsame Postweg und das Postgeheimnis geraten hier in einen absurden Kontrast zu einer digitalen Transparenz und Überwachung«, zit. n. Kulturelle Filmförderung Schleswig Holstein e.V. (Hg) (2013): 30. Kasseler Dokumentarfilm- und Videofest – Die Preisträger, in: infomedia-sh.org, verfügbar unter: http://www.infomedia-sh.org/index.php?page=nl_1312_dokfest_kassel_preise (Stand 26.07.2016).
[28] !Mediengruppe Bitnik (2014), Klappentext.

Situation des Sprechers der Enthüllungsplattform WikiLeaks ist kompliziert und vielschichtig. Zum einen liegt gegen ihn ein internationaler Haftbefehl vor, da er in Schweden zwei Frauen sexuell belästigt haben soll und zum anderen droht ihm in den USA eine »geheime Anklage [...] deren Inhalt auch seine Anwälte nicht kennen [...] wegen seiner Rolle als WikiLeaks-Gründer«[29]. Von 2012 bis 2019 hielt sich Assange im Asyl in der ecuadorianischen Botschaft in London auf. Eine direkte Ausreise nach Ecuador war ihm unmöglich.
Vor diesem Hintergrund entwickelte das Kollektiv ihr Konzept der Live-Mail-Art-Performance »Delivery for Mr. Assange«, das sich im Prozess stetig weiterentwickelt und in deren Zentrum ein Postpaket steht, dessen Weg vom Absender bis zum Empfänger quasi live dokumentiert wird. Dabei wird das präparierte, unbemannte Objekt zur Konkurrenz eines jeden Bildproduzierenden. Es produzierte über 10 000 Aufnahmen, die das Publikum in Echtzeit auf Twitter und der Künstler_innen-Webseite zu bestaunen bekamen. Den erfolgreichen »Systemtest« überführen die Bitniks zudem in einer Art Reenactment der Performance in Form einer gleichnamigen Videoarbeit neu zusammen. Zentrum der vorliegenden Analyse bildet diese Neuinszenierung im Videoformat und soll verdeutlichen, dass die Sichtbarmachung des Ausmaßes von sozialer Kontrolle ein besonderes Moment dieser künstlerischen Auseinandersetzung ist. Eine Erweiterung erfährt die Arbeit durch die Überführung in den physischen Raum als Zweikanalvideo-Installation an mehreren Ausstellungsorten wie zum Beispiel dem Helmhaus in Zürich.

Formale Angaben zum Videofilm

Das Video zeichnet sich durch eine klare Dramatik aus. Es ist getragen von starken Spannungsbögen. Der Bildaufbau zeigt neben einem fast immer sichtbaren Liveticker zwei Elemente, die auf einer schwarzen Fläche im Breitbildformat angeordnet sind. Beide synchron gesetzten Bildmonitore werden wie durch eine Letterbox (Briefkastenschlitz) beobachtbar (Abb. 2). In einem Breitbildformat, das dem 16:10-Computerbildschirmformat entspricht, sind zwei rechteckige Bildmonitore, je im Seitenverhältnis 4:3 im Zentrum des Gesamtsujets ausgerichtet, angebracht. Dadurch entstehen ober- und unterhalb der Bildmonitore schwarze Ränder, die keine Bildinformationen enthalten. Die recht-

[29] Ebd., S. 7.

eckigen Bildmonitore sind am äußeren linken wie rechten Bildrand aufgrund der vertikalen Letterbox angeschnitten. Diese Rechtecke trennt ein schmaler schwarzer Streifen im Bildzentrum voneinander. So entsteht eine Trennung des Bilds in zwei gleichwertige Teile und ist insofern nicht per se als ein einheitlicher Monitor lesbar. Die Positionierung beider Objekte in einem statisch stabilen Verhältnis zueinander ermöglicht die Wahrnehmung in einer Synchronität und Korrespondenz miteinander. Die vermeintliche Trennung markiert somit die Autonomie jedes einzelnen Elements, wird aber in der Gesamtbetrachtung durch das Sehen durch den Briefkastenschlitz als ebenbürtig und zu gleichen Teilen dargestellt.

In diesem Aufbau zeigt sich ein ästhetisches Gestaltungselement dieser Arbeit, das zwischen videotechnischem Können und einem ästhetischen Verständnis von künstlerischer Abstraktion in der Komposition von Motiv, Schnitt, Montage, harmonischen Proportionen der Bildgrößen und Perspektiven changiert. Die Anordnung der Bildteile entspricht einer Gestaltung im Goldenen Schnitt und impliziert eine stabile Positionierung. Das Schema des Bildaufbaus transportiert Ruhe, Ausgewogenheit, Macht und Konzentration. Es ist ein linear proportionierter Rahmen.

Dem Bildinhalt nach löst sich das videotechnische Bildformat als Letterbox in diesem Sujet auf oder steht in einem widersprüchlichen Verhältnis mit Blick auf eine »Ästhetik einer transmedialen Aushandlung«. Die Betrachtung des Bilds durch die Letterbox wird durch den schmalen schwarzen Streifen in der Bildmitte zwischen den beiden Bildmonitoren als herkömmliches Video- bzw. Filmformat entrückt und scheint auch Bildhintergrund oder schwarzer Fond zu sein, auf dem die anderen Bildelemente angebracht sind. Den Mittelgrund bilden quasi die beiden Monitore.

Das Paket, aus dessen Inneren das Publikum die Reise mitverfolgt, wird in einer sicheren, heimelig wirkenden Poststation in die Finsternis übergeben. Von dort aus eröffnen sich uns menschenverlassene, leere Räume in den Verteilerzentren der Post. Wiederkehrende Kommentare auf der Schriftebene, die in Anlehnung an die Echtzeitkommentare auf Twitter während der Performance im Januar 2013 erinnern sollen bzw. diese zitieren – »Black« oder »Light« –, erzeugen Unbehagen und deuten auf die bedrohte Existenz des Pakets hin. Ein Gefühl des Mitfieberns über den weiteren Fortgang des Objektes auf seinem Weg kommt auf – begleitet vom teilweise raschen Takt des Bildwechsels, um sich dann doch in einem nächsten Moment wieder mit dem stofflichen Nichts der schwarzen Bilder konfrontiert zu sehen. Zu einem »Erwachen« kommt es in der Botschaft. Ambivalent ist der Moment der Begegnung mit dem Maul einer Katze dort vor Ort. Rückwirkend inszenieren die Künstler_innen diese Sequenz als eine Überhöhung, als Überraschungseffekt und erneut wird durch die schriftlichen Kommentare – »What is this? Where are we?« – die Dramatik zugespitzt. Es ist ein besonderer Augenblick, der ein »Aufwachen« nach langer Finsternis bedeutet, wodurch auch eine unmittelbare, nahezu menschliche Nähe zu Assange entsteht. Überraschend kommt derart das »Happy End« dieser Geschichte daher. Der Film teilt sich quasi in drei inhaltliche Sequenzen auf: Aufgabe, Reise und Ankunft. Widmen wir uns der genaueren Beschreibung anhand der drei inhaltlichen Sequenzen und erörtern daran die Darstellungen des Filmverlaufs.

Beschreibung

Beschreibende Analyse: Was ist im Video »Delivery for Mr. Assange« zu sehen?

Aufgabe

Das Video beginnt inmitten von mit Waren des täglichen Bedarfs gefüllten Regalen in einer Poststation in East London. Angeschnittene Bilder geben Körperteile von Menschen zu erkennen. Das Innere dieser Poststation wirkt beengt, ist übervoll an kleineren und größeren Dingen in den Regalen. Von der Decke strömt grelles weißliches Neonlicht. Im Hintergrund deutet sich ein natürlicheres, eher bläuliches Licht an. Es könnte der Ein- bzw. Ausgang des Ladens sein. Eng und gedrungen wirkt die Darstellung dieses Innenraumes. Hinter einer Person in einem gelben Anorak öffnet sich ein Gangbereich, in dem einige Menschen in dunklen Jacken und Mänteln mit roten oder weißen Mützen, vereinzelt mit Paketen in der Hand zu sehen sind, die in einer Warteschlange (Abb. 3), aber ohne direkten Kontakt zueinander stehen. Die Köpfe der beiden ersten Personen sind leicht nach vorne geneigt. Die Körperhaltung der Menschen ist auf den Postschalter im Wandbereich gerichtet. Besonders auffallend ist eine Person in schwarzem Mantel, dunkler Hose und Schuhen, mit einer roten Mütze auf dem Kopf. Schemenhaft aber in der Totalen ist sie zu sehen. Die Person hält nahezu waagerecht vor dem Oberkörper ein Paket aus Recyclingmaterial. Genauer betrachtet, handelt es sich bei der Per-

son um den Künstler Domagoj Smoljo von der !Mediengruppe Bitnik. Er steht auch in der Warteschlange. Der Akt der Paketübergabe in der Poststation ist der Auftakt der Reise. Die !Mediengruppe Bitnik inszeniert sich in dieser ersten Szene selbst.
Die Poststation präsentiert sich in alltäglicher Routine. Oberhalb einer quasi nostalgischen Brief- bzw. Paketwaage aus Metall mit einem robusten haubenähnlichen Unterbau ist ein runder Standardbeobachtungsspiegel für Innenräume angebracht (vgl. Abb. 3). In ihm ist das Innenleben des Raumes zu beobachten. Spiegel dieser Art dienen in der Regel der Kontrolle von Personenverkehr in Geschäften. Zudem wirkt der Spiegel wie ein Abbild gebendes Objekt, wie ein Bild im Bild. Aufgrund seiner konvexen Oberfläche erscheint das reflektierte Innenleben wie verformt und verkleinert. Diese Sequenz zeigt die Warteschlange in der Poststation, die sich in doppelter Weise, nun auch im Kassenspiegel wiederholend präsentiert. Es findet eine Spiegelung und Verlängerung des Raumes statt. Ein surreales Sujet entsteht. Die räumliche Anordnung und die Anwesenden werden gespiegelt und sind von allen Seiten beobachtbar. Eine Stimmung wie in einem Panoptikum kommt auf. Nur durch die Reflexion des Innenraumspiegels wird der Einblick in den gesamten Raum möglich. Und nur dadurch markiert die !Mediengruppe Bitnik ihren Auftritt als Initiator_innen der Performance. Durch den Auftritt Smoljos im Bild des Spiegels wird das Postpaket sichtbar und als real stattfindendes Ereignis dokumentiert. Mit der Übergabe des Pakets am Postschalter entwickelt sich die Szenerie vom Auftakt der Performance in eine nächste Phase, nämlich die des Übergangs. Das Stadium des Durchgangs schließt sich an.

Reise

Von nun an wird das Paket in den technischen Ablauf der Auslieferung übergeben und landet in roten, später grünen Posttaschen. Zudem werden Inhalt, Adressat und Zielrichtung des Pakets benannt – »Parcel is inside Postbag. Parcel with Live Camera. On the Way to Julian Assange« (Abb. 4). Dieser Kommentar im Textscreen hat Telegrammstil und ähnelt den Nachrichten auf Twitter als bewusst auf wenige Zeichen reduzierte Kommunikationsform. Es ist eine technische Sprache, die auf notwendige Informationen verkürzt ist. Es beginnt eine Abfolge von Bildern, die die verschiedenen Stationen des Pakets zeigen, bis hin zu immer wiederkehrenden komplett schwarzen Aufnahmen. Das Paket befindet sich seit Abgabe in der Poststation in einer roten Tasche (Abb.

4). Die Aufnahmen erinnern an dieser Stelle an etwas pulsierendes, an medizinische oder endoskopische Aufnahmen von inneren Organen, organischem Gewebe, an Blut, in dessen Bahnen sich das Paket zu verlieren scheint. Im zweiten Bildteil erscheinen wie von imaginärer Hand am Computer geschriebene, schriftliche Meldungen, die den Weg des Pakets oder die Übertragung der Bilder kommentieren. Nach kurzer Zeit stockt der Bild-Screen, nicht einmal die Zeit im Liveticker läuft oder ist zu sehen. Dann erfolgt die Information: »Total Blackout since 30 Min.« und daran anknüpfend »First doubts Arise. Maybe someone taped Camera?« (Abb. 5). Es entsteht der Eindruck, dass die Auslieferung des Pakets bereits in diesem frühen Stadium ungewiss ist. Erste Zweifel kommen auf, ob die Mission gelingen wird und die eine persönliche Wahrnehmung hervorruft, die auf Ängste anzuspielen scheint.
Nach ihrer Reise in der roten Tasche sind nun erste Innenaufnahmen eines Verteilerzentrums zu erkennen. Es folgen mäandernd menschenleere Räume, die wiederkehrend kommentiert werden mit »Image Black. Camera Broken. No Connection to Parcel.« und anschließend »Light. We are alive!«. Zu sehen sind Frontalansichten von Beinen oder schemenhaften Gestalten, die Rollwagen schiebend sich durch die grauen betonfarbenen Innenräume der Verteilerzentren bewegen. In einer unmittelbaren Direktheit begegnen so dem Zuschauenden Personen bei der Verrichtung von Tätigkeiten in den Transport- und Abwicklungsräumen der Poststationen (Abb. 6). Nach der kurzen Mitteilung »We are alive«, die zugleich einen kurzer Moment der Freude ausdrückt (währt drei Sekunden), folgt direkt die nächste Stationsangabe. Das Signal zum Gerät funktioniert. Als Lebenszeichen ist in diesem Sinne das »Moving« der Angabe »Parcel is Moving. Hackney Central East London.« zu verstehen. Die Stimmung erinnert an eine Raumfahrtmission. Die Ortsangabe »Hackney Central East London« ist klar und unmissverständlich formuliert. Die erste Etappe ist geschafft, bereits nach kurzer Zeit hat das Paket einen anderen Ort in London erreicht. Das ist ein Erfolg. All das ist begleitet von einer spannungsgeladenen Soundspur. Der elektronisch komponierte Sound entwickelt mit den Bildern etwas sehr atmosphärisches und erst mit der Kommentierung »Hackney Central« kommt ein anderer raschelnd zugartiger Ton hinzu.
Der Screen zeigt nun wieder schwarz, um kurze Zeit später eine Art räumliche Darstellung in hell- bis dunkelgrün zu offenbaren. Das Paket wurde umgelagert und ist nun nicht mehr in einer roten, sondern offensichtlich in einer grünen Transporttasche gelandet (Abb. 7). Die

Reise setzt sich nun nicht mehr in einer Nahaufnahme in Form eines endoskopischen Eingriffs fort. Vielmehr wirkt dieser neue Transitraum wie eine pflanzenähnliche organisch lebende Materie, in der das Paket wesentlich länger verweilt als in der vorangegangenen Szene in der roten Tasche. Es entsteht der Eindruck, als ob man in eine Unterwasseratmosphäre eintauchen könnte. Die Textur der Tasche erinnert an die Haut von Fischen aber auch an Spektralaufnahmen einer Mars-Landschaft im Zuge eine Weltraummission. Eine futuristische unwirkliche Landschaft auf einem anderen Planeten entsteht und man fühlt sich durch die beinahe spürbare Stofflichkeit wie eingehüllt. Die Bilder in der grünen Tasche setzen sich aus mehren Ebenen zusammen. Sie haben etwas Haptisches und wirken so, als ob das Dargestellte angefasst werden könnte. Man wird in das Innere geleitet und es entsteht ein Moment des Innehaltens beim in die Ferne schweifenden Anblick einer grünlich nuancierten Landschaft. Zugleich lässt sich durch das Licht die Struktur des Gewebes erkennen und ein Außen, ein Jenseits der Transporttasche, wird erahnbar.
Das Interesse für die Ferne steigert sich mit dem in die Tiefe laufenden Blick ins Innere der Bildsituation. Einer Sog ähnlichen Bewegung gleichend vollzieht sich der Blick ins Innere und zugleich in eine schirr scheinbare Ferne. Die texturierten Bahnen der Materie streben aus dem linken Mittelfeld nach hinten in die rechte Bildecke. Diese Bahnen entstehen aus den Faltenwürfen des schachbrettartig gewebten Textils. Die Faltenwürfe in diesem Bild zeigen unterschiedlich ausgeprägte Wölbungen. Eine unmittelbare Direktheit geht von einer konvexen Bewegung der Materie aus. Sie nimmt fast den Raum bis zur horizontalen Bildhälfte ein und wird durch eine Begrenzung markiert. Diese linienartige Kurve verläuft vom linken Bildfeld mittig in einem sanften Bogen zum rechten Bildrand nach unten strebend aus und teilt das Bild in einen dunkleren und einen erleuchteten grünen Bildteil. Der dunklere Bildteil zeigt eine konvexe Wurffalte und wirkt in der Detailaufnahme wie in einem größeren Schachbrettmuster strukturiert. Diese Musterung in beiden Teilen zeichnet sich durch helle und dunkle Stellen aus. In diesen Faltenwürfen laufen von vorn nach hinten rechts leicht schwingende Bahnen aus, als ob sie einen Weg zum Horizont beschreiben würden. Es sind dunklere Linien, die diesen Eindruck erwecken. Unmittelbar im Bildzentrum liegt ein circa drei Zentimeter langer dunkler Strich schräg bzw. senkrecht über den nach rechts hinten laufenden Linien. Es ist eine Irritation im Gewebe. Sie stört den vermeintlich sanften Verlauf einer Landschaft, ebenso wie

der nüchterne Schnitt zwischen helleren Bildteil und der dunkelgrünen Wölbung im Bildvordergrund. Aufgrund der schwarzauslaufenden Ränder entsteht etwas Bullaugenartiges bzw. ein Fernrohr oder Mikroskop, eine Linse, eben ein Rundblick in oder auf Etwas. Das leuchtende Grün der stofflich organischen Materie steht der leuchtenden Schrift im Textbild gleichauf gegenüber (Abb. 8). Mit dem Wissen um die räumliche Zuordnung des aktuellen Objektaufenthalts, nämlich im inneren dieser grünen Tasche, vollzieht sich zugleich eine Groteske. Die banale grüne Transporttasche aus Hautplastikplane bekommt im Zusammenspiel der Elemente, der Reduktion oder Verstärkung des Zooms Lebendigkeit eingehaucht. Es entsteht der Eindruck, als wäre man selbst in der Tasche bzw. würde Zeuge, wie das Paket das Milieu der Transporttasche erforscht.

Der Text im Screen kommentiert sachlich »Inside a green Bag«. Auffallend ist, wie unterschiedlich die Schriftgrößen zwischen der Ortsangabe und der Farbe, die großgeschrieben ist, variieren. Es ist als ob die Künstler_innen an diesem Punkt mit computertechnischen Darstellungsmöglichkeiten spielen und einer linear exakten Form eher einen asynchronen Schriftstil gegenüberstellen. Trotzdem bleibt diese Visualisierung technisch erzeugt. Sichtbar gemacht wird das Algorithmische. Im Vergleich zu den Innenansichten wirkt der Text zum Bild als Kontrast und verweist auf die Konstruktion der Komposition des Filmes an sich. Insofern wirkt diese Szenerie wie eine Installation im futuristischen Gewand. Die Wahrnehmung der grünen Tasche wird durch äußere Faktoren beeinflusst. Im Zuge des Bewegt-Werdens und ob des unterschiedlich einfallenden Lichts entsteht ein Hell- und Dunkelspiel. Das Lichtspiel wird durch den pulsierenden Effekt des Materials gesteigert, was gleichzeitig Schlaglichter auf Nuancen wirft und Facettierungen im Gewebe markiert.

Ist am Anfang dieser Szene ein verzerrter, monotoner, elektronischer, schriller und ziehender Sound dominierend, so ist nun ein klopfender Sekundentakt zu hören. Diese klopfende Audiospur zieht einen leichten blechernen Hall nach sich. Nach einer kurzen Weile ist ein sehr helles unbestimmtes Geräusch zu hören; klar und hell klingend wie der Klang einer Triangel, die mit dem Metallstab geschlagen wird. Es ertönt immer, wenn geschrieben wird. Das monotone schrille Geräusch stoppt, der klopfende Ton bleibt. Und nach wenigen Sekunden, in denen nur der klopfende Ton zu hören ist, folgt ein Rauschen. Es ähnelt Geräuschen einer elektrischen Modelleisenbahn oder dem sogenannten rührenden Spiel am Schlagzeug mit dem Besen auf der Snare, wie

es unter anderem im Jazz vorkommt. Auch dieser Ton ist monoton, gleichförmig, technisch ohne Varianzen konfiguriert.
Die vorangehende Assoziation einer weiten Landschaft in der Toskana hat sich nunmehr aufgelöst und ähnelt mehr einem unwägbaren Terrain. Es entsteht der Eindruck einer Höhle. Die Ansicht erinnert auch an den Blick aus dem Dickicht, aus dem Verborgenen hervorschauend, sich heraus bewegend und dem erhellten Bildhintergrund entgegen sehend. Vor dem Erhellten liegt das Verborgene, ein Geheimnis.
Den Kontext einbeziehend wird klar, dass das Licht nicht von außerhalb der Tasche einströmt, sondern sich die Lichtquelle in der Tasche befindet. Es ist die Kamera, deren Blitzlicht den Innenraum beleuchtet und somit zum Spielraum für Assoziationen macht. Geht man davon aus, dass es in der Tasche doch recht eng sein müsste, erscheint das Sichtbare in die Ferne schweifend. Eine merkwürdig tiefer gehende Weite. Auch in dieser Erscheinung wiederholt sich die Spannung zwischen Nähe und Ferne. Geradezu großräumig erscheint das Innere im Grünen und doch ist dieser Blick eng geführt und begrenzt. Das Gedrungene obliegt der Rahmung des Bilds, genauer den unterschiedlich stark abgerundeten dunklen Ecken des Bilds. Besonders im rechten Bildbereich zeigt sich die geschwungene Schwärze, die von Außen nach Innen strömen mag. Aus diesem Dunkel entsteht zum einen scheinbar die dunkelgrün konvexe Wölbung im Vorderbereich, in die sie auch wieder einzutauchen scheint, und zum anderen wird besonders auch die hell-erleuchtete Grünfläche im rechten Bildbereich kontrastiert. Sanft bis zur Deutlichkeit vollzieht sich der Übergang in ein Tiefschwarz. Den Höhepunkt findet diese Sicht im oberen rechten Bildeck. An dieser Stelle scheint die Unwägbarkeit seinen Lauf zu nehmen und behält sich vor, was als Nächstes geschehen wird.
Gegen »0.42h« ist ein zweites Verteilerzentrum in ähnlich grauer Farbgebung mit arbeitenden Menschen zu erkennen (Abb. 9). Danach wieder Eintauchen in die Nacht. Ab 6 Uhr des 17.1.2013 werden Licht, die Einblicke in das Verteilerzentrum sowie arbeitende Menschen erwecken den Eindruck, dass das Paket erneut in Bewegung versetzt wurde (Abb. 10). Das Paket wird nun in ein Postauto geladen und quer durch London gefahren. Im Textfeld wird erwähnt, dass die zentrale Postverteilstelle unweit des zentralen Flughafens liegt.
Schließlich dringt Tageslicht von außen ein. Die Tür wird geöffnet, die Auslieferung setzt sich fort und ungleich größere Plastiktaschen

in grauer intransparenter Farbgebung liegen in kurzem Abstand vor dem Paket auf dem anthrazitfarbenen stofflichen Boden des Van. Ein weißer Briefumschlag ist zu sehen. Kurz darauf wird ein plastikartiger Sack von hinten über das Paket bzw. die Kamera gelegt, sodass es zu einer Nahaufnahme der Stofflichkeit des Sackes kommt. Dann wieder ein sehr dunkles Bild. Der Wagen wird Stück für Stück ausgeräumt. Das Paket befindet sich in einem Postauto vor roten Backsteinhäusern, vermutlich unweit der Ecuadorianischen Botschaft. Es gibt eine kurze Unsicherheit und durch das Tageslicht werden das Fahrzeuginnere und ein sich dort befindlicher Poststapel erkennbar (Abb. 11). Die Straßenansicht zeigt einen schwarzen Metallzaun mit schwarzer Tafel sowie diverse Häuserwände. Die Tür des Van wird geschlossen. Die Aufnahmen sind wieder schwarz.
Mittlerweile hat sich der Standort des Pakets erneut verändert. Das Paket liegt nun nicht mehr auf dem Boden des Van, sondern auf einem linierten weißen Papier (Abb. 12). Der Hintergrund ist schwarz, sehr dunkel. Es ist kaum etwas erkennbar. Der Text im Screen teilt dem Publikum mit, dass alle Pakete im Van zugestellt seien und er nun leer wäre. Danach ist das Bild über einen längeren Zeitraum – von 13:47 bis 16:18 Uhr – hinweg wieder schwarz. Als Lagebeschreibung erscheint ein Kommentar auf dem Screen: »Black. But we made it into the Embassy.«

Ankunft

Nach mehr als 24 Stunden taucht das Paket aus dem Labyrinth des Royal Mail Postal vor der Botschaft Ecuadors auf. Doch auch jetzt ist äußerste Spannung spürbar. Denn mit der Auslieferung des Pakets erreicht den Zuschauenden die Information, dass das Paket nun im Sicherheitsbereich der Botschaft liegt. Das Bild dazu ist schwarz. Ob Sicherheitsbeauftragte die Sendung inspizieren, bleibt im Verborgenen. Später Aufatmen, auch diese vermeintliche Hürde des Systemtests kann als genommen betrachtet werden.
Es folgt nun eine Strecke von sehr schnellen Bildern, die etwas Gemustertes in braunen oder beigen Farben, vielleicht einen wollartigen Stoff, zeigen. Der Kommentar im Bild teilt mit: »Look at this. Light. And some kind of Cloth.« Bei der stoffähnlichen Abbildung könnte es sich um ein Tuch, eine Tapete oder eine Decke handeln. In der Zwischenzeit zeigen die Bilder, aufgenommen im Zeitraum von 17:04 Uhr bis 17:54 Uhr, nichts. Für 50 Minuten bleiben die Bilder der Kamera schwarz. Die Stimmung scheint Ungeduld aufkommen zulassen

und der aufscheinende Kommentar wendet sich direkt an WikiLeaks: »@WikiLeaks: Camera is running for 30 Hours. Battery lasts 36 Hours max. Battery Level might get critical soon.« (Abb. 13). Die Kamera sei auf 36 Stunden Laufzeit eingestellt, allerdings seien bereits 30 Stunden vergangen und die Batterieleistung beginne allmählich kritisch zu werden.

Eine Minute später wird ein Zimmer in der Botschaft schemenhaft sichtbar. Zu sehen ist eine viktorianische dunkelbraune Ledercouch mit aufwendiger Absteppung.

»Lights on! First View of a Room in the Embassy!« (Abb. 14) – die Twitterhashtags – »#Bitnik #Assange #Live« – werden aktiviert. Die Spannung ist spürbar groß. Die Uhranzeige rast; einige Minuten zwischen 17:56 Uhr und 18:03 Uhr werden geschnitten. Alles, was in dieser Zeit geschieht, liegt im Verborgenen. Das Bild um 18:03 Uhr ist weiterhin schwarz. Nach einem kurzen Bildwechsel wird der Repräsentationsraum mit der Couch sichtbar, nun deutlicher. Das Paket scheint leicht bewegt zu werden, um gleichauf in die Dunkelheit abzutauchen.

In der nächsten Einstellung (Abb. 15), die eine Katze zeigt, die in doppelter Richtung von den Künstler_innen inszeniert ist, wird durch das fragende »What is this? Where are we?« das Unwissen über das Kommende ausgedrückt. Diese Szene ist getragen von einem Auf und Ab in hell und dunkel. Manchmal steht der Kontakt zur Außenwelt, die Blackbox sendet Bilder der Umgebung, dann bricht die Verbindung wieder komplett ab – alles ist dunkel und die Unsicherheit steigt, was mit dem Paket geschehen ist. Mit dem Blick in das Maul der Katze entsteht der totale Kontrast zum herkömmlichen Inhalt der Bilder. Haben wir vorher Einblick in das Innere der Verteilerzentren der Post bekommen, erleben wir plötzlich eine sehr lebendige kreatürliche Konkretion. Durch diesen fast schreckhaften Moment begreift man, dass sich eine Veränderung andeutet. Was nun folgt, sind regelrecht verspielte kindliche Motive. Dieser Effekt entsteht alleine durch das Zusammenspiel der Darstellung, also der Folge der Bilder. Nicht das einzelne Bild transportiert dies, sondern das Sujet der Darstellung. Das Spiel mit diversen Ansichten lässt zunächst offen, ob sich das Kameraauge, also auch wir, das Publikum, im Dschungel, in Ecuador, in der Botschaft oder doch in unmittelbarer Nähe zu Julian Assange befinden. In diesem Moment wird auch deutlich, dass jemand bewusst mit der Kamera agiert. Das Geschehen folgt nicht mehr nur einem technischen Automatismus innerhalb des Postsystems über Fließbänder, Rollwagen und Menschenhände.

Die Szene mit der Katze ist das erste Bild, es folgen willkürliche Konstellationen von Gegenständen sowie das Bild von zwei Kindern. Die Katze symbolisiert einen magischen Übergang im Film, auch wenn räumlich kaum etwas passiert. Während das Paket durch eine Tür bewegt wird, erscheinen diese Katzenbilder und versetzen die Szenerie an einen komplett anderen Ort der Wahrnehmung. Das Bild der Katze mit aufgerissenem Maul hat einen künstlerischen Sinn und fordert zum Nachdenken auf. Dabei steht diese Sequenz im Verlauf des Videos weder in einem unmittelbaren Verhältnis zu Julian Assange noch zur Aufgabe des Pakets in der Poststation.
Die Katze im Bild gleicht nicht einer herkömmlichen Hauskatze. Auch die Abbildung lädt nicht dazu ein, das Tier streicheln zu wollen. Physiognomie von Mund-, Brust- und Vorderbeinansicht deuten auf eine sogenannte Raubkatze. In der Direktheit der Darstellung begegnet dem Betrachtenden das aufgerissene Maul der Katze ebenso das Fleischige der Zunge und das Weiß der fletschenden Zähne. Hervorzuheben ist dabei die Fokussierung, also die fragmentierte Abbildung. Gezeigt wird nicht die ganze Katze. Zu sehen sind nur das Maul und der Brust- bzw. Vorderbeinbereich. Die Kameraeinstellung zentriert auf eine Detailaufnahme. Auch der Farbverlauf im Tierfell pendelt zwischen Braun- und Goldgelb- bzw. Ockertönen. Im Kontrast zu dem Maul, das eine relativ eindeutig glatte Farbgebung hat, ist das Fell abgesetzt und wirkt faltiger, zerpflückter oder zerstreuter. Diese Farbgebung erinnert an eine Wildkatze. Zudem ist das Haar eher kurz und glatt in der Textur. Im Fellkleid changieren die Lichtverhältnisse. Es wirkt, als wäre das Bild in einer nachtähnlichen Situation mithilfe von künstlichen Lichtquellen entstanden, wie die Schattierungen des Fells andeuten, die zugleich den Korpus bzw. die Muskulatur akzentuieren. Aufgrund der Fragmentierung wird dieser Eindruck verstärkt. In Conclusio entsteht im Zusammenspiel des Lichteffektes und der Detailaufnahme das Gefühl, dem Tier ausgeliefert zu sein.
Links neben dem Maul der Katze ist ein Barthaar, das den Betrachtenden fast zu kitzeln scheint. Im Maul der Katze sind vier strahlend weiß wirkende Zähne, die als Reißzähne im Vordermaul sitzen. Eine rot-weißliche und dunkelrot umrundete Zunge ist zu sehen. Sie ist ob der Maulstellung nach hinten in den Zwischenbereich der Zähne gezogen. Das Tier zeigt seine Zähne. Die Anordnung der Zähne und die Stellung der Zunge fließen in einem eigenen Kontext zusammen und fokussieren den (vom Tier aus) rechten Reißzahn im Unterkiefer. Die relativ geradlinige, nach hinten gedehnt verlaufende Maulpartie wird

von einem dunkelbraunen Farbton nachgezeichnet. Dafür, dass dieser Verlauf einer organischen Form entspricht, ist er wenig geschwungen, sondern vielmehr linear symmetrisch. Gleichzeitig wird so die Kopfdrehung nach rechts betont. Dabei erstreckt sich das Schattenfeld des Unterkiefers schmal unterhalb der sichtbaren Backenzahnpartie und verläuft weiter nach vorn zum Segment der Reißzähne und ist an dieser Stelle am größten. Das Tier schaut nicht frontal, sondern nach rechts.

Kommentiert wird in Form zweier Fragen. »What is this?« ist größergeschrieben als die zweite darunter stehende Frage »Where are we?«. Die Größe des ersten Satzes divergiert vom Zweiten. Die Sätze sind linksbündig gesetzt. Der Zeilenabstand ist verengt. Diese Kompression und der Größenunterschied der Interrogativsätze erzeugen eine absteigende Anordnung. Rein vom typografischen Moment betrachtet, wird das erste Drei-Wort-Interrogativ durch das Zweite hervorgehoben und gehoben. Der Kommentar beinhaltet in hellroter Schriftfarbe zwei Fragen. Beide sind grammatikalisch korrekt und in englischer Sprache, herkömmlich im internationalen Sprachgebrauch, der Adressat ist englischsprachig, die Mehrzahl der Teilhabenden wird involviert und in Gänze bilden Anglizismen im linguistischen Fachgebrauch von Computern den erheblich überwiegenden Wortschatz. Die Fragen sind vom Schriftbild in unterschiedlichen Größenverhältnissen. Die Schriftart ist serifenlos – Sans-Serif-Schrifttypen sind geradezu, klar und technokratisch nüchtern – und das gesamte Wortbild ist in Kapitälchen. Der Typografie nach zu urteilen, sind die Fragen in Arial erstellt, einem klassischen Schriftbild. Serifenlose Fonts finden in der Regel für Kleingedrucktes oder für Überschriften in Zeitschriften, auf Plakaten oder für großflächige Reklame Anwendung. Wegen ihrer Wirkung auch als »Industrie-Schrift« bezeichnet, werden solche Fonts seit der Industrialisierung verstärkt zur Gravur von Typenschildern oder Bezeichnung an Stahlmaschinen benutzt.

Die Farbgebung von Schriftbild und Mittelgrundfarbe ist nicht kontrastreich, sondern dieselbe Farbe in anderer Tönung. Sie erinnert an monochromatische Darstellungen von Röhrenmonitoren, wodurch eine verzögerte und nicht unmittelbar direkte Wirkung entsteht. Dieses Sujet im Verhältnis des Gesamtbildes tritt hinter die Wahrnehmung des Katzenmauls zurück. Eine deutliche Hervorhebung ist im Vergleich dazu beim Liveticker auf dem Bild-im-Bild zu erkennen. Das Weiße auf dem dunklen Hintergrund ist im Kontrast deutlich abgehoben. Die weiße Schrift tritt regelrecht in den Vordergrund.

Die beiden Sätze sind synchron aufgebaut. Sie bestehen aus zwei Sätzen mit zwei Fragezeichen. Diese Stilfigur weist eine nebeneinandergestellte Syntax auf.
Ob der Größendivergenz, der Anordnung vom Was zum Wo, wird eine Reihenfolge der Wichtigkeit nahegelegt und die zentrale Frage mit »Was ist das?« formuliert. Ein direkter, aber auch offener Sprechakt wird auf der Textebene aktiviert, der auf mannigfaltige Weise beantwortet werden kann. Gleichzeitig wird versucht, die Ereignisse, die skurril und surreal erscheinen, fassbar zu machen. Was ist das für ein Tier, das sich hinter dieser Detaildarstellung verbirgt? Unterstützt wird diese »Suchbewegung« durch den anschließenden nach Orientierung suchenden Satz »Wo sind wir?«. Orientierung suchen in dem Fall »wir«. Es könnte nach einem Standort gefragt werden oder nach einer Positionierung, einem Verhältnis, einer räumlichen Verortung bezogen auf eine temporäre aktuelle Situation. Aber wer ist mit der pluralen Anrufung gemeint? Gemeint sind wohl die Künstler_innen und alle, die dem Weg der Kamera folgen. Das »wir« meint alle, die zusehen und macht sie gleichzeitig zu Mitreisenden.
Die zweite Frage grenzt nach rechts mit leichtem Abstand an einen senkrechten Strich. Dieser erinnert an das »Pipe«-Symbol, ist jedoch in diesem Fall als Cursors zu lesen, der den temporären Vollzug des Tippens, des computergestützten Schreibens andeutet. Dieses Zeichen ist in der Gesamtschau des Videos ein wiederkehrendes Symbol und signalisiert das Dynamisch-Interaktive. Das Besondere ist allerdings hier, dass die Kommentierung in Schriftart und -größe, aber auch aufgrund der Zentrierung im Bild und im Zusammenspiel mit dem Gesamtbild dieses Verhältnis dekonstruiert. Es entsteht der Eindruck, dass der Kommentar sich in den Vordergrund schiebt, die Angabe zu Tag, Kalenderdatum und Uhrzeit in den Mittelgrund rücken und schließlich die rote eckige Fläche den Hintergrund entstehen lässt.
Die Zeitangabe im Bildfeld unterscheidet sich von der Angabe im Textfeld. Sie weist einen Unterschied von zwei Minuten auf, denn das Bild-im-Bild läuft weiter. Zeigt es einen Angriff, eine Drohgebärde oder eine Abwehrstellung? Oder ist das Tier müde und gähnt bzw. wird einfach nur in seiner Ruhe gestört? Unabhängig davon, ob es angreift oder zurückweicht, das Bild suggeriert eine Kampfstellung. Dieser Eindruck entsteht auch dadurch, dass es sich um eine Einstellung handelt, die selbst »schreckhaft« ist: Die Lichteinwirkung im Bild wirkt wie ein Spotlight, der etwas trifft, was eigentlich im Dunkeln, im

Dickicht, im Verborgenen sitzt. Und das lichtgetroffene Wesen reißt im Umkehrschluss das Maul auf. Die Szene wirkt so insgesamt bedrohlich. Dabei ist zunächst sekundär, ob die Katze sich aktiv oder passiv verhält; bleibend ist, dass die »Kamera« bedroht ist, die hier für das sehende Auge steht – das Publikum.

Diesen Gedanken fortführend vollzieht sich im weiteren Verlauf eine inhaltliche Drehung, nachdem das Maul der Raubkatze vor der Karte »Is this thing on« (Abb. 16) gezeigt wird. Es ist zunächst der Moment einer Rahmung, denn es wird eine direkte kommunikative Auseinandersetzung mit Jemandem, der dieses »Ding« wirklich bedient, offenbar. Der erste Eindruck des Erschreckens durch die direkte Gegenüberstellung mit einer detailscharfen Raubkatze wird nun durch die Veränderung der Einstellungen abgelöst. Es folgen Aufnahmen von Katzen mit geschlossenen Mäulern und in der Halbtotalen. Nicht mehr derartig fragmentiert und als Katze eindeutig erkennbar, werden zwar wiederum gefährliche Katzen präsentiert, sie haben im Unterschied zum ersten Bild allerdings etwas Possierliches. Das, was eben noch gefährlich schien, erscheint nun nett und heimelig. Sollte sich der Eindruck des wohligen, süßen Tiers bewahrheiten, das gar zum Streicheln einlädt, könnte die Szene mit dem aufgerissenen Maul eher als Störung der heimeligen Ruhe gelesen werden, worauf das Tier fauchend reagiert. Insofern handelt es sich nicht um einen Angriff, sondern eher um die Verteidigung der eigenen Ruhe. Nachdem prüfend – »Is this thing on« – ein vertraulicher Rahmen hergestellt wird, wird das sich verteidigende Raubtier zur häuslichen Miezekatze. Mit jedem Schritt wird die Szenerie weniger unheimlich.

Ausgehend von dieser ersten Einstellung einer in Stellung gebrachten Katze, folgen willkürliche Anordnungen von fotografischen Bildmotiven bis hin zu eingestreuten handschriftlichen Karteikartenmitteilungen. Betrachtet man noch ein weiteres Mal vor diesem Gesamtsujet die Szenerie, dann wirkt das Bild der Raubkatze stark und konnotiert, nämlich in Assoziation zum Bild der Hauskatze, die gemütlich im Haus liegt und so für ein sicheres Zuhause steht.

Wir sehen nun ein Kärtchen auf dem »Hello World« steht, dann erscheinen wieder Motive von anderen Raubkatzen-Darstellungen in diversen Nah- und Fernaufnahmen. Wir sind nicht mehr im technischen Vollzug, sondern werden von jemandem durch seine Umgebung geführt.

Die Karte »Hello World!« wird von 18:30 Uhr bis 18:31 Uhr von einer weißen Hand gehalten. Diese »Begrüßungskarte« lehnt nun an einem

Buch bzw. an einer hinter dem liegenden Buch aufgestellten Plastik, nach vorn von einem dunklen steinähnlichen Beschwerer fixiert.
Es folgen Aufnahmen von zwei in die Kamera schauenden Kindern bzw. einem Stier aus Pappe und Zeitungspapier, wobei all diese Aufnahmen – die Bilder der Kinder ebenso wie die der Katzen, des Stiers oder des Buches – als Fotografien erkennbar sind, die in der Vergangenheit entstanden sein müssen. Sie werden durch ihre Präsentation zu Gegenständen des Raumes, in dem das Paket liegt. Die Kamera ist unverändert in der Ecuadorianischen Botschaft in London, in der sich der Adressat des Pakets aufhält. Eine weitere beschriebene Karte – »Welcome to Ecuador« – erscheint im Screen. Gefolgt von neuen Katzen-Motiven aus dem Dunkeln, die sich kurz und in minimaler Schnittfolge auf die Betrachtenden zubewegen. Im Unterschied zum aufgerissenen Maul der anderen Wildkatze ist deren Maul geschlossen, die Farbgebung des Tierfells ist weiß mit hell- bzw. dunkelbraunen Musterungen. Die Blickrichtung fällt direkt auf die Maulgegend mit der roten Nase.
Diese Sequenz zeigt einen spielerischen Umgang Assanges mit der Situation. Er zeigt Bilder von Raubkatzen in unterschiedlichen Perspektiven und eine Fotografie von zwei Kindern in Ecuador. Diese Motive entnimmt er einem Buch. Dass es sich um ein Buch handelt, wird in dem Foto mit den Kindern erkennbar, denn die Kinder werden durch den typischen Falz eines aufgeschlagenen Buches getrennt. Es handelt sich vermutlich um Gegenstände, die sich in dem Zimmer befinden. Wenn er also ein Bild von Kindern in Ecuador zeigt, ist es nicht Ecuador in Ecuador, sondern er zeigt Bilder aus Ecuador. Derart macht er spielerisch seine eigene Position deutlich. Denn er kann die Kinder ja nicht wirklich zeigen, weil weder in dem Zimmer Kinder sind, noch er die Straße betreten kann, um Kinder zu fotografieren. Gleichwohl nimmt er die Kamera aktiv in Gebrauch. Insofern markiert die Szene mit der Katze einen magischen Übergang. Die Katze versetzt uns an einen anderen Ort, ob nach Ecuador, zu Julian Assange oder in den ersten klar definierten Raum, in dem konkrete Gegenstände zu sehen sind.
Dabei unterstreicht in dieser Sequenz die Formel »Welcome to Ecuador« die räumliche Verortung. Auch wenn »wir« nicht direkt in Ecuador sind, werden wir in Ecuador begrüßt, wobei die bildhafte Einführung dieser Territorialität vor dem Hintergrund der Einstellung des szenischen Verlaufs etwas Niedliches hat. Sie erfolgt auch nicht mittels Abbildung von ecuadorianischen Landschaften, dem Regenwald,

von Städten, Straßen, einem Markt bzw. von alten Tempelanlagen oder Ähnlichem, sondern durch Katzen und tierische Plastiken, wie den Stier und zwei Kinder.
Gleichzeitig spielen diese szenischen Abbildungen auf Authentizität an im Kontrast zu der sehr technokratischen Narration der Paketreise im System der britischen Post zuvor. Eine natürliche Echtheit, die sich aus etwas Gespieltem, Gebasteltem und den organischen Formen ergibt.
Formal lässt sich ein Formübergang feststellen. Von sehr geradlinigen, kastenförmigen Arrangements – Post Office, Regale, Lieferwagen – hin zu lebendigen, organischen Formen – Maul, Gesicht, Körper –, wobei sich der Wechsel am Anfang durch die Bedrohlichkeit des Organischen potenziert und sich im Anschluss durch den erkennbaren Naturalismus harmonisiert. Das Organische ist erst bedrohlich und dann possierlich. Mechanische Formen werden von organischen Formen abgelöst.
Die anschließende Begegnung mit Assange ist schließlich eine Art Happy End und kann als Beweis für den bestandenen Systemtest angesehen werden. Karteikarten mit von Hand geschriebenen Losungen werden in die Kamera gehalten. Schließlich ist Assange selbst zu sehen, der Karten in die Kamera hält. »Welcome to Ecuador«, »Free Bradley Manning« (Abb. 17), »Transparency for the State! Privacy for the rest of us!« ist auf ihnen zu lesen. Diese Sequenz endet im Schwarz des Bildschirms. Der Adressat und die öffentliche Kontaktaufnahme zu ihm, die begrenzte Akkukapazität, das Senden von Bildern alle zehn Sekunden sowie die aktive Kommentierung der Geschehnisse durch Dritte stellen Parameter dar, die wie Programmierregeln bestimmen, wie die Daten verarbeitet werden sollen. Allerdings geben die Künstler_innen ihre unmittelbare Einflussnahme und Kontrolle zugunsten einer Flexibilität ab, die die Mensch-Maschine-Interaktion verlangt, und bestimmen damit die Struktur nur in Ansätzen. Das ist konsequent: Schließlich ging es um das Sichtbarmachen des »Alles ist möglich«.
Assange tritt zunächst mit der Aussage »Postal Art is Contagious« in Erscheinung. Wen oder was meint er? Ich denke, gemeint ist nicht nur »Postal Art« als solche, sondern darüber hinaus »wir«, das Publikum und die Künstler_innen, also alle, die just in diesem Augenblick der Echtzeitperformance das Paket verfolgt haben und Teil der Handlung geworden sind. Vordergründig scheint Assange alleine das Spiel im Rahmen der Kunstaktion anregend zu finden und beginnt deshalb

auch mit dem Zeigen von Bildern und Gegenständen, die ihn im Moment umgeben, mit seiner Aussage verweist er allerdings auf einen weiteren Subtext des Filmes, nämlich das »wir« ansteckend ist, alleine dadurch, weil wir versuchen, mit ihm in Kontakt zu treten und so das Geschehen beeinflussen.
Verhält es sich ähnlich mit der Rolle, die auf den ersten Blick die Szene mit der Katze im Video spielt? Sie erscheint als etwas Bedrohliches für die Beobachtenden. Aber ist sie nicht vielmehr eine Metapher, für die Bedrohung von außen, also ein Symbol dafür, dass das Paket potenziell sein Ziel am Ende doch nicht erreicht – gleich der Katze, die die Maus fängt? So überraschend, wie die Katze in der Szenerie auftaucht, so sehr steht sie für die Unvorhersehbarkeit und Fragilität des zukünftigen Geschehens, hier konkret: alle Möglichkeiten, die das Paket auf seinem Weg zu Assange stören, aufhalten und aus dem Weg räumen könnten. Führt man diesen Gedanken konsequent weiter, zeigt sich, dass das Moment der Bedrohung dem Experimentcharakter dieser Performance selbst zu eigen ist: Ihr Ausgang ist von Anfang an ungewiss und offen.
Die Szene mit Assange wirkt als längste Sequenz im Film und es ist auffällig, dass Assange von den Künstler_innen auch in dieser Arbeit so viel Raum (fast zwei von zehn Minuten) erhält.
Es geht dabei allerdings nicht um ihn als Person. Auch wenn ihm eine prominente Rolle im Video eingeräumt und ihm in gewisser Weise eine Art Leaderfunktion zugesprochen wird, nutzt er dies nicht, um etwas zu seiner Person zu erklären. Vielmehr nutzt er die Gelegenheit, um auf das Schicksal von Menschen hinzuweisen, die sich für Menschenrechte und Informations- und Meinungsfreiheit einsetzen. Genannt werden der bahrainische Menschenrechtsverteidiger Nabeel Rajab, der Mitgründer der BitTorrent-Seite The Pirate Bay Per Gottfrid Svartholm Warg (alias Anakata), die Whistleblower_innen Chelsea Manning und Rudolf Elmer, die Internetaktivisten und Hacker Aaron Swartz und Jeremy Hammond sowie das Internetkollektiv Anonymous (Anons/none). Sie alle werden, so Assange, zu unrecht von etwas verfolgt, was er relativ nebulös als »The State« bezeichnet. Abschließend fordert er auf einer in die Kamera gehaltenen Karte »Transparency for the state and Privacy for the rest of us«. All diese Botschaften setzt er lückenlos in Szene. Als Reframing wird »Postal Art is Contagious« erneut gesetzt. – Ist es in der ersten Einblendung Teil des Spiels mit den Gegenständen aus dem ihm in der Botschaft zugewiesenen Raum, wird es nun umgedeutet und zum Teil der politischen Botschaft. Es

folgt ein Dank an Ecuador und alle Unterstützenden. In Anspielung an eine messianische Figur propagiert Assange anschließend die Durchhalteparole »Keep Fighting«. Gleichzeitig hebt er eine Karte mit der Aufschrift »2013 We win« in die Höhe. Diese Vision irritiert, suggeriert sie doch, man könne den Kampf für einen transparenten Staat und die Privatheit für alle gewinnen. Sie wirkt beinahe wie die Anrufung einer vermeintlich aufständischen Masse. Doch am Ende rahmt er die vorangegangene Abfolge von politischen Slogans ironisch. Es scheint so, als ob er die pathetische Ansprache etwas zurücknehmen möchte. Die rahmende Karte zeigt das Ende der Vorführung mit dem Wort »Fin« an, was an den Abspann von klassischen Filmen erinnert. Anschließend begründet sich dieses Finale mit der einfachen Feststellung, die er dem Publikum nicht vorenthalten will: »Out of Cards.« Er hält nun nur noch die Daumen hoch, zeigt sich mit einem lachenden Gesicht, um sich in der nächsten Sekunde recht schnell mit der Hand zum Abschiedsgruß erhoben aus dem Bild zu bewegen. Am Ende verwandelt er sich wieder vom politischen Sprecher zur Privatperson Julian Assange.

Die Sequenz schließt mit dem Textticker im linken Bildfeld das Sujet und leitet mit den Worten: »Back to Black« auch das Ende der Performance und des Films ein (Abb. 18). Wobei »Back to Black« wortwörtlich zu verstehen ist: Es ist die Rückkehr zum fortlaufenden Schwarz. Mit »Back to Black« wird sowohl formal als auch inhaltlich die Rahmung dieser Arbeit aufgegriffen. Assange als der Adressat sowie die !Mediengruppe Bitnik verflüchtigen sich als die Einzigen aktiv aus dem Film und der Performance.

In der Sequenz mit Assange entsteht der Eindruck, dass er sich Zeit genommen haben muss, um diese Form der Begegnung vorzubereiten. Schließlich war er im Vorfeld informiert worden. Insofern ist anzunehmen, dass er die Karten selbst beschrieben hat und mit »Hello World!« nicht nur die Künstler_innen, sondern auch die Öffentlichkeit begrüßt. Dass er sich direkt an die Öffentlichkeit wendet, zeigt, dass ihm sehr wohl klar ist, dass er nicht in einem geschlossenen Zirkel kommuniziert. Ihm ist also bewusst, dass hier die klassische Peer-to-peer-Kommunikation per Post zwischen Absender_innen und Adressat_innen aufgelöst worden ist. Seine direkte Ansprache richtet sich an sein Publikum. Allerdings entspricht er an diesem Punkt genau dem Bild, das man von ihm hat, er wird zur medialen Figur. Gebrochen wird das Bild jedoch dadurch, dass er nicht seine eigene Befreiung fordert sondern Freiheit und Gerechtigkeit für andere Hacker

und Haecksen sowie Whistleblowende. Darin symbolisiert sich auch seine Verzweiflung als politische Figur. Er bleibt zwar in seiner Rolle, allerdings schwingt seine verzweifelte Lage unterschwellig mit. Ist diese nur der Dankbarkeit gegenüber der Ecuadorianischen Botschaft geschuldet? Eine Art der Rücksichtnahme, um Misskredit oder die Verschärfung der Umstände für seine Gastgeber abzuwehren? Würde er seinen Namen in die Reihe der politisch Verfolgten Hacker und Haecksen, Menschenrechtler_innen oder Whistleblowende stellen, läge die Aufmerksamkeit, die sich bereits durch die Kamera auf ihn richtet, potenzieren. Es gäbe quasi nur Assange selbst. So tritt er hinter die Botschaften zurück und wird sogar mit der letzten Karte, die er in den Screen hält, zur puren Erscheinung eines Menschen, die lacht, sich freut und winkt. In diesem Moment erscheint Assange als Mensch. Sein »Helden«-Image wird dechiffriert und grundlegend überholt.
Widmen wir uns nun der Analyse und Interpretation der besonderen ästhetischen Dimensionen im Werk.

Analyse des Besonderen – Interpretation der Dimensionen im Werk

Nach meiner vorangestellten Beschreibung und ersten Analyse des Werkes widme ich mich der erweiterten Auseinandersetzung. In den Blick rücken dabei die Besonderheiten des Werkes, ihre Dimensionen, die sich im ästhetischen Erleben einstellen. Diskutiert wird ebenso die Verquickung des Analogen mit dem Digitalen in diesem Werk, gemeint ist damit zunächst das Angebot, visuell und kommunikativ über die Distributionsmöglichkeiten der sozialen Netzwerke im Internet unmittelbar an der Performance (16.–17.1.2013) teilhaben zu können. Inwiefern wird dadurch ästhetisches Erleben möglich? Welche Rolle wird dem Publikum dabei zu Teil? Und was für ein Blick auf die digitalisierte Welt eröffnet sich dadurch?
Die 32-stündige Live-Mail-Art-Performance »Delivery for Mr. Assange« fußt auf einem künstlerischen wie technischen Experiment. Die konzeptionelle Gestaltung des Werkes folgt dem leidenschaftlichen Versuch, Kunst an der Schnittstelle zu digitaler Technologie, dem Distributionsmedium Internet und den Möglichkeiten digitaler Bildproduktion zu schaffen. Ihre künstlerische Perspektive, dem Technischen positiv aber nicht unkritisch zugewandt zu sein, vollzieht sich im Umgang mit der nichtkünstlerischen Ebene von digitaler Technik

spielerisch. Das Kunstwerk baut sich auf verschiedenen Ebenen auf und entsteht im Prozess. Da ist zunächst die Performance, also die Paketreise selbst, die als Echtzeitübertragung ins Internet und über die sozialen Netzwerke mitverfolgt werden kann. Daneben besteht das Werk aus einem Video. Es ist sowohl als Zweikanalvideo Teil einer Installation im musealen Ausstellungsraum und darüber hinaus als Online-Video auf der Videoplattform Youtube verfügbar. Die Präsentation der Arbeit vollzieht sich also im Zusammenspiel von analogen und digitalen Räumen, wodurch ein breiteres Publikum angesprochen werden kann. Das ist eine Eigenart der künstlerischen Arbeit.

Weiterhin bietet die Echtzeitperformance Netz-User_innen Gelegenheit, nicht nur über dieses Event in den sozialen Netzwerken (u.a. Twitter) zu berichten, sondern auch die Bilder zu teilen, zu verlinken bzw. zu reproduzieren. Die Arbeit erreicht dadurch Popularität und Resonanz. Aber wie kann die künstlerische Arbeit diese Anziehungskraft erzeugen? Ist der Erfolg lediglich der virale Effekt eines Internetphänomens? Und was bleibt von dieser Arbeit und inwiefern trägt sie dazu bei, Kunst in Zeiten digitaler Bildproduktion besser zu verstehen?

Meine These lautet, dass dieses Werk eine ästhetische Erfahrung möglich macht, die im Zusammenspiel künstlerischer und nichtkünstlerischer Elemente ein Hybrid aus analoger und digitaler Welt eingegangen ist und dadurch das eigene Sehen und Verstehen von Wirklichkeit auf die Probe stellt. Es wird der Erfahrungsraum einer Welt digitalisierter Bildproduktion eröffnet, in den man als Rezipierende hineingezogen wird. So entsteht eine hochspannende Begegnung mit der Frage, was technisch und menschlich in Zeiten umfassender Überwachung möglich ist, die sich als Vabanquespiel zwischen totaler Sichtbarmachung und Blackbox entfaltet, oder konkreter: zwischen offenen digitalen Kommunikationszugängen und der »Undercoverreise« durch ein scheinbar unscheinbares System.

In diesem Sinne eröffnet das Werk eine eigene medientechnische Narration im Umgang mit digitaler Technologie. Die Arbeit funktioniert deshalb, weil in ihr ein künstlerisch spielerischer und technikpositiver Zugang auf unsere aktuelle Gesellschaft umgesetzt wird, die immer mehr von digitaler Technologie abhängig wird und dabei von einer präventiven Staats- und Kapitallogik dominiert ist. Durch dieses Herangehen eröffnen sich neue Denk- und Handlungsräume über die Arbeit hinaus. Denn diese Art der Perspektive kann einen anderen, proaktiven Umgang mit digitaler Technologie und ihren Folgen ermöglichen.

Das Kapitel geht den inszenierten Spannungsverhältnissen auf medientheoretischer, ethischer und künstlerischer Ebene nach. Zunächst sei das Augenmerk auf die Rolle des Publikums für das Kunstwerk gerichtet, um einen wesentlichen Aspekt aktueller Gegenwartskunst als Charakteristikum auch für diese Arbeit gerecht zu werden.

Medienspezifische Dimension – Kommunikation (Publikum)

Die Arbeit »Delivery for Mr. Assange« ist im Wesentlichen eine sehr spannungsgeladene Erzählung einer konventionellen Heldengeschichte in Verbindung mit einem Netzwerkethos. Wie in einem Heldenepos scheint sich das Werk in einem Reigen mit seinem Publikum zu entwickeln. Während der Paketauslieferung entsteht Hochspannung. Wird das Paket seinen Weg durch die Vertriebsstellen schaffen? Wird es am Ende seinen Empfänger erreichen? Was wird der Systemtest sichtbar machen? In dieser spannungsgeladenen Atmosphäre wachsen teilweise Verzweiflung und Ohnmacht, es entsteht aber auch eine Stimmung hoffnungsvollen Mitfieberns. Im Werk werden diese Gefühle durch unterschiedliche künstlerische und nichtkünstlerische Formen sowohl in der Echtzeitperformance als auch im Video ausgelöst. Die verschiedenen medialen Ebenen, die im Video auftauchen, wirken, indem sie miteinander in Verbindung treten. Als ob die medialen Ebenen durch die digitale Technik in eins zueinander treten, erscheinen sie als Überlagerungen im Werk und bilden ein Hybrid. Trotzdem schieben sich in der ästhetischen Erfahrung des Werkes die Eigentümlichkeiten der diversen Medien vor und rufen spezielle Assoziationen in Erinnerungen. Auf die formal-ästhetischen Momente im Werk möchte ich im Folgenden näher eingehen.
Zu unterscheiden ist unter anderem die Funktion und Wirkung des Kommentars während der Performance als auch in Schriftform im Zweikanalvideo.
Das Paket an Assange, von der !Mediengruppe Bitnik technisch gut ausgerüstet und erprobt, dokumentiert seine eigene Reise durch das Zustellsystem der Post. Die Bilder, die die im Paket installierte Kamera automatisch, also regelgeleitet erzeugt, liefern zugleich das Material für die weiterführende Transformation der Performance in ein Video bzw. eine Videoinstallation. An dieser Stelle zeugt das Werk von einer algorithmischen Überführung, die sich ausgehend vom Internet als digitalen Präsentationsort der künstlerischen Arbeit bis in den ana-

logen Ausstellungsraum eines White Cube vollzieht. Der digitale und analoge Raum wird benutzt. Sie werden nicht direkt künstlerisch untersucht oder erforscht. Vielmehr steht der Systemtest als solches im Vordergrund, für dessen Gelingen dem Publikum eine besondere Bedeutung zukommt. Das Publikum scheint integraler Bestandteil des Werkes zu sein, sowohl bei der Performance selbst als auch in der darauf aufbauenden Videoarbeit. Dabei ermöglicht die Echtzeitübertragung der Bilder ins Netz den direkten und offenen Zugang zur Performance für all diejenigen, die sich thematisch angesprochen fühlen und von der Aktion erfahren haben. Die Videoarbeit, die wie bereits erwähnt, Einzug in den musealen Kunstkontext findet, erreicht wiederum ein anderes Publikum. Dieses Distributionsangebot kann als Versuch der Öffnung und räumliche Erweiterung in Form eines digitalen und analogen Zugangs für das Publikum verstanden werden, Präsentationsräume selbst weiterzuentwickeln.

Demnach steht die Funktion und Rolle des Publikums sowie dessen Form der Teilhabe am Werk in Abhängigkeit zu den formalen Bestandteilen des Werkes und dessen Präsentationsweise. Dies gilt insofern auch für die technische Möglichkeit digitaler Teilhabe über einen direkten Zugang zum Werk via Webseite resp. Internet im Allgemeinen. Inwiefern sich daraus unter den veränderten technischen Bedingungen ein neues Charakteristikum für Gegenwartskunst ableiten lässt, soll Gegenstand der weiteren Analyse sein.

Nun könnte man behaupten, dass die Rezipierenden zur künstlerischen Arbeit nur dazugehören, weil sich diese Zugehörigkeit aus der Übertragungsform des Livestreams und durch die Kommentierung in den sozialen Netzwerken während der Echtzeitperformance und eben nicht per se aus dem Kunstwerk selbst heraus ergibt. Dem möchte ich entgegenhalten, dass diese Arbeit zwar in Korrespondenz mit dem digitalen Kommunikations- und Distributionsmedium Internet zu verhandeln ist, aber die Zuschauenden gleichzeitig bewusst in den ästhetischen Entstehungsprozess des Werkes eingebunden sind und so Teil der Inszenierung werden. Daraus folgt, dass die gewählten Formen des Werkes einen unterschiedlichen Zugang zum Werk eröffnen.

Widmen wir uns zunächst dem Zugang zum Werk durch die Performance. Im Gegensatz zu früheren Formen von Performances, Fluxus oder Happenings hat hier das Publikum keinen unmittelbaren körperlichen Kontakt bzw. keinen direkten Einfluss auf den Verlauf der Performance. Die Netzgemeinde, die über 32 Stunden ins Internet gesendete Bilder an ihren Endgeräte mitverfolgt, ist zunächst alleine auf die Rolle des Publikums festgelegt. Die Rezipierenden können allerdings im Gegensatz zum herkömmlichen Museums- oder Ausstellungsbesuch die Performance zu Hause oder im Büro miterleben. Über das Internet und die technischen Bildproduktionsmöglichkeiten wird die Kunstwahrnehmung über den digitalen Raum in die Alltagswelt der Menschen verschoben. Gleichzeitig öffnet sich durch Social-Media-, Twitter- und Netzcommunities der Zugang zur Teilhabe am Entstehen des Werkes in zirkulierender Weise zwischen Mensch und Maschine. In dem das Geschehen kommentiert wird, entsteht eine Form der Anteilnahme und des emotionalen Ausdrucks über das Erlebte am Bildschirm. Statt einer analogen Körper-zu-Körper-Wahrnehmung haben wir es allerdings mit einer Mensch-Maschine-Interaktion zu tun mit dem Effekt, dass sich eine Schar kommentierender Begleitender bildet, die sinnstiftend als anonymes Kollektiv der Performance agiert.

Wesentlich scheint mir der Moment des Einlassens des Publikums zu sein, also derer, die die Übertragung online mitverfolgen. Das schließt die Künstler_innen zwingend mit ein, denn mit der Aufgabe des Pakets in der Londoner Poststation haben sie keinen direkten Einfluss mehr auf das Geschehen – gleich dem Sprung ins kalte Wasser, nicht wissend, was passieren wird.

Ein wichtiger Aspekt dabei: Mit der Ausstrahlung der Bilder des Real-Live-Systemtests auf BBC News wächst das mediale Interesse. Andere Medien wie Ars Technica, Globo, Huffington Post, Vice oder das Schweizer Radio steigen in die Berichterstattung ein. Auch die Mutter von Julian Assange kommentiert das Geschehen im Internet. Ab diesem Zeitpunkt ist das Interesse von Teilen der Netzgemeinde für das Kunstprojekt geweckt und es beginnt eine rege Kommentierung. »Ich denke, dies ist eine schlechte Idee […] wenn Royal Mail von der Sache Wind kriegt[,] werden sie das Paket zerstören«, schreibt ein User auf »Hacker News«, ein anderer entgegnete: »Und das soll schlecht sein? Ich denke nicht[,] dass sie ein Problem haben mit möglicher Sachbeschädigung[.] [S]ie wollen ja vor allem herausfinden[,] was passiert«[30]. Zu lesen sind auch Beiträge, die beschreiben, wie sie von den Innenansichten des Postwegs in den Bann gesogen werden:

> *»Was bedeutet dieser Paket-Blitzkrieg? Was befindet sich sonst noch in diesem mysteriösen Paket? Und warum kann ich nicht aufhören[,] auf die ständig auf Schwanzhöhe*

[30] Ebd., S. 27.

gefilmten Räume irgendeiner ausländischen Poststelle zu starren? Warum machen diese Twitter-Updates derart süchtig?«[31]

Die Online-Kommentare während der Performance im Januar 2013 zeigen deutlich, wie das Projekt die Rezipient_innen magisch fesselt, es kommen allerdings auch Bedenken und Zweifel, an bestimmten Punkten sogar eine gewisse Autoritätsgläubigkeit zum Ausdruck. Die Künstler_innen selbst berichten von einer schlaflosen Nacht.

Wer nun allerdings glaubt, dass den Kommentaren ein besonderer Mehrwert als Moment demokratischer Teilhabe in diesem Werk beizumessen ist bzw. ihnen ein vermeintliches politisches Potenzial über das Kunstwerk hinaus zukommt, dem sei entgegenzuhalten, dass es sich dabei in der Regel zuerst nur um spontane Meinungsäußerung über das Geschehen im Augenblick handelt. Der oben zitierte Kommentar steht zunächst alleine für eine subjektive emotionale Regung, die während der Beobachtung der neuesten Entwicklungen auf der Paketreise in Kurzform in einem sozialen Netzwerk auftaucht.

Im Videofilm zu »Delivery for Mr. Assange« gibt es neben der visuell-filmischen Ebene einen zweiten Kanal, der schriftliche Kommentare zeigt. Wie gestaltet sich dieser Aufbau und was lässt sich dabei über das medienspezifische Zusammenspiel analoger, künstlerischer sowie digitaler und nichtkünstlerischer Elemente sagen, denn hierin gründet sich die Ästhetik des Werkes?

Das Video besteht aus einem Bild im Screen mit schwarzem Hintergrund und einer Textebene im roten Screen. Beide Bildflächen sind in einer Ebene angeordnet und besitzen eine eigene Ästhetik. Der Film weist zahlreiche Sequenzen auf, in denen die beiden Screens nur für sich stehen, weder eine Textnachricht erscheint, noch eine fotografische Momentaufnahme wird eingeblendet. Diese Sequenzen wirken und rufen zum einen die Vorstellung vom Bild im Bild als Sujet auf und erinnern zum anderen an suprematistische Gemälde russischer Avantgardisten wie etwa Malewitschs »Rotes Quadrat auf schwarzem Grund«[32] von 1920. Es zeigt ein kleineres rotes Quadrat in einem schwarzen Bild. Wobei das rote Bild nicht im Zentrum oder im sogenannten Goldenen Schnitt des schwarzen Bilds gesetzt wurde. Dieses Sujet bildet den Videofonds und ist dergestalt rahmend. Der Idee

[31] Ebd., S. 37.

[32] Malewitsch, Kasimir (1920): Rotes Quadrat auf schwarzem Grund, 1920–1924, Öl auf Leinwand, 48 x 33 cm, Akira Ikeda Gallery, Taura, Berlin; New York.

nach vollzieht sich diese künstlerische Rahmung als Setzung für das Zweikanalvideo »Delivery for Mr. Assange«. Es ist eben keine technische Rahmung. Trotz zahlreicher technischer Elemente werden Text- und Übertragungsbild in ein künstlerisch-ästhetisches Sujet eingewoben. Ob der dunkelroten Farbe herrscht nahezu ein Ungleichgewicht vor und etwas scheint zu kippen. Vom roten Bild im schwarzen Screen geht eine anziehende Kraft aus. Es scheint dezentralisiert und asymmetrisch auf dem Schwarz zu schweben. Das Bild des schwarz-roten Fonds setzt sich in absoluter Reduktion aus dem schwarzen rechteckigen Kasten und dem kleineren roten Kasten zusammen. Das rote Feld ist nicht extra gerahmt und schließt direkt am linken Bildrand an. Während so formal das Kantige der Kästen hervortritt, verliert das gesamte Sujet den Bildschirmcharakter von TV-Geräten. Das große schwarze Viereck wird zunehmend zum Hintergrund des gesamten Sujets und es entfaltet eine in die Tiefe gehende Sogwirkung, die allerdings von dem roten Bildfeld gestoppt, ausgebremst wird. Insofern lässt sich festhalten, dass vermittels der grafisch-strategischen Setzung von Text- und dann Bild-im-Bild von links nach rechts die Dominanz der bewegten Bilder abgeschwächt wird. In der Narration der Subebene wird das Schriftbild dem Bild-im-Bild vertikal mehr als nur zugetragen. Der rote Grund ist roter Kasten und zugleich Bildträger der Schrift. Das rote Bild auf schwarzen Grund steht auf diesem und vollzieht – noch bevor der Text zum Tragen kommt – eine Bildwerdung wie im Suprematismus von Malewitsch. Konfrontiert mit dem Dualismus von Materie und schwarzem Loch, dem Nichts, macht sich Unbehagen breit. Dieser Effekt untermalt die Stimmungsentwicklung im Video und kann als Kontrastpaar von Rot als Sinnbild für das pulsierende Leben, Blut, Aktivität, Wärme und Dynamik und Schwarz in seiner kulturgeschichtlichen Deutung als Dunkelheit, Tod, Macht, Leere, Bedrohung oder Pessimismus und Hoffnungslosigkeit gelesen werden. In diesem Bild vollzieht sich eine sehr konkrete, farbige, dingliche sowie organisch-räumliche Metamorphose von der Aufgabe des Pakets, ihrer Reise bis hin zur Auslieferung. Über diese künstlerische Setzung im Video wird die Atmosphäre der Performance, die Dramatik, die Spannung und das Aushalten von Zuständen des Ausgeliefertseins bzw. des Verlusts von Kontrolle über das selbst in die Welt gesetzte, plastisch erfahrbar. Die übertragenen Bilder im Screen entstehen von Anfang an durch die im Paket installierte Kamera automatisch und autonom, ohne Möglichkeit diesen Automatismus zu beeinflussen, der durch Fehler in der Technik oder durch äußere Ein-

flüsse gestört oder abgebrochen werden könnte. Vor diesem Hintergrund ließe sich festhalten, dass das rote Feld für die Künstler_innen, ihre Tweets, die Betrachtenden und die Rezipient_innen steht und von ihnen benutzt und angereichert wird, wo hingegen das schwarze Bild für das Nichts bzw. im übertragenen Sinne für die Automatik der Technik gelesen werden kann. Etwas sehr entscheidendes kommt dabei der ästhetischen Wahrnehmung des Gesamtsujets zu. Dieser Eindruck verdichtet sich, berücksichtigt man den Verlauf des Cursors: Der Cursor hält pulsierend inne, um weitergeführt zu werden. Es sind Interaktion und Austausch im Fluss. Wer oder was diesen Schreibfluss initiiert, bleibt offen. Wir sehen nicht die tippende Person. Nur das Tippen am Computer ist nachvollziehbar. Insofern entsteht die Wirkung, dem anonymen Schreibenden beim Schreiben zusehen zu können, was sich sogar zu der Illusion steigern kann, selbst die Schreibende zu sein.
Die Symbiose beider Bildteile ist verschieden in der Charakteristik und doch bedingen sie sich. Sie fungiert erweitert um die Ebene des Sounds und der Zeit als System und hat Einfluss auf die Ästhetik der szenischen und elementbezogenen Choreografie als performativer Prozess des Zusammenspiels von Form und Inhalt.
Das Besondere, das über das Werk hinauszuweisen scheint, ereignet sich auf einer formal-ästhetischen Ebene, nicht auf der funktionalen Ebene technischer Kommunikation. Betrachten wir das Werk in Form des Videos.
Im Verlauf des Videos konkretisiert sich fortschreitend das Erlebnis einer Spannung, die sich wie im Film aufbaut und schließlich fast in Form eines Happy End ihren Höhepunkt erreicht. Die Ästhetik des filmischen Werkes zieht das Publikum derart in einen Bann, womöglich ähnlich dem Erlebnis derer, die unmittelbar an der Performance teilgenommen haben. Es handelt sich bei der Überführung der Performance in die Videoarbeit also nicht nur um eine formale Erweiterung. Vielmehr entspricht dieses Werk auch einer Wiederholung, einer Wiederaufführung, die aber mehr ist als eine bloße Kopie, denn sie offeriert als Reenactment eine eigene Form. Sie ist ein eigenständiger Typus im Werk »Delivery for Mr. Assange«.
Die übertragenen Echtzeitbilder und die Twitter-Kommentare sind nach der Performance zu Dokumenten einer hochspannenden Reise zusammenmontiert und medienspezifisch inszeniert worden. Der Effekt der Echtzeitübertragung und die damit einhergehende medienspezifische Stimmung sind formgebend und werden in Kombination

mit der Bild- und Kommentarebene, dem Rhythmus der Musik, der mitlaufenden Uhrzeit- und Datumsangabe zusammengebracht und hyperreal gesteigert. Der Liveticker bezeugt die Echtzeitübertragung der Performance. Er setzt sich zusammen aus einem kleinen rechteckigen roten Feld, das mit »Live« gekennzeichnet ist, und einem schmalen schwarzen Feld, indem eine Kalender- und Zeitangabe in weißer Schrift in englischer Sprache in Großbuchstaben »Day 1« und »Day 2« angezeigt wird. Im Verlauf des Filmes erscheint der Zeitverlauf im Timer immer wieder manipuliert. Es gibt unterschiedliche Zeitverläufe und sogar Zeitsprünge. Wird die Zeit stellenweise beschleunigt, treten Zeitsprünge nur dort auf, wo die Verbindung zum GPS der Kamera abbricht, da sie ja unabhängig davon weiterläuft. Nichtsdestotrotz wird dem Video eine eigene Zeit zugeführt, in dem die Bilder be- und entschleunigt werden. Wie lange ein Bild oder ein Tweet mit Zeit in Dauer gesetzt wird, obliegt der Inszenierung durch die Künstler_innen – ein weiteres formales Element, um die Dramatik der Reise zu versinnbildlichen. Ebenso wie dieser Effekt: Das erste Bild ist das Originale zum Tweet, dann bleibt der Tweet für unbestimmte Zeit stehen, nur die Bilder im Bild-Screen laufen in schnellerem Tempo weiter. Hier wird deutlich, wie in der Nachbearbeitung bzw. Zusammenführung der Videos eine Art Verdichtung der Zeit stattfindet, wodurch für den Betrachtenden nachvollziehbar wird, dass die Performance in Echtzeit tatsächlich länger gedauert hat. Gleichzeitig wirkt dadurch der Prozess der Reise authentisch. Die Fragilität und Prekarität der Postverschickung wird so symbolisch befeuert und transportiert die Hochspannung als ein wesentliches Moment der ästhetischen Erfahrung dieser Arbeit.
Die Art, wie der Text im Film angelegt und eingeblendet wird, bewirkt eine starke Autonomie im Besonderen auch gegenüber den Bildern im Screen. Der Text rahmt die Bildebene. In der gesamten Darstellung bekräftigt die Textebene das Gefühl, mit dem Paket unterwegs zu sein, und scheint so eine expressive Funktion zu entfalten. Die Kommentare im Film transportieren den Stil und die Stimmung der Echtzeitperformance. Entscheidend ist, dass die Kommentare durch ihre Art teilweise unpersönlich erscheinen und in weiten Teilen keinen direkten Akteur ansprechen. Sie wirken wie die Kurznachrichten aus sozialen Netzwerken und korrespondieren mit Symbolen wie dem Hashtag (#) oder dem @-Zeichen, die im gesamten Verlauf wiederkehrend benutzt werden.
Die Kommentare beschreiben, was die übermittelten Bilder der Ka-

mera zeigen. Ist gerade noch im Screen die Szene in der Postannahmestelle zu sehen, folgt im nächsten Moment ein Szenenwechsel, in der das Paket schlicht in der Posttasche gezeigt wird, und es erscheinen die Mitteilungen »Parcel is inside Postbag« bzw. »Parcel with livecamera« im Screen. Die Kommentare bauen sich dynamisch auf und richten sich im Allgemeinen an ein anonymes Publikum. Lediglich in den Momenten, in denen Kontakt zum Postzustellenden bzw. zu Assange gesucht wird, wird die Ansprache persönlich.
Im Verlauf ihrer Reise nimmt die Paketkamera immer mehr Gestalt an und entpuppt sich regelrecht als eigenständig handelndes Subjekt. Das zum Subjekt gewordene technische Objekt scheint eigenständig zu handeln und selbst (durch die Kommentare) mitzuteilen, an welcher räumlichen und zeitlichen Station es sich auf seiner Reise durch das Postsystem befindet.
Dabei scheinen die Kommentare umgangssprachlich direkt aus der Situation zu entstehen und unmittelbar die empfundene Stimmung unter den jeweiligen Umständen auszudrücken. Aussagen wie »Black«, »Light«, »View«, »People«, »Green«, »Fast« oder an späterer Stelle des Filmes »Free« wirken so wie das Sprechen über Lebendigkeit oder Ende, Sehen und wesenhaftes bzw. stofflich-sinnliches Erleben, Farben und Geschwindigkeiten. Auch das kann im übertragenen Sinne als Metapher für Autonomie und Freiheit gelesen werden.
Wie im Spielfilm baut der Film Spannung auf und bindet den Zuschauenden an seine Handlung. Verantwortlich dafür ist die fein ziselierte Komposition aus Bildern, Wortwahl, Sprache, Be- und Entschleunigung der Zeitläufe sowie dem Sound. Aussagen wie »Total Black« oder »Image Black« oder die Frage »Camera broken?« produzieren im Zusammenspiel mit den Bildern eine entsprechende Dramatik, die in diesen Situationen nur noch den reduzierten schwarzroten Fond zeigen und so zur Abstraktionsfläche von Verzweiflung und Spannung werden. Eine ähnliche Rolle spielt die Anrufung durch »We« im Film, mit dem das Publikum direkt angesprochen wird. Denn gemeint sind damit nicht nur die Künstler_innen, sondern alle, die am Prozess beteiligt sind. Dadurch wird dem Publikum nicht nur eine einfache Konsument_innen- oder Rezipient_innenhaltung zugesprochen, in der man sich selbstverständlich ansieht, wie das Paket versandt wird, sondern seine Rolle wird aufgeladen. Denn der ganze Prozess funktioniert nur, in dem er mitverfolgt wird.
Die Reise des Pakets erinnert an eine Fahrt einer Raumsonde bei der Erforschung des Planetensystems, die alle paar Minuten Bilder und Infor-

mationen sendet. Pieptöne und kratzendes Rauschen der Tonspur unterstützen die ästhetischen Assoziationen an eine Raumfahrt; der Liveticker unterstützt die Vorstellung an eine Weltraumexpedition. Der mitlaufende Timer ebenso wie die Musik im Film potenzieren eine Spannung des Geschehens und erzeugen regelrecht ein gewisses Stresslevel. Sound und Timer folgen einer wechselhaft dynamischen Geschwindigkeit, die aufgrund der Bildbearbeitung und der Manipulation des Zeitverlaufs an bestimmten Stellen gerafft, verzögert bzw. beschleunigt wirken. Als Symbol der Verlangsamung kann auch die Warteschlange in der Poststation zu Beginn des Filmes verstanden werden. Zu warten, bedeutet eine Beschränkung und Verzögerung von Tun und Handeln; über solche Verlangsamung entsteht Spannung.

Ist das Paket bis eben noch sichtbar, taucht es mit der Übergabe an das Zustellsystem der Post ab und ist ab jetzt nicht mehr in der Außenperspektive zu sehen. Es wird zum bildgebenden Objekt, zum Lieferanten der Bilder über seinen eigenen Transport. Auf diese Weise wird das Publikum quasi zur Mannschaft an Bord des Vehikels und nimmt ab sofort lediglich aus der Perspektive des Pakets seine Umgebung wahr: »We«, die Zuschauenden, sind nun in der grünen Tasche. Die Wahrnehmung der Intensität der grünen Farbe und schließlich die Struktur der Tasche, das Lichtspiel und die Bewegung produzieren eine merkwürdige Diffusität, die im Weiteren sinnstiftend für den Fortgang der Reise gelesen werden kann. Die Atmosphäre dieser Szenen im Inneren der Taschen läßt sich als intensives, virulentes, tunnelartiges, asynchron strukturiertes, aber ebenso wachsendes und suchendes, wenn gleich diffuses Etwas beschreiben. Gleichzeitig taucht in dem Diffusen der Moment des Bruchs auf. Es ist das Bild eines schwebenden Zustands, in dem das Mögliche und Unmögliche in Erscheinung tritt. Das Sein in einer Tasche wird sekundär. Die Sequenz berichtet von der Stimmung in Grün. Hoffnung und Lebendigkeit in einer Berg- und Talfahrt. Das Gelände ist ein Auszug und somit ein Einblick in eine Gesamtsituation. Es begegnen sich Elemente mit flächenähnlicher Berechenbarkeit und andere mit einer merkwürdigen Indifferenz.

Durch den fortwährenden Wechsel von hell und dunkel entstehen visuelle Szenerien, die wie Aufnahmen einer sich bewegenden Unterwasserkamera erscheinen. Begleitet von einem unnachgiebigen Ticken der Uhr fühlt man sich beinahe gehetzt, erinnert der Ton doch an Herzschläge oder fortlaufende Schritte. Diese Szenerien suggerieren das Gefühl, sich als Zuschauer_in mit dem subjektgewordenen Paket

innerhalb lebensfeindlicher Umgebungen zu bewegen. So entsteht bis zur Ankunft des Pakets bei Assange das Bild einer Odyssee oder im übertragenen Sinne einer Irrfahrt im digitalen Zeitalter.
»Ist das Paket noch da, sind wir noch da, kann ich noch an der Reise teilhaben oder ist der Kontakt bereits abgebrochen?« – Unsicherheit und Ausgeliefertsein im Datenstrom werden zum bestimmenden Erlebnis. Die Künstler_innen nutzen die Unmittelbarkeit der Situation, um eine Situation des Ausnahmezustandes als dramatisches Moment wirken zu lassen. Ihr Kommentar in Frageform führt zu einer Ausweitung und Dehnung, weil dadurch eine Gefühlslage der Fragilität angesprochen wird. Gleichwohl wirkt diese Situation authentisch, weil man regelrecht spüren kann, wie wichtig ihnen das ganze Projekt ist. Weil dessen Ausgang insgesamt ungewiss ist, sind die Künstler_innen »total« angespannt und können sich spürbar nicht entspannt zurücklehnen. Ihre Tweets über mögliche Störungen der Aktion durch Dritte werden über ihre Spekulationen über das Abkleben der Kamera – »Maybe someone taped Camera?« ausgedrückt und benennen Eventualitäten und suggerieren (An-) Spannung. Könnte jemand Hand anlegen und alles beenden? Durch die Frageform wird das Publikum in diese Spekulationen eingebunden, auch wenn etwa die Frage »Maybe someone taped Camera?« wie Teil eines Selbstgespräches erscheint. Dennoch beginnt man, sich selbst nach den Gründen zu fragen, warum nur noch schwarze Bilder zu sehen sind: Könnte dies durch Fremdeinwirkung entstanden sein, durch die speziellen Lichtverhältnisse oder gar durch technische Probleme wie einem schwachen GPS-Datenempfang oder einer gestörten Internetverbindung? Die eigene Beschäftigung mit den unterschiedlichsten denkbaren Eventualitäten lässt den Eindruck einer chaotischen Situation entstehen, von einer Situation, die sich der Kontrolle und Ordnung entzieht.
Während Nachrichten wie »Camera is Broken« auf ein mögliches technisches Versagen hindeuten und so die fragile Stimmung bekräftigen, suggeriert »Total Blackout«, dass die gesamte Paketreise bedroht ist. Der Verlust des Kontaktes zum Paket wird durch das Schwarz der Bilder bzw. durch die nichtvorhandene Übertragung von Bildern materialisiert. Warum wird überhaupt das Wort »Black« ausgeschrieben, wenn man es doch sehen kann? Offensichtlich dient das ausgeschriebene Wort »Black« bereits einer Steigerung der Situation an sich. Es ist hier nämlich nicht die Beschreibung der unbunten Farbe, sondern der Verweis auf die Situation außerhalb

des eigenen Handlungsrahmens. »Total Blackout« steht für eine Situation, in der nichts mehr möglich scheint – kein Bild, keine Übertragung, kein Kontakt. Insofern hüllt das Wort »Black« in aller Deutlichkeit die Situation in ein Nichts, in ein Gefühl des Abbruchs. Es kommentiert die Situation der Kamera und das, was sie dem Publikum zeigt. Entscheidend ist an dieser Stelle auch der Sound. Zu hören ist ein klopfendes, fortschreitendes Geräusch wie eine gesetzte Abfolge von Schritten, kein nervöser schneller Gang, sondern eher ein konzentriertes, schweres und beständiges, trittfestes Voranschreiten. Hier wird berichtet, was passiert und passieren könnte. Parallel dazu steht das Schwarz, das zugleich das Nichts auf der Bildebene sichtbar macht. So werden Unsicherheit und ein Gefühl der Angst produziert, ob das Projekt schon beendet sein könnte.
Schwarze Bilder sind immer dann im Video zu sehen, wenn Situationen eintreten, die die Reise des Pakets unterbrechen und Unvorhergesehenes passiert, was sich zu schlimmeren entwickeln könnte. So werden immer wieder wie etwa in der Szene mit dem Kommentar »No Connection to Parcel« im Grunde zwei Informationen vermittelt: Zum einen wird eine rein sachliche Information geliefert (hier zum Signalverlust zum GPS-Gerät), zum anderen reproduziert die Kombination aus Text und Bild das diffuse Gefühl der Ohnmacht. In Kontrast dazu tritt das Organische (vgl. Assoziationen von Flora und Fauna) im Film als das Gute und Lebendige in Erscheinung, was aufzulehnen begehrt, zum Beispiel in Gestalt der Taschenaufnahmen. Denn die Struktur des Organischen wirkt im Gegensatz zum Technischen nicht glatt und perfekt. Es suggeriert Hoffnung und Zuversicht an den erfolgreichen Abschluss dieser Reise.
Der Kamerablick führt dazu, dass man sich selbst als Zuschauende dabei beobachten kann, wie unbehaglich sich eine Situation anfühlt, in der man der Technik ausgeliefert ist. Die Perspektive, die man als Rezipient_in einnimmt, ähnelt der von Überwachungskameras. Allerdings tritt durch die Sequenzialität der Bilder die Dominanz der Überwachung in den Hintergrund. Wären die Bilder als Film produziert, wäre dieser filmische Effekt unmittelbarer. In dieser Reinszenierung wird die Überwachung hingegen zum ästhetischen Subtext und kann als ein besonderes ästhetisches Moment dieser medienspezifischen Auseinandersetzung verstanden werden. Denn er verstärkt den Spannungseffekt durch die Taktung des Bildwechsels und spielt auf die Wahrnehmung von Unsicherheit an. Dieses Spannungsverhältnis wird nachträglich im Film inszeniert und durch die medialen Komponenten gesteigert. Das

Erlebnis der Performance als eine bis ins Existenzielle gesteigerte Sorge um das Paket findet im Film eine Wiederholung und wirkt nicht minder ansteckend und affizierend.

Die Rezipierende wird somit über die Wirkungen des Videos, die über die visuelle Ebene im Film in Korrespondenz mit der Textebene transportiert wird, in den Film »illudiert«. Das heißt, der Illudierte ist aktiver Teil der Filmwerdung – mit anderen Worten: Indem diese Reise Wirklichkeit erfährt, wird das Video zum Werk. Christiane Voss beschreibt diesen Effekt mit dem philosophieästhetischen Konzept des »Leihkörpers«: Der »Wirklichkeitskonnex von Kino und anderen Illusionsmedien« entsteht durch die »affektiv-kognitive[] Involvierung des Rezipienten, der in diesem Prozess seine Verkörperungsfunktionen als indexikalische Basis an die Fiktion ausleiht«[33]. Die Videoarbeit erfährt eine Art doppelten Wirklichkeitseinbruch. Zum einen hat die Paketreise tatsächlich in Form der Performance stattgefunden, zum anderen wird eine Realität sichtbar gemacht, die einen Einblick auf ein reales Geschehen ermöglicht, das merkwürdig unwirklich erscheint. In dem Akt der Paketauslieferung bestätigt sich diese unmöglich geglaubte Möglichkeit, denn das Paket erreicht ihr Ziel.

Die medienspezifische Ästhetik der Arbeit provoziert die Wahrnehmung, einem technischen Vollzug innerhalb digitalisierter Gesellschaftsstrukturen ausgeliefert zu sein. Ständiger Alarm, Unsicherheit, Anspannung sowie Ungewissheit über das, was sich als Nächstes ereignen könnte, gestalten die Erzählung der Paketreise durch das Postsystem bis hin zur Auslieferung, also bis zu dem Moment, in dem der Adressat tatsächlich und wahrhaftig interagierend vor der Kamera im Bild erscheint. Das Projekt lebt von dem Misstrauen »denen« gegenüber, die Assanges Aufenthalt in der Botschaft in London nicht wollen, und speist die Erwartung, dass etwas passieren könnte, was die Auslieferung des Pakets verhindert. Darauf basiert die gesamte Spannungsdichte des Videofilmes. Dabei lebt der Film auch vom Moment der Realitätseinbrüche, die in ihm zum Tragen kommen. Fragt man sich doch, ob diese Realität, die mir die Künstler_innen hier präsentieren, überhaupt der Wirklichkeit entsprechen. Dass absurderweise das Paket die Bilder selbst produziert, akzeptiert man und nimmt insofern den Film als Konstrukt der Künstler_innen wahr, allerdings bleibt unklar, welche Ereignisse auf der Bildebene ungesehen bleiben. Schließlich wählen die Künstler_innen aus dem reichen

33 Voss, Christiane (2013): Der Leihkörper. Erkenntnis und Ästhetik der Illusion, München, S. 19.

Bilderfundus aus und konzipieren die filmische Narration.
Was bleibt, ist die als Wirklichkeit erfahrene Möglichkeit, dass selbst ein Paket für diesen Adressaten ungestört sein Ziel erreicht. Der Systemtest beweist nicht mehr und nicht weniger, dass es in Wirklichkeit lediglich auf den Versuch ankommt, das System immer wieder auf die Probe zu stellen. Hier zeigt sich eine weitere Dimension des Werkes: Durch die Einbindung des Publikums wird deutlich, dass kommentieren allein nicht ausreicht, denn der Film lädt dazu ein, eigene Systemtests durchzuführen, also selbst immer wieder aktiv zu werden und Verhältnisse auf die Probe zu stellen. Diese ethische Dimension des Filmes steht im Zentrum des nächsten Abschnitts.

Ethische Dimension – Assange und das Aufdecken

»In der Kraft der Kunst geht es um unsere Freiheit.«[34]

Um mit Julian Assange in Verbindung zu treten, hätten die Künstler_innen auch einfach ganz profan Mail, Webcam oder Onlinetelefonie nutzen können. Es ging ihnen aber offensichtlich nicht alleine darum, mit ihm zu sprechen. Vielmehr wollten sie eine technische Lösung finden, die die Möglichkeit bietet, den Weg der Nachricht zum Adressaten in und für die Öffentlichkeit in allen Stationen nachvollziehbar zu machen. Informationstechnologie sollte so angewendet werden, dass sich darin die Idee eines offenen Zugangs widerspiegelt.
Seit Juni 2012 ist die Bewegungsfreiheit von Julian Assange eingeschränkt, er ist an einen analogen Raum gebunden. Er kann in der Regel nur noch auf digitalem Weg mit Dritten außerhalb der Botschaft kommunizieren und soziale Kontakte pflegen – mit Ausnahme von kontrollierten Besuchen in den Räumen seiner Gastgeber. In gewisser Weise ist er so zu einem digitalen Archiv geworden, das nur unter Auflagen besucht werden kann. Versteht man unter einem Archiv ein kulturelles Gut, stellt sich immer die Frage nach möglichen Zugängen, vor allem in diesem Fall, in dem es in gewisser Weise sozial gesperrt ist. Solche Überlegungen könnte, stelle ich mir vor, die !Mediengruppe Bitnik angestellt haben bei ihrer beobachtenden Teilnahme rundum die Flucht von Assange in die Ecuadorianische Botschaft. Am Ende dieser Überlegungen stand ihr Projekt »Delivery for Mr. Assange«, mit dem ausgelotet werden sollte, ob ein Paket

[34] Menke, Christoph (2013): Die Kraft der Kunst. Berlin, S. 14.

überhaupt auf dem Postweg an diesen Adressaten ausgeliefert wird. Dieses Projekt wurde zum künstlerischen Versuch und ästhetischen Herausforderung, galt es doch, grundsätzliche Fragen der Freiheit an diesem Beispiel aufzuwerfen. Und offensichtlich kam es ihnen dabei auch darauf an, ihr beobachtetes Verhältnis sichtbar zu machen. Aber nicht nur das: Nach Abgabe des Pakets auf der Poststation stehen sie genau wie Assange in absoluter Abhängigkeit der Technik und es bleibt ihnen nur das Internet als Plattform zur Sichtbarmachung und für den kommunikativen Austausch. Lediglich die Zielbestimmung und die Hoffnung, das Gerätepaket gut präpariert zu haben, bleibt den Künstler_innen der !Mediengruppe Bitnik. Was sie nicht mehr in der Hand haben, ist die direkte physische Steuerung des Objekts. Dieses Moment durchzieht in gewisser Weise die gesamte Arbeit: Man setzt etwas in die Welt, in der Bewegung verschieben sich die Kräfte und zuweilen verliert man die Kontrolle (über das technische Gerät). Oft bleibt dann nur noch die Möglichkeit der Einflussnahme auf der Ebene des Diskursiven. Man kann kommentieren, aber man kann die Dinge nicht mehr zurücknehmen. Dieser Aspekt prägt den Verlauf der Performance wie auch des Videofilmes. Die eingebetteten Kommentare zeigen, dass auch sie, die Künstler_innen, keine Verbindung resp. Kontrolle mehr über das Objekt haben. Hier scheint eine doppelte Selbstbegrenzung auf, denn sowohl sie als auch das Publikum selbst stehen nicht als Akteure im Zentrum oder erwecken den Eindruck, den Lauf der Dinge noch beeinflussen zu können. Die Künstler_innen nehmen sich zurück, als ob sie anderen nicht den Zutritt verstellen wollen. Dies kann als Metapher des Politischen gelesen werden. Denn sie haben ein Ziel, eine Mission und sie wissen, dass sie es nicht allein erreichen können. In diesem Handeln vollzieht sich ein Ausgesetzt-sein, als eine Performanz, gegenüber dem Spontanen und Unvorhergesehenen. Dass etwas passiert, mit dem nicht gerechnet wurde, sobald miteinander interagiert wird, das ist die Kontingenz.

Ganz bewusst überlassen sie sich und den weiteren Verlauf des Geschehens dem System. In diesem Verlauf entsteht eine Welt, die durch Gegensätze gerahmt ist. In Kontrast treten hell und dunkel, organisch und mechanisch, transparent und intransparent – um zum Ende hin im Gegensatz zwischen Individuum und Staat aufzugehen. Das Dunkel im Film korrespondiert mit dem Mechanischen und Unpersönlichen. Das Helle steht für Bewegung, Erwachen, Zukunft. Diese visuellen Eindrücke werden am Ende des Filmes auf der Textbotschaftsebene aufgriffen und auf den Gegensatz zwischen Individuum

und Staat zugespitzt – und zwar durch den Adressaten des Pakets. Assange greift den Gegensatz als Kampf um Privatheit auf. Über ihn erhält der Film die Narration vom »Kampf des Menschen gegen die Maschine«, die hier allerdings nicht als ein kollektives Bemühen um Freiheit und Gleichheit für Alle erzählt wird, sondern als eine Heldengeschichte Einzelner. Denn die von ihm selbst beschriebenen Karteikarten beinhalten Namen von Privatpersonen, die sich vermeintlich in den Dienst um den Kampf für einen transparenten Staat und Privatheit gestellt haben. Gleichzeitig ist die Abschlusssequenz der Szene mit ihm durch Botschaften wie »2013 We win!« von einem messianischen Impetus getragen.
Gegenüber dem Publikum, aber ebenso den Künstler_innen ist die Bedrohung des Pakets auf dem Postweg durch und durch inszeniert. Denn eigentlich ist es ein alltäglicher Vorgang, Pakete und Briefe zu versenden, und Symbol einer gut funktionierenden Infrastruktur einer modernen Gesellschaft, in der an alle Orte, und mögen sie noch so entfernt sein, Post ausgeliefert wird. Jeder kann daran teilhaben, er oder sie müssen sich nur auf das System einlassen, sich ihm überlassen. In diesem Sinne ist die Post auch integrative Infrastruktur der egalitären Teilhabe und Integration von Allen.
Indem mit einer Person, die aufgrund ihrer Rolle bei der Enthüllungsplattform WikiLeaks unweigerlich mit dem Internet assoziiert wird, auf dem Postweg kommuniziert wird, wobei auch internetbasierte Techniken zum Einsatz kommen, werden gleichzeitig Fragen der Kommunikation als Kontrastpaar Alt und Neu aufgeworfen. Wir sind Zeug_innen eines Spiels mit dem Internet als neuem Kommunikationsmedium und dem alten Postmodell als scheinbar spannenderem, aufregenderem und auch materiellem Moment von Kommunikation. Noch in den 1990er Jahren wurde das Internet als demokratiestarker Raum für alle bzw. als Ort freier Emanzipation gefeiert. An diesem Bild wird in der Arbeit gekratzt, ist das Kommunikationsmedium doch ein Paket und keine E-Mail. In den Blick geraten so aktuelle Entwicklungen der digitalen Überwachung.

> *»Im Zeitalter der totalen digitalen Überwachung[,] in der jede E-Mail von der NSA gelesen wird[,] […] wollten wir das gute alte noch immer bestehende Postgeheimnis nutzen[,] um zu sehen was passiert[,] wenn wir Julian Assange ein Paket schicken[.] Ein Brief ist heute besser geschützt als eine E-Mail[.] [E]ine E-Mail aus der Schweiz nach England kann heute von verschiedenen Staaten*

gelesen werden[.] [B]ei einem Paket ist das nicht so einfach[.] [D]as Postgeheimnis verhindert[,] dass Pakete und Briefe einfach so geöffnet werden und trotzdem fragen wir uns[,] wird es tatsächlich abgeliefert? Oder gefilzt? Gesprengt? Verwanzt? Vom Geheimdienst gescannt?«[35]

Die Arbeit bewegt sich entlang dieses Spannungsbogens. Während im Screen analoge, stoffliche und reale Räume zu sehen sind, entsteht bei der Rezeption der Eindruck, selbst Teil eines Prozesses zu sein, konkreter: die Zuschauenden werden zu Begleiter_innen der postalischen Sendung. Dass das möglich ist, gelingt nur durch den Einsatz technischer Geräte mit Übertragungsfunktionen ins Internet in dem Paket.

Zugleich wird das Immaterielle und Analoge materiell und digital. Der immaterielle Zustand des Kommunikationsaktes mittels moderner Informationstechnologie wird quasi gegenständlich, so wie man es heute fast nicht mehr kennt: »Inside a Postbag«. Der Weg des Pakets selbst wird wahrgenommen als Normalität, die standardisierten und gleichförmigen Abläufen folgt. Von außen betrachtet, könnte der Prozess des Paketversands als verbindlich und unumstößlich funktional erscheinen. Im Video erfährt diese vermeintlich verlässliche Normalität eine dramatische Umkehr – »Könnte es sein, dass es nicht funktioniert? Könnte es sein, dass es kaputt ist? Hat vielleicht sogar jemand manipulativ von außen Einfluss auf den Ablauf genommen?«. In gewisser Weise wird die Postreise zum Sinnbild für etwas Tunnelartiges durch die Innenperspektive auf den Industriekomplex des Postsystems, in den man gewissermaßen hineingezogen wird. Die Bilder von Hallen, Gängen, Regalen, Taschen und Rollwagen schlagen einen Bogen zu WikiLeaks. Denn die geleakten Informationen auf WikiLeaks erlangen auch nur durch einen Tunnel das Licht der Öffentlichkeit. Dabei liegt die Aufmerksamkeit auf dem Veröffentlichen der speziellen Inhalte selbst, den Nachrichten, Bildern und Informationen, die unbedingt ans Tageslicht bzw. an die Oberfläche des Verborgenen gelangen sollen. Der Tunnel wird zum Moment der Konfrontation mit dem Unerwarteten und mutet wie ein Vabanquespiel an. Trotzdem muss der Weg beschritten werden, um am anderen Ende anzukommen. Dabei kann die Reise gut und erfolgreich verlaufen oder man bleibt auf halber Strecke im Verborgenen stecken. Was bleibt,

[35] !Mediengruppe Bitnik (2014), S. 53.

ist, den Schritt zu wagen, schließlich soll das Paket ankommen. Allerdings bleibt unklar, was teilweise mit dem Paket passiert. Insofern ist der Tunnel wie eine Blackbox, aber auch das Paket wirkt wie eine Analogie zur Blackbox, das sich von innen nach außen Signale sendend fortbewegt. Wie das funktioniert, erfährt man im Prozess des Zustellsystems.

Schaut man dem Video »Delivery for Mr. Assange« zu, so stellt sich im Verlauf der Eindruck ein, dass man mit dem Paket reist und ein Stück weit Teil der Blackbox selbst ist. Bewegung wird in erster Linie durch die Einflüsse von außen sichtbar. Vor allem durch Lichteinwirkungen wird die Wahrnehmung von Bewegung spürbar und zeigt gleichzeitig, wie regelgeleitet das System funktioniert. Dabei wird beinahe zweitrangig, welches Gut die Fracht beinhaltet. Das Frachtgut selbst wird zum Transporteur des offengelegten Mechanismus des Postwesens. Nicht das Innenleben der Box wird zum Gegenstand, sondern das, was sichtbar gemacht wird. So wird man mit dem eigenen Sehen konfrontiert, besonders in den Momenten, in denen die Bilder einfach nur »Black« sind und wir nichts sehen außer schwarzer Dunkelheit. Ähnlich ist es mit den Informationen auf WikiLeaks. Auch die auf der Enthüllungsplattform veröffentlichten Informationen scheinen wie aus einer Blackbox zu kommen. Wie die diversen, geheimen Originaldokumente dort hingelangt sind, muss »systembedingt« im Dunkeln bleiben, weil die Grenzen der Geheimhaltung überschritten wurden. Gleichzeitig ist das auch ein Aspekt, der Spannung erzeugt und von dem Anziehung und Neugier ausgeht. Denn natürlich werden Geheimhaltungen berührt. Unabhängig von dem, was inhaltlich in den jeweiligen Dokumenten steht, ist alleine schon der Umstand spannend, dass Jemand etwas verrät, was er eigentlich nicht verraten dürfte. In der Spannung werden Grenzen verhandelt und Grenzlinien dechiffriert. Neben der reinen Aufklärung wirkt diese geheime Energiequelle magnetisch und generiert Aufmerksamkeit. »The Guantánamo Files«[36], »Protokolle des NSA-Untersuchungsausschusses«[37] oder veröffentlichte Dokumente über »Scientology«[38] stellen wertvol-

[36] Vgl. WikiLeaks (o. J.): Gitmo Files, WikiLeaks Reveals Secret Files on All Guantánamo Prisoners, verfügbar unter: https://wikileaks.ch/gitmo/ (Stand 10.10.2016).

[37] Vgl. WikiLeaks (o. J.): NSA Untersuchungsausschuss, verfügbar unter: https://wikileaks.org/bnd-nsa/press/index.de.html (Stand 10.10.2016).

[38] Vgl. WikiLeaks (2008): Church of Scientology collected Operating Thetan documents, 24.03.2008, verfügbar unter: https://wikileaks.org/wiki/Church_of_Scientology_collected_Operating_Thetan_documents (Stand 10.10.2016).

le Informationen dar. Allerdings beanspruchen diese zur Verfügung gestellten Informationen ein individuelles Vermögen, sie für sich selbst nutzbar zu machen. Die Bereitstellung im Internet ist zunächst nur ein Angebot und Chance auf Zugang zu Daten, die im Allgemeinen im Verborgenen gehalten werden. Der bloße Zugang garantiert allerdings nicht, dass konkrete Handlungsschritte folgen bzw. ein gesamtgesellschaftlicher Sinn generiert wird, der zum Beispiel darin bestehen kann, dass die Inhalte ernsthaft diskutiert werden. In Analogie zur Reise des Postpakets an Assange kommt es eben zuerst auf den Systemtest an, dass heißt, sichtbar zu machen, wie ein System sich verhält.

All diese Beobachtungen deuten daraufhin, dass allein schon das Bereitstellen von Informationen einen politischen Wert transportiert. Besonders, wenn man das gesellschaftliche Gefälle an Zugang zu Informationen und Wissen berücksichtigt. Insofern entsteht in »Delivery for Mr. Assange« eine Erzählung, die über das Werk hinausweist. Ganz bewusst wird dabei mit dramatisierenden Momenten und Superbanalem (»Inside a Green Bag now«) gespielt, um Ambivalenz und Spannung entstehen zu lassen. Das Forschen im Bereich der Geheimhaltung – im Tunnel – ist die Grenzüberschreitung und suggeriert das Spiel mit dem Verbotenen, das zugleich so aufsehen erregend wirkt, dass es zur Wachheit aufruft, an Mündigkeit appelliert und an die Idee der Freiheit erinnert. Hier entsteht Bewegung.

Eine Überführung von Informationen getragen von ästhetischen Elementen, die eine ebensolche Narration offenlegen – Kunst wird in diesem Beispiel zum Gefäß für Informationen und Perspektiven und nicht Lieferantin von Antworten oder Ergebnissen. Insofern geht es den Künstler_innen ebenso wie Assange um mehr als nur das Zugänglich-Machen und Bereitstellen von Dokumentationen oder Daten: Bedingungen sollen sichtbar gemacht werden, um als Kontext nachvollzogen werden zu können. Das erfordert – ob in Whistleblower_innen-Netzwerken oder der künstlerischen Arbeit –, Bündelung und thematische Fokussierung. Was eben auch erklärt, warum im Video zeitliche Raffungen des Bildmaterials unternommen wurden, weswegen das Video nicht 32 Stunden, sondern nur zehn Minuten umfasst.

Bewusst wird im Werk die Botschaft forciert und ein Anliegen formuliert. Das Anliegen der Arbeit ist nicht auf den ersten Blick angelegt. Zwar von den Künstler_innen als Systemtest benannt, tritt es verdeckt in Erscheinung und entfaltet seine Wirkung im spannungsgeladenen

Spiel zwischen Offenheit und Verborgenheit. Das Kippmoment von Öffnung und Schließung, Hoffnung und Aussichtslosigkeit erinnert an die künstlerische Sprachformel der Anamorphose wie etwa im Kunstwerk »Die Gesandten« (1533) von Hans Holbein dem Jüngeren. Im Mittelgrund der Malerei entfaltet sich die Anamorphose eines Totenkopfes. Die Anamorphose (gr. Umformung) ist eine Bildgestalt, die als stilistisches Element unter dem Einsatz bestimmter Blickwinkel oder mittels eines speziellen Spiegels oder Prismensystems erkennbar wird. Seit dem Mittelalter verwendet man diese Art der Verschlüsselung von Botschaften. Waren es damals besonders verbotene Darstellungen wie erotische Szenen, so wandelten sich die Motive mit der Zeit. Kurzum, die Anamorphose ist ein Element der Wahrnehmung von optischen Täuschungen, ein Spiel, als ob sich im Sichtbaren eine Unsichtbarkeit verbirgt. In der vermeintlichen Anordnung von Normalität ist die Täuschung immanent. Glauben wir, was wir sehen?

»Delivery for Mr. Assange« ist eine Inszenierung von Realität, in der Wahrheit über eine visuelle Verformung zum Vorschein kommt. Über das Zusammenspiel von Bild- und Textebene wird der Eindruck bestärkt, wirklich Teil der Paketreise und somit in der Blackbox zu sein. Es erscheint, als ob es normal wäre, innerhalb dieses Flusses zu sein. Während der Reise wird der Zuschauende an unbekannte Orte geführt, wobei merklich Zweifel auftauchen, ob denn wirklich alles seine Richtigkeit hat und ob das, was man sieht, Wirklichkeit ist. Inwiefern sind die Bilder manipuliert? Wird eventuell sogar wichtiges Material ausgespart, dem Publikum vorenthalten? Es erscheint der Betrachter_in zunehmend suspekt, aus einer solch voyeuristischen Perspektive das Innenleben des britischen Postsystems zu erleben. Ist es in Ordnung, ungefragt die Post-Arbeiter_innen in den betongrauen Hallen und Fluren der Verteilerzentren zu beobachten? Ein merkwürdiges Unbehagen entsteht, befällt einen durch den Kamerablick doch teilweise der Eindruck, am Monitor einer Überwachungskamera zu sitzen. Allerdings wird dieser Eindruck durch die Sequenzialität der Bilder abgeschwächt. Wären diese Szenen als Film von einer Videokamera aufgenommen, wäre die Assoziation unmittelbarer. Dabei wird nicht nur der Eindruck der Überwachung abgemildert, die per Livestream übertagenden Einzelbilder verstärken auch den Spannungseffekt, weil unklar ist, was auf dem nächsten Bild zu sehen sein wird: Die Taktung der Bildwechsel impliziert den Moment, gefolgt vom Moment des Unsicheren.

Die Frage, ob man glaubt, was man sieht, nimmt im Verlauf des Video-

filmes immer größeren Raum ein. Was passiert? Wird das Paket in der Botschaft ankommen? Wird es von Sicherheitsbeamten untersucht? Warum gibt es davon keine Bilder? Die eigene subjektive Perspektive wird bezweifelt, stellt aber auch die Künstler_innen und alle anderen Beteiligten wie etwa die Sicherheitsbeamt_innen der Botschaft unter Verdacht, sie könnten das Geschehen manipulieren.
Über die Anrufung von Spannung und Ängsten wird jede_r Einzelne angesprochen, ihre Sehgewohnheiten zu (über-)prüfen. Darin liegt das Widerstandspotenzial der Ästhetik des Werkes. Gezeigt wird die sukzessive Engführung des gesellschaftlichen Lebens unter der staatlichen Doktrin der Prävention, wenn man als vermeintlich normale und unauffällige Bürger_in ein ebenso vermeintlich normales und herkömmliches Postpaket dem Zustellsystem der Post übergibt – die Adressat_in allerdings aus der gesellschaftlichen Norm fällt und man in diesem Moment aus dem unsichtbaren Mainstream hervortritt und dadurch prompt selbst zum Objekt staatlicher Überwachung werden könnte.
Im Mittelpunkt dieser künstlerischen Arbeit steht nicht der Adressat des Postpakets, sondern es geht vielmehr um das Ausleuchten und Sichtbarmachen eines scheinbar normal gegebenen Raumes, der dadurch im doppelten Sinne Sichtbarkeit und somit die Möglichkeit zur Reflexion erfährt. Nicht das Schicksal von Julian Assange steht im Mittelpunkt, seine Person dient nur als Mittel, um auf das widersprüchliche und deshalb umkämpfte Verhältnis zwischen staatlicher Überwachung, ökonomischen Interessen an privaten Daten und dem Grundrecht auf freie Meinung hinzuweisen. Oder mit anderen Worten: Hast du schon verstanden oder glaubst du, noch zu erkennen?!

Zusammenfassung

Die künstlerische Arbeit der !Mediengruppe Bitnik zeichnet sich durch eine unvoreingenommene Lust am Experiment ohne Scheu vor Fehlern oder Problemen aus, um einer Beobachtung auf den Grund zu gehen. Diese Devise wenden sie auch auf gesellschaftliche Themen an.
Ein euphorischer und deterministischer Fortschrittsglaube an technische Entwicklungen und Neuheiten ist nicht zuletzt aufgrund der Menschheitstragödien des 20. Jahrhunderts obsolet geworden. Eine der letzten Utopien hinsichtlich technischen Fortschritts war an die

Entwicklung des Internets gebunden. Erwartet worden war, dass das Internet zu einer Demokratisierung aller gesellschaftlichen Verhältnisse im globalen Maßstab führen würde, weil es den gleichen, freien und unbeschränkten Zugang zu Wissen und Bildung, Information und Kommunikation ermöglicht. Inzwischen wurde das Internet wie andere gesellschaftliche Sphären kommerzialisiert und reglementiert. Suchmaschinen wie Google oder soziale Medien wie Facebook, Twitter, Youtube usw. und die dahinterstehenden globalen Unternehmen dominieren seither die globalen Informationsflüsse. Damit verbunden ist das technische Bereitstellen, Sammeln und Verwerten von Informationen zur sozialen Profilbildung. Es ist ein Millionengeschäft, das die Möglichkeit bietet, durch die digitalen Spuren jedes Einzelnen Bedürfnisse zu wecken und Meinungen zu steuern.
Sich wie selbstverständlich im Internet zu bewegen und dabei Informationen preiszugeben, die man sonst eher oder auch lieber für sich behält, ist merkwürdigerweise scheinbar zur normalen Alltagspraxis geworden. Es fällt kaum mehr auf, wann, wo und wie lange man im Alltag im digitalen Datenstrom des Internets verharrt. Allzu oft werden dabei die Folgen übersehen.
Das ist die Szenerie, vor der die !Mediengruppe Bitnik ihre Reise durch das britische Postsystem inszeniert und sich dabei ganz bewusst den Regeln dieses System ausliefert. Dadurch werden die Künstler_innen selbst Teil des Publikums mit dem Effekt, so die Zuschauenden auf gleicher Ebene an der Performance teilhaben zu lassen. Während wir so an der visuellen Fahrt durch üblicherweise im Verborgenen bleibende Transportwege teilnehmen, werden unsere eigenen Wahrnehmungsmuster und Deutungsschemen herausgefordert.
Es geht in diesem Werk nicht um die Person Assange. Aus der distanzierten Perspektive der Reflexion soll vielmehr das weltweite Ausmaß der massenhaften Überwachung vor Augen geführt werden, die im Film unter anderem als Misstrauen gegenüber den Institutionen transportiert wird. Gerade da, wo der völlig normale Verlauf des Pakettransports zur absoluten Bedrohung wird, verliert sich die Orientierung im Raum und die Beteiligten sind dieser Systematik ausgeliefert. In ihrer kreativ-künstlerischen und unvoreingenommenen Umgangsweise mit Informationstechnologie und Medien wird der Zeitgeist der totalen Sichtbarmachung von der !Mediengruppe Bitnik benutzt, um eine Möglichkeit der Selbsterfahrung als direkte Beobachtende zu eröffnen. Dabei greifen sie auf das Postgeheimnis zurück, das als erstrittenes Recht die freie Kommunikation vor staatlichem Eingriff

schützt, arrangieren die Situation durch das ungenierte und respektlose Ablichten des Postweges und die minutiöse Überwachung des Paketstandorts via GPS aber so, dass die Brücke zu den informationstechnischen Gegebenheiten der Jetztzeit geschlagen wird.

Im Kunstwerk geht es darüber hinaus um die Suche nach Antworten, inwieweit unter Bedingungen digitaler Überwachung und Kontrolle Kritik und das Aufzeigen von Schwachstellen im System reguliert ist. Vor allem in der Art, wie Julian Assange die Performance ungeachtet seiner Lage als mediale Bühne nutzt, um auf das Schicksal anderer Menschenrechtler_innen und Whistleblower_innen hinzuweisen, zeigt sich diese politische Dimension des Werkes. Whistleblower_innen und Internetaktivist_innen wie Edward Snowden, Chelsea Manning oder Aaron Swartz sind zu Synonymen für das Bekanntmachen des Ausmaßes staatlicher Überwachung und privatwirtschaftlicher Datensammlung geworden. Ihre Courage, geheim gehaltene Informationen von öffentlichem Interesse sichtbar und zugänglich zu machen, verweist auf die ungeklärte Frage, wer wie über Wissen und Informationen zu bestimmen hat: Was darf sichtbar und öffentlich zugänglich sein? Was muss im Unsichtbaren bzw. Verborgenen geheim gehalten werden? Was darf zum Schutz übergeordneter Interessen auf eine verdeckte Weise ermittelt werden? Die Fälle der genannten Personen, die geheime Informationen preisgegeben bzw. kulturelle Güter der Vermarktung entzogen und frei zugänglich gemacht haben, verweisen auf die Notwendigkeit einer Neubestimmung demokratischer Werte unter digitalen Bedingungen.

Im Film von Laura Poitras »CitizenFour«[39] kommentiert Edward Snowden diesen Umstand wie folgt:

> *»Every border you cross, every purchase you make, every call you dial, every cell phone tower you pass, friend you keep, article you write, site you visit [...] is in the hands of a system whose reach is unlimited but whose safeguards are not.«*[40] (Edward Snowden, CitizenFour)

---

[39] Poitras, Laura (2014): CitizenFour, Dokumentarfilm, Edward Snowden, 1h 54min, 06.11.2014. Weitere Informationen über den Film verfügbar unter: https://citizenfourfilm.com/about (06.01.2017).

[40] Zit. n. O´Carroll, Tanya (2015): Five reasons to care about mass surveillance, in: Amnesty International UK/Blogs Into the ether, 24.02.2015, verfügbar unter: http://www.amnesty.org.uk/blogs/ether/five-reasons-care-about-mass-surveillance-edward-snowden-gchq-nsa-citizenfour (Stand 06.01.2017).

Ohnehin sollte das Mittel des Aufdeckens und Zugänglich-Machens, der Regelübertritt für gesellschaftliche Belange positiv und grundlegend für das Verständnis von demokratischer Freiheit bewertet werden. Dafür will das Werk Anstoß geben.
Ich habe versucht zu zeigen, dass die Live-Mail-Art-Performance »Delivery for Mr. Assange« des Zürcher Kunstkollektivs !Mediengruppe Bitnik die scheinbare Alternativlosigkeit des Systems ausloten und auf performative, regelgeleitete Weise den Beweis erbringen will, dass es möglich ist, quere Zugänge zu eröffnen. Insofern leistet dieses performative Kunstwerk als Experiment einen Beitrag in der Diskussion um Informationsfreiheit, indem es das alte System der Post dem des Digitalen der Kommunikation gegenüberstellt. Doch es gibt noch einen weiteren Aspekt: Wer ein Paket an Julian Assange schickt, dürfte per se das Interesse stattlicher Behörden wecken. Es ist nicht zufällig, dass sich das Kollektiv in diesem Zusammenhang einer Postsendung bedient, die dem Postgeheimnis unterliegt. Es ist eben nicht nur die Kontrastierung der Systeme: Altes versus Neues bzw. Analoges versus Digitales. Denn diese Systeme bilden nicht nur einen Gegensatz, sondern schließen das jeweils Andere mit ein: Indem der Postweg benutzt wird, ist es so, als ob das Schutzrecht des Postgeheimnisses Teil digitaler Kommunikation wäre. Insofern verhandelt dieses Kunstwerk das zentrale Problem dieser digitalisierten Tage: nämlich das Problem der Hoheit über Wissen und Informationen. Deswegen sind Snowden und andere nach Armen Avanessian[41] auch die »wahren Revolutionäre« der Gegenwart, denn sie verfügen nicht nur über technisches Können, sie sind auch so weit politisiert, dass sie Freiheit als Wesensmerkmal von Selbstbestimmung in das Zentrum der Kontroverse stellen.

[41] Eugster, David: Interview mit Armen Avanessian, Akzelerationismus, Entschleunigung ist der falsche Weg« in: WOZ Die Wochenzeitung, Nr. 14/2015, 02.04.2015, verfügbar unter: https://www.woz.ch/1514/akzelerationismus/entschleunigung-ist-der-falsche-weg (Stand 09.04.2015).

VIII »How Not to Be Seen: A Fucking Didactic Educational .Mov File« (2013), Hito Steyerl

> *»This condition opens up within and by means of an avalanche of digital images, which multiply and proliferate while real people disappear or are fixed, scanned and over-represented by an overbearing architecture of surveillance. How do people disappear in an age of total over-visibility? Which huge institutional and legal effort has to be made to keep things unspoken and unspeakable even if they are pretty obviously sitting right in front of everyone's eyes? Are people hidden by too many images? Do they go hide amongst other images? Do they become images?«*[1] (Steyerl)

In Zeiten digitaler Technologie ermöglicht die technische Reproduzierbarkeit von Bildern, dass alles Bild sein kann. Zu jeder Zeit und egal an welchem Ort kann ein Bild endlos reproduziert und weltweit gestreut werden. Unter diesen Bedingungen verschieben sich Wirklichkeit und Wahrheitsgehalt bzw. Ausdruck eines Bilds. Bedeutend scheint nicht mehr so sehr zu sein, was es zeigt, sondern vielmehr wie und ob es verbreitet wird und wen es erreicht. Was wird wie im digital-medientechnologisch reproduzierten Bild – sei es eine Fotografie, eine Videoaufnahme oder ein gemaltes Bild – sichtbar bzw. wie wird das Sehen und Denken des Rezipierenden beeinflusst? Welche Akteure sprechen und wie? Wer produziert diese Bilder eigentlich und unter welchen Bedingungen? Inwiefern werden gesellschaftliche Bedingungen mithilfe digitaler Technologie produziert, die zugleich zur Aufrechterhaltung von Kontroll- und Überwachungssystemen im neoliberalen Kapitalismus von Nutzen sind? Die Künstlerin Hito Steyerl geht solcherart Fragen nach, indem sie verborgene Verknüpfungen des Sozialen in den Blick nimmt. Sie fragt etwa danach, wie es sein kann, dass Menschen in einem Zeitalter der allumfassenden Sichtbarkeit verschwinden können? Oder sind die Menschen aufgrund des Bildüberflusses blind geworden? Was sind das für Strukturen, die es offensichtlich unmöglich machen, über drängende Probleme, gesell-

[1] Kunak, Göksu (2013): Interview mit Hito Steyerl. Zero Probability and the Age of Mass Art Production, in: BerlinArtLink, 19.11.2013, verfügbar unter: http://www.berlinartlink.com/2013/11/19/interview-hito-steyerl-zero-probability-and-the-age-of-mass-art-production/ (Stand 13.10.2016).

schaftliche Konflikte oder soziale Fragen zu sprechen? Steyerl befeuert mit ihrer künstlerischen Arbeit die Suche nach Möglichkeiten der Veränderung und des Widerstands. Beispielhaft steht dafür ihre Videoarbeit »How Not to Be Seen: A Fucking Didactic Educational .MOV File« (»HNTBS«)[2] aus dem Jahr 2013. Das Werk erscheint mir als eine Reise an diverse Konfliktzonen der Welt. Diese Zonen werden durch staatliches, militärisches oder ökonomisches Streben nach Sichtbarkeit und zur Erzeugung von Kontrolle und Verwertung von Daten erzeugt und durch technische Möglichkeiten in ihrer Weiterentwicklung beschleunigt. In essayistischer Weise begibt man sich auf dieser Reise unter anderem in die kalifornische Wüste, um nicht nur die Geschichte militärischer Luftaufnahmetechnik am Beispiel von Kalibrierungstafeln vermittelt zu bekommen, man gelangt auch in eine Gated Community[3] und darf sich bei dieser Gelegenheit fragen, wie es wäre, wenn man unsichtbar wäre bzw. ob diese Art der Gemeinschaft im positiven Sinn einer Arche Noah gleichkommt, sich hier also eine Utopie vom menschlichen Zusammensein verwirklicht.

In fünf Kapiteln zeigt die Künstlerin in ihrem Video auf ironische Art und in Form von Lernvideos, wie es möglich ist, unter Bedingungen der digitalen Überwachung und Sichtbarkeit, eben nicht von anderen gesehen zu werden. Trickreich wird empfohlen, kleiner als ein Pixel zu sein, in einen geschlossenen Wohnkomplex einer Gated Community einzuziehen, Green-Screen-Effekte auszuprobieren oder aber auch einfach sich als eine Frau über 50 Jahren zu geben, denn erreicht

---

[2] Steyerl, Hito (2013): How Not to be Seen: A Fucking Didactic Educational .MOV File, 2013, Videoarbeit, 15:52 min. Siehe hierzu: Artforum (o. J.): Steyerl, Hito (2013): How Not to be Seen: A Fucking Didactic Educational .MOV File, 2013, HD Video, 15:52 min, verfügbar unter: https://www.artforum.com/video/mode=large&id=51651 (Stand 19.01.2017).

[3] Der Begriff der Gated Community oder Gated Communities beschreibt ein städtebauliches Phänomen, das seit den 1990er Jahren beobachtet wird. »Abgegrenztes« Wohnen und Leben in speziellen Wohnparks oder -anlagen, Apartments und anderen Formen wird mit dieser Art gemeint, die stets von Eingangstoren, Zäunen, Mauern oder anderen symbolischen Markierungen von Räumen sichtbar nach Außen beschränkt sind. In der Debatte um die kulturellen, sozialen Auswirkungen von solchen exklusiven Wohnformen wird besonders der Aspekt der sozialen Spaltung und Segregation diskutiert. Vgl. hierzu: Füller, Henning; Glasze, Georg (2014): Gated communities und andere Formen abgegrenzten Wohnens, in: APuZ, Aus Politik und Zeitgeschichte, Grenzen, 4-5/2014, 13.01.2014, Bundeszentrale für politische Bildung, verfügbar unter: http://www.bpb.de/apuz/176307/gated-communities-und-andere-formen-abgegrenzten-wohnens?p=all (Stand 14.12.2016).

man dieses Alter, scheint dies für eine Frau automatisch zu bedeuten, aus der öffentlichen Wahrnehmung zu verschwinden. Diese Varianten provozieren weitere Fragen und fordern heraus, zu prüfen, inwiefern ein selbstbestimmtes Leben für alle unter solchen gesellschaftlichen Bedingungen noch möglich sein kann. Die besondere Ästhetik, die sich im Werk von Steyerl entfaltet, möchte ich weiterführend analysieren. Die Form der künstlerischen Arbeit wird beschrieben, gedeutet und interpretiert. Dabei werde ich folgende Diskussionspunkte berücksichtigen: Was wird in »How Not to Be Seen« sichtbar gemacht? Was bleibt davon haften, wenn das Video längst vorbei ist? Bringt diese Arbeit eine neue (postdigitale) Kunst zum Vorschein? Inwiefern werden Spannungsverhältnisse der gegenwärtigen gesellschaftlichen Verhältnisse aufgezeigt? Welche künstlerischen und nichtkünstlerischen Dimensionen werden über das Werk hinaus sichtbar? Wie wird eine Ästhetik des Widerstands in dieser Arbeit möglich? Geht es um Utopie? Oder wird eher ein dystopisches Bild gezeigt? Was ist das Besondere an der künstlerischen Arbeit?
Einleitend nehme ich die Künstlerin und ihr bisheriges künstlerisches Schaffen, ihre besondere Arbeitsweise in den Blick, um danach auf das Kunstwerk selbst einzugehen. Ziel ist es, einen Rahmen aufzuspannen, der die Form der essayistisch künstlerischen Videoarbeit »How Not to Be Seen« eröffnet, um schließlich die oben genannten Aspekte zu diskutieren und die Besonderheiten des Werkes zu erschließen.

Hito Steyerl

> *»Als ich ein Teenager war, schien es so, als sei ich außen und kriminell, und die Deutsche Bank unschuldig und innen. Aber tatsächlich hat sich herausgestellt, dass die Kriminellen eigentlich die ganze Zeit drinnen saßen und damit beschäftigt waren, immer größere Schweinereien vorzubereiten, die sich in den nächsten 20, 25 Jahren zu außergewöhnlicher Größe ausgewachsen haben. Also die Verwüstung, die die Deutsche Bank inzwischen angestellt hat, ist ja kaum noch zu beschreiben.«*[4] (Steyerl)

[4] Hito Steyerl zit. n. Schröter, Lorenz (2015): Der Klang der Wahrheit. Die politische Künstlerin Hito Steyerl in Venedig, in: Feature Kulturradio RBB, Feature 07.02.2016, 53:29 min.

Hito Steyerl[5], geboren 1966 in München, ist Filmemacherin, Essayistin und Medientheoretikerin. Sie verbindet in ihrer künstlerischen Arbeit Theorie und Praxis, agiert als politisch Handelnde und ist als kontemporäre Künstlerin kritisch mit ihrer Zeit. Ihr künstlerisches Schaffen entzieht sich aufgrund seiner offenen Werkform der klassischen Kunstproduktion. Es kommt ihr vielmehr auf das Aufzeigen gesamtgesellschaftlicher Leerstellen an, das Markieren verborgener Verknüpfungen in einer immer komplexeren Gegenwart. Ihr Schaffen fordert zum Hinsehen und Verstehen-Wollen heraus. Auch insofern polarisieren Steyerls künstlerische Arbeiten.[6] Meist im Rahmen eines kollektiven Arbeitsprozesses unter der Mitwirkung anderer Beteiligter entstanden, steht im Zentrum ihrer Kunstwerkproduktion nicht der gewinnorientierte Verkauf. Diese Art der Gegenwartskunst funktioniert an anderen Ort des Kunstbetriebs. Biennalen, Galerien oder museale Schauen bieten Raum dafür. Eine Kunst hingegen, die in Abhängigkeit von Förderlandschaften, Stipendien, Fonds der Galerien, Biennalen oder auch von staatlichen Kultureinrichtungen produziert wird, erschließt andere Themenfelder. Womit nicht gesagt sein soll, dass diese Kunstproduktion freier wäre. Auch diese Kunst ist nicht frei und somit außerhalb vom Hang zur Anpassung.

Mit experimentell lustvoller Offenheit entwickelt Steyerl ihre zwischen Film und Bildender Kunst changierenden Arbeiten, die auf der Grundlage intensiver Recherchen die vorherrschenden Bedingungen als nicht per se Gegebenes thematisieren. Regelrecht spielerisch und humoristisch wird sich da der Enge der gesellschaftlichen Verhältnisse genähert, um schließlich an die Möglichkeit der Veränderbarkeit zu erinnern.

[5] In Japan studierte sie unter anderem Dokumentarfilm und promovierte 2003 in Philosophie an der Akademie der Bildenden Künste in Wien. Als Professorin für Medienkunst an der Universität der Künste in Berlin unterrichtet sie seit 2011 »New Media Art«. Seit den 1990er Jahren produzierte sie künstlerische Filme wie: Deutschland und das Ich (1994), Land des Lächelns (1996), Babenhausen (1997), Die leere Mitte (1998), Normalität 1–10 (1999), November (2004), Lovely Andrea (2007), After the Crash (2009), In Free Fall (2010), Abstract (2012), Adorno's Grey (2012), Guards (2012), How not to be seen: a fucking didactic. MOV file (2013), Liquidity Inc. (2014), Factory of the Sun (2014), u .a. 2014 präsentierte das Van Abbe Museum in Eindhoven ihre erste Retrospektive. Soloausstellungen mit ihren Arbeiten waren in Chicago, London und New York, im KOW Berlin oder im Kunsthaus Stuttgart zu sehen. Sie hat wiederholt an der Venedig Biennale teilgenommen sowie an den Biennalen in Istanbul, Shanghai, Gwangju und Taipei, an der Documenta 12 in Kassel und der Manifesta 5 in San Sebastian oder dem Rotterdam Film Festival, u. a.

[6] Schröter (2015).

Ihre filmischen Arbeiten bewegen sich in einer Leichtigkeit entlang inhaltlicher Variationen des jeweiligen Untersuchungsgegenstands – Verknüpfungen und Vergleiche mit scheinbar parallelen Aspekten werden multimedial (Montage, Found Footage, Kommentarebene, Sound- und Klangteppiche, Überblendungen, Rückblendungen, Farbwechsel, Rekombinationen von qualitativ unterschiedlichem Bildmaterial erzeugt Stoff- wie Räumlichkeit) inszeniert und für die Rezipierenden, in eine Sprache des Widerspruchs transformiert. Ihre visuellen Grammatiken richten sich an das Publikum, denkt es mit, aber ergibt sich diesem nicht. Sie sind einladend, aber nicht gefällig. Material wie Bilder aus den US-Gefängnissen bzw. Gefangenenlagern Abu Ghraib im Irak und Guantanamo auf Kuba nennt Steyerl »Poor Images«. Mit diesen gefundenen, »armen« Bildern schafft sie in ihren Filmen »November«, »Lovely Andrea« oder »How Not to Be Seen: A Fucking Didactic Educational .MOV File« eine beeindruckende Ebene der Abstraktion und der Auseinandersetzung mit der Komplexität spezieller Facetten der Gegenwartsgesellschaft. Diese »Poor Images«, die sie als Kopien oder Screenshots findet und bearbeitet, re-arrangiert, multipliziert, verdoppelt, reduziert oder erweitert, montiert sie schließlich als Sequenzen und Abdrücke in Form einer filmisch-künstlerischen Neuauslegungen. Sie bilden eine Art Reenactment, denn sie werden auf der Bildebene wiederholt eingesetzt und ermöglichen durch die Zitate kulturell bekannter Bilder bzw. visueller Rhetorik Zugänge zum Werk und dessen Anliegen der Sichtbarmachung von Widersprüchen. So spielen in ihren Arbeiten popkulturelle Elemente aus Musik, Film, Computerspielen oder anderen Animationen eine wichtige Rolle.
Ihre filmischen Arbeiten sind exakt, unmittelbar, komplex und oft humoristisch. Ähnlich wie bei Deleuze geht es Steyerl um den Versuch, gesellschaftliche Verhältnisse als rhizomatische Systematiken zu verstehen, die sich durch netzwerkartige Strukturen und neuralgische Verknüpfungen auszeichnen.[7] In dem diese intersektionalen Berührungspunkte künstlerisch von ihr in Augenschein genommen werden, lässt sich ihre Konstruiertheit zeigen, denn diese Verhältnisse sind von Menschen gemacht. Sie sind also auch veränderbar. In ihren künstlerischen Arbeiten werden die blinden Flecken multiperspektivisch beleuchtet, fragend und durchsuchend gelöchert, intermedial bearbeitet.

---

[7] Vgl. hierzu: Deleuze, Gilles; Guattari, Félix (1977): Rhizom, Berlin; sowie: dies. (1992): Tausend Plateaus. Kapitalismus und Schizophrenie, Berlin.

Nicht zuletzt zeugt die Laudatio der Jury des EYE Art & Film-Prize von Steyerls internationalem Renommee und lobt sie als

> *»[...] eine der schärfsten Beobachterinnen unserer weitestgehend globalisierten und digitalisierten Welt. Ihre Arbeiten stehen an der Spitze einer neuen Bildsprache für das digitale Zeitalter, die sie damit hinterfragt und zur Diskussion stellt. Ihr Hauptaugenmerk gilt dabei den Auswirkungen der durch das Internet herbeigeführten Digitalisierung und ihrem Einfluss auf unseren Alltag. Ihr Einsatz der verschiedenen audiovisuellen Techniken macht Hito Steyerl zu einer Filmessayistin und bildenden Künstlerin par excellence«*[8].

Seit den 1990er Jahren produziert Hito Steyerl dokumentarische Filme – exemplarisch für diese frühe Schaffenszeit sind Arbeiten, die sich thematisch mit einer erstarkenden rechten Szene, Antisemitismus und Rassismus in der Bundesrepublik nach der Wiedervereinigung (»Deutschland und das Ich« (1994), »Land des Lächelns« (1996) und »Babenhausen« (1997)) auseinandersetzen.
Gemeinsam gestaltete sie mit Olaf Nicolai, Tobias Zielony, Jasmina Metwaly und Philip Rizk den von Florian Ebner kuratierten Deutschen Pavillon zur »Denkfabrik« im Rahmen der Venedig Kunstbiennale 2015. Vertreten war sie mit ihrem Beitrag »Factory of the Sun«, einer Rauminstallation mit Video, die von digitalen Informationsströmen, kapitalistischen Interessen und dem Individuum im Internetzeitalter handelt. In der Videoinstallation »geht [es] unter anderem um ein fiktionales Computerspiel, in dem jede Regung, jede Art von Arbeit, jede Bewegung und jede Art von Emotion in Licht übersetzt wird. Dieses Licht wird eingefangen und gesammelt und so zu einer Art Währung – wie Geld, etwas, das universal gültig ist«[9], beschreibt die

---

[8] Die Jury des EYE Art & Film-Prize zeichnete Steyerl 2015 mit eben dieser Laudatio für ihr wegweisendes Schaffen an der Schnittstelle von Film und Bildender Kunst aus. Der EYE Art & Film Prize zeichnet jährlich Künstler_innen und Filmmacher_innen aus, die mit ihrer Arbeit eine besondere Ästhetik an den Grenzen von Bildender Kunst und dem Genre Film produzieren. Die Auszeichnung ist dotiert mit 25.000 Pfund. EYE, EYE Prize (2015): German artist Hito Steyerl (Munich, 1966) is the winner of the inaugural EYE Prize, verfügbar unter: https://www.eyefilm.nl/en/about-eye/eye-prize/winner-eye-prize-2015-hito-steyerl(Stand 18.01.2016). Darüber hinaus wurde diese Arbeit vom New Yorker Museum of Modern Art angekauft.

[9] Nedo, Kito (2016): Künstlerischer Kampfsport. 9. Berlin Biennale 2016 – Hito

Künstlerin selbst ihre Arbeit. »May You Live in Interesting Times«, so der Titel der Venedig Biennale 2019, kuratiert von Ralph Rugoff, bereichert die Käthe-Kollwitz-Preisträgerin[10] mit der Arbeit »This is the Future« – ortsspezifisch verknüpft sie Leonardo Da Vinci´s entworfenes U-Boot mit der Geschichte der venezianischen Marine bzw. einem Rüstungsunternehmen, welches sich neuerdings mit dem Namen Leonardo präsentiert. Der andauernde Krieg in Syrien, der in der Videoarbeit in Form von »Poor Images« in Relation gesetzt wird, provoziert zu dem die Frage nach Menschlichkeit, das Recht auf Hoffnung und Frieden für die Menschen, die in Kriegsgebieten versucht sind zu überleben. Welches Imago mit welchen Auswirkungen entsteht, wenn sich der italienische Luft- und Raumfahrt- sowie Rüstungskonzern Leondardo S.p.A. (ehemals Finmeccanica) mit diesem ikonischen Namen »Leonardo«, der assoziativ mit Humanismus in Verbindung steht, ausstattet? Die inhaltsstarken Arbeiten von Hito Steyerl können auf komplexe Weise gelesen werden. Verschiedene Orte, Themenfelder und gesellschaftliche Fragen werden in Verbindung gebracht und erweitern sich so zu einem neuen Bezugssystem. Dabei lösen sich die Felder nicht ineinander auf, sondern begegnen sich in ihren Eigenheiten und werden in Bezug auf ihre jeweiligen Spezifika behandelt. Dies gilt sowohl für ihre Kunstwerke wie für ihre theoretischen Arbeiten. Betrachtet man Steyerls theoretische Arbeiten, Texte, Bücher[11] und Kunstwerke, dann zeigt sich darin auch eine Weiterentwicklung ihrer künstlerischen Ausdrucksformen vor dem Hintergrund postkolonialistischer Theorien und in Form von feministischer Repräsentationskritik. Kurzum: Politisch zu sein, gehört zu ihrem Leben bzw. künstlerischen Schaffen, insofern ist bei Steyerl der Begriff der Künstlerin auch besonders gefüllt: Ihre Rolle als Künstlerin versteht sie als Gesellschaftskritik.

Steyerl, in: art Das Kunstmagazin, 02.06.2016, verfügbar unter: http://www.art-magazin.de/kunst/16079-rtkl-9-berlin-biennale-2016-hito-steyerl-kuenstlerischer-kampfsport (Stand 19.01.2017).

[10] Im Jahr 2019 ehrte die Akademie der Künste zu Berlin die Künstlerin mit dem Käthe-Kollwitz-Preis für ihren theoretischen wie praktischen Einsatz einen steten Kunstdiskurs als postkoloniale Kritik zu Themen wie »Machtmissbrauch, Gewalt sowie die Einflüsse der Globalisierung auf den Finanz-, Arbeits- und Warenmarkt« zu befeuern. Vgl. hierzu: https://www.adk.de/de/programm/index.htm?we_objectID=59224 (Stand 18.10.2019).

[11] Zu ihren Veröffentlichungen zählen unter anderem »Die Farbe der Wahrheit. Dokumentarismen im Kunstfeld« (Wien, 2008) oder »Spricht die Subalterne deutsch? Postkoloniale Kritik und Migration« (Münster, 2003).

Die leere Mitte
Essayistisch nähert sich Steyerl der historischen und konfliktreichen Vergangenheit öffentlicher Orte wie dem Potsdamer Platz in Berlin im Film »Die leere Mitte« (1998) an. In der Mitte Berlins spürt sie dokumentarisch der historischen Verschiebung von Deutungsmacht und städtebaulicher Umstrukturierung im Sinne ökonomisch-politischer Aufwertung nach. Dabei wird der Potsdamer Platz als Teil dominant globaler Herrschaftsverhältnisse seit 1989 von Steyerl sichtbar gemacht. Diese Inszenierung wird dramaturgisch begleitet von Kommentaren, Überblendungen und einer Bildmaterialmontage, die in der Art von Found-Footage-Sequenzen mit anderem Filmmaterial verflochten werden. Was im Film zum Ausdruck kommt, ist der Charakter hegemonialer Verhältnisse – als ein Komplex von Ein- und Ausschlüssen.

November

> *»The truth is, that only in fiction Andrea disappeared into the sunset; The truth is, that only in fiction I have died for my ideas; Only in fiction have the women become stronger than men; Not even in fiction are the heroes innocent; And only in fiction does the good ultimately prevail«* (aus »November«, Steyerl)

Werke wie »November« aus dem Jahr 2004 bezeugen die Relevanz des Politischen in ihrem Kunstschaffen und sind Ausweis ihres künstlerischen Engagements als Auseinandersetzung mit aktuellen gesellschaftlichen Entwicklungen. Ich meine, dass diesem Kunstwerk retrospektiv eine Schlüsselfunktion zukommt, was die Vehemenz ihrer Kunstproduktion und ihre Suche nach einer Bildsprache anbelangt, die in ihrer Ästhetik stets den Widerspruch sucht und Brüchigkeit sichtbar machen will. Schauen wir es uns deshalb etwas genauer an, zumal sich daran ihre künstlerische Strategie der Überlagerung von medialen Ebenen gut beobachten lässt. Im Zentrum von »November« (2004) steht Andrea Wolf, eine Jugendfreundin von Hito Steyerl. »My best friend when I was seventeen was a girl called Andrea Wolf. She was shot as a Kurdish terrorist in 1998«[12] – mit diesen Worten aus dem Off führt Steyerl die Protagonistin ein. Was folgt, ist eine Aus-

[12] Steyerl, Hito (2004): November, DE, DVD, Single Channel, Sound, Regie Hito Steyerl, Drehbuch Stefan Landorf. Assistenz Yasmina Dekkar 25 Min, verfügbar unter: https://vimeo.com/88484604 (Stand 13.06.2016).

einandersetzung mit der Erinnerung an die Freundin, die Zäsur durch ihren Tod und dessen, was über ihren Tod hinaus über sie – als Bild – transportiert wird, wobei künstlerisch sowohl die faktische wie auch die fiktionalen Dimensionen zum Tragen kommt.
1981 sind die beiden Freundinnen in der autonomen Bewegung »Freizeit 81«, die ihre Wurzeln in der Münchner Hausbesetzer_innen- und Punkszene hat und als kulturell wie politisch engagiert gilt. Im Zusammenhang mit einigen in München verübten Brandanschlägen (Büro der Lufthansa, Filiale der Dresdner Bank oder ein Küchenstudio) kommt es 1981 zu mehreren Hausdurchsuchungen. In der Folge werden Aktivist_innen der Bewegung »Freizeit 81« festgenommen und als »Mitglieder einer terroristischen Vereinigung« gebrandmarkt. Andrea Wolf ist eine davon. Später sympathisiert sie mit der Roten Armee Fraktion (RAF), besetzt Häuser in Berlin und Frankfurt. Währenddessen beginnt Hito Styerl 1987 ein Studium für Dokumentarfilmregie in Tokio. Während sie in den 1990er Jahren für Wim Wenders arbeitet, flüchtet Andrea Wolf 1996 nach Kurdistan und schließt sich der Arbeiterpartei Kurdistan (PKK) an. Unter ihrem neuen Namen »Ronahî« (kurdisch: Licht) kämpft sie im militärischen Arm der PKK, der »Volksbefreiungsarmee Kurdistan« (ARGK) bzw. im »Freien Frauenverband Kurdistan« (YAJK) zunächst gegen kurdische Peschmerga im Nordirak und später die türkische Armee.
Was dann kommt, dem wird Steyerl später versuchen, filmisch-künstlerisch auf die Spur zu kommen: Am 23. Oktober 1998 stirbt Wolf in der Region Van. Die Todesumstände von Wolf und 40 weiteren PKK-Kämpfer_innen, die in einer gesprengten Höhle Nahe dem Ort Andiçen bei Çatak gefunden werden, bleiben ungeklärt. Man nimmt an, dass Wolf von der türkischen Armee gefangen genommen, gefoltert und anschließend ermordet wurde.[13] Seither gilt sie als Märtyrerin der PKK.
Der Tod der Freundin als Bruch, durch den Leerstellen und Fragen hervortreten, und verstehen zu wollen, was von Andrea Wolf bleibt, veranlasst die Künstlerin zu Recherchen und mündet in einer dokumentarisch filmischen Anordnung von »reisenden Bildern« (Steyerl):

> *»Sie ist hinter so einer Art Vorhang verschwunden. Danach fehlten alle Berichte, zumindest jegliche Anschauungen und ich musste mir das so zusammenreimen aus*

[13] Brauns, Nick (2010): Wie starb Andrea Wolf? Europäischer Gerichtshof für Menschenrechte verurteilt Türkei, in: Junge Welt, 09.09.2010, verfügbar unter: http://libertad.de/story/2010/09/wie-starb-andrea-wolf (Stand 16.06.2016).

Bildern, die von weit herkamen, und die ich auch nicht verstanden habe. Das heißt[,] ich habe einfach versucht mir vorzustellen, was mit diesen Bildern passiert oder welche Übersetzungsprozesse sie durchlaufen, bis sie bei mir ankommen. [...] Wie sie neu gelesen, neu codiert, fast neu erfunden werden, wenn sie von einem Ort zum andern gehen. Das ganz konkrete Beispiel war, es gibt ein Bild von Andrea Wolf als jugendliche Kung-Fu Kämpferin, das wird irgendwie so in die Welt geschickt und was zurückkommt ist ein Poster von ihr als Märtyrerin in der ganzen stalinistischen Ästhetik der PKK. Wie kommt man von einem Bild zum anderen?«[14]

Die beiden Jugendfreundinnen verbindet in den 1980er Jahren das Interesse an der Produktion von feministischen Martial-Arts-Filmen. Im Film »November« greift Steyerl auf diese gemeinsame Episode zurück, um sich dem Verlust ihrer Freundin zu nähern. Deren Tod scheint wie eine Nebelkerze milchig-opake Rauchschwaden zu verströmen, in denen nicht nur die Bemühungen um Aufklärung zu kurz zu kommen scheinen. Durch die Montage verschiedener Bilder und filmischer Sequenzen von gefundenem Material entsteht eine neue Narration der Ereignisse, die über den Tod der Andrea Wolf hinausgeht. Dafür greift Steyerl auf einen Super-8-Exploitationfilm zurück, der damals entstanden ist und drei feministische, glamouröse Kämpferinnen zeigt, die in Lederkluft Männer verprügeln. In Steyerls Video ist eine dieser Kämpferinnen, die am Ende alleine auf einem Motorrad der Sonne entgegen fährt, als bereits alle Mitkämpfenden den Tod gefunden haben und sie deren Mörder gerecht hat, auf hochgehaltenen Plakaten im Bild einer revolutionären Märtyrerin auf einer PKK-Demonstration in Berlin neben dem Porträt von PKK-Gründer Abdullah Öcalan wieder zu erkennen. Andrea Wolf ist gebannt in Fotografien, Filmen und Videos. Sie wird als Ikone wie Pin-up-Girls umhergereicht, erinnert in ihrer Rolle als feministische Streiterin an Kung-Fu-Kämpferinnen und weckt Assoziationen an Bruce Lee und ist PKK-Militante. Dahinter verschwindet die Person. Im Off-Kommentar spricht Steyerl über ihre alte Freundin, legt die Spur des Autobiografischen frei, was den Wunsch nach Wahrheit entfacht. Was ist Fiktion, was Wahrheit? Das Kunstwerk mit seinen autobiografischen Zügen, die sich sowohl in der Konzeption als auch in der künstle-

---

[14] Schröter (2015).

rischen Umsetzung des Films niederschlagen, zeigt deutlich, dass Steyerl eine individuelle künstlerische Auseinandersetzung mit ihrer Welt als Gegenwart anstrebt, die es mitzugestalten gilt.

Lovely Andrea

Steyerls gesellschaftskritische Haltung kommt auch in ihrer Videoarbeit »Lovely Andrea«[15] aus dem Jahr 2008 zum Tragen. Darin beschreibt sie ihre Suche in der Bondage-Szene der japanischen Hauptstadt nach Fotos, die sie als Bondage-Modell 1987 in Tokio zeigen. Während ihres Studiums in Tokio hatte sie in diesem Metier gearbeitet, um ihren Lebensunterhalt zu bestreiten. In der Arbeit setzt sie Bildmaterial über gefesselte Inhaftierte aus den Gefängnissen in Abu Ghraib und Guantanamo in Analogie zu ihren Erlebnissen in der japanischen Bondage-Szene. Essayistisch montiert Steyerl die Aufnahmen aus Abu Ghraib und Guantanamo im Sinne von Found-Footage-Material mit dem 2007 eigens in Tokios Bondage-Szene gefilmten dokumentarischen Material. Es entsteht ein 30-minütiger Film, der sich nicht scheut, Verknüpfungen der Sex- und Bondage-Szene mit politischen Formen der Folter bis hin zur Hinrichtung aufzuzeigen.

Artistic Strike – Is the Museum a Battlefield – I Dreamed a Dream: Politics in the Age of Mass Art Production

Ihre Kunstwerke entsprechen einer offenen Werkform. Dazu zählen insbesondere auch künstlerische Performances in Form von Lectures wie etwa auf dem Philosophie-Kongress in Berlin im Jahr 2015. In einem Vortrag zum Thema »Artistic Strike« problematisiert sie den »Terror des totalen Daseins« verstanden als Zwang für jede_n Künstler_in, permanent Präsenz im Kunstbetrieb zeigen zu müssen, um in welcher Form auch immer Bedeutung und Einzigartigkeit zu produzieren.[16] Schon mit den Lecture-Performances »Is the Museum a Battlefield«[17]

---

[15] Steyerl, Hito (2007): Lovely Andrea, J/D, Director: Hito Steyerl, Drehbuch: Stefan Landorf, Protagonist und Assistenz: Asagi Ageha DVD 30 Min, verfügbar unter: http://www.ubu.com/film/steyerl_andrea.html (Stand 20.06.2016). Diese dokumentarisch-künstlerische Arbeit ist eine japanisch-deutsche Produktion aus dem Jahr 2007, wobei das verwendete Bondage-Bildmaterial teilweise vor 20 Jahren entstanden ist.

[16] Vgl. Ippolito, Enrico (2015): Radikal zieht an. Philosophie-Kongress in Berlin, Akzeleration, »Terror des Daseins«, akademischer Diskurs: Die britische Zeitschrift »Radical Philosophy« lud in Berlin zum Kongress, in: taz.de, 18.01.2015, verfügbar unter: http://www.taz.de/!5023444/ (Stand 16.02.2016).

[17] Steyerl, Hito (2012): Is the Museum a Battlefield?, Video lecture, two channel HD

(2012) und »I Dreamed a Dream: Politics in the Age of Mass Art Production«[18] (2013) beschäftigt sie sich mit dieser Frage und schlägt den Bogen zu einer Förderlandschaft für Kunst und Kultur, die mit ihren Rahmenvorgaben nicht unwesentlich dafür verantwortlich ist, und konstatiert am Beispiel der Waffenindustrie eine enge Verknüpfung zwischen Kunst und Wirtschaft, durch die die Kunstproduktion Konjunkturen und spontanen Marktimpulsen untergeordnet ist bzw. in deren Abhängigkeit steht.

Beispielhaft beschreibt sie in »I Dreamed a Dream: Politics in the Age of Mass Art Production« etwa ein Event der Deutsche Bank Kunsthalle in Berlin, bei dem sich Schlangen junger Künstler_innen über Stunden wartend mit ihren Gemälden unter den Armen vor der Halle versammelt haben, um die Gunst eines Mäzens zu gewinnen, der eines ihrer Werke kauft. Anstatt ihren kreativen und künstlerischen Impulsen zu folgen, liefern sie sich einem System aus, das ihre kreativen Leistung verlangt und sie gleichzeitig davon abhält.[19] In diesem Zusammenhang spricht Steyerl von Künstler_innen als »educated poor«, die sich einer fatalen Entwicklung gegenübersehen: »we are moving full speed into an age of institutionalised serfdom and voluntary slavery in which it will be safer for people to belong to someone who guarantees their most basic needs than to keep fighting it out on the market«[20].

---

video, 16:9, color, sound, 39:53 min, verfügbar unter: https://vimeo.com/76011774 (Stand 20.06.2016).

[18] Dies. (2013): I Dreamed a Dream: Politics in the Age of Mass Art Production, Lecture-Performance, 2013, in: Former West Research Congresses: Documents, Constellations, Prospects, 18.03.–24.03.1013, HKW, Berlin, verfügbar unter: https://vimeo.com/64703899 (Stand 21.06.2016).

[19] »Deutsche Bank Kunsthalle in Berlin recently staged a public call for artworks to be exhibited for one day within their premises and hundreds of people lined up for hours on end, carrying canvasses, creating a wonderful PR opportunity. This is what I mean: debt and unemployment create great business opportunities. All these artists queuing up for hours in order to work for free on the faint and improbable hope of being »discovered« within a bizarre Deutsche Bank salon hanging. It´s like singing in an idol contest!« Kunak (2013), verfügbar unter: http://www.berlinartlink.com/2013/11/19/interview-hito-steyerl-zero-probability-and-the-age-of-mass-art-production/ (Stand 20.06.2016).

[20] Vgl. Kunak (2013), verfügbar unter: http://www.berlinartlink.com/2013/11/19/interview-hito-steyerl-zero-probability-and-the-age-of-mass-art-production/ (Stand 13.10.2016).

Die nächsten Abschnitte stehen im Zeichen der Auseinandersetzung und Analyse der Videoarbeit »How Not to Be Seen A Fucking Educational .MOV File«. In diesem Werk geht es Steyerl um das Aufzeigen und Sichtbarmachen von gesellschaftlichen und technischen Mechanismen im Zeitalter digitaler Bildproduktion. Deren Funktionsweisen beeinflussen das menschliche Verhalten: Wie wirken sie – die Smartphones, Pixel, geschlossene Wohnkomplexe einer Gated Community usw.? Als erster Schritt folgt die Beschreibung des Werkes, in der formal-ästhetische und kontextspezifische Ebenen in Verbindung gebracht werden.

Beschreibung und Analyse des Kunstwerks »How Not to Be Seen – A Fucking Didactic Educational .MOV File«

»How Not to Be Seen – A Fucking Didactic Educational .MOV File« ist erstmals im Jahr 2013 auf der 55. Biennale in Venedig in der Hauptausstellung »Il Palazzo Enciclopedico« – »Der enzyklopädische Palast«[21] ausgestellt, kuratiert von Massimiliano Gioni. Es folgt eine Ausstellung in New York sowie die Präsentation im Rahmen der Soloausstellung »HNTBS« im Künstlerhaus Stuttgart. Für die Soloausstellung in Stuttgart konzipiert sie den Raum als eine dynamische Installation, bestehend aus der Videoarbeit, visuellen Elementen aus der Videoarbeit und der Lecture »35 Ways to Break a Wall«, und arrangiert so eine mehrdimensionale künstlerische Annäherung an das Thema »Unsichtbarkeit« in einer neoliberalen Kontroll- und Sicherheitsgesellschaft. Thema ist die Einflussnahme des Internets auf die Veränderungen des physischen Raums und die Verschiebung seiner Grenzen:

> *»The flow from IRL to screen and code space has become smoother on the one hand, but there are also lots of checkpoints mannend by state hackers, spammers, touchy-feely data trawlers and black-ops of various sorts«*[22].

---

[21] Weitere Information zu dieser Ausstellung von Gioni sind unter anderem zu finden: Bell, Kirsty (2013): Il Palazzo Enciclopedico. 55. Biennale di Venezia, in: Frieze Magazin, 12.08.2013, verfügbar unter: http://frieze-magazin.de/archiv/kritik/il-palazzo-enciclopedico/ (Stand 15.02.2016).

[22] Yildiz, Misal Adnan (2014): The Calibration Scale. An interview with Hito Steyerl, in: Revue, Magazin for the Next Society, Artist Feature – Interview, Heft 16 (Herbst

Im Folgenden werden nun tiefer gehend die formalen, inhaltlichen wie künstlerischen Ebenen des Werkes erörtert. Was wird wie wahrnehmbar? Wie ist das Werk entstanden? Um das Werk anschaulich zu beschreiben, wird zunächst auf den Kontext der Produktion eingegangen.

Kontext: Produktion und Form

Die Produktion der Videoarbeit erfolgte in Zusammenarbeit mit Künstler_innen wie Leon Kahane, Esme Buden und Alwin Franke sowie in Kooperation mit unter anderem dem Choreografen Arthur Stäldi. Unterstützung erfährt sie unter anderem durch die Internet- und Computeraktivist_innen Laura Poitras und Diana McCarty, Brian Kuan Wood, Meggie Schneider, Christopher Kulendran, Thomas und Anton Vidokle. Deren aktivistischer, kulturkritischer wie politischer Arbeitshintergrund für die inhaltliche Ausgestaltung der Videoarbeit ist bedeutend.
Der Film dreht sich um die Frage, wie es gelingen kann, unsichtbar bzw. individuell unbeobachtet zu sein. In Analogie zum Sketch »How Not to Be Seen«[23] (1970) der britischen Komikergruppe Monty Python entwickelt Steyerl das 15-minütige Video und überträgt die Frage »Wie man denn unsichtbar sein kann?« in den digitalen Kontext. Wie der vollständige Titel »How Not to Be Seen – A Fucking Didactic Educational .MOV File« nahelegt, wird das Thema in einer Art »Containerformat« verhandelt. Ein ».MOV File« ist das Medien-Containerformat für Apples Abspielsoftware Quicktime und kann Formate wie Video, Audio, Timecode oder Texte parallel speichern. Es erlaubt eine klassische Datenkomprimierung und ist somit ein multispezifisches Archiv, das seinen Inhalt zu einem sinnvollen Ganzen bündelt. Insofern darf die Nennung des Dateiformats im Titel der Arbeit sicherlich als Hinweis verstanden werden, dass der Videofilm mehrdimensional angelegt ist. Inwiefern, wird im Verlauf der

---

2014), S. 92, verfügbar unter: http://www.gesichter-der-nachhaltigkeit.de/sites/default/files/pdf/revue_hildebrandt.pdf (Stand 10.02.2016).

23 Monty Pythons »How not to be Seen« von 1970 ist ein Sketch aus der TV-Serie »Monty Python´s Flying Circus von 1970, der im offiziellen Stil britischer Regierungspräsentationen gedreht ist. John Cleese erklärt in dem Film, wie wichtig es ist, unsichtbar zu sein. Python, Monty (1970): »How Not To Be Seen«, aus: Monty Python´s Flying Circus, 11. Folge, 2. Serie, Kurzfilme, in: Youtube.com, verfügbar unter: https://www.youtube.com/watch?v=ifmRgQX82O4 (Stand 13.10.2016).

Analyse erörtert.
Im Format von Lernvideos werden Situationen vorgestellt, in denen das Verhältnis von Sichtbarkeit und Unsichtbarkeit unter Bedingungen digitaler Reproduzierbarkeit behandelt wird. Die Struktur der fünf Kapitel ähnelt der von Online-Tutorien. Dieser Eindruck ist bestimmt durch das klare, informative und anschauliche Gestaltungsprinzip des Films. Steyerl greift insofern bereits eine bekannte Bildrhetorik auf und erzeugt so eine besondere medienspezifische Ästhetik. In dieser Weise wird das Video Projektionsfläche unter anderem von Videotutorials aus dem Internet und produziert eine neue Formsprache, die sich auch auf der inhaltlichen Ebene wiederholt und eine eigene ethische Dimension hervorbringt. Die Künstlerin sucht in dieser Arbeit nach fehlenden Verknüpfungen zwischen den gesellschaftlichen Feldern Militär, Staat, Internet und Bildproduktion, deren Techniken und Mechanismen und geht der Frage nach, wie diese auf die Menschen wirken. Der Film beschreibt, wie seit den 1950er Jahren fotografische und filmische Luftaufnahmen für militärische Zwecke durch die Digitalisierung revolutioniert wurden.
Der Film gliedert sich wie folgt: Im ersten Teil werden Möglichkeiten behandelt, vor einer Kamera zu verschwinden. Handlungsvorschläge, um nicht mehr in einer »Schusslinie« oder unter »Beschuss« zu stehen, werden im zweiten Teil thematisiert. Im dritten Abschnitt geht es um die Variante, »in einem Bild« unsichtbar zu werden, indem man selbst zum Bild wird. Der vierte Teil erörtert das Problem, »unbemerkt« zu verschwinden. Das fünfte Kapitel fragt nach Möglichkeiten, »in einer Welt, in der alles aus Bildern besteht«, überhaupt unsichtbar werden zu können. Das Video beginnt mit einer kurzen Vorstellung der fünf Kapitel in Form einer Abfolge der verschiedenen »Lessons«. Die »Lessons« selbst werden je durch einen schwarzen Bildschirm ein- und ausgeleitet, dem dann jeweils in weißer Schrift die aktuelle Frage der Lerneinheit vorangestellt wird. Die jeweilige Frage wird von einer männlich computergenerierten Stimme genannt. Es folgt die Angabe, wie viele Möglichkeiten es gibt, um in der jeweiligen Situation unsichtbar werden zu können. Anschließend werden die jeweiligen Optionen begleitet von einem je eigenen Sound aufgezählt und anschaulich dargestellt. Nachdem die Antworten gegeben werden, erlischt der Bildschirm und wird wieder schwarz. Ruhe kehrt ein, bis das nächste Thema wie von unsichtbarer Hand auf dem Bildschirm geschrieben genannt wird. Neben der Nennung der jeweiligen Möglichkeiten, unsichtbar zu sein, werden Informationen zu unterschiedli-

chen Formen von Sichtbarmachungen oder der Umkehrung von Ausschlussmomenten in der Gegenwartsgesellschaft gegeben. Themen, Formen, Sound, Text und Sprache sind dynamisch und überschneiden sich teilweise. Schließlich löst sich die klare Strukturierung des Videos auf.

Zum Verlauf des Films – Ereignisse und erste Deutungen

Der Werktitel »How Not to Be Seen. A Fucking Didactic Educational .MOV file« wird zu Beginn des Videofilms auf dem schwarzen Bildschirm eingeblendet und zugleich von einer computergenerierten Männerstimme eingesprochen.

Erstes Kapitel

Nachdem der Monitor von schwarz auf weiß wechselt, erscheinen weiße Lettern auf weißem Grund des Bildschirms. Die technisch klingende Stimme spricht »Lesson one«. Die erste »Unterrichtsstunde« beginnt. Der Bildhintergrund ist grün und ein Ständer mit schwarzer Tafel wird davor zentriert (Abb. 19). Diese Tafel ist skaliert und durch weiße, unterschiedlich große Streifen gemustert, die in waagerechter und senkrechter Ausrichtung zu dritt nebeneinander angeordnet sind. Die Inschrift »USAF 1951 IX« und der Namen »Gurley Troy. N.Y.« sind auf der Tafel zu sehen. Es handelt sich um eine Fotokalibrierungstafel aus dem Jahr 1951. Als Modell wurde es als Fotokalibrierungsziel auf den Erdboden der kalifornischen Wüste übertragen.
Die ersten Einstellungen des Videos »How Not to Be Seen« zeigen diese Fotokalibrierungsziele. Es sind Aufnahmen sogenannter Tribar-Tafeln aus dem Gebiet des ausgetrockneten Cuddeback Lake in der Mojave Wüste im kalifornischen County of San Bernadino. Unweit dieses Flusses befindet sich das Militärgelände »Edwards Air Force Base«. Gemäß der Beschreibung des »Center for Land Use Interpretation«[24] wurden diese zweidimensionalen Artefakte bzw. Kalibrierungstafeln zur Entwicklung analoger Luftaufnahmen genutzt. Die Mehrzahl dieser Tafeln folgt einem Muster, das von der U.S. Air Force und der NASA in den 1950er Jahren entwickelt wurde (Auflösungs-

[24] The Center for Land use Interpretation (2013): Photo Calibration Targets. Terrestrial Test Patterns used for Aerial Imaging, in: Lay of the Land Newsletter, Winter 2013, verfügbar unter: http://www.clui.org/newsletter/winter-2013/photo-calibration-targets (Stand 14.12.2016).

test USAF[25] von 1951). Dabei handelt es sich um eine in Asphalt gearbeitete Fläche in der Wüste, die den US-amerikanischen Maßen 78 zu 53 Fuß folgt und mit weiß auf schwarzer Fläche eingearbeitet wurde. Das Muster auf dieser Fläche besteht aus ungefähr 15 waagerechten und senkrechten Balken in unterschiedlicher Größe und wurde durch den Militärstandard für fotografische Linsen bestimmt (MIL-STD-150A MIL). Dieses Testmuster ist im Allgemeinen noch im Gebrauch, um das Auflösungsvermögen von Kameras, Scannern oder Teleskopen zu prüfen. Allerdings sind die Kalibrierungstafeln in der kalifornischen Wüste nicht mehr in Betrieb. Sie sind Artefakte aus dem Zeitalter analoger Luftaufnahmen. Damals wurde damit die Auflösung von Luftkameras getestet. Diese optometrische Tafelform spielt bei der Entwicklung von Drohnen eine große Rolle, dient sie doch der Messung und Bewertung physikalischer »Sehfunktionen« mit dem Ziel maximaler Sichtbarkeit.
Im Video wird die Frage eingeblendet: »How to make something invisible for a camera?«. Die Frage wird von der computergenerierten Männerstimme wiederholt und beantwortet – ein Muster, das das gesamte Video durchzieht. Folgende Antwort ertönt: »There are four Ways to make something invisible for a Camera«. Diese vier Wege werden im Folgenden von der Künstlerin vorgestellt, die dafür selbst mit der Kalibrierungstafel vor dem grünen Hintergrund interagiert. Ein erster Weg lautet »TO HIDE« (Abb. 20). Eine weiße Hand schiebt sich zwischen das Kameraauge und die Tafel, atmosphärische Musik erklingt. Die Hand drängt unmittelbar vor das Kameraauge, sodass die Beschaffenheit dieser Hand sehr deutlich zu sehen ist. Sichtbar werden zum Beispiel eine kleine Narbe am Mittelfinger oder die mehr oder weniger gut gepflegten Fingernägel. Durch diese Fokussierung wird die Kalibrierungstafel komplett in den Hintergrund gerückt, sie verschwindet bis zur Unkenntlichkeit, man sieht sie einfach nicht mehr – verborgen durch die Hand. Die Hand unmittelbar vor die Linse zu schieben, sorgt dafür, dass etwas – strategisch betrachtet – ausgeblendet wird. Es ist eine faktische Feststellung. Wie effektiv diese Me-

[25] USAF Chart und der Konfigurationsstandard MIL-STD-150A-MIL beschreiben Auflösungstesttafeln der USAF (United States Air Force), die es seit dem Jahr 1951 entwickelt wurden. Getestet wurde mit diesen Kalibrierungstafeln insbesondere das Auflösungsvermögen von Luftbildkameras. Vgl. hierzu: Glynn, Earl F. (1999): Image Processing. Tech Note, USAF 1951 and Microcopy Resolution Test Charts and Pixel Profiles, verfügbar unter: http://www.efg2.com/Lab/ImageProcessing/TestTargets/#USAF1951 (Stand 14.12.2016).

thode ist, sei dahingestellt. Insofern wird deutlich, dass diese Option mit einem Augenzwinkern vorgestellt wird.
Es folgt der zweite Weg, unsichtbar zu werden: »TO REMOVE«. Das Setting der Szene ist unverändert. Es geht darum, sich aus einer Situation herauszunehmen, sich irgendwie abzusetzen. Vom rechten Bildrand her kommend schreitet die Künstlerin selbst ins Bild (Abb. 21). Ihre schwarzen Haare sind hochgesteckt. Sie trägt einen langen schwarzen Kimono. Steyerl mit forschem Schritt ergreift die Tafel und trägt sie zum linken Bildrand aus der Einstellung hinaus. Diese Handlungsabfolge wird durch die Kommentare der Computerstimme begleitet. Die Stimme klingt metallisch, sachlich und spannungsfrei. Die Stimme spricht noch, als der Aufräumakt beendet ist und nur noch das grüne Hintergrundbild steht.
Die nächste Möglichkeit ist »TO GO OFF SCREEN« und meint, man soll aus dem Bildschirm verschwinden. Das Bild dazu bleibt grün.
»TO DISAPPEAR« ist der letzte Vorschlag, gemeint ist, abzutauchen oder sich aufzulösen. Steyerl kommt nun von links in den grünen Raum freundlich lächelnd hereinspaziert. Sie hält die Kalibrierungstafel vor ihrem Oberkörper und trägt sie so bis ins Bildzentrum. Dabei ist sie in direktem Blickkontakt zum Publikum. Mit den Worten der technischen Stimme »This is a Resolution Target« (Abb. 22) hebt sie die Tafel vor ihren Kopf und bewegt sich zielstrebig auf die Kamera zu, bis die Tafel so nah vor die Kameralinse gehalten wird, dass sie nun komplett verschwindet. In diesem Moment erfährt das Publikum erstmalig, um was für eine Tafel es sich handelt. Das Kamerabild ist nun schwarz und die Stimme führt aus, was die Funktion dieser Kalibrierungstafel ist: »It measured the visibility of a picture«; sie wird also als Maßeinheit und zur Ausrichtung für eine bestmögliche Bildqualität genutzt. Mit dieser Erklärung wird das Bild schwarz, der Kommentator wird ausgeblendet und es wird übergeleitet. Als ob der schwarze Screen wie ein Vorhang im Theater einen Szenenwechsel ankündigt, folgt eine Erklärung zum Thema »Resolution Target«.
Zunächst scheint alles wie bisher. Ein grüner Hintergrund ist zu sehen, auch die Tafel befindet sich weiterhin im Ständer aufgestellt in der Bildmitte. Wie das Publikum nun weiß, handelt es sich dabei um ein »Resolution Target«. Allerdings hat sich das Motiv der Tafel verändert. War sie eben noch als Muster zu erkennen, wirkt sie nun wie ein Bildschirm (Abb. 23). Das Motiv erinnert zwar an die schemenhafte Tafel von eben, ist aber wesentlich unschärfer. Auffallend ist, dass das Stativ der Tafel stark in den Vordergrund gerückt und somit exakt zu

erkennen ist. Auch an dieser Stelle wiederholt sich das Spiel mit den Einstellungen und produziert auf der Bildebene Spannung. Der Inhalt und die Form des auf der Tafel Gezeigten scheint merkwürdig verändert. Graue Flächen variieren. Es sind unterschiedlich große schwarze Flecken und im blaugrauen Mittelfeld senkrecht und waagerecht formierte, immer in dreier Reihen angeordnete, weißliche Streifen zu sehen, die unterschiedlich der Länge und Breite nach geordnet sind. Sobald sich das diffus verschwommene Sujet beginnt zu bewegen, wird klar, dass die Tafel zum Screen geworden ist und wie aus einer Blackbox Bilder einer Kamerafahrt oder filmisch aufbereitete Satellitenaufnahmen abspielt. Während der Zoomfahrt erklingt im Hintergrund eine neue Soundspur, die leise, sanft und beruhigend wirkt. Es handelt sich dabei um den Song »Old Wave«[26] von Laurie Spiegel. Monoton baut sich die elektronische Musik auf, während der Bildausschnitt einen so großen Abstand zum Einstiegsmotiv aufgenommen hat, dass es überhaupt nicht mehr zu erkennen ist. In der Rhythmik des Soundmandalas erscheint diese Szenerie ruhig und zufrieden ohne jegliche Unruhe oder Bedrohung. Die Miniaturaufnahme dieser beiden Objekte scheint wie eine Einheit, bis sie durch die zunehmende Entfernung und die zum Vorschein kommenden mannigfaltigen geologischen Formationen verschwinden. Es sind Satellitenaufnahmen der Erde, die vor Augen führen, wie hoch deren Auflösung ist. Die Satellitenaufnahme zeigt nicht wie gewöhnlich die eurozentristische Globus-Darstellung, sondern stellt die Weltkugel aus der nördlichen Hemisphäre mit westlicher Blickrichtung auf die Nordhalbkugel dar. Durch die Zoomfahrt bleibt das Motiv unverändert, wird allerdings deutlich schärfer, obwohl kein Schärfenausgleich stattfindet.
In einer kargen wüstenähnlichen Landschaft befindet sich auf Asphalt aufgetragen die »Resolution Target« (Abb. 24). Ein Flugzeug (unklar welchen Typs) ist schräg dazu mit größerem Abstand positioniert. Dadurch wird ein Größenvergleich zwischen Flugzeug und der »Resolu-

[26] Spiegel, Laurie (1974–1976): »Old Wave«, Musik, Sound, 6:40 min, aus: LP, The Expanding Universe, in: Youtube.com, verfügbar unter: https://www.youtube.com/watch?v=OhpjHB4076g (Stand 27.04.2016). Der Song »Old Wave« von Laurie Spiegel ist Ergebnis ihrer technisch generischen und künstlerischen Lust am musikalischen Experiment, besonders in den Jahren 1974 bis 1976. Diese Komposition ist eines von vier Stücken, die auf der LP »The Expanding Universe« erschien. »The Expanding Universe« ist in gewisser Weise ein halbstündiges Meditationsstück, dass die Hörer_in behutsam, organisch, auf die einzelnen Soundspuren konzentrierend mitzunehmen versucht.

tion Target« möglich, der zeigt, wie groß die Fläche im Vergleich zum Flugzeug ist und wie viel Raum sie in dieser Landschaft einnimmt. Stück für Stück wird der Zuschauende in das Thema eingeführt.
In »Lesson I« ist nun der Song von Raymond Scott »Sleepy Time«[27] zu hören. Die Szene begleitet der männlich generierte Kommentator mit dem Satz »It measures the resolution of the world as a picture«. Im Screen entstehen abstrakt-malerische Landschaften, unweit der »Resolution Target« ist so etwas wie ein Gebäudekomplex zu erkennen, bis recht schnell nur noch schneeweiße, smaragdgrüne bzw. leuchtend blaue Flächen im Bild erscheinen.
Schließlich dominiert das kräftige Blau der Weltmeere und der Erdball hebt sich von einem pechschwarzen Hintergrund unendlicher Weiten ab (Abb. 25). »Resolution determines visibility«, so der Kommentar zu dem Bild des blauen Erdballs vor schwarzem Hintergrund. Der blaue Ball dreht sich und das Publikum wird informiert: »Whatever is not captured by resolution is invisible«. Tatsächlich handelt es sich bei dieser speziellen Kamerafahrt um Satellitenaufnahmen eines Landstrichs der Erde, bis schließlich der Erdball in seiner formschönen Gestalt im Weltraum zu sehen ist. Mit der letzten Aussage wird der Bildschirm schwarz. Die lautmalerische Begleitung stoppt und die Sequenz endet. Nehmen wir nun das zweite Kapitel in den Blick.

Zweites Kapitel
Nach dieser ersten Unterrichtseinheit schließt sich ein zweites Lernvideo an. Auf dem weißen Screen erscheint in weißen Lettern das Titelthema: »Lesson II: How to be invisible in plain Sight.«. Wie kann man unter klaren Sichtverhältnissen unsichtbar sein. Die Off-Stimme wiederholt das Thema und benennt die Lerneinheit – »Lesson two«. Die gesamte Bildfläche einnehmend ist das Schema der »Resolution Target« aufgespannt. Das Testbild des Typs »USAF« ist zu sehen und es wird die Zahl der vorgeschlagenen Handlungsmöglichkeiten ge-

---

27 Scott, Raymond (1963): »Sleepy Time«, aus: Soothing Sounds For Baby, Vol. 1 (0–6 Months), in: Soundcloud.com, verfügbar unter: https://soundcloud.com/bastamusic/sleepy-time (Stand 27.04.2016). Das Album »Soothing Sounds For Baby« von 1963 zählt zu einer Zusammenstellung dreier Alben von Scotts elektronisch erzeugter Musik, die als »aural toys« besonders für das Hörvermögen kleiner Menschen in den ersten Lebensmonaten komponiert war. Das Album wurde in Zusammenarbeit mit dem »Gesell Institute of Child Development, Inc.« entwickelt. »Sleepy Time« ist auf der ersten der drei Ausgaben, für die ersten sechs Lebensmonate, erschienen (Vol.1: 0-6 Monate, Vol.2: 6-12 Monate, Vol.3: 12-18 Monate).

nannt: »There are seven ways to be invisible in plain Sight«. Zugleich ist elektronische Musik zu hören.
»How to be invisible in plain Sight« wird akustisch von »Little Miss Echo« begleitet, eine Komposition von Raymond Scott. Eingespielt wird aber auch der sphärische Spiegel-Sound von »Old Wave«. Mit dem Scott-Song musikalisch untermalt ist die Szene, in der die Künstlerin als »Dummy« sieben Möglichkeiten gestikulierend beschreibt, unsichtbar zu sein. In dieser Szene begegnen sich der elektronische Scott-Sound und die Schriftebene, die wiederum mit der Darstellerin und der Off-Stimme interagieren.
Steyerl im schwarzen Kimono betritt den Raum. Sie ist Teil der Hintergrund-Vordergrund-Beziehung, denn sie posiert zwischen dem Testbild, der Kamera bzw. dem Publikum und hat direkten Blickkontakt aufgenommen. Mit ihrer offenen Körperhaltung veranschaulicht sie die jeweils genannten Optionen, die helfen sollen, sich gegebenenfalls aus der Schusslinie zu manövrieren. »Pretend you are not there« (Abb. 26), spricht die Off-Stimme und Steyerl lässt aus ihrer rechten Hand heraus diesen Satz mit unterstreichender Hand- und Armgeste von rechts nach links auf dem Bildschirm erscheinen, wobei Mittel- und Zeigefinger ihn zu dirigieren oder unterstreichen scheinen. Ring- und kleiner Finger sowie Daumen sind leicht angewinkelt. Der Satz, der nun vor der Künstlerin in Lettern geschrieben steht, verstärkt den Raumeindruck, wodurch die Künstlerin quasi in den Mittelraum rückt. Im nächsten Moment verschränkt sie ihre Arme leicht vor ihrem Oberkörper. Sie wartet. Das Hintergrundmotiv verändert sich. Zu sehen ist nun eine Art spielerische Variation des schwarz-weißen Testbilds für Fernsehgeräte. Ein weiß-grau gestreifter Kreis bildet das Gros des Screens. In den Randbereichen bildet eine schwarze, weiße und mit verschiedenen Grautönen gemusterte Fläche den Rahmen des Kreises. Steyerl wiederholt die Fingerbewegung und lässt in konzentrierter Weise aus ihrer rechten Hand die nächste Möglichkeit entstehen, unsichtbar zu werden. Wie von Zauberhand ist zuerst nur ein Punkt zu sehen, aus dem sich dann der Satz formt »I am completely invisible.« (Abb. 27). Die technische Stimme kommentiert: »Hide in plain sight«. Erstmalig wiederholt die Stimme also nicht, was in Lettern auf dem Bildschirm zu lesen steht. Steyerl und die Off-Stimme interagieren, gleichsam mit der Visualisierung der Schrift im Screen. Die Künstlerin ist hier umgeben und verwoben mit den medialen Ebenen, die durch unbekannte Mechanismen erzeugt werden. Ästhetisch, spannend vollzieht sich der Filmverlauf.

Erneut schließt sie, wie in einem Bewegungsfluss, sehr koordiniert, die Arme vor ihrem Oberkörper.
Rhythmisch wiederholt sich die elektronische Soundspur. Der Hintergrund verändert sich. Das Kreismotiv bleibt auf der weißen rechteckigen Fläche erhalten, während den linken und rechten Bildrand nun ein je gleich breiter dunkelgrauer Blockstreifen bildet. Das Muster hat sich aufgelöst. »I am completely invisible.« steht im Bildzentrum und wird synchron zu den Worten »TO SCROLL« durch eine senkrechte Fingerzeig-Arm-Bewegung von unten nach oben schwungvoll aus dem Bild geschoben.
Ein schneller Bildwechsel und der gestreifte Kreis im Hintergrund sind nun konzentrisch. Die Stimme verkündet »TO WIPE.«, was auch im Screen vor Steyerls Kinnbereich zu lesen ist. Wobei sie mit einer Wischbewegung der linken Hand beide Worte aus dem Bild verbannt. Anschließend scheint sich der konzentrische Kreis hinter dem weißen Quadrat zu verdoppeln. Vor ihrer Mund- und Nasenpartie scheint sich eine Art computerspezifisches Textfeld aufzutun, in dem mit einem Rutsch von rechts nach links »TO ERASE.« geschrieben wird, um es im nächsten Augenblick mit einem Fingerschnippen in Luft aufzulösen. »TO SHRINK.« lautet die nächste genannte Möglichkeit. Das Schrumpfen des Wortes »shrink« selbst wird durch ein Auf- und Zubewegen von Daumen, Zeige- und Mittelfinger ausgeführt. Das Publikum im Visier. Professionell und sachlich werden die Gesten ausgeführt. Die Vorführung der verschiedenen Optionen erfolgt nach einem kontrollierten Rhythmus. Die Präsentation der Anschauungsperson erinnert an Stewardessen bei Sicherheitsunterweisungen bei einem Flug, den es in routinierter Manier auf eine sachliche Anleitung und Hinführung zum Gegenstand ankommt. Wichtig sind Präzision und Genauigkeit, um bestmöglich allen ein Verständnis im Umgang mit der Sache zu ermöglichen. Steyerl als Künstlerin und Mensch scheint in dieser Präsentation sekundär. In der Reduktion auf den Körper steht sie im Film funktional und rein technisch im Dienst der Präsentation und inszeniert sich selbst quasi als »Dummy«.
Der Hintergrund bzw. der gestreifte graue Kreis mit grauer Rahmung drehen sich fortwährend, fast hypnotisierend, im Uhrzeigersinn und eine weiße quadratische Fläche entsteht. Es ist als ob wiederkehrend auf einen neuen oder weiteren Hintergrund verwiesen werden soll. Als ob wir, die Zuschauenden, angehalten werden, hinter dem Gezeigtem noch ein mehr zu vermuten.
Die nächste Einstellung zeigt Steyerl, wie sie ein Smartphone aus dem

Kimonogürtel zückt. Die Off-Stimme kommentiert »to take a picture«, just ist das Mobiltelefon in Schussposition (Abb. 28), das Publikum im Visier und ein Auslösergeräusch einer elektronischen Kamera ist zu hören. Mit diesem Auslösergeräusch erscheint ein neues Bild. Die elektronische Musik verstummt. Der Betrachtende ist konfrontiert mit Stille und unmittelbarer Nähe. Dass, was sich zeigt, ist auf den ersten Blick nicht eindeutig zu verifizieren. Auf dem grauen Bild wurden scheinbar ungenau unterschiedlich große weißliche Balken gemalt. Porös, zerklüftete Eisschollen deuten auf etwas Überdauertes, etwas, dass von der Natur wieder eingenommen wird (Abb. 29). Wir sind also nicht mehr im Studio mit Greenscreen, sondern befinden uns im fliegenden Modus über einer wüstenähnlichen Gegend. Dass es sich dabei um die vormals via Satellitenaufnahme gezeigte Kalibrierungstafel in der kalifornischen Wüsten handeln könnte, dieser Eindruck entsteht durch eine langsame Distanzaufnahme der Kamera. Dabei eröffnet sich eine Fläche von aufgeplatztem Asphalt, gelbsandigem Untergrund und vertrockneten Pflanzenteilen. Zu sehen ist eine längst verfallene »Resolution Target«. Die Musik ist aus. In ruhigen Bögen kreist die Kamera aus der Vogelperspektive über dem Ort des Geschehens.

Eine weiblich computergenerierte Off-Stimme ist mit den Worten zu hören: »Today most important things want to remain invisible«, demnach ist es heutzutage besser, die wichtigsten Dinge unsichtbar oder verdeckt zu halten. Die Kamerafahrt über diesem schollenartigen und zugleich eingezäumten Areal wird fortwährend durch die Stimme begleitet, die benennt, was unsichtbar ist: »Love is invisible; War is invisible; Capital is invisible«.

Nach dem animierten Schwenk über dieses Gebiet folgt die Einstellung der stehenden Kamera. Im Fokus steht die Umgebung. Eine leicht hügelige Landschaft in der Horizontalen ist zu sehen. Die Vermutung, um welchen Ort es sich handelt, verdichtet sich. Eine öde buschige Wüstenlandschaft erstreckt sich unter einem wolkenlosen Himmel. Die Sonne scheint intensiv. Die Kamera steht über der Asphaltfläche, den Blick nach allen Seiten hin geöffnet. Die Fläche der »Resolution Target« wird regelrecht zu einem Platz zum Ausschauhalten, ähnlich einem Aussichtspunkt. Durch die Art der medientechnischen Inszenierung entsteht eine Echtzeitwirkung, so als ob man dort wäre.

Vorsichtig wird Musik eingespielt. Der Sound hat etwas rauchig Gebrochenes an sich. Es klingt nach einem kaputten Tonträger, nach

Rissen und Störungen, ähnlich dem Geräusch beim Abspielen einer zerkratzten Schallplatte. Steyerl nutzt erneut den Laurie-Spiegel-Song »Old Wave«, um diese dystopische Stimmung zu arrangieren.
Die Kamera nimmt wieder an Fahrt auf und die männlich generierte Off-Stimme berichtet über die Geschichte der »Resolution Targets«: »In the 1950s and 60s the U.S. Air Force installed great Scales Resolution Targets in the california desert to calibrate arial photographs and videos.« Bereits in den 1950er und 1960er Jahren errichtete die US-Luftwaffe also Auflösungsziele in großem Maßstab in der kalifornischen Wüste für Luftfotografien und Luftaufnahmen. Die Kalibrierungsmethoden der militärischen Luftbildproduktion gibt somit Auskunft über den technischen Fortschritt größtmögliche Bildschärfe und Sichtbarkeit zu erzeugen. Die Geschichte der »Resolution Targets« ist Teil der Narration, wie es zu einer Gegenwart kommt, in der alles Bild geworden ist.
In der nächsten Einstellung befindet sich das Stativ mit einer Tafel vor dem grünen Screen (Abb. 30). Auf der Tafel ist ein unscharfes Duplikat der »Resolution Target« abgebildet. Im Kommentar heißt es: »Resolution determines visibility«.
Die Kamera bewegt sich auf das verschwommene Bild zu und führt zunehmend aus diesem Ausschnitt heraus, wobei der Bildausschnitt konkrete Züge annimmt und sich nahezu in der Horizontalen der Landschaft ausrichtet. Dieses Abbild wird von der Aufnahme der »Resolution Target« in der »natürlichen« Wüstenlandschaft überblendet. Eine Transformation des Gezeigten von diffus, indifferent sowie nicht eindeutig hin zu gestochen scharf, markant und differenziert wahrnehmbar findet statt. Der Kommentar verweist auf die Tafel und ihre Funktion, die Welt als Bild zu kalibrieren: »It calibrates the world as a picture.« Die Ausführungen brechen ab. Screen und Musik sind Schwarz bzw. aus.

Drittes Kapitel
Das dritte Kapitel beginnt wie die Vorangegangenen. Aus dem Off verkündet die männliche Computerstimme das Thema des Tutorials: »How Not to Be Seen«. Auf weißem Grund ist zu lesen »Lesson III:« und das Thema der Einheit »How not Become invisible by Becoming a picture«. »Lesson three« spricht die Off-Stimme und der Oberkörper der Künstlerin erscheint, ihre Augen sind geschlossen. Im Hintergrund das Schema der USAF-Chart in Schwarz und Weiß. Sie ist direkt davor platziert. Ein schriller glöckchengleicher piepender Elektrosound

ertönt. Auch für »Lesson III« ist ein Track von Scotts Album »Sleepy Time Soothing« stimmungsgebend und visualisiert lautmalerisch die sieben Möglichkeiten, um Bild werden zu können. »Lullaby«[28], der erste Track des ersten Albums in der Sammlung von »Sleepy Time Soothing«, ist atmosphärisch, umarmend und zugleich unaufgeregt. Sein Klangteppich entfaltet sich behutsam, eine sich wiederholende Melodie mit schrill fiependen Tönen wird hörbar.

Parallel setzt die Off-Stimme das Publikum darüber in Kenntnis, wie viele Möglichkeiten es gibt, um ein Bild zu werden: »There are seven ways to Becoming a picture«. Der Auftritt der Künstlerin und der Hintergrund beginnen sich zu verändern. Steyerl öffnet ihre Augen, der Hintergrund hat sich von dem »USAF-Chart« in eine andere Form der Farbskalierung aus mehreren unterschiedlich großen wie breiten, verschwommenen wie klar konturierten grauen, weißen und schwarzen Streifen transformiert, die sich teilweise auch komplett ins Graue auflösen.

Steyerl führt ihre Hände vor das Gesicht. Im Blick hat sie das Publikum. Während die Off-Stimme eine erste Variante – »TO CAMOUFLAGE« – nennt, berühren ihre Fingerspitzen das Gesicht und ziehen leuchtend grüne, magentafarbene und graue Streifen über ihre Wangen (Abb. 31). Im Hintergrund spiegeln sich diese Farbblöcke: Im oberen Bildfeld bis zur Mundpartie werden Farbvarianten zueinander gesetzt. Unterhalb der Mundpartie zeigt sich sattes Dunkelgrau. Diese Farbspielerei fängt schließlich an zu blinken und wechselt ständig die Farbvarianten. Im Zusammenspiel dieser beiden Ebenen entsteht der Eindruck der Tarnung. Die Art der gefärbten Wangen erinnern an Tarnbemalungen, wie wir sie aus der Kriegsberichterstattung oder aus entsprechenden Filmszenen kennen, aber auch an Aufnahmen von militärischen Wärmebildkameras. Hier wird die Konstruktion dieser filmischen Wirklichkeit deutlich, denn obwohl Steyerl mit den Händen über ihr Gesicht fährt, ist die Farbgebung eine kalibrierte Animation, die computertechnisch hergestellt wird.

In der nächsten Einstellung sitzt sie seitlich rechts zum Betrachtenden gedreht. Steyerl wird in dieser Szene geschminkt. Grüne Streifen werden sorgsam von der »Maskenbildnerin«, die nie in Gänze ins Bild kommt, aufgetragen. Das Gesicht Steyerls wirkt sichtlich entspannt. Sie scheint zu lächeln. Ihr Blick richtet sich entsprechend der Kopf-

[28] Scott, Raymond (1962): »Lullaby«, aus: Soothing Sounds For Baby, Vol. 1, Track 1, in: Youtube.com, verfügbar unter: https://www.youtube.com/watch?v=k66nGplN-RmQ (Stand 15.12.2016).

haltung links aus dem Bild. Die Off-Stimme kommentiert: »TO CONCEAL«. Und auch an dieser Stelle changiert der Hintergrund mit dem, was im Gesicht der Person passiert. Hintergrund und Vordergrund verschwimmen ineinander, wodurch Steyerl ebenso zwischen die Ebenen gerät und zu verschwinden droht.

Die Szene zeigt vielschichtig produzierte Bilder. Steyerl wird vor einem Greenscreen sitzend und von einer schwarz gekleideten Person mit grüner Farbe geschminkt gefilmt. Dass dabei entstehende Muster in ihrem Gesicht erinnert an das Schema der »Resolution Target«. Im Anschluss wurde dieser filmische Verlauf durch Bildbearbeitungsprogramme verändert, sodass die Greenscreentechnik weiterführend eingesetzt wird. In einem nächsten Schritt wird ein neues Bild, in dem Fall eine Farbsättigungsskala hintergrundgebend eingefügt. Gleichzeitig wiederholt sich dieses Motiv in Steyerls Gesicht, genau an den Stellen, die vorher mit grüner Farbe angemalt wurden. Die Künstlerin macht so die Bearbeitung von Bildern in Form von digitalen Bildbearbeitungsprogrammen und Greenscreentechnik zum Thema. Die Anwendung der Technik wird zugleich transparent gemacht und somit als Teil der Konstruktion des Werkes deutlich. Sie ästhetisiert das Verfahren, wodurch Sichtbarkeit und ein Blick hinter die Kulissen der Bildproduktion ermöglicht werden (Abb. 32).

»TO CLOAK« veranschaulicht die nächste Option, zu einem Bild zu werden. Steyerl ist nun in Front positioniert. Die Schminkszene rückt stärker ins Bildzentrum. Die Szene ist stark beleuchtet, die Farbe weiß dominiert. Eine Verlaufsskala mit Werten von Weiß bis Dunkelgrau wird seitlich eingeblendet. Dieses Schema ist aus der digitalen Bildbearbeitung bekannt. Steyerl erscheint nun in Analogie zur im Hintergrund eingeblendeten Verlaufsskala und es wirkt, als ob sie just so geschminkt werden würde. Auch hier handelt es sich um Projektionen und Überblendungen.

In der nächsten Einstellung geht es um die Möglichkeiten, sich in ein Bild zu verwandeln, indem man sich zum Beispiel maskiert – »TO MASK« – oder sich anmalt – »TO DEPAINTED«. Angespielt wird dabei auf Bemalungsriten, die unter anderem in der Kultur von nordamerikanischen Indigenen verankert ist, wie das Konterfei eines indigenen Häuptlings mit reichlichem Federschmuck im oberen Kreis eines Stencil zeigt, das im linken Bildteil erscheint. Das kreisrunde Stencil-Motiv wiederholt sich auf ihrer Stirn. Die Bemalung wird nun auf der rechten Stirnseite fortgesetzt und lässt zunehmend Assoziationen mit dem »USAF-Chart«-Muster zu. Zugleich werden die mittleren waagerechten Streifen auf der Stirnpartie durch Schwarz-weiß-Linien variiert und collagiert, die bereits an anderer Stelle Hintergrundmotiv waren. Ansonsten ist die Aufnahme total auf den Kopf der Person ausgerichtet. Durch die Nahaufnahme sind nur noch Pinsel und die haltenden Finger der Maskenbildnerin zu erkennen.

Blickend, rauschend, piepend, flirrend verstreicht der eingeblendete Countdown-Zähler. Ein linierter Kreis rotiert. Weiße, gelbe, hellblaue und grüne Farbbalken in der linken Bildhälfte verschmelzen nahezu in der linken Gesichtshälfte der Künstlerin. Hellblau, gelbgrün leuchtend mit Fragmenten der kreisrunden Rasterung erscheint die collagierte Maskerade (Abb. 33). Die Bildelemente wiederholen und überlagern sich zugleich. Neben Zahlen tauchen auch immer wieder Textelemente auf – »Pattern based on original de[...]«. In dieser Einstellung, in der dem Publikum die Option des Verschleierns, Verkleidens oder Vermummens – »TO DISGUISE« – gezeigt wird, wirkt Steyerl als Model souverän, ruhig und gelassen. Sie lächelt leicht. Ihr Blick schweift ab an einen Ort oder zu einem Gegenstand weit außerhalb des Screens. Sie lässt sich analog malerisch verschleiern. Die nachträgliche Bearbeitung der Filmszene lässt sie unter Text, Farb- und bewegten Bildelementen verschwinden. Sie zeigen, dass eine »Vermummung« im digitalen Zeitalter möglich ist. Ihr Kopf wird frontal aufgenommen. Das Bild ist vor allem von grauen, dunkelgrauen und weißen geometrischen Flächen, Variationen kreisrunder Rasterungen sowie zahlenspezifischer Angaben zu Weißabstufungen geprägt. Sie bilden die Strukturebenen und unterstreichen das Bildzentrum, indem sich die Darstellende befindet. Zugleich wiederholen sich diese Motive in ihrer Maskerade, die nun erneut ihre Hände vors Gesicht führt, um sich gleich darauf die »Streifenmaskerade« im gesamten Gesicht zu verteilen. Ganz und gar wird nun die Bemalung, die Tarnung verschmiert und wie eine Creme eingerieben. Linker und rechter Bildrand werden von einem breiten leuchtenden Farbbalken in Rot und Blau gerahmt. Die Szene wird parallel durch die Off-Stimme kommentiert: »TO MIMIKRY«. Medienspezifisch wird ein Motiv des Erdballs über die gefilmte Szene gelegt. Das Gesicht der Künstlerin wird zur Projektionsfläche (Abb. 34).

Sind es die Streifen einer Zielscheibe, die geografischen Besonderheiten der Erdoberfläche, das Blau der Ozeane oder das Schwarzweiß einer Kalibrierungsschablone? Aber welche Salbe nutzt sie? Kann diese Salbe ein Schutzfilm sein? Durch die Überblendungen wird die Person zum Motiv, zum Teil der Bildfläche. Das Individuelle

tritt in den Hintergrund.
Die Mimikry ist eine Form sozialen Verhaltens und dient in dem Zusammenhang auch als Überlebensstrategie. Anderssein und Verschiedenheit gehören zum Denken, Urteilen und Entscheiden dazu. Die Konsequenz könnte schlicht eine Irreführung seiner Selbst, eine Selbstverleumdung, gar die Selbstentfremdung sein.
Paradox erscheint diese Situation sobald die Künstlerin sich meditativ und hoch konzentriert der Prozedur hingibt. Die Augen sind geschlossen. Sie scheint es zu genießen. Alles, was außerhalb von ihr selbst ist, scheint in weite Ferne gerückt zu sein. In sich gekehrt vollzieht sie ihre Handlung. Aber weit gefehlt, ehe sie sich versieht, ist sie aus dem Bildzentrum in den Hintergrund gerückt. Das Gesicht, Kopf, Hals und Hände verlieren Kontur, verblasen und werden ebenso transparent. Die Computer-Off-Stimme verkündet »TO CLEAN«. Die Darstellende reibt sich pausenlos das nunmehr blau gefärbte Gesicht, bis sie schließlich komplett verschwunden, quasi im Bildermeer aufgegangen ist.
Satellitenbilder mit Zoombewegung auf die Erde werden gezeigt. Diese sind von einem weiteren Farbskalierungsmuster links und rechts im Bild überblendet. Der flirrende, piepende Ton ist aus. Präsentiert wird nun in einer sehr hoch aufgelösten Aufnahme der Erdoberfläche eine Küstengegend. Sowohl das Blau des Meeres als auch die geologischen Besonderheiten an Land wirken intensiv farbig, leuchtend und stark betont. Die bewegten Bildelemente scheinen kaleidoskopisch ineinanderzugreifen. Das Farbschema, das über das Hintergrundmotiv der Satellitenaufnahme gelegt ist, entpuppt sich als Schablone, die mal mehr, mal weniger die Farben wechselt und dabei auch alternierend den Hintergrund freigibt. Ein optisches Spiel mit dem, was sicht- oder unsichtbar ist, vollzieht sich und es wird deutlich, dass diese filmisch rotierenden Bilder hergestellt sind. Die Konturen und die Farbigkeit des Erdmotivs sind derart markant wie gestochen scharf, dass der Eindruck des gemachten Bilds vordergründig wird. Dadurch lässt sich während der Kamerafahrt auf die Erde zu deutlich feststellen, welcher Kontinent angesteuert wird. An der Stelle stockt die Bildvergrößerung. Schließlich dominiert das Wechselspiel des Farbschemas und die Off-Stimme berichtet über den technischen Fortschritt fotografischer Aufnahmegeräte: »Around 2000 a new Standard for resolution targets is introduced.«. Zwischenzeitlich nimmt der Kamerazoom auf die Erde wieder an Fahrt auf, zum Vorschein tritt die bereits bekannte wüstenähnliche Gegend und die eben genann-

te »neue« Generation von Auflösungstesttafeln wird gezeigt. Es handelt sich dabei um eine pixelbasierte Tafel – »This is a pixel based Resolution Chart« (Abb. 35). Die Kamera kreist über dem Objekt. Weiter heißt es, dass mit dieser Tafel pixelgenaue Aufnahmen gemacht werden können – »Its deserve to shoot pixels«. Im Unterschied zum Vorgängermodell wird das Besondere herausgestellt. So waren 1996 Luftaufnahmen nur in der Lage zwölf Meter pro Bildpunkt zu erfassen – »In 1996 photographic resolution in the area is about 12 meters per pixel.«. Das hat sich seither verändert. Tiefenschärfe, Kontur und Farbgenauigkeit sind durch die pixelbasierte Technik möglich geworden. Dadurch sind die Bilder von einem latenten Rauschen befreit, sie gleichen verschiedene Licht- und höhere Kontrastverhältnisse durch die technische Variabilität aus und ermöglichen so qualitativ gleichwertige Bilder. Auf der Bildebene wird dieser Fortschritt dargestellt.
Drehte sich eben noch die Kamera über dem pixelgenau aufgenommenen Motiv, ist das Bild nun komplett unscharf, grau und kontrastarm. Zu sehen ist nun eine ins Bild montierte gelbe Pinnnadel, die mit den Worten »pixel calibration« gekennzeichnet ist und dafür sorgt, dass die grau-rauschende Fläche zum Hintergrund wird (Abb. 36). »Today« setzt die Off-Stimme fort, »it is one Foot«. Es folgt also der Hinweis, dass die Auflösung heute ein Fuß beträgt und deutlich macht, wie genau die digitale Luftaufnahmetechnik heute ist. Im Verlauf wird das Bild wieder gestochen scharf und zeigt erneut die Wüstenlandschaft mit der pixelbasierenden Auflösungstafel unmittelbar links neben eine Art Straße. Es hat eine Angleichung der Schärfestufen zwischen dem Hintergrund und der gelben Pinnnadel stattgefunden. Als Antwort auf die Frage, wie es möglich ist, unsichtbar zu sein, folgt die Schlussfolgerung, kleiner als ein Pixel sein zu müssen. Ironisierend wird auf eine Option verwiesen, die eigentlich unmöglich erscheint: »To become invisible one has to become smaller or equal to one Pixel«.
Nach diesen Ausführungen über den technischen Fortschritt von Bildproduktionsverfahren bzw. der dazugehörigen Testbildentwicklung folgt nun eine Art tänzerische Einlage untermalt mit dem Raymond-Scott-Song »Backwards Overload«[29]. Zu der elektronisch generierten Musik kommt eine Art »Pixel-Ballett« zur Aufführung. Zunächst manövrieren sich drei Gestalten langsam tastend aus dem Hintergrundbild der pixelbasierten Auflösungstesttafel heraus und durch den Bild-

[29] Scott, Raymond (1950-1960): »Backwards Overload«, Musik, Sound, aus: Manhattan Research Inc., 2000, in: Shazam.com, verfügbar unter: https://www.shazam.com/de/track/73999694/backwards-overload (Stand 14.12.2016).

raum hindurch (Abb. 37). Über dem Kopf trägt die erste Person eine schwarze quadratische Kiste, eine Blackbox aus stärkerem Stoff. Die beiden anderen Personen tragen über dem Kopf eine Kiste in Weiß bzw. Grau. Alle drei tragen schwarze Kleidung – einfache schwarze Jacken wie Hosen.

Im Bildraum angekommen, stehen sie hintereinander aufgereiht. Dabei halten sie sich an der Hüfte der Vorderperson fest. Derart aufgestellt durchschreiten sie auf merkwürdige Weise den Raum. Die Formation variiert und spielt verschiedentlich mit der Räumlichkeit an sich. Synchron aufeinander zu, wie voneinander weg drehend, hüpfend wie irrend, bewegen sie sich. Es wird ein dadaistischer Tanz dargeboten, der spontan, zufällig, geradezu holprig und unbeholfen wirkt. Der Tanz- bzw. der Bewegungsablauf wird schließlich asynchron, ähnlich der eigenwilligen Musik. Die elektronische Musik ist vehement, alarmierend und dröhnend. Die Figuren beginnen sich nun auf der Stelle wie in eine Spirale hinein zu drehen, laufen ziellos im Raum herum und hüpfen aus dem Bildraum hinaus bzw. wieder hinein. Sie bleiben posierend stehen oder schleppen krampfhaft eine andere Tanzfigur waagerecht haltend aus dem Screen hinaus. Wobei sich die Tanzenden X-beliebig multiplizieren und schließlich teilweise zu zweit nebeneinander auf dem Boden liegen bleiben. Dabei sind deren Füße zu sehen und ein Gesicht deutet sich unter der Quadratbox versteckt an. Dahinter steht auf einem Bein eine Person im schwarzen Kimono mit schwarzer Quadratbox, beide Arme zum Flug ausgebreitet. Sie wird von einer weiteren Person am ausgestreckten Bein gehalten, die lediglich durch ein leicht gewundenes grünes Tuch bekleidet scheint, das an Umhänge aus der islamischen Kleiderordnung erinnert (Abb. 38).

Zusammenfassend lässt sich sagen, dass der Tanz anfänglich streng dem Takt der Musik nach arrangiert ist. Die Akteure bilden gemeinsame Formationen und agieren besonders mit dem Hintergrundmuster der pixelbasierten Tafel. Im weiteren Verlauf ist die Tanzabfolge durch wesentlich lockere, autonome Bewegungen geprägt. Diese Choreografie wirkt vor dem Hintergrund der sich bewegenden »pixel based resolution target«, zerstreut, dezentral, nonlinear, chaotisch, suchend, aufgescheucht bzw. erschöpft. Geradezu dilettantisch kommt einem dieser »Tanz der Pixel« vor, der spontan und wenig ambitioniert aufgeführt erscheint. Diese Art der Aufführung erinnert in gewisser Weise an stilistische Eigenheiten des »Triadischen Balletts« nach Oskar Schlemmer. Diese modernistische Form des Balletts ist eine künstlerische Form, die sich avantgardistisch und im Geiste einer Ästhetik des Minimalismus und Funktionalismus künstlerisch experimentell ausprobiert. Das »Triadische«, der Dreiklang, äußert sich in einer streng sich wiederholenden Anordnung und Ordnung von Kostümen, der Anzahl von Tänzer_innen, der Farbgestaltung oder der Musik. Diese Art und Weise hatte bahnbrechende Effekte auf die künstlerische Vorstellung von Ballett, Choreografie, Musik und auch für Schlemmers Folgewerk. Den menschlichen Körper fasst Schlemmer als künstlerisches Medium auf und erweitert somit sein theoretisches und praktisches Verständnis von Figur und Raum. Er transformiert quasi dieses Verhältnis auf die darstellerische Möglichkeit des Tanzes. Nach Friederike Zimmermann[30] zeichnet sich das »Triadische Ballett« durch seine Intermedialität aus, der pluralen Verschränkung von Formen. Durch diese Verschiebung klassischer Grenzen der bis dahin gültigen Vorstellung von Tanzkunstwerken hat sich besonders das Zusammenspiel von Musik und Kostüm weiterentwickelt, denn das »Triadische Ballett« trägt den Charakter eines choreografischen Zusammenspiels verschiedener Ebenen.[31] Die minimalistische, klare und einfache Gestaltung der Figuren ist durch die Kostüme gegeben. So entsteht ein Arrangement von funktionalistischer geometrischer Formensprache. Der »Pixeltanz« im Videofilm wirkt ähnlich durch seine Formensprache und die teilweise holzigen Bewegungen, einfach wie funktional choreografiert. Fragen von Raum und Körper werden auch hier verhandelt, allerdings nicht in aller Schärfe und Mixtur der Rhythmen. Vielmehr wirken diese Bewegungen wie ein spontanes Arrangement. Geradezu autodidaktisch werden geometrische Formen und Bewegungen, zum Beispiel in Form der quadratischen Kopfbox oder des sich im Kreise drehen, aufgegriffen. Relevant scheint also die Lust am

[30] Zimmermann, Friederike (2007): Mensch und Kunstfigur. Oskar Schlemmers intermediale Programmatik, Freiburg.

[31] Zu diesen Ebenen gehören zum einen der Dreiklang aus Kostüm, Bewegung und Musik, die Wahrung der Beziehung von Raum, Form und Farbe, die räumlichen Dimensionen von Höhe, Breite und Tiefe, das Spiel der geometrischen Grundformen Kreis, Quadrat und Dreieck sowie der Grundfarben Rot, Gelb und Blau und schließlich der drei Akteure. Die Tänzer_innen sind die Figuren die den »Raumtanz«, den »Formentanz« und den »Gestentanz« verkörpern. Es sind immer drei Tanzende (eine Tänzerin und zwei Tänzer), die zwölf Tänze in insgesamt achtzehn Kostümen aufführen. Schlemmer hat in seiner Zeit an der Bauhausbühne weitere Tanzwerke wie »Metalltanz«, »Glastanz«, »Reifentanz« und »Kulissentanz« entwickelt. Vgl. Fischer-Lichte, Erika (1999): Kurze Geschichte des deutschen Theaters, Tübingen; Basel, S. 325 f.

spielerischen Umgang mit Körper, Verkleidung, Utensilien und Raum zu sein. Auch die Raumgestaltung im Film erinnert an das »Triadische Ballett«, ist aber verschieden zu beurteilen. Wird die Raumgestaltung bei Schlemmers Tänze durch eine besondere physische Anordnung geometrischer Elemente erzeugt, erfolgt sie im Video durch projizierte Kulissen und die Bewegungsfreude der drei Akteure.
Zurück zum Film: Wüste und Auflösungstafel im Hintergrund werden nun in leichte Drehbewegung versetzt und markieren so eine Ungleichzeitigkeit der filmischen Entstehungsgeschichte des Videos. Die musikalische Begleitung befeuert die asynchrone Rhythmik und Spannung. Sie steht für sich und will auch so Gehör finden. Zudem geht der »Pixeltanz« eine Verbindung mit dem eingespielten Musikstück der elektronischen Klassik ein. »Backwards Overload« aus den 1960er Jahren ist ein Song, der übersetzt werden könnte mit »Rückwärts-Überlastung«. Auf der titelgebenden Ebene wird deutlich, dass der »Pixeltanz« eine »Rückwärts-Überlastung« verkörpert. Eine Last zu tragen, ist nicht unmöglich, kippt die Last und kommt in Schwingung, dann wird die Überlastung zur Überforderung, die nur temporär gehalten werden kann. Dann folgt der Zusammenbruch. Vom Treiben um allumfassende Sichtbarmachung scheint die Gefahr der Überlastung auszugehen. Was machen diese Pixel mit dem Kopf der Tanzenden? Sie schwirren teilweise unkoordiniert durch den Raum. Andere scheinen sich mehr zu trauen und beginnen zu hüpfen, sich sogar quasi mit geschlossenen, verbundenen Augen im Kreis zu drehen. Sie stoßen allerdings nie zusammen. Trotz Unsicherheit und möglichen Risiken finden die Tanzenden einen Umgang mit ihrer Lage und vollführen teilweise eng aufeinander bezogene Bewegungsabläufe, die aussehen wie eine geometrische Formation.

Viertes Kapitel

»How Not to Be Seen« ist wieder aus dem Off zu hören und es folgt die numerische Einordnung des Filmabschnittes. Auf dem weißen Screen steht: »Lesson IV: How to be invisible by Disappearing«, in der 13 Varianten vorgestellt werden, sich durch Verschwinden unsichtbar zu machen – »There are 13 ways of Becoming invisible by disappearing.«.
Im Kontrast zum bisherigen Geschehen entwickelt sich nun eine Animation einer computergenerierten Stadtansicht. Die Sequenz wirkt wie ein Film im Film. Zu sehen ist zunächst die architektonische Konstruktion einer Hochhausanlage. Im Hintergrund ist eine ursprünglich

eher kleinstädtische Bebauung mit kleineren Wohnhäusern, öffentlichen Sportplätzen und umgeben von Wäldern zu erkennen. Eine mehrspurige Straße im rechten Bildteil durchschneidet linear das Areal. Die High-End-Hochglanz-Anlage in der Bildmitte strahlt, wirkt modern, neuwertig und qualitativ anspruchsvoll. Während der Komplex selbst stark erleuchtet wirkt, tritt das umliegende kleinstädtische Areal in den Hintergrund (Abb. 39).
Nach der Stadtansicht von oben folgt nun die Präsentation der Hochhausanlage von innen. Hyperreal animiert wird der Wohnkomplex vorgestellt. Die männliche Computerstimme kommentiert die jeweilige Innenansicht und leitet in ein neues Thema ein: »Living in a Gated Community«.
Als Erstes ist der Eingangsbereich der Anlage zu sehen. Der Bereich wird mit den Worten »Entrance Gate« eingeführt, die gleichzeitig im linken unteren Bildschirmbereich ornamental verziert und grünlich unterlegt eingeblendet werden. Es handelt sich um den Wohnkomplex »Paras Irene«, so ist einem rechts abgebildeten Schild zu entnehmen. Links neben einer Autoschranke im Eingangsbereich verweilt fast unmerklich eine Personengruppe auf der Begrünung. Sie sind nur als weiße Silhouetten zu erkennen.
Die Zuschauende passiert einem fahrenden Auto folgend das Eingangstor. Diese Perspektive erinnert an Computerspiele, in denen man sich mit einem Objekt mitbewegt, um ein neues Sichtfeld einzunehmen. Wie ein Fließband leitet die dynamische Animation durch den Ort. Eine nächste Einblendung (rechter Bildbereich) verrät, ähnlich der vorherigen Orientierungshilfe ornamental und grünlich gestaltet, dass gerade der »Save and Secure«-Bereich durchlaufen wird. Eingeblendet wird auch die Information, dass es sich um eine »Gated Community with multiple tier security« handelt. Untermalt wird dieser Kommentar mit der Darstellung jener glamourösen, modernen Hochhausarchitektur, die sich durch Bepflanzung am Bau, stattliche Bäume und Palmen in den Höfen sowie Springbrunnen als scheinbar natürlicher Ort präsentiert.
Die computeranimierte Off-Stimme ist zu vernehmen und nennt die nächste Variante, um unsichtbar zu sein: »Living in a military Zone«.
Eine weitere Schranke wird geöffnet. Der Blick folgt einem größeren Mittelklassewagen. Nebensächlich wirken die durchsichtigen Passanten, die sich links und rechts auf Plätzen bewegen oder auf Gehsteigen und unter Bäumen stehen. Scheinbar folgen sie ihren alltäglichen Besorgungen, Freizeitvergnügen, Plaudereien mit Ande-

ren oder Ähnlichem. Das Fahrzeug biegt in eine Shoppingzone im »East Side Entry«-Bereich ein. Werbung für populäre Produkte des höheren Preissegments ist in den Schaufenstern der Gebäude zu sehen. Gezeigt werden fiktive Markennamen, die zum Beispiel an einen japanischen Elektronikkonzern (»Pansonic«) oder eine international bekannte französische Bekleidungsmarke (»Lagoosta«) erinnern (Abb. 40). Auf dem Vorplatz des Shoppingcenters, der an stereotype internationale Kaufhäuser oder Hotelanlagen erinnert, steht ebenfalls ein Springbrunnen. Durchsichtige Körpersilhouetten fließen in das Gebäude hinein. Im Off-Kommentar heißt es »Beeing in an Airport, Factory or Museum«. Der Platz erscheint als Synonym für Beliebigkeit, die in ihrer Gleichförmigkeit kaum Anderssein erlauben: ein aufgeräumtes und strukturiertes, genau choreografiertes Sujet. Die Gebäude sind betongrau, ebenso die Platzgestaltung. In einem rechtwinklig steingrauen Becken ist das Wasserspiel angelegt, eine Bepflanzung von gelben Blumen schließt es nach Außen hin ab. Der Eingangsbereich der Anlage wird von einer ausladenden kubistischen Dachkonstruktion überdeckt. Zu hören ist ein immer gleicher dschungelartig, fiepend, trillernd generierter Sound. Dieser Sound wird den weiteren Verlauf durch die Passage der Shopping Mall und das Innere der Gated Community begleiten. Die Musik erinnert an eine lautmalerische Reise durch ein unwegsames Gelände, in dem es schrillt, piept, pumpt, sirrt, zirpt, knattert, raschelt und gehörig zu rasseln scheint. Eine latente Unruhe drängt sich auf. Eine direkte Zuordnung fällt schwer.

Die Rolltreppe manövriert den Zuschauenden in ein nüchternes Ambiente eine Ebene höher, auf der man vier transparenten Personen begegnet. Wir sind im Inneren der Shopping Mall, die trotz der vier menschenleer wirkt. Schnelle Bildschnitte folgen. Das Interieur der Mall ist auf Hochglanz poliert und weitläufig, dezent in Beige- und Brauntönen gehalten. In den vielen Geschäften scheint kaum ein Kunde zu sein. Es herrscht vornehme Zurückhaltung. Der Blick in den sogenannten Ground Floor besticht durch eine zurückhaltende Offenheit, in der sich wohldosiert anonyme Figuren aufhalten. Glas- und Spiegelfronten sowie kreisrunde Deckenbeleuchtungen verursachen eine hyperrealistische Beleuchtung, durch die Reflexionen und die Spiegelung der Räumlichkeit der Eindruck von Kompression und Verdichtung entstehen. Man scheint sich zu verlieren. Orientierung gibt alleine die schlängellinienartige Raumanordnung. Den »Ground Floor« durchfließt man förmlich in weichen Wellenbewegungen. Fahrstühle heben ab. Als

einzig realer Mensch erscheint plötzlich die Künstlerin selbst im Bild, die innerhalb dieser computerprogrammierten Animation aber ebenso wenig real bzw. echt sein kann (Abb. 41). Nur im Kontrast zu den Schattenwesen wirkt sie real, zumal sie im Begriff ist, sich just über ihren schwarzen Kimono eine weiße Scherbe zu drapieren. Ein Moment, in dem Steyerl wiederholt die Konstruktion und Montage der Bilder dieses Videofilms zitiert und markiert.
In Konkurrenz zum Sound führt die generierte Off-Stimme den Bericht weiter aus: »Owning an empty apparat to hand back« (»Einen leeren Apparat besitzen, um ihn zurückzugeben«) und einen kleinen Augenblick später: »Being fited with an invisibility cloak« (»In eine Tarnkappe gehüllt zu sein.«).
In der nächsten Einstellung wird die Außenaufnahme einer als »The Island Sundeck« bezeichneten Terrasse gezeigt. Der Kamerafahrt folgend wird man über eine Sonnenterrasse mit holzvertäfeltem Boden und offenem Swimmingpool an Sonnenbänken vorbei weitergeleitet. Dabei ist der Blick auf die luftige und großzügige Architektur der Hochhausanlage gerichtet. Auch hier setzt sich die Begrünung mit Laubbäumen und Palmen fort. Im Moment der Passage lassen drei nebeneinanderstehende dunkel gekleidete Personen dunkelgrüne Gewänder über ihre Körper fallen, die nun auf der Terrasse stehend eine dunkelgrüne Niqab[32] in Kombination mit einem Gewand tragen (Abb. 42). Direkt im Anschluss sehen wir eine Figur mit herunterhängenden Schultern den Weg entlang schlendern, die sich von den anonymen Schattenpersonen aufgrund ihrer fahlen, milchigen, transparenten Gestalt unterscheidet. Die Szene des lässigen Schlenderns wirkt nicht zuletzt wegen des Kommentars »Being a Superhero« befremdend. Die Person durchstreift eine sommerlich warme, lichtdurchflutete Kulisse vorbei am Swimmingpool unter einer Terrassenüberdachung. Anschließend sehen wir, wie unter der Überdachung ein_e schwarzgekleidete_r Nahkämpfer_in Kampfkunstübungen vollführt. Auch sie wirkt wesentlich realer als die bisherigen Figuren. Unterdessen bevölkern auf Parkbänken sitzende, in Kleingruppen zusammenstehende oder vorbeilaufende transparente Figuren die Gegend.
Die computergenerierte Stimme nennt nun einen nicht minder bizarren Weg, unsichtbar zu werden, nämlich als Frau über 50. Jahre alt zu

[32] Niqab ist Teil muslimischer Kleiderordnung, die der Verschleierung der Frau (ihres Körpers) dient. Die Niqab in Kombination mit einem Gewand bzw. einem Taschador erscheinen wie ein Ganzkörpergewand, bei dem die Augenpartie im Gegensatz zur Burka ausgespart bleibt.

sein: »Being female and over fifty«. Diese Option, so makaber sie zu sein scheint, wirkt doch realer als die Fiktion der filmischen Darstellung. Das filmische Spiel lässt diese Aussage auf der visuellen Ebene mit dem dargestellten exklusiven Wohnraum changieren. Das Bild von fertigen und wohlplatzierten Townhouses ruft in Kombination mit dem Off-Kommentar die patriarchale Vorstellung einer klassisch-bürgerlichen Rollenaufteilung auf, nach der die Frau als Hausfrau und Mutter fungiert. Emanzipatorische Bedürfnisse werden ihr nicht zugeschrieben, vielmehr soll sie sich ganz und gar der Rolle widmen, sich um Haus und Familie zu sorgen. Dieses tradierte Bild verhindert unter anderem den sichtbar gleichen Anteil von Frauen in öffentlichen Ämtern, Unternehmen usw.

Fassen wir zusammen: Die Sequenz wirkt wie ein Werbeclip für vermeintlich modernes Wohnen. In »Paras Irene« gibt es Hochhäuser, Shopping Malls und Townhouses, exklusiven Wohnraum mit hauseigenem Pool und Grünanlagen für die klassische Kleinfamilie aus Mutter, Vater und Kind. Geradezu normativ scheint diese Lebensform zu gelten. Charakteristisch für diese Wohneinheiten sind die teilweise lang gezogenen, schmalen Parzellen, die sowohl zu originellen, unkonventionellen Grundrissen herausfordern als auch an das traditionelle, bürgerliche Wohnen anknüpfen. Es geht um ein möglichst individuelles Angebot für mannigfaltige Bedürfnisse des Wohnens, die auch mit der Präsentation dieser Gated Community und dessen breitem Spektrum an Wohnformen und Nutzungen zum Ausdruck kommen.

Das von Steyerl angelegte Zusammenspiel von Text-, Bild- und Musikebene fordert dazu auf, diese Ebenen aufeinander zu beziehen. Im Screen erscheint eine Schriftebene, zu lesen ist: »An address that invites you to resort – like living« (Abb. 43). Im Garten trifft man sich auf ein Gespräch oder macht es sich auf den Sonnenbänken gemütlich. Im Kontrast zu vier Schattenpersonen sind zwei schwarz bzw. schwarzgrau gekleidete Personen mit je einem grauen bzw. weißen Karton über dem Kopf zu sehen. Hier tauchen wieder die Figuren auf, die das Publikum bereits an vorangegangener Stelle kennengelernt hat. Die komplett schwarz gekleidete Person hält ihre Arme vor dem Körper leicht verschränkt, die andere Person hält mit der Hand die Box über ihren Kopf. Während die Hausbewohner_innen nur als Schattenfiguren auftreten, wirken die Anderen eher unpassend, störend, fast wie Eindringlinge. Es ist offensichtlich, dass sie nicht dazugehören. Das liegt an der Inszenierung, Kleiderordnung, der Farbigkeit im

Gegensatz zu den komplett transparenten Figuren, aber auch an der Körperhaltung. Während sich die transparenten Figuren scheinbar im Gespräch befinden, warten die anderen, sich den Gastgeber_innen vorstellen zu können. Man zeigt, was man hat, es darf besehen werden und man darf auch zu Besuch sein, aber alles in einem angemessenen Abstand.

Das Haus gliedert sich in zwei Etagen. Große Fensterfronten sorgen für Luftigkeit und ein lichtdurchflutetes Interieur. Fitnessgeräte in den Wohnräumen, ein L-förmiger Swimmingpool sowie ein großer Sonnenschirm stehen für Freizeit, Genuss, Selbstpflege und Körpergesundheit, Wellness und Selbstertüchtigung (»In einem gesunden Körper, lebt ein gesunder Geist.«). Das sind Werte, die vor allem in der höheren Mittelklasse habituell zu finden sind. Die Szene wechselt.

Im Off-Kommentar werden weitere Varianten genannt, sich unsichtbar zu machen: »Surfing in the dark« oder »Being a dead pixel«. Das Bild zeigt nahaufgenommene Stoffsessel, die in einer Doppelreihe wie im Kino aufgestellt sind. Rechts daneben kann eine Treppe hinabgegangen werden. Rote, schwere Auslegware ist in diesem Durchgang verlegt. Vor der Leinwand ist senfgelbe Auslegware zu sehen. Auf der Leinwand wird ein Animationstrickfilm zu sehen. Vor der Leinwand laufen durchs Bild hintereinander die bereits bekannten drei schwarz gekleideten Personen mit den je weißen, grauen und schwarzen Kartons über dem Kopf sich an der vorderen Person festhaltend (Abb. 44). Sie sind das Bild der Option, unsichtbar zu sein, wenn man ein Pixelfehler ist, ein »dead Pixel«.

Vergleichbar mit dem toten Pixel könnte man auch ein WLAN-Signal sein: »Being a wifi-signal moving through human bodies«. Wer hat so etwas schon jemals gesehen? Das ist natürlich unmöglich. Offensichtlich fordert die Künstlerin ihr Publikum auch heraus, in unmögliche Richtungen zu denken. Bei dieser Aussage hüpft eine Person durch die Szene, die bereits im Terrassenbereich von »Paras Irene« zu sehen war. Von rechts nach links schreitet die Person über Steinplatten, die in eine Wasseranlage im Außen- bzw. Erholungsbereich eingelassen sind. Die Wasseranlage ist bepflanzt. Der Terrassenkomplex ist mäandernd durch Nischen, Sitzgelegenheiten und dichten Baum- und Palmenbestand strukturiert.

Erneuter Szenenwechsel. Das Publikum erhält Einblick in das Innere eines weiteren Gebäudes. Es handelt sich um eine Lounge mit interkontinentalem Flair – die »Guest Lounge, Bar, Restaurant with Banquet facility«, so die Bildinschrift. Asiatische Dekorelemente wie die

Trennwände aus Holz mit gitterähnlicher Musterung verdinglichen dieses Flair. Der Raum wirkt offen und in sanftes Licht gehüllt. An der Fenster- und Wandfront befinden sich gemütliche Sitzecken, die zum privaten Austausch einladen. In diese Szenerie rollt sich gekonnt ein »Ninja« hinein (Abb. 45), ein »verborgener Kämpfer«, der sich aus dem Dickicht unbemerkt zwischen Raum und Zeit hindurchbewegt und seinen Angriff ausführt. Begleitet von dem Off-Kommentar »Being a document or poor« (»Ein Dokument oder ein Armer sein«) wird so eine weitere Möglichkeit vorgestellt, unsichtbar zu sein. Wer ist man, wenn man arm ist? Anscheinend in erster Linie ein Mensch, der im Verborgenen existiert und kaum wahrgenommen wird.
Die Kamerafahrt nähert sich nun zunehmend dem Ninja, der sich kampfkünstlerisch bewegt. Unmittelbar in Front zu ihm wechselt das Bild und der Film zeigt wiederholt die Künstlerin, wie sie von einer Person eingehüllt wird, wobei lediglich die Augenpartie ausgespart bleibt. Die Szene spielt vor einer Blumenbepflanzung im Außenbereich. Ihr Oberkörper ist transparent und die dahinter befindliche Blumenbepflanzung schimmert durch sie hindurch. Ihre dunkelgrüne Bekleidung sowie die Kopfbedeckung erinnern an Krankenhauskleidung. Soll sie auf einen chirurgisch-operativen Eingriff vorbereitet werden?
Nachdem die Kamera dem Zuschauenden die Raumtiefe eröffnet hat, fährt sie nun parallel zum Horizont und zeigt eine_n Laufende_n, der oder die sich von links nach rechts über das belebte Außendeck eines Gebäudes bewegt, das von mehreren transparenten, weißen Schattenpersonen besucht ist. Die Zuschauende wird über eine zwölfte Möglichkeit in Kenntnis gesetzt, im Verborgenen zu sein: »Being spam caught by filter« – »Datenmüll, der durch einen Filter gefangen wurde«. Die Kamerafahrt jagt der joggenden Person hinter her. In kleineren Gesprächsgruppen haben sich die Schattenpersonen eingefunden oder sie sitzen schlicht auf dem Vorsprung von großen Pflanzkübeln. Zu sehen ist ein offener Laufbereich im 7. Stock – »Elevated pathways for jogging or walking at 7th level terrace«. Erneut tauchen auf dem Weg des Freidecks im Bereich »Going higher« drei Personen in Gestalt der »Niqab-Träger_innen« auf. Sie drehen sich auf der Stelle im Kreis und es fällt auf, dass deren Gewand hinten geöffnet ist.
In dem Moment als die Jogger_in auf gleicher Höhe mit einer ihr entgegenlaufenden Person ist, erstarrt diese und die Kameraführung wechselt in die Horizontale, sodass nun das Areal aus der Vogelperspektive detailreich einzusehen ist. Eine multifunktionale Anlage prä-

sentiert sich durch einen freizügigen Blick auf den Freizeit-, Sport- und Wellnessparcour. Zu sehen ist ein exakt kalkulierter und ausgeführter Baukomplex. Die Anlage lässt sich von oben sehr gut einsehen, selbst Nischen und scheinbare Rückzugsräume der Parkanlage sind zu erkennen. Aus dem Off ist der Kommentar zu hören, man könne auch ein Staatsfeind sein: »Being a disappeared Person as an Enemy of the state«. Sobald dieser Satz ausgesprochen ist, wird die Musik dazu gestoppt. Staatsfeind zu sein bedeutet, gemäß der computergenerierten Off-Stimme: »Eliminated; Liquidated; Dissimulated«. In diesem Fall stünden Eliminierung und Auslöschung als Formen des Verschwindens auf dem Plan.

In der Animation ist der Rundgang durch »Paras Irene« im Kinder- bzw. Spielplatzbereich angelangt – »Designated Play areas by design«. Dieser Teil der Anlage ist eher am Rand der Hochhäuser angelegt. Hier verkehren Fahrzeuge. Reichlich und abwechslungsreich begrünt gibt es hier diverse etagenartige Bepflanzungen mit Bäumen, Büschen oder anderen blühenden Pflanzen in Kübeln sowie angelegte Beete. Ein weißer Zaun umgibt den Bereich. Zur Abwechslung und kindlichen Entfaltung dient ein Parcours aus Spiel-, Kletter- und Erkundungsgeräten. Sogar ein Wasserspiel trägt zur Freude bei. Die opaken Kindergestalten spielen, rutschen, tanzen, klettern und scheinen sich wohlzufühlen.

Das Bild ändert sich erneut und vom Wasserspiel mit den tanzenden Kindern führt die Kamera in einen weiteren Erholungsbereich. Es ist ein Teicharrangement mit prachtvoll blühenden Seerosen, Goldfischen, einem vorüberziehenden Schwarm an Vögeln zu sehen. Eine Person führt ihren Hund aus, eine Dreiergruppe steht plaudernd diagonal zu ihr. Die Teichanlage im Innenhof ist unweit des größeren Erholungsbereichs mit Pool zu finden. Eine weitere Person mit Aktentasche nähert sich der Person mit dem Hund und macht Rast im Schatten des Pavillons. Es herrscht eine merkwürdige Stille. Weder die Fluggeräusche der vorüberziehenden Vögel noch der Hund, das Wasser im Teich, das Rascheln der Teichgräser oder die Stimmen der miteinander interagierenden Dreiergruppe sind wahrnehmbar (Abb. 46). Es ist still und es fällt spätestens an dieser Stelle im Film auf, dass durch die elektronische Musik die filmisch animierte Gated Community selbst als Metapher für ein verborgenes Leben als Schattenexistenzen in einer aufgelösten Gesellschaft wahrgenommen werden könnte. In dieser illustren, sonnigen und vormittäglichen Außeralltäglichkeit mit der Suggestionskraft von Pause und Müßiggang erteilt

uns die weiblich computergenerierte Stimme eine weitere Lektion in Sachen Verschwinden: »In the Decades of the digital Revolution 170.000 People disappear« – »In den Jahrzehnten der Digitalen Revolution sind 170.000 Menschen verschwunden.«. Unbenannt bleibt, warum so viele Menschen verschwinden konnten und inwiefern sie sich aufgelöst haben.
Es ändert sich die Ansicht. Nun wird das mittelgroße Gebäude des »Your Own Personal Club« mit ausladender Dachkonstruktion und einem offenen Eingangsportal eingeblendet. Einige Schattenfiguren bewegen sich darauf zu. Zwei Paare stehen im Vorraum. Rechts im Bild sind hochgewachsene Palmen, andere Pflanzen und im Hintergrund eines der Hochhäuser zu sehen. Der »Your Own Personal Club« vertieft den Eindruck des Bilds der Gated Community. In dieser Szenerie beginnt die weibliche Stimme ihren Vortrag fortzusetzen und sie berichtet davon, was mit verschwundenen Menschen geschieht: »Disappeared People are analyzed, eliminated, eradicated, deleted, dispense with, filtered, processed, selected, separated, white cloud« – »Die Verschwundenen werden analysiert, beseitigt, ausgemerzt, gelöscht, auf sie kann verzichtet werden, sie sind gefiltert, verarbeitet, ausgewählt, getrennt und eine weiße Wolke«. Während offen gelassen wird, welche Aktivitäten der »Your Own Personal Club« ermöglicht, tummeln sich miteinander interagierende Grüppchen vor dem Gebäude bzw. im Durchgangsbereich. Vielleicht ist der »Your Own Personal Club« so etwas wie ein Durchgangsbereich für karrierebewusste Menschen?
Im Kameraflug bewegen wir uns auf einen üppigen Vorplatz mit Springbrunnen und Palmen zu. Die Innenhöfe der Anlage links und rechts der Hochhäuser werden fokussiert. Die Inspektion erfolgt von möglichst vielen Seiten und eröffnet einige Perspektiven auf den »Community«-Komplex von »Paras Irene«. Im Sichtfeld ist der Angabe nach nun das »Huge Center Green« zu sehen.
In dieser »Exquisite Green«-Umgebung erklingt Musik. Es folgt ein weiterer Song von Laurie Spiegel aus den 1970er Jahren – »East River Dawn«[33], der durch ein Zusammenspiel von computergenerierten Pixelvisualisierungen in einer Visualisierung der Musik oder einem Klangbild der visuellen Ebene verschmilzt.
Eine mediterrane Hofatmosphäre mit begrünten Pavillons offenbart sich. Es wirkt einladend, luftig, hell und sonnenlichtdurchflutet. Die

[33] Vergleich hierzu: Spiegel, Laurie (1980): East River Dawn, Musik, Sound, 14:16 min, aus: LP, The expanding Universe, in: Youtube.com, verfügbar unter: https://www.youtube.com/watch?v=zIqS5_bh4nM (28.05.2016).

weibliche Computerstimme intoniert aus dem Off: »Invisible People retreet into 3D-Animation«. Es scheint der Kommentar zum Imagefilm über »Paras Irene« zu sein, der zugleich darüber aufklärt, dass das, was der Zuschauende sieht, nicht real sein kann, denn die unsichtbaren Menschen im Film sind lediglich Teil der 3D-Animation. Vertiefend erklärt die Off-Stimme, dass die Figuren das Vektorenprodukt von Maschinen sind: »They hold the vectors of the machine to keep the picture together«. Sie sind generiert, genau wie die Off-Stimmen. Die Kamerafahrt setzt sich fort, durchstreift den Innenhof mit seinen Nischen und eröffnet den Blick auf Gruppen von Sitzenden unter den Pavillons. Während dieser Durchfahrt entdeckt die Kamera erneut drei Figuren in dunkelgrünen Gewändern. Ihre Blicke sind nach links außen gerichtet. Sie stehen nebeneinander und bewegen sich unterschiedlich, eine steht merkwürdig gebeugt. An dieser Stelle im Film changiert die Visualisierung des Videos besonders mit den Informationen der Off-Stimme. So heißt es: »They emerge as pixels« – »Sie treten als Pixel hervor« und es erfolgt ein Bildwechsel. Als ob die Aufnahmeschärfe der Kamera verändert worden wäre, ist das Bild unscharf, bunt, pixelig. Umrisse und Formen sind nicht mehr zu erfassen. Die Computerstimme lässt uns wissen, dass die Figuren zu einer Bildwelt verschwommen sind: »They merge into a world of Images«. Dieses entstandene Bild klappt im nächsten Augenblick regelrecht in ein neues Bild bunt blickend hinein. Die Bilder sind ineinander verschwommen – ein Szenenwechsel folgt.
Eine riesige Projektion einer Desktop-Ansicht auf einer Leinwand ist zu sehen, die von Metallträgern gehalten scheint. Sobald die Pixelwand sich annähernd der Tiefe nach flach am Boden ausrichtet, strebt das Muster der bereits bekannten USAF-Kalibrierungstafel in die Senkrechte, um schließlich auf der bunt blinkenden Pixelwand zum Erliegen zu kommen. Just erscheinen drei Verhüllte in diesem Feld und drehen sich rhythmisch im Uhrzeigersinn um sich selbst (Abb. 47). Sie werden verdoppelt, verdreifacht. Im Vorder-, Mittel- und Hintergrund drehen sich die neun grün verhüllten Personen bzw. die Kopien der Kopien. Auf dem Screenshot des Desktops ist eine Wüstenaufnahme abgebildet und es sind Datei-, Dokument-, Festplatten- und zwei Programmbuttons abgelegt. Dieser Kippmomente, in dem die »Pixelwand« in ein anderes konstruiertes Bild langsam hineinfällt, changiert die Aufnahme eines »echten« Fotoshooting-Studios mit großen Leinwänden ausgestattet mit den projizierten Bildern des Desktopscreenshots sowie mit der »Pixelwand«. Auf dem Desktop sind Programme

wie »Tor Browser -en-us«, eine Verlinkung zu einem Programm namens »Transmission«, eine Datei »lam watermax.docx«, ein Ordner »springporn« und eine Festplatte »Esme« angelegt. Während die Hologramme sich fortwährend drehen, verschwimmt das Bild auf dem sie tanzen zu der Luftaufnahme der Kalibrierungstafel aus dem Jahr 1996. In dieser Kulisse bilden die neun Figuren ein sich drehendes Muster einer Tanzformation, die nicht miteinander agiert. Diese vervielfachte Welt der Tanzenden nimmt nicht aufeinander Bezug. Es ist ein digitales Bild, bestehend aus Verflechtungen von Vektoren. Synästhetisch wirken diese Ebenen zusammen.
Zusammenfassend lässt sich für das vierte Kapitel feststellen, dass der hier zur Schau gestellte Ort vorprogrammiert ist. Eine algorithmische Realität entsteht. Diese vorletzte Lerneinheit ist stilistisch geprägt von Techniken der Verdopplung und Wiederholung und des Überschneidens, Ineinanderfließens und Verschmelzens von Bildelementen. Wenn sich die drei Verhüllten verdoppeln und verdreifachen, dann ist zwar klar, dass es Kopien, also die Duplikate von einem Original sind, aber diese bildhafte Wiederholung bleibt Oberfläche. Es ereignet sich demnach kein qualitativer Sprung oder eine Verdichtung zu einer aufständischen Menge. Wenn die Animation der Verhüllten als Metapher für die Anrufung von Angst vor Terror und Gewalt gelesen werden soll, dann vergrößert sich zwar augenscheinlich das vermeintliche Gefahrenpotenzial, aber von dieser Formation selbst geht nichts darüber Hinausweisendes aus. Die Figuren verweilen stattdessen drehend auf ihren Punkten, es fehlt die zwischenmenschliche Interaktion. Vielmehr lässt sich der Film als Konstrukt der digitalen Generierungs- und Bildbearbeitungstechniken lesen. Insofern steht die Gated Community »Paras Irene« wohl für Sicherheits- und Überwachungsstandards exklusiver Wohngegenden. Der Name der Anlage verkündet »Frieden«, so die griechische Übersetzung des Begriffes »Irene« und bietet dem gestressten Großstädter mit hohem Einkommen, der sich am Ende eines langen Arbeitstages nach Ruhe und »Frieden« sehnt, samt seiner Familie eine hochmoderne Architektur mit Komfort, Luxus und herausragender Infrastruktur.
Vor allem die Kamerafahrten im Raum setzen besonders beim Umkreisen der »Resolution Target« oder bei der animierten Präsentation der Gated Community auf hochtechnische Standards der Digitalisierung und wirken exakt und professionell. In dieser Präzision verbirgt sich eine Ästhetik des schönen, sanften Fließens, dem man sich als Zuschauende gefällig ergeben kann. »Paras Irene« wird in diesem

High-End-Animationsfilm als ein Markenprodukt des höheren Preissegments als lukrative Anlage auf dem Immobilienmarkt oder eben für den Eigenbedarf angepriesen. Hito Steyerl greift dafür auf einen kommerziell produzierten Animationsfilm[34] zurück, der auf einer Online-Plattform für Videos hinterlegt ist. Das tatsächlich geplante hochmoderne Wohnobjekt, dass in Gurgaon/Haryana in Indien errichtet wird,[35] wird von ihr neu kontextualisiert, indem sie diesen Film als »Poor Image« in ihre Videoarbeit einfügt und mit dem Thema der »Resolution Target« verbindet. Durch die Konstruktion der Architektur und durch den Subtext der »Resolution Target« wird die Gated Community als exklusives Panoptikum wahrnehmbar, das sozioökonomisch und klassenspezifisch normiert ist. Trotz der Präsentation als moderne Festung tauchen störende Elemente auf wie die Schattenkämpfer_innen oder die grünlich Verschleierten in der Anmutung von Muslima. Steyerl spielt so zum einen mit der Suggestionskraft der Bilder von Ninjas oder Moslems, die Bedrohungsängste hervorrufen, zum anderen verweist sie durch die dilettantische Bildbearbeitung auf die Konstruktion und Inszenierung von Realität, die sich nicht zuletzt zum Zwecke der Prävention und Kontrolle der Stereotypisierung bedient und etwa in Gestalt von Niqab in Kombination mit einem Gewand bzw. einem Taschador Feindbilder produziert. Bei genauer Betrachtung wirken diese vermeintlichen Eindringlinge allerdings alles andere als bedrohlich. Die Ninja-Figur wirkt wie aus einem Computerspiel heraus gepurzelt und eher unwirklich, die grün verschleierten Figuren stehen ohne Deckung auf dem Sonnendeck oder drehen sich lediglich wie eine GIF-Animation im Kreis. Im Gerangel der opaken Flaneure und Bewohner_innen dieser Hochhausanlage sind die Eindringlinge gleichwohl etwas Außergewöhnliches, verkörpern in gewisser Weise Exotik und karikieren die gehütete Ordnung dieses Idylls. Sie erscheinen wie ein bunter Vogel im tristen Grau einer begrünten Betonoase, hinterlassen kaum Spuren und stören nur margi-

[34] Paras Buildtech (2015): Paras Irene Exteriors Official – Upcoming & New Residential Projects in Gurgaon, Imagefilm, in: Youtube.com, verfügbar unter: https://www.youtube.com/watch?v=PG0C3OcNQn4 (Stand 08.07.2016).

[35] Paras Buildtech (o. J.): Webseite von Paras Irene, verfügbar unter: http://www.parasirene.com/ (Stand 14.12.2016) sowie Paras Irene Residential Apartment in Gurgaon, Überblick der Kaufangebote, verfügbar unter: http://www.parasbuildtech.com/residential-apartment-paras-irene-gurgaon.php (Stand 14.12.2016) und Unternehmensseite von Paras Buildtech, Building Landmarks, verfügbar unter: http://www.parasbuildtech.com/ (Stand 08.07.2016).

nal die immanente Routine dieses Ortes. Schließlich endet das vierte Kapitel als schwarzer Monitor.

Fünftes Kapitel

Das Bild wird weiß, auf dem Bildschirm erscheint in serifenloser Schrift »Lesson V« und das Thema dieser Einheit: »How to Become invisible by merging into a world made of pictures«. Die männlich generierte Computerstimme stimmt ein und nennt »How Not to Be Seen« und »Lesson five«. Somit ist der Auftakt für die letzte Lerneinheit gegeben. Vor dem grünen Hintergrund ist die Kalibrierungstafel des Typs USAF 1951 IX Gurley Troy. N.Y. aufgestellt. Die männlich generierte Computerstimme nennt das Thema der Stunde: »There are 54 ways to merge into a world made of images«. Die Musik und der filmische Verlauf scheinen zunächst analog zur Einstiegsszene des Videos zu sein bis zu dem Moment, in dem die Künstlerin im schwarzen Kimono den Bildraum betritt.

Die Computerstimme wiederholt »TO REMOVE«, die Künstlerin greift sich die Tafel und trägt sie nach links aus dem Bild. Dabei geht sie nicht einfach aus dem Bild, sondern sie betritt eine neue Kulisse. Die Künstlerin befindet sich nun mit der Kalibrierungstafel auf dem Militärgelände in der kalifornischen Wüste und stellt sie auf eine großflächige Bodentafel (Abb. 48). Die Stimme aus dem Off kommentiert: »TO GO OFFSCREEN«. Sie durchschreitet das gemusterte Feld und geht vorbei an einer großen grünen Leinwand, schließlich stellt sie sich neben die Tafel im linken Bildbereich. Sie verschränkt locker ihre Hände vor dem Oberkörper. Die Computerstimme spricht die Variante des Verschmelzens an: »TO DISAPPEAR«. Steyerl verschwindet an Ort und Stelle. Mit ihrem Verschwinden erlischt auch die Musik und kurz darauf wird der Screen schwarz. Die Präsentation scheint nun auf dem Militärgelände in der kalifornischen Wüste weiterzugehen: Die nächste Sequenz zeigt die verwitterte Kalibrierungsskala des Typs »USAF« aus dem Jahr 1951. Die Computerstimme ruft in Erinnerung, dass es sich hierbei um eine Kalibrierungstafel handelt: »This is a Resolution Target«. Langsam kreist die Kamera über das Areal und stoppt in einer annähernd horizontalen Position, die den Ausblick auf die ferne Hügellandschaft dieser kalifornischen Wüstengegend freigibt. Die Einstellung ist eine szenische Wiederholung und bereits aus »Lesson I« bekannt. Dass der Himmel über diesen Weiten blau und hoffnungsvoll erscheint, wirkt nebensächlich, fast banal. Dominierend ist der Eindruck des Verfalls dieser großflächigen Kalibrierungstafel.

Die Off-Stimme teilt mit: »This Pattern has been decommissioned in 2006 as analogue photography lost its importance«. Das Muster wurde also 2006 außer Dienst gestellt, da die analoge Fotografie an sich an Bedeutung verloren hat.
Erneut werden »die Verhüllten«, die aus der vorangegangenen Sequenz durch ihre Tanzperformance in Erinnerung geblieben sind, inszeniert (Abb. 49). Ihr Tanz ereignet sich nun als Projektionen auf der außer Dienst genommenen »Resolution Target« in der kalifornischen Wüste. Die Off-Stimme erklärt zu diesem Bild: »Roughpixels are in the cracks of the whole standards of resolution«. Und weiter heißt es: »They flow of the cloak of representation«. Digitale Bildproduktion ist Standard und sollte verstärkt wegen dessen Wirkung beachtet werden.
Die Kameraeinstellung schwenkt auf einen Riss im Asphalt. Dieser Riss wird fokussiert und erscheint nun stark vergrößert. Popmusik der 1970er Jahre setzt ein – anders als die musikalischen Untermalungen vorher ist dieser Song kulturindustriell bekannter. Zu hören ist der Song »When will I see you again«[36] der Band »The Three Degrees«[37].

[36] The Three Degrees (1974): When will I see you again, Soul, Disco, Musik, Videoclip, in: Youtube.com, verfügbar unter: https://www.youtube.com/watch?v=HUSYj5zq144 (Stand 15.12.2016). Mit diesem Song feierten die »The Three Degrees« einen Millionenseller, der ihnen schließlich die Auszeichnung mit »Platin« sowie »Gold« im Jahr 1974 einbrachte. Dieser Erfolg ist der perfekten Produktion des »Phillysounds« zu verdanken, der sich durch einen tanzbaren, zugänglichen Rhythmus auszeichnet. Wesentlich hat der Sound zur Etablierung von Disco-Musik der 1970er Jahre beigetragen.

[37] Die Band »The Three Degrees« wurde 1963 in Philadelphia gegründet. In den 1960er Jahren ging das gecastete Trio als Konkurrenz zur Soulband »The Supremes« an den Start. Die Musik der »Three Degrees« ist geprägt vom typischen »Phillysound«, einem Sound, der aus der afroamerikanischen Musik von »Rhythm and Blues« und dem im Studio produzierten »Rhythm and Soul« arrangiert wird. Auch wenn »Rhythm and Soul« unmittelbar mit dem Kampf der US-Bürgerrechtsbewegung gegen Rassentrennung und für Gleichberechtigung verbunden ist, spielen für Stilrichtungen wie den »Phillysound« eher kommerzielle Interesse eine Rolle. Diese popkünstlerische Stilrichtung ist ein Konstrukt von Studiomusikern der »Philadelphia International Records«, dem zweitgrößten von schwarzen geführten Musikunternehmen. Deren hauseigene Musiker, die sogenannten MFSB – »Mothers, Fathers, Sisters, Brothers», komponierten diesen popmusikalischen Sound des Souls mit »Geigen- und Bläsersektionen«, die sich durch sanfte und voluminöse Klänge auszeichnen. Exemplarisch dafür ist der Song »When will i see you again« von den »Three Degrees«, der sich unter anderem durch eine »Spielweise des offenen und

Das Bild wechselt erneut. Eine grobpixelige Aufnahme der »Resolution Target« in der Wüste wird zum Hintergrund für eine weitere Präsentationsform im Bild. Ein Bildschirm im Bildschirm zur rechten Bildseite erscheint und zeigt ein vergilbtes Papier (Abb. 50). Der auf alt gearbeitete Briefbogen erinnert an computergenerierte Papierelemente, wie sie etwa aus Computerspielen bekannt sind, die ein historisches Spielsujet bedienen. Auf ihm stehen die Worte »A world full of love« und »Happiness«. Daneben steht der Kommentar »shoot real background«. Vor dem nostalgischen Hintergrund werden weitere Begriffe eingeblendet: »Full of Hope«, »Full of Contentment« und »Full of Love«. Erneut bricht die filmische Form. Im Kontrast zu den prosaischen Aussagen im Screen werden nun Aufnahmen der Gated Community »Paras Irene« eingespielt. Im Blick ist der große Hauptplatz zwischen den Hochhäusern. Im Zentrum ist ein Springbrunnen. Unmittelbar vollzieht sich die Kamerafahrt durch diese Gegend. Immer deutlicher sind drei tanzende Personen in langen, fließenden, weißen Kleidern zu erkennen. Im »Huge Center Green« von »Paras Irene« unter einem bewachsenen Pavillon interpretieren die Sängerinnen der »The Three Degrees« ihren Song. Der Pavillon wird zur Bühne (Abb. 51).
Äquivalent zur Bühnenshow ereignet sich außerhalb der Leinwandübertragung eine andere Situation. Drei grünverhüllte Personen werden auf der asphaltierten Fläche der »Resolution Target« in der kalifornischen Wüstenstimmung gefilmt. Gleichwohl die Verschleierung mit dem Bild der Niqab in Kombination mit einem Gewand bzw. einem Taschador spielt, erscheinen die Gewänder auch wie übergroße Kittel, die einer medizinischen Bekleidungskammer entliehen worden sind. Während die linke Person bemüht ist, ihr Gewand über den Oberkörper zu streifen, was sich schwierig gestaltet, drehen sich zwei Personen unbeirrt um ihre eigene Achse. Unbeholfen wirken diese Figuren, denn unablässig, fast stolpernd drehen sie sich um sich selbst. Der linken Person gelingt es schließlich, sich von ihrem Gewand zu befreien. Sie trägt einem eng anliegenden grünen Ganzkörperanzug, eine sogenannte Morphsuit, und scheint nun das filmisch-musikalische Treiben auf der Leinwand zu bestaunen. Mit den Händen in der Hüfte schaut sie aus der linken Bildhälfte auf die Leinwand (Abb. 52). Merkwürdig changiert diese Figur zwischen Hinter-

geschlossenen Hi-Hat« akzentuiert. Dieser abgeschnittene Beat entspricht dem »Hi-Hat« Sound, der den »Phillysound« markant macht. Vgl. Shapiro, Peter (2005): Turn the Beat Around. The Secret History of Disco, London, hier: S. 97.

und Vordergrund, Sichtbar- und Unsichtbarkeit. Der grüne Körper verschwimmt zunehmend und der Hintergrund der Wüstenlandschaft schimmert durch den Körper hindurch, deren Aufnahme der Gegend sehr grob und unscharf ist. Im nächsten Moment wird gezeigt, was sich aktuell im grünen Zentrum von »Paras Irene« in dem zur Bühne gewordenen Pavillon abspielt. Die Zuschauenden treffen auf den Moment im Videoclip, in dem im Film »Exquisit Green« eingeblendet wird und eine der Sängerinnen mit voller Stimme »Forever« intoniert, während sich alle drei Interpretinnen in ihren langen weißen Kleidern schwungvoll um ihre eigene Achse drehen. Das wirkt wesentlich professioneller als die eben gesehene Tanzeinlage der drei Personen in den grünen Gewändern. Hier wird eine Parallelität arrangiert bzw. mit formalen Elementen gespielt.
Im nächsten Moment fokussiert die Kamera den Morphsuit-Tragenden. In der Zwischenzeit scheint diese Figur verdoppelt worden zu sein. Leicht schräg und etwas mehr zur Leinwand, aber wesentlich nach hinten gerückt, steht das Duplikat. Es ist weitaus durchsichtiger. Die Arme sind vor dem Körper in Brusthöhe verschränkt. Reserviert beobachten beide das filmische Geschehen.
Eine weitere Aufnahme der Interpretinnen unter dem Pavillon am See zeigt, dass aufsteigende Schattenvögel im Bild des Films über den künstlich angelegten Teich mit Seerosen fliegen und zeitgleich aus dem Bild bzw. der Leinwand heraus flattern und nunmehr über dem US-Militärgelände in der kalifornischen Wüste bzw. der Kalibrierungstafel davon schweben. Vom Flug der anonymisierten opaken Vögel erhebt sich die Kamerafahrt und filmt mit kreisender Flugbewegung aus der Vogelperspektive die scharf konturierte Kalibrierungstafel. Aus dem linken Bildrand erhebt sich erneut eine Vogelschar. Die Intonation des Songs wiederholt in diesen Momenten den Refrain »When will I see you again«. Um gleich darauf »When we share precious Moment?« singend zu erfragen. Die Kamera nimmt die Kalibrierungstafel erneut ins Visier. Aus einer Schwenkbewegung wird wieder die Leinwand fokussiert. Links lehnt sich die Person im Morphsuit an die Leinwand und es wirkt, als ob die Leinwand gleich nach hinten wegkippen würde (Abb. 53). Wind scheint die Leinwand ins Straucheln zu bringen. Im unteren rechten Bildrand der Leinwand erscheint die Information »Google Earth« und scheint die Frage aufzuwerfen, ob Google Earth etwas mit der Bildproduktion zu tun hat. Sind die gezeigten Bilder nicht selbst aufgenommen, sondern Reproduktionen aus der Bilderdatenbank von Google Earth?

Schließlich ertönt »Will I have to wait forever?« und der Blick wird frei auf die, die hinter der Kamera arbeiten. Die Realität dokumentiert sich nicht nur in eine Richtung. Es gibt eben auch immer die Ebene derer, die sozusagen hinter den Kulissen sind und wirken: neben dem Publikum, eben auch die Darstellenden, die Bildproduzenten und die Kameraleute. Im Film handelt es sich um drei weiße Männer mittleren Alters, die professionell, engagiert und konzentriert ihrer filmischen Arbeit nachgehen (Abb. 54). Da ist der eine mit orangefarbenem T-Shirt und kurzer heller Bermuda. Ihm scheint die Regie und Aufnahme zu obliegen, denn er führt direkt die Kamera. Links neben ihm steht ein Assistierender mit weißem Shirt, ausgeblichener Stoffhose im Camouflage-Look. Mit etwas Abstand wird eine dritte Person eingeblendet, sie steht aufmerksam für das Geschehen sprungbereit am Set.
Von hinter den Kulissen wieder direkt in den filmisch-szenischen Ablauf hinein intonieren »The Three Degrees« mit »Will I have to suffer« ihren Hit in der gartenähnlichen Kulisse von »Paras Irene«. Während Springbrunnen sprühen und plätschern, opake Einheitsmenschen sich in sonniger Luftigkeit unter Bäumen auf Parkbänken entspannen, plaudern oder des Wegs entlang schlendern, entsteht der Eindruck einer pittoresken Szenerie. Hier wie auch in der Shopping Mall scheint alles in Ordnung. Die Rolltreppen gleiten in gewohnter Routine zu den Höhen der Kauf- und Luxusarenen hinauf. Man kann wählen zwischen den Restaurants und Örtlichkeiten, in denen man sich je nach Stil und Gefallen aufhalten kann. Sich treiben lassen ist im »Ground Floor« nicht schwer. Ein anregendes Licht, das nicht zur Eile auffordert. Stattdessen warme Farbtöne in Umbra, Ocker oder Siena. Und doch wird der Anspruch auf das besondere Detail gewahrt. Mäandernde Olympiakreise zieren die Wände. Restaurants stehen arrangiert potenziellen Gästen offen. Während die einen ihre Wahl getroffen haben, ziehen andere vereinzelt weiter. So spaziert ein Läufer geradezu aus dieser Innenansicht hinaus. Die Bilder überschneiden sich. Der Laufende durchschreitet sie und wechselt surrealistisch die Kulisse, also den Ort des Geschehens. Die Schattenfigur, die eben noch in »Paras Irene« unterwegs war, läuft nun über die Asphaltfläche der »Resolution Target« auf dem US-Militärgelände in der kalifornischen Wüste.
Dieser Szenenwechsel findet seinen Höhepunkt, wenn die Kamera einen Moment lang auf die renaturalisierte, in sich zerrissene, schollenartige wie poröse Asphaltfläche fixiert scheint, wobei die Buschlandschaft mit kargen Bergen am Horizont eingefangen wird. Die Räume scheinen nichts miteinander zu tun zu haben. Schaut man allerdings

hinter die Kulissen, dann wird klar, dass beide Orte je einer speziellen Intention dienen. So unwirklich sie für sich genommen wirken bzw. so wenig Informationen man über ihren Zweck hat, werden sie so als von Menschen gemacht erfahrbar, die für bestimmte Machtverhältnisse stehen. Der gigantische Schwenkarm einer Kamera wird in direkter Abfolge zum Standbild der Wüstengegend eingeblendet (Abb. 55). Es ist, als ob wir, das Publikum, angehalten werden, uns als Beobachtende, die wir aktiv am Entstehen der Bilder beteiligt sind, zu erkennen. Der Eindruck wird durch eine zeigende Geste der Person im grasgrünen Ganzkörperanzug verstärkt ebenso wie durch eine Gruppe von Schattenmenschen aus der Gated Community, die teilweise gebückt und teilweise diagonal zu der in voller Länge gezeigten Schwenkarmkamera stehend auf sie zeigen und gleichzeitig von ihr gefilmt werden. Die Kameramänner bedienen ungestört davon, entdeckt worden zu sein, das technische Gerät. Während die einen die sich bietende Szene aufzeichnen, scheinen die anderen von der Situation überrascht bzw. schauen zumindest staunend zu. Ob sie schlicht fasziniert sind? Oder genießen sie es sogar, Objekt der Begierde zu sein? Bedroht scheinen sie sich nicht zu fühlen.

Merkwürdigerweise besitzt dieses Zusammentreffen kein Gefühl der unmittelbaren Begegnung. Wie beiläufig nimmt man Notiz von den Schattenmenschen, als schien es nicht, um die Personen an sich zu gehen. Gleichzeitig gelingt es den Schattenmenschen nicht zu erfassen, was sich vor ihren Augen abspielt. Eine asynchrone Konfrontation zweier Welten scheint sich hier voller Spannung zu ereignen. Das überrascht sein und werden der einen, trifft auf das routinierte Handeln der anderen.

Just wendet sich das Blatt und die Schattenmenschen scheinen vor der Kamera zu posieren. Routiniert werden verschiedene Bewegungsweisen inszeniert und filmisch erfasst. Hier sind es die Schattenmenschen, die sich selbst oder als Gruppe präsentieren. Eine Gruppe steht zusammen, eine andere Person gestikuliert im Vordergrund und stapft mit überdimensionaler Anstrengung durch das Bild, eine andere Person spaziert ihr entgegen und fast wie nebenbei tanzt eine andere Person im Hintergrund auf der Stelle. Dieses Fotoshooting findet auf dem Bankett der morbiden »Resolution Target« in der kalifornischen Wüste statt. Auch dieses Arrangement wirkt beliebig, wahllos, zusammengewürfelt. Jede dieser Figuren ist darauf bedacht, sich selbst besonders darzustellen. Dabei wollen manche mehr, andere weniger stark ins Auge fallen. Besonders auffällig in dieser Szene sind die – trotz aller Bemühungen – fehlenden menschlichen Züge der Figuren. Sie wirken wie verblasste Dubletten irgendeines Originals, die von der einen auf die andere Sekunde auftauchen und wieder verlöschen.

Im nächsten Moment wirft die filmische Erzählung den Blick auf die Film- und Bildproduktion. »Make 3D animation!!!« wird das Publikum aufgefordert und gleichzeitig wird auf der Schriftebene im Screen mitgeteilt, dass das Kamerateam verschwindet, sobald eine unsichtbare Energie von einem iPhone verströmt werden würde: »camera crew disappears after invisible energy rays emanate from iPhone.«. Das Kamerateam verschwindet auch tatsächlich und die Person im grünen Morphsuit erscheint im Bild. Wie ein Darsteller von Wildwestfilmen nimmt er direkt im Bildzentrum bereit zum Duell eine zielsichere Pose ein, zückt eine Waffe – das Smartphone – und feuerrote Energieblitze nehmen einem die Sicht (Abb. 56). Der Schuss hat gesessen. Merkwürdig kommt einem diese moderne Interpretation einer Wildwestszene vor. Die Waffe von heute ist ein Mobiltelefon? Oder spielt diese Sequenz vielmehr auf die historische Entwicklung der Kameratechnik an? Der digitale Fortschritt macht eben auch die große Dinosauriertechnik der Film- und Fotoproduktion obsolet. Die unscharfe Aufnahme der »Resolution Target« bleibt hintergrundgebend. Das Video der Band »The Three Degrees« mit ihrem Song »When will I see you again« wird in einem kleineren Monitor schräg zu diesem Hintergrund gesetzt. Im linken Bildteil wird das Publikum aufgefordert, diesen Hintergrund für wirklich zu halten – »shoot this background for real!« (Abb. 57).

Die Kamera kreist nun erneut horizontal und anschließend aus der Vogelperspektive über das unscharfe Areal der »Resolution Target«. Die Pixel scheinen den Kamerakran gekapert zu haben, so die kurze Notiz im linken Bildteil: »pixels hijack camera crane«. Sobald das Kameraauge über dem unscharfen Bild der »Resolution Target« kreist, erscheint die Information, dass das Kamerateam von unsichtbaren Menschen gefesselt wurde, die sie von oben gesehen haben – »cameracrew gets tied up by invisible people seen from above«. Unbeeindruckt trällern »The Three Degrees« ihren Song. In einem kleineren Bildschirm erscheint der Kommentar, dass das Trio ganz real auf einer Auflösungsskala tanzt – »Three Degrees dance on resolution scale for real.«. Was ist Wirklichkeit und wessen Realität wird hier wie dargestellt? Unter dem Eindruck dieser Frage erscheint im Screen die Information, dass die US-Luftwaffe Glitzer aus ihren hochmodernen Helikoptern fallen lasse – »U.S. Air Force drops glitter from stealth helicopter.«. Während der Refrain geschmettert wird, erfolgt der Einspieler, dass nun auch die Pixel froh und glücklich wären, denn sie hätten den Kamerakran übernommen – »happy and excited pixels filming from crane.« Wird es ein Happy End geben? Die im Lied aufgeworfene Frage über Freund und Feind, Liebe oder doch »nur« Freundschaft, Verzweiflung und Freude scheint hier mit der neuen digitalen Bildproduktion und all den sich daran anschließenden Interessen und Besonderheiten zu interagieren. Denn die Möglichkeiten, andere abbilden zu können, ist für die einen Freud und für die anderen Leid. Die digitale technische Reproduzierbarkeit bleibt von diesem Paradox überschattet. Ist das die Wirklichkeit, in der wir leben – »shoot this for real«? Und läuft etwa die Entwicklung im Zeitalter der Digitalisierung und enormen Beschleunigung darauf hinaus, dass wir am Ende auf einer Drohne davon fliegen – »and fly away with drone«? Der eben noch eingeblendete Screen verschwindet aus dem Bild. Im Bildmittelgrund heißt es nun »happy pixels hop off into low resolution, gif loop!«, – die glücklichen Pixel werden nun aus einer niedrigen Auflösung herausspringen, und zwar unaufhörlich wie in einer animierten Wiederholungsschleife (»gif loop«). Der Hintergrund wird schwarz und schließlich fliegen noch ein paar einzelne unsichtbare computeranimierte Vögel aus dem schwarzen Screen heraus. Die grünen Personen kämpfen nun als fast unsichtbare Schattenboxer gegen die aufgestellte »Resolution Chart« in der kalifornischen US-Militärzone. Zum Schluss ist das Bild einfach nur noch schwarz und der Song spielt sich aus.

Für dieses fünfte Kapitel kann festgehalten werden, dass hier die Kalibrierungstafel als ein historisches Relikt staatlicher Überwachungspraxis in Zeiten des »Global War on Terror« inszeniert wird, wobei das Beispiel auch mit der digitalen Bildproduktion an sich korreliert. Dadurch stellen sich weiterführende Fragen nach dem Wahrheitsgehalt von Bildern. Wie verändert die mannigfaltige Form der Reproduktion die Produktion und die Rezeption und welche Konsequenzen hat dieser technischer Fortschritt auf Kunst und Kultur? In diesem Sinne wird im Film die künstlerische Strategie der Wiederholung genutzt, um auch auf diese Fragestellung ästhetisch hinzuwirken. Handelt es sich in der ersten Unterrichtseinheit um die Frage, wie man etwas vor einer Kamera verbergen oder unsichtbar machen kann, stellt sich in dieser letzten Lerneinheit die Frage etwas anders, nämlich wie man mit einer Welt aus Bildern verschmelzen kann. Es folgen dieselben Antworten und Veranschaulichungen auf beide Fragen. Beide Fragestellungen stehen miteinander in Verbindung. Zum einen scheint sich

choreografisch an dieser Stelle im Film der Kreis der thematischen Verhandlung mit einer Abschlusswiederholung zu schließen und zum anderen entsteht eine neue Perspektive. Denn die Fragestellungen sind auch gegenteilig. Etwas, das vor einer Kamera verborgen wird, impliziert doch, dass es kein reproduzierbares Bild werden kann. Dass heißt, das Motiv wird der Kamera vorenthalten. Allerdings entstehen Bilder auch im Kopf, ohne dass sie direkt visuell vor Augen geführt wurden. Keine Geräusche, kein Kratzen oder andere Soundspuren begleiten die Inszenierung, wie man mit einer Welt aus Bildern verschmelzen kann. Es herrscht reine Sachlichkeit. Will man überhaupt zu einem Bild werden, also mit einer Welt aus Bildern verschmelzen? Welche Möglichkeiten gibt es dieser Entwicklung, die dystopisch scheint, entgegenzuwirken? Oder ist das die grundsätzlich falsche Frage und es kommt mehr darauf an, progressiv die digitale Technik der Bildproduktion für eine andere Welt einzusetzen?
Das Phänomen des Switchens, Springens, des sich Transformierens, sich neuen Bedingungen Auslieferns und darin bestehen zu können, ließ sich bereits an mehreren Stellen im Film beobachten. Ein Beispiel dafür sind die Vögel, die wiederkehrend aber ohne eine lineare Logik imstande sind, sich zu verflüssigen. Die Situationen, Hintergründe, Orte oder Landschaften werden frei variiert. Dadurch entsteht der Eindruck einer hyperrealistischen Welt. Allerdings handelt es sich dabei lediglich um einen Effekt aus der Bildbearbeitung. Diese schlichte Austauschbarkeit der Bilder entspricht dem Zeitalter der digitalen Reproduzierbarkeit von Bildern. Zeit und Raum überholen sich durch die technischen Möglichkeiten einer endlosen Kopierbarkeit von Bild- und Textcode. Beschleunigung wird binnen dieser bildreproduzierenden Prozesse freigesetzt, die wiederum eine hyperrealistische Welt in den Abbildungen der technischen Endgeräte oder in sozialen Foren potenziert. Motive, Bilder, Orte sind unlängst beliebig abrufbar, können gesammelt, collagiert oder übereinander gelagert werden. Dadurch besteht die Gefahr, dass gesellschaftliche Komplexität unsichtbar wird. Widersprüche werden fortwährend Ausschlüsse erzeugend reproduziert. Insofern existiert neben der Gated Community im Film auch die Wüste, das Militärgelände mit den historischen Kalibrierungstechniken zur Verbesserung der Sichtbarmachung von fotografischen und filmischen Luftaufnahmen. Die Gated Community steht genauso wie die »Resolution Target« exemplarisch für kapitalistische und technische Entwicklungen der Gegenwart. Was sich hierin ausdrückt, ist Fortschritt, der sich aufgrund von starken lobbyistischen, hegemo-

nialen und kapitalistischen Interessen, nicht im Sinne einer gerechten gleichberechtigten solidarischen Gesellschaft entwickelt. Der Song »When will I see you again« wirkt kontrastreich zum Dargebotenen auf der Bild- und Textebene. In seiner Form ist er eher eine stilistische Übertreibung des Themas, wie eine Persiflage auf die Schwere dieser aktuellen gesellschaftlichen Problematik, also den Folgen der technischen Möglichkeit einer alles umfassenden Überwachung. Die Frage »Wann wir uns wiedersehen?« verlangt unter diesen Bedingungen nicht einmal eine individuelle Antwort, denn die Zielperson kann immer gesehen werden. »Sind wir Liebende oder Freunde?« ist eine sehr persönliche Frage, bei der gegenseitiges Interesse, Hingabe, Empfindung und Verantwortung angesprochen werden, ein Algorithmus braucht diese zwischenmenschliche Hingabe allerdings nicht, er beruht auf der Anwendung von computertechnischem Code, auf Zahlen und Zeichen. Die musikalische Dimension des Videos sucht ein Stück weit mit der Schwere des Themas der Überwachung und Kontrolle zu brechen. Auch heute noch funktioniert dieser Song, er gilt als »Evergreen«, als »Ohrwurm« und erreicht entsprechende Hörerschaft. Insofern wird mit dem Song das Paradoxe einer scheinbar überbordenden Praxis einer allumfassenden Prävention, Sichtbarmachung, Kontrolle und Überwachung überspitzt. Einer Gesellschaft, in der Kontrolle und Sicherheit immer stärker zum unhinterfragten gesellschaftlichen Wert an sich werden, wird mit dieser Videoarbeit der Spiegel vorgehalten, auch wenn sich der Film, wie der Song, auf seine Frage keine unmittelbare Antwort zu geben vermag, mit seinen lehrreichen Informationen einer Antwort versperrt. Wie man denn unter all den gegebenen Bedingungen unsichtbar sein kann, bleibt offen. Gleichwohl regt die Arbeit zur Auseinandersetzung mit einem wichtigen Aspekt gegenwärtiger gesellschaftlicher Entwicklung an. Wie genau der Film das tut, soll im nächsten Abschnitt untersucht werden, wenn vertiefend eine inhaltliche Verdichtung der Dimensionen vorgenommen wird.

Analyse des Besonderen – Interpretation der Dimensionen im Werk

Im Weiteren wird nun die Videoarbeit anhand zweier Fragen analysiert, die über das Werk als solches hinausweisen. Erörtert werden soll, was das Politische dieser Arbeit ist und wie sich darin eine Ästhetik des Widerstands entfaltet. Zeigt sich etwas Neues im Werk von

Hito Steyerl bzw. wird eine Utopie angeboten?

Postkinematografisches Dispositiv – Ästhetik des Störens im Film

> *»We are twitching, tweeting and toasting […] high on dual processing and a smartphone flate rate.«*[38] (Steyerl)

Steyerls Arbeit »How Not to Be Seen« ist ein Film mit essayistischem Charakter, der unter anderem mit dem akustischen Element der Off-Stimme arbeitet. Die weibliche bzw. männliche Stimme ist durch Computertechnik erzeugt. Durch die Computeranimation bricht die Off-Stimme mit dem ihr in herkömmlichen Dokumentarfilmen ureigenen autoritären und offiziösen Charakter. Ebenso verweist die Intermedialität des Films auf die Aushandlung des Dokumentarischen. Insofern geht es der Künstlerin darum, das Dokumentarische im Videofilm bewusst problemorientiert auf die Möglichkeiten des Genres hin weiterzuentwickeln.[39] Die Rolle und Funktion des Dokumentarischen, also dessen nichtfiktionale Dimension, wird durch die bewusste Überlagerung mit anderen Elementen reflektiert. Wahrheit, Wirklichkeit und Fiktion als genretypische Charakteristika und Determinante der Form des Dokumentarischen werden somit auch zum inhaltlichen Transporteur des Filmanliegens. Wirklichkeit besteht oder wird heute zunehmend aus Bildern hergestellt und weniger durch die Beschreibung von Prozessen, Konstellationen oder Dingen. Das heißt, um sich Wirklichkeit anzunähern bzw. sie zu verstehen, muss man Kino, Fotografie, 3D-Modelierung, Animation oder andere Formen des bewegten oder stillen Bilds mit berücksichtigt. Die Wirklichkeit unterliegt den Nachwirkungen oder ist Resultat der Durchdringung von alten Bildern bzw. des Überlagerns durch digital bearbeitete Bilder. Dadurch entstehen keine »neuen« Bilder an sich, sondern die im Film benutzten Bilder entsprechen eher der Kopie einer Kopie und immer so weiter. Systematisch bietet dies Raum für Spekulation über Wirklichkeit, wobei berücksichtigt werden sollte, dass die Produktionswei-

[38] Steyerl, Hito (2013): Too Much World. Is the Internet Dead?, in: e-flux, Journal, New York, verfügbar unter: http://www.e-flux.com/journal/too-much-world-is-the-internet-dead/ (Stand 14.07.2016).

[39] Aikens, Nick; Flechter, Annie (2014): Introduction, in: Aikens, Nick (Hg.) (2014): Too Mutch World. The Film of Hito Steyerl, Berlin, S. 7-12 (übersetzt von der Autorin), S. 10.

se des digitalen Kapitalismus die Wirklichkeit als ein bereits gemachtes Fertigprodukt determiniert, und zwar aufgrund der Verhältnisse und Werkzeuge wie »editing, colour correction, filtering, cutting and so on«[40]. Im Sinne Steyerls lässt sich auch für »How Not to Be Seen« schlussfolgern, dass die Weiterverbreitung aller Arten von Bildern ein überbordendes Mehr an Welt erzeugt. Das mag in seiner Unübersichtlichkeit und Vielfältigkeit chaotisch erscheinen, wirkt aber angesichts der Wirkungsmächtigkeit des Mainstreams homogen.
Die digitale Reproduzierbarkeit von Bildern begünstigt eine »Bilderflut«, die die Ästhetisierung aller Lebensbereiche befeuert. Aber mit welchen Auswirkungen? Wie beeinflussen diese Umstände die Produktion von Kunst (also auch von Videokunst) und dem Bild an sich und welche Effekte haben sie auf die Wahrnehmung von Realität? Bereits Dziga Vertov beschäftigte sich mit diesen Fragen in seinem ästhetischen Konzept des »Kino-glaz«[41]. In seiner künstlerischen Auseinandersetzung verweist Vertov mit seinem Konzept des »Kino-Auges«, gemeint ist die Kameralinse, die mit dem menschlichen Auge vergleichbar ist, auf dessen Funktion als Instrument, das ein Objekt detailreich und umfassend visuell zu erfassen vermag: »I am an eye. I am a mechanical eye. I, a machine, I am showing you a world, the likes of which only I can see«. Vertovs Anliegen ist es, die zeitgenössischen technischen Entwicklungen der Bildproduktion und die Auswirkungen auf den Einzelnen künstlerisch sichtbar zu machen. Ihm folgend kann man davon sprechen, dass die technische Reproduzierbarkeit von Bildern in digitalisierten Zeiten des File-Sharing, der gifs, JPEGs, Meme oder Thumbnails eine Art Zirkulation des Gleichen erzeugt.
Mit dem Begriff des »postkinematografischen Dispositv« kommt ein weiterer Aspekt der vorliegenden künstlerischen Arbeit in den Blick. Es betrifft eine Entwicklung, die Thomas Elsässer als »militärisch-in-

---

40 Steyerl (2013): Too Much World. Is the Internet Dead?, verfügbar unter: http://www.e-flux.com/journal/too-much-world-is-the-internet-dead/ (Stand 14.07.2016).

41 Der sowjetische Filmregisseur Dziga Vertov stellte die Kino-Glaz-Theorie (»Filmauge«) auf, nach der die Kamera ein Instrument ist, das wie das menschliche Auge funktioniert und sich somit besonders zur Erforschung der Realität eignet. Diese Theoriefigur hat grundlegenden Einfluss auf die internationale Herausbildung und Entwicklung des Dokumentarfilm bzw. des filmischen Realismus seit den 1920er Jahren (übersetzt von der Autorin). The Editors of Encyclopaedia Britannica (2009): Dziga Vertov. Soviet Director, in: Encyclopaedia Britannica, School and Library Subscribers, 15.09.2009, verfügbar unter: https://www.britannica.com/biography/Dziga-Vertov#ref187617 (Stand 15.07.2016).

dustriellen Unterhaltungskomplex«[42] beschreibt, und spielt auf den immer umfangreicheren Konsum digitaler Endgeräte an, der zu einer ständigen Verfügbarkeit medialer Unterhaltung führt. Die ständige Verfügbarkeit und Wiederholbarkeit technisch erzeugter Bilder und Filme zu jeder Zeit und an jedem Ort wird zur visuellen Determinante. Sie beeinflussen das Sehen, Wahrnehmen, den Spielraum der Selbsterfahrung an sich[43] und befördern eine Tendenz, dass Mediennutzung nicht mehr kollektive Realität, sondern immer stärker voneinander abgeschottete Teilöffentlichkeiten herstellt.

Im Film geht Steyerl von multifunktionalen und multipel nebeneinander existierenden Realitäten aus und ergründet unter anderem durch die Form des Dokumentarischen in Begegnung mit Fiktionalem die Wahrheit der Gegenwartsgesellschaft. Dies zeigt sich nicht nur in der Sequenz der Kamerafahrt über das Testbild in der kalifornischen Wüste, das Teil des US-Militärs ist und entsprechenden Zwecken dient, sondern auch durch die Formen der Bildbearbeitung wie die eingefügten Ninjas, die tanzenden »Three Degrees« bzw. die überlagerten Found-Footage-Bilder oder den Imagefilm über den Bau des indischen Gated Community-Komplexes. Wie bei einem Reenactment, bekannt aus dem Theaterbereich, kommt es auf die Wiederholung an, um neue Perspektiven zu eröffnen. Durch das Zusammenspiel von gefundenem Bildmaterial und die bewusste Zurschaustellung von Bildbearbeitungs- und Kalibrierungstechniken entsteht ein komplexer Zugang zu einer Welt, die aus Bildern gemacht scheint. Derart werden über den Zugang eines längst aus dem Gebrauch verschwundenen Objekts wie einer Kalibrierungstafel Fragen zu technischen Militärstandards aufgeworfen. Nachvollziehbar wird dadurch Fortschritt als technische Weiterentwicklung. Die Filmsequenzen über der »Resolution Target« vermitteln einen Eindruck, als ob das Publikum in eine spürbare, scheinbar greifbare Tuchfühlung mit dem Objekt gehen könnte. Fast sinnlich ist die Begegnung, die sich durch die sanften Flugbewegungen über dem Objekt einstellen, und die Verweildauer an diesem Ort macht regelrecht minutiös die Eigenheiten und die Spuren der Zeit auf der porös gewordenen Tafel erfassbar. Von diesem Ort geht keinerlei Bedrohung aus und doch ist ihm eine merkwürdige Unnahbarkeit zu eigen. Irgendetwas scheint nicht zu stimmen. Ist das

[42] Vgl. Steyerl, Hito (2013): Too Much World: Is the Internet Dead?, in: Aikens, Nick (2014): Too Much World. The Films of Hito Steyerl, Berlin, übersetzt von der Autorin, S. 32.

[43] Vgl. Vertov, Dziga: Kinopravda and Radiopravda, in: Michelson, Annette (1995): Kino-Eye: The Writings of Dziga Vertov, Berkeley, S. 52.

vielleicht der Effekt, plötzlich in der Rolle des Sichbarmachenden zu sein, des Beobachtenden, Bildproduzenten, des Voyeurs? Es ist eine paradoxe Situation.
Steyerls Ästhetik spielt mit visuellen Störungen. Sie kombiniert reales Bildmaterial mit Material aus dem Internet, von Youtube oder Google Earth, um so herkömmliche Sehweisen infrage zu stellen. Es sind Bilder aus der Blackbox Internet, wobei unklar bleibt, wie die Bilder genau entstanden sind, wer sie aufgenommen oder ins Internet gestellt hat. Noch entscheidender ist aber, dass dieses Material in der Art und Weise, wie es benutzt wird, abstrakt und unwirklich wirkt. So vermittelt der Werbefilm über die Gated Community in Indien das Bild eines Raums, in dem alles vorbestimmt, abgeschlossen konzipiert und entsprechend nutzerfreundlich ausgestaltet ist. Hier scheint man schlicht aufgefordert, abzuschalten, den Luxus zu genießen und die Welt da draußen zu vergessen. Der Originalwerbefilme wird von Steyerl bearbeitet und reinszeniert. Entfernt werden unter anderem der ursprüngliche Kommentar und die seicht klingende Hintergrundmusik. Stattdessen setzt sie verschiedene Sequenzen neu zusammen, ergänzt sie durch Animationen von Ninjas, den »Three Degrees« mit ihrem Song »When will I see you again« und einem neuen Off-Kommentar und erweitert das Geschehen durch aus dem Film fliegende Vögel oder die hinaus spazierenden geisterhaften Schattengestalten. Die neuen Elemente beeinflussen und irritieren das Bild. Das Arrangement und die Verwendung von »vorproduzierten« Bildern und Elementen nennt Steyerl »poor Images« und beschreibt damit die fluide Verfahrensweise des Kopierens und beliebigen Einfügens (»Copy & Paste«) mit im Internet oder in Archiven gefundenen Bildern:

> *»The poor image is a copy in motion. Its quality is bad, its resolution substandard. As it accelerates, it deteriorates. It is a ghost of an image, a preview, a thumbnail, an errant idea, an itinerant image distributed for free, squeezed through slow digital connections, compressed, reproduced, ripped, remixed, as well as copied and pasted into other channels of distribution.«*[44]

Die wie eine GIF-Animation in den Imagefilm über die Gated Community eingefügten Sängerinnen der »Three Degrees« zeigen anschaulich

[44] Steyerl, Hito (2009): In Defense of the Poor Image, in: e-flux, Journal, New York, verfügbar unter: http://www.e-flux.com/journal/in-defense-of-the-poor-image/ (Stand 16.02.2016).

Steyerls Konzept der »poor images«. Die Visualität der Interpretinnen ist gestört und die GIF-Animation wirkt wie von defekten Pixeln durchsetzt, denn die Haare der Sängerinnen flackern zwischen pink, lila und der eigentlichen Haarfarbe. Der Effekt von »toten Pixeln« wiederholt sich auch in ihren weißen Kleidern, denn diese erscheinen teilweise rosa verfärbt. Die »beschädigte« gif. Animation ruft Unbehagen hervor und wird im filmischen Verlauf als störend wahrgenommen. Die Farben der Originalaufnahme werden unterbrochen und schwanken zwischen Weiß und Rosa. Steyerl spielt mit diesen »Glitch«-Effekten. Der Programmierfehler bzw. die technische Fehlfunktion kontrastieren die ansonsten algorithmisch exakte Erscheinung von digitalen Bildern, dem visuell Sichtbaren. Dies trifft in ähnlicher Weise auch auf die computergenerierte Off-Stimme zu: Obwohl sie technisch produziert wurde, wirkt sie merkwürdig unnatürlich, geradezu holzschnittartig.
Steyerl setzt diese Störungen bewusst ein. Sie fordert damit die individuelle Wahrnehmung heraus und spielt regelrecht mit dem postkinematografischen Dispositiv. Auf mehreren Ebenen wird die spezielle Montage von Bildern deutlich, also nicht nur als Aneinanderreihung, sondern als Überlagerungen von Bildern im Bild sowie dem Schnitt und den Kameraperspektiven. Hinzu kommt die intermediale Verknüpfung von Sound, Off-Stimme, Musik und den gesprochenen und auf dem Screen visualisierten Texten. Wenn das Kamerateam seine Landschaftsaufnahmen macht und die Information eingeblendet wird, dass Pixel die Kamera des Kamerateams übernommen haben, werden Pixel als Synonym für das postkinematografische Dispositiv eingesetzt. Gleiches gilt für das in der Wildwestpose gezückte Smartphone, das im Augenblick des Schusses surrealistisch feuerrote Energieblitze versendet. Auch die Anfangsszenen nehmen das Moment der Konstruktion von Bildern in den Blick und spielen mit Elementen aus der digital-technischen Bildbearbeitung.
Auf diese Art lenkt Steyerl den Blick auf den Zustand des Internets mit seinem Freiheitsversprechen, seiner Omnipräsenz und seinem Potenzial von Kontrolle, Überwachung und Inwertsetzung. Ein Zustand, der durch Homogenisierung, Kommerzialisierung und Konformismus erzeugt wird. Insofern kann von einem Sterben oder Abgestorben-Sein gesprochen werden oder mit den Worten der Künstlerin:

> *»Was the Internet shot by a sniper in Syria, a drone in Pakistan, or a tear gas grenade in Turkey? Is it in a hospital in Port Said with a bullet in its head? Did it commit suicide by jumping out the window of an Information*

Domianance Centre?«[45]

Da aber von der allumfassenden Präsenz des Internets ausgegangen werden muss, stellt Steyerl fest: »But there are no windows in this kind of structure. And there are no walls. The Internet is not dead. It is undead and it´s everywhere«[46]. Das Internet ist Teil der Bildschirme, Displays, Verkabelungen und Netzwerke und längst integraler Bestandteil unseres Lebens geworden. Und diese postdigitale Entwicklung ist noch nicht zu Ende, es sei hier nur an das Internet der Dinge erinnert, dass durch seine Steuerung von Produktion und Konsumtion eine unwirkliche Realität paralleler Undurchsichtigkeit erzeugt.

> *»A world of privatised knowledge patrolled and defended by ratings agencies. Of maximum control coupled with intense conformism, where intelligent cars do grocery shopping until a Hellfire missile comes crashing down. Police come knocking on your door for a download – to arrest you after ›identifying‹ you on YouTube or CCTV.«*[47]

Das Internet ist nicht mehr nur Schnittstelle, sondern beeinflusst mediale Öffentlichkeit, den Fluss von Informationen, den Zugang zu Bildung, Wissen und gesellschaftlichem Reichtum. Ihre künstlerische Technik der Montage erzeugt Verknüpfungen, in denen ästhetische Materialien wie Text, Musik, Video, Dokumentarfilm, Sound, Stimme verwoben werden. Steyerl überlagert die Bilder des Videos mit anderen künstlerischen und nichtkünstlerischen Elementen und Formen. So entsteht eine Ästhetik des Widerspruchs, des Aufzeigens und Störens, die an herkömmlichen Deutungsschemen rüttelt und die Rezipierenden mit ihrer eigenen als vermeintlich für wahr angenommen Realität bzw. Sicht auf Welt konfrontiert. Entlarvt wird so eine Realität, die technisch determiniert blinde Flecken produziert bzw. Bilder, Menschen, ja sogar ganze Teile der Gesellschaft unbemerkt verschwinden lassen kann. Was bedeutet das für eine Gesellschaft, in der die Realität nicht unwesentlich aus Bildern produziert erscheint? Und was sagt dies über diese Welt aus? Antworten auf diese Fragen

---

[45] Steyerl (2013): Too Much World: Is the Internet dead?, verfügbar unter: http://www.e-flux.com/journal/too-much-world-is-the-internet-dead/ (Stand 15.07.2016).

[46] Lütticken, Sven (2014): Hito Steyerl. Postcinematic Essays after the Future, in: Aikens, Nick (Hg.) (2014): Too Mutch World. The Film of Hito Steyerl, Berlin, S. 45–62.

[47] Steyerl (2013): Too Much World: Is the Internet Dead?, verfügbar unter: http://www.e-flux.com/journal/too-much-world-is-the-internet-dead/ (Stand 16.08.2016).

will der nächste Abschnitt geben.
Was ist Realität und welche Welt kommt im Werk zum Vorschein?

> *»But production has also become mixed up with circulation to the point of being indistinguishable. The Factory/studio/Tumblr blur with online shopping, oligarch collections, realty branding and surveillance architecture. Today´s workplace could turn out to be a rogue algorithm commandeering, your hard drive, eyeballs and dreams.«*[48] (Steyerl)

Der Film stellt die Frage, wie es in einem Zeitalter der massenhaften Abbildung von allem und jedem und des unendlichen Kopierens ohne sonderlichen Kosten- und Materialaufwand möglich ist, unsichtbar zu bleiben. Angesichts unzähliger Kameras im öffentlichen Raum (ob in Form von Überwachungskameras, Satellitentechnik oder im Smartphone etc.) ist es nahezu unmöglich, unbeobachtet zu bleiben und selbstbestimmt darüber zu entscheiden, ob man aufgenommen wird oder nicht. Gleichzeitig entsteht durch die Dominanz der Bilder ein spezifischer Zugang zur Welt, ein spezielles Weltbild. Steyerls Arbeit »How Not to Be Seen« versucht ein Nachdenken über das, was Wahrheit ist, anzuregen. Zusammen mit der Künstlerin begibt man sich persönlich auf die Spurensuche nach den Determinanten dieser Wirklichkeit, um durch Selbsterfahrung herauszufinden, wie diese Realität angeeignet werden kann.
Durch die Verwendung von Greenscreen- und Bluescreen-Technik, Farbfiltern oder die Hervorhebung visueller Konstruktion entsteht das Bild einer Welt, die durch Überblendung, Verlangsamung, Verdichtung, Überwindung von materiellen Grenzen und Beschleunigung geprägt zu sein scheint, einer Welt, die kaum mehr fassbar, abstrakt und entfremdet zugleich ist. Steyerl arbeitet mit dem Moment der Bildstörungen. Dadurch wird die Konstruktion dieser Welt, die aus Bildern gemacht ist, sichtbar und wahrnehmbar. Es ist die Distanznahme, die vom Störenden im Film erzeugt wird, und Realität zugänglich macht.
Das Kameraauge erfasst sukzessive das Areal. Wir sind in der kalifornischen Wüste und befinden uns spürbar nah auf einer übergroßen Kalibrierungstafel. Die sanfte, über dem Objekt langsam schwebende Kameraführung ermöglicht eine tief gehende Wahrnehmung des warmen, hellen und gut einsehbaren Areals. Die Kalibrierungstafel,

---

[48] Ebd.

merklich in die Jahre gekommen, ist porös und durch Risse tief gezeichnet. Dieser Rhythmus der Bewegungen zum Objekt hin und wieder weg führt zu einem besonderen Nähe- und Distanzverhältnis. Im Moment der nahezu sanften Berührung der Asphaltfläche entsteht nicht nur räumliche Nähe, sondern auch Vertrautheit. Man lernt den Ort quasi kennen. Die Begegnung mit dem Ort wird verstärkt durch die Informationen der Computerstimme aus dem Off, die das Publikum nicht nur über die Geschichte, Funktion und den Bedeutungsverlust der nicht-pixelbasierten Kalibrierungstafeln unterrichtet, sondern auch über die Bedeutung von Liebe, unsichtbare Formen der Kriegsführung und intransparente Kapitalmechanismen.
Es ist, als ob Steyerl einen Raum eröffnet, um zu prüfen, warum die drei letztgenannten Aspekte wenig beachtet werden, also unsichtbar sein können. Während Liebe ein menschliches Gefühl ist und wesentlich im Kontrast zu Algorithmen, Technologie, Kapitalinteressen oder Kriegsführung steht, wird durch die Gegenüberstellung gleichsam deutlich, dass sie gesellschaftlich bestimmt sind. Derart gerät im Umkehrschluss »soziale Homogenisierung«[49] durch Entfremdung und Individualisierung in den Fokus und wird durch die künstlerisch erzeugten Störungen und intermedialen Irritationen zum Thema. Sollte es nicht in einer Welt, in der alles sichtbar gemacht werden kann, wichtig sein zu wissen, welche Kriege wie und von wem geführt werden und wie das Geschäftsmodell von Großunternehmen und Banken funktioniert? Auf beiden Feldern bleiben die wesentlichen Entscheidungsträger_innen und ihre Entscheidungen oft genug im Verborgenen. Versteht man Gesellschaft als ein von Menschen gemachtes Konstrukt, dann ist ihm immanent, dass es stets geprüft, entwickelt und von allen Beteiligten bedacht und gestaltet wird. Eine aktive Teilhabe an Gesellschaft erzeugt Sichtbarkeit. Gegenteilig wirken allerdings Mechanismen und Effekte der Exklusion. In diesem Zusammenhang ist es wichtig zu verstehen, wie algorithmische Mechanismen funktionieren und wie weitreichend ihr Einfluss auf das gesellschaftliche Miteinander ist. Doch wer weiß schon, wie etwa digitale Endgeräte, Computer, Bildbearbeitungsprogramme, Kalibrierungstechniken

49 Bernard, Andreas; Staun, Harald (2016): Politisches Handeln im Netz Widerstand ist zwecklos. Computernetzwerke üben eine neue Form von Kontrolle aus. Darum brauchen wir neue Strategien für politisches Handeln. Ein Gespräch mit dem Medientheoretiker Alexander Galloway. 29.06.2016, verfügbar unter: http://www.faz.net/aktuell/feuilleton/politisches-handeln-im-internet-14308016.html?printPagedArticle=true#pageIndex_2 (Stand 07.07.2016).

oder Smartphones en détail funktionieren?
Im Werk vermittelt sich diese Ebene über die Anwendung von Bildbearbeitungstechnik, Bluescreen und Farbskalierungen als Erlebnisraum visueller Elemente und Effekte und wird anhand der militärischen Nutzung von Luftaufnahmen zur Überwachung von großflächigen Arealen und anhand eines Wohnkomplexes einer Gated Community multiperspektivisch beleuchtet.
Dabei steht das Beispiel der Gated Community von »Paras Irene« für eine gesellschaftliche Entwicklung, in der die Mitglieder der Gesellschaft bestehende Machtverhältnisse durch Beobachtung und Kontrolle internalisieren und reproduzieren, oder mit den Worten des französischen Poststrukturalisten Michel Foucault:

> *»Derjenige, welcher der Sichtbarkeit unterworfen ist und dies weiß, übernimmt die Zwangsmittel der Macht und spielt sie gegen sich selber aus; er internalisiert das Machtverhältnis, in welchem er gleichzeitig beide Rollen spielt; er wird zum Prinzip seiner eigenen Unterwerfung.«*[50]

Durch das lebensräumliche Modell der Gated Community wird dieser panoptische Effekte im Film sichtbar. Der Modus »Alle sehen alle« prägt die Stimmung dieser Wohnform und erfährt in Steyerls Werk eine entsprechende Umsetzung. Es ist, als ob man wie in einem Fluss durch die Flure, Ebenen und Räume völlig entfremdet bewegt wird. Die Bewohner_innen erscheinen als fluide Gestalten und gefangen in sich, ihren Parzellen und kulturellen Regeln um Körperkult und Vernetzungszwang. Die Menschen, die hier potenziell leben, kommen aus derselben sozioökonomischen und -kulturellen Schicht und bilden die Speerspitze des popkulturellen Mainstreams der Mehrheitsgesellschaft. Es gibt das eine nicht ohne das andere.
Es hat fast den Anschein, als sei der indische Wohnkomplex dem spanischen Queertheoretiker Paul B. Preciado vor Augen gestanden, wenn er die aktuelle Gesellschaft als stark von Pharma- und Pornografieindustrie geprägt beschreibt und sogar so weit geht, von einem »pharmapornokologischen Kapitalismus« zu sprechen:

> *»Unsere globale Ökonomie ist von der Produktion und Zirkulation riesiger Menschen synthetischer Steroide*

---

[50] Foucault, Michel (1994): Überwachen und Strafen, Panoptismus, Frankfurt/M, S. 256.

abhängig, von technisch transformierten Organen, Flüssigkeiten, Zellen (techno-Blut, techno-Sperma, techno-Ovarien, etc.), von der globalen Verbreitung pornographischer Bilder, der Entwicklung und Verbreitung neuer legaler und illegaler synthetischer psychotroper Substanzen (Lexomil, Spezial K., etc.), von Zeichenströmen und digitaler Informationskreisläufe, der totalen Ausweitung diffuser urbaner planetarischer Architektur, in denen die Ghettos der Megacities an Knotenpunkte hochkonzentrierten Sex-Kapitals grenzen.«[51]

Greift man auf diesen Befund zurück, spielt das Zirkulieren im kulturindustriellen Strom eines »globalen Regelkreises von Erregung-Frustration-Erregung«[52] eine nicht zu unterschätzende Rolle. Dabei geht es um Effekte des Spektakels, der Virtualität, Inszenierung, Fiktion, Vereinzelung, Zerstreuung und des digital reproduzierten Bilder- und Informationsrausches, der durch diesen Komplex erzeugt wird. Wird dieser Verblendungszusammenhang im Film »How not to Be Seen« in der Darstellung der Gated Community versinnbildlicht? Die Inszenierung des »The Three Degree« Songs »When will I see you again«, der in »Lesson V« den Schwerpunkt dieser Unterrichtseinheit »How to Become invisible by merging into a world made of pictures« eingeführt wird, scheint dafür exemplarisch. Der Song in Form vom Video-Live-Mitschnitten oder als GIF-Animation ist sowohl auf der Bildebene, als auch audiovisuell durch verschiedene Schnitte und Einspielungen bestimmend und zeigt dadurch eine Welt, die sich ästhetisch interpassiv darbietet. Es wird ein Leben gezeigt, dessen Geschwindigkeit und Richtung wie auf einem Fließband bestimmt und fremdgesteuert zu sein scheint, in dem man Teil der Konsumkultur ist und sich den Zwängen und Vorteilen der Leistungsgesellschaft hingibt. »Gated communities« werden hier zum Sinnbild des neoliberalen Leitbilds der Selbstoptimierung und der T.I.N.A.-Ideologien (»There is no alternative«, Margaret Thatcher). Ihre Bewohner_innen erscheinen darin im übertragenen Sinne als marktgängige Ware, die sich problemlos in die immer schneller rotierende

---

[51] Preciado, Paul B. (2016): Testo Junkie. Sex, Drogen, Biopolitik in der Ära der Pharmapornographie, Berlin, S. 35.

[52] Loick, Daniel (2015): General Intellect. Daniel Loick über »Testo Junkie« von Paul B. Preciado, in: Texte zur Kunst, Medien, Heft Nr. 98, 06/2015, verfügbar unter: https://www.textezurkunst.de/98/general-sex/ (Stand 20.07.2016).

Konsumindustrie einbinden, beobachten und kontrollieren lassen.
Vor diesem Hintergrund sehen Zygmunt Bauman und David Lyon anstelle einer »soliden Moderne« des Panoptismus die »Ära« der »fluiden und hybriden Moderne« anbrechen, die sich durch eine soziale Ordnung des Ungewissen und einen permanenten Belagerungszustand auszeichne und in der Ausschlüsse von großer Bedeutung werden, kann doch nur so sozialer Zusammenhalt zumindest temporär und für Teilgruppen erreicht werden. Sie lehnen sich damit an die Analysen des französischen Soziologen Didier Bigo an, der angesichts der von diesen Ausschlüssen betroffenen Gruppen im Gegensatz zu Foucaults Panoptikum von einem »Bann-Optikum« spricht. Der Belagerungszustand besteht – folgt man Bauman und Lyon – insofern auch aus der Angst vor gesellschaftlichem Ausschluss. Unterstützt durch Profiling-Technologien kann entschieden werden, wer intensiv bewacht werden soll und wer nicht. Ausdruck findet eine derartige soziale Ordnung im sicherheitsstaatlichen Anliegen der Prävention, das per se alle Bürger_innen unter Verdacht stellt und bei Bedarf ganze Bevölkerungsgruppen trifft. Und so dient ein ausgiebiges Netz an Informationstechnologien genauso wie die biometrische Erfassung von (grenzüberschreitenden) Bewegungsströmen der ubiquitären Überwachung und Sichtbarmachung. In der Folge entsteht ein gesellschaftlicher Raum permanenter Unsicherheit und des Notstands.[53]
»Das Internet vergisst nichts« – einmal aktiv oder passiv im Strom der Computernetzwerke vermerkt, abgebildet, kommentiert, geposted, getwittert, wird es unmöglich, sich wieder »unsichtbar« zu machen. In der Nutzung von Smartphones, Spielkonsolen, Computern und anderen Endgeräten entfaltet sich die Zirkulation der Daten und endet in der Konfiguration sozialer Profile – nicht nur von Einzelpersonen, sondern auch von sozialen Gruppen, Netzwerken, Communities usw. Von Interesse ist alles – algorithmisch wird der Mensch erfasst und zweckdienlich weiterverarbeitet bzw. sichtbar gemacht.
Die Person im grünen Morphsuit lässt sich als Inszenierung von Anonymität im Film deuten, und zwar als Teil eines künstlerischen Spiels, aber auch als ein performatives Element kunstindustrieller Wiederholung von Formen. Als kulturelles Symbol steht es für die Zurschaustellung einer A-Physiognomie, des nicht-menschlichen Körpers. Leigh Bowery kreiert das Ganzkörperkostüm unter anderem für die Charles-

[53] Vgl. Bauman, Zygmunt; Lyon, David (2013): Daten, Drohnen, Disziplin. Ein Gespräch über flüchtige Überwachung, Berlin, S. 80–82.

Atlas-Performance »Venus in furs«[54] bewusst körperbetont und detailreich. Im Film hingegen erscheint der grüne Overall metallisch-grün, eng anliegend und nicht individuell. Wird über den Detailreichtum der Kostüme bei Bowery Individualität hergestellt, entsteht bei Steyerl eher der Eindruck von Homogenität und Anonymität. Gleichzeitig spielt das grüne Morphsuit auf die im Subtext des Films verhandelte Thematik der muslimischen Verhüllungspraxis an. Figuren in weiten, fließenden Gewändern sind immer wieder im Film zu sehen, ob auf dem US-Militärgelände in der kalifornischen Wüste oder in der Gated Community. Die Niqab-Trägerinnen gehüllt in langen Gewändern scheinen diese Orte zu verunsichern und dechiffrieren die perfekte Konstruktion. Muslima und Muslime stehen seit den Terroranschlägen in New York und Washington am 11. September 2001 (9/11) unter permanentem Terrorismusverdacht und werden entsprechend beobachtet. Sie gehören zu den marginalisierten Gruppen an den gesellschaftlichen Rändern. Ihnen droht latenter Ausschluss, Benachteiligung, Stigmatisierung und rassistische Ressentiments. Ist die selbst gewählte Gettoisierung in Form von homogenisierten Gated Communities die eine Seite, so symbolisieren die Bilder der Verhüllten die andere Seite des gesellschaftlichen Systems der Kontrolle und Überwachung. Das menschliche Miteinander wird von Angst überlagert.

Ist eine solche Welt, die im Ergebnis einer vehementen Sicherheits- und Präventionsarchitektur zunehmend Angst vor Ausschluss produziert, imstande, Widerstand als Grundform einer pluralistischen Gesellschaft auszuhalten? Folgt man dem Film, so gibt es zwar Formen widerständiger Praxis, um sich asynchron zu verhalten und zu bewegen, dabei geht es aber im Höchstmaß um die Verteidigung von sozialer, individueller Pluralität. Auch an dieser Stelle ist die Sogwirkung der Homogenisierung durch hyperpräventive und bannoptische Maßnahmen und Techniken enorm. Ausschlaggebend und normierend ist die Prämisse: »Nur wer den Regeln und Ansprüchen entspricht, ist Teil der Gesellschaft und darf bleiben«. Das ist ein neues Dispositiv unserer Gegenwart. Es verschwinden also durchaus Menschen in der Gegenwartsgesellschaft, allerdings in der Regel nicht selbst-, sondern fremdbestimmt durch eine Hightech-Ausschlussarchitektur, die staatlichen und privatwirtschaftlichen Regel und Interessen unterliegt. Im strikten, beinahe imperativen Aufbau von »How Not to Be Seen«

[54] Vgl. Artforum (o. J.): Because we must (1989) von Charles Atlas, Video, 05:07 min., verfügbar unter: https://www.artforum.com/video/id=21048&mode=large&page_id=18 (Stand 20.01.2017).

drückt sich die Funktionsweise dieser komplexen Regulierungsarchitektur von Gesellschaft aus, zu der gehört, dass man kaum mitbekommt, wie regelgeleitet der Mensch innerhalb der Mensch-Maschine-Interaktion agiert. Die physische Realität ist durch eine kopierte Welt voller digitaler Bilder geprägt und anscheinend hat alles oder nichts Bedeutung. So verschiebt etwa der alltägliche Gebrauch von Bildbearbeitungsprogrammen unser Bild von Wirklichkeit. Es entsteht eine »gephotoshopte« Realität. In der Konsequenz produzieren sich Empathielosigkeit, Unwissenheit und Reproduktion der herrschenden Verhältnisse. Sicherheitsbehörden können ungeachtet gesetzlicher Regelungen und mühevoll erkämpfter Freiheits- und Menschenrechte Daten abgreifen, abhören, sammeln und auswerten, um soziale Profile von Einzelnen und Gruppen zu erstellen. Und wir werden Zeugen eines Prozesses, in dem die Grenzen zwischen Polizei und Militär verwischen. Auch diese Entwicklung vollzieht sich entlang des 2001 ausgerufenen »Global War on Terror«. Überwachung, Sicherheit, Prävention und Kontrolle sind Schlagworte innerhalb dieses gesamtgesellschaftlichen Militarisierungsprozesses, der sich durch Digitalisierung im Bereich der Kommunikation, des Abhörens, Sammelns und Archivierens von Daten oder der Waffentechnologie rasant und nahezu im Verborgenen ausbreitet.

An dieser Stelle möchte ich noch einmal auf die Musik in Steyerls Werk zurückkommen. Überwiegend kommt darin elektronische Musik aus ihrer historischen Anfangszeit zum Einsatz, in der sie noch nicht zum musikalischen Mainstream gehörte. Nur an einer Stelle wird auf einen Song der Popkultur zurückgegriffen. Der Song der »The Three Degrees« ist sauber eingespielt und voller Hingabe intoniert. Im Vergleich zur elektronischen Musik von Spiegel und Scott wirkt die Discomusik leicht zugänglich und unterhaltsam, während die elektronisch komponierte Musik sphärisch mit teilweise sanften, lang gezogenen, dann wieder zackigen, fast chaotisch kurzen Rhythmen klingt. Die elektronische Musik im Film scheint ein direkter Verfahrensvorschlag im Umgang mit Technologie zu sein, deutet sich darin doch die Lust am Experimentieren an. Eine Haltung, die von Autonomie und Handlungsfreiheit ausgeht, und somit diametral zu einer interpassiven Pose im Gefüge eines »globalen Regelkreises von Erregung-Frustration-Erregung« zu sehen ist.

Die Sound- und Musikbegleitung, die ab »Lesson I« bis »Lesson IV« als kompositorisches Element des Videos benutzt wird, sind Pionierleistungen der elektronischen Musik der 1950er, 1960er und 1970er

Jahre und werden im Werk von Steyerl als kontrastierender Moment eingesetzt.
Raymond Scott und Laurie Spiegel gelten als Pionier der elektronischen Musik. Beide verbindet eine klassische Musik- und Kompositionsausbildung. Scott entwickelte seine elektronischen Instrumente in der eigens 1946 gegründeten Firma »Manhattan Research, Inc.«. Es entstanden Geräte wie das Clavivox, das Electronium[55] oder die Circle Machine. Laurie Spiegel hat besonders in den 1970er Jahren Computermusik in New York komponiert und arbeitete unter anderem mit dem »Groove System«[56]. Dabei handelt es sich um ein hybrides System, das unter Verwendung eines digitalen Computers analoge Audiosynthesegeräte steuert. So wie sie den Computer nutzt, um ihre eigenen kompositorischen Arbeiten zu automatisieren, gelang es ihr, die Stücke auf verschiedene Weise in nur einem Prozess zu manipulieren und zu verändern. In ihrer experimentellen Arbeit versuchte sie, sowohl die Ebene des musikalischen als auch die Ebene des visuellen Bilds miteinander zu kombinieren. Sie ließ sich auch von der Idee leiten, dass Musik wie ein visueller Klangteppich die Aufführung begleiten sollte. Ähnlich der Wirkung eines Mandalas, das über das Gefühl eines starken Zentrums aufbaut, so sollte ihre elektronische Musik funktionieren. Ähnliche Spannungsgefühle erzeugte Spiegel durch die Verwendung von Konstruktionsprinzipien wie Nähe, Ähnlichkeit, Vordergrund-Hintergrund-Beziehung mit dem Effekt kontinuierlicher Weiterentwicklung. Gleichzeitig versuchte sie, durch Manipulation solcher Parameter wie Farbe und Textur ihre Kompositionen zu beeinflussen.[57]
Die von Steyerl ausgewählten Soundstücke scheinen mit der Kulturform des Hackings zu spielen, müssen Spiegel und Scott doch auch

[55] Das Electronium ist eine frühe Form von generativen Musikmaschinen bestehend aus elektronischen Synthesizer sowie algorithmischen Kompositionselementen. Vgl. Holmes, Thomas B.: Electronic and Experimental Music. Pioneers in Technology and Composition, New York, London, S. 142.

[56] Das »Groove System« (Generated Realtime Operations On Voltage-controlled Equipment) basiert auf den Entwicklungen der Musiker und Entwickler Max Mathews und Richard Moore und geht auf das Jahr 1970 zurück. Vgl. Mathews, Max; Moore, Richard (1970): Groove. A Program to Compose, Store, and Edit Function of Time, in: Communications of the ACM, Volume 13, Issue 12, New York, S. 715–721.

[57] Dram (o. J.): New Music for Electronic and Recorded Media. Woman in Electronic Music – 1977, verfügbar unter: http://www.dramonline.org/albums/new-music-for-electronic-and-recorded-media-women-in-electronic-music-1977-2/notes (Stand 15.12.2016).

heute noch als technische Vorreiter verstanden werden. Sie verkörpern einen Typ Mensch, der sich konsequent einer Sache verschreibt und an einer Sache forscht. In beider Werk sind innovative und künstlerische Neuzusammensetzungen, Neuauslotungen und Grenzverschiebungen von herkömmlichen Genre- und Deutungsschemen zu beobachten, die über ihre eigenen Werke hinausweisen und durch die Intermedialität zwischen Musik, Technik und Kunst entsteht. Laurie Spiegel und Raymond Scott haben mit ihren elektronischen und computergenerierten Soundexperimenten Musik geschaffen, die sich nicht kommerziell vermarkten lässt, ihre Werke sind vielmehr regelrecht Metaphern für die Suchbewegungen, die nonlinear, intermedial, hyprid, neugierig und leidenschaftlich Möglichkeiten ausloten, um diese weiterzuentwickeln. Vielleicht ist das die Ebene, auf der die Utopie, das unmögliche Neue, Andere zum Vorschein tritt? Zumal hier auch die Bedeutung technisch Versierter für die kommende Gesellschaft betont wird, deren ebenso offene wie iterative Arbeitsweise sehr effektiv für das Lösen von Problemen und Aufspüren von Fehlern ist. Gleichwohl wäre unabdingbar, sich ein Bild von der Jetztzeit zu erarbeiten. Welche Folgen hat es, wenn das manuell mit dem technisch Berechneten, das Zufällige mit dem Vorherbestimmten zusammenfallen? Wie lassen sich Grenzen festlegen, wonach bestimmbar wird, was sichtbar sein oder werden darf? In einer Situation, in der noch bei Weitem Unklarheit über die Konsequenzen der tief greifenden gesellschaftlichen Veränderung herrscht, muss man dieses latente Rauschen des digitalisierten Zeitalters aushalten.
In den ersten Filmsequenzen werden vielfältige Praxen vorgestellt, um in einer Gesellschaft, die sich wunderbar mit der Idee der Kontrolle und Überwachung in Einklang bringen lässt, unsichtbar zu machen. Für Steyerl gilt, dass die Idee zu verschwinden oder sich zu verflüssigen für Individuen und Gruppen durchaus sinnvolle Konzepte sind. Trotzdem stellt sich die Frage, ob das reicht? Und ist es nicht an der Zeit über grundlegend gesellschaftliche Lösungsansätze nachzudenken? Es gilt, die technischen Entwicklungen des Sichtbarmachens zu beobachten. Sie sind eine gesellschaftliche Bedingung, die in ein hegemoniales System von Interessen eingelassen sind. Die Konstruktion von Gesellschaft beginnt also auch in diesem Kontext. Wie wichtig dabei der Weg des aktiven Denkens, des Urteilens und der Entscheidungsfindung ist, will der Film zeigen und erinnert damit an Hannah Arendts Credo:

»Im Kulturellen und im Politischen, also in dem gesamten

Bereich des öffentlichen Lebens, geht es weder um Erkenntnis noch um Wahrheit, sondern um Urteilen und Entscheiden, um das urteilende Begutachten und Bereden der gemeinsamen Welt und die Entscheidung darüber, wie sie weiterhin aussehen und auf welche Art und Weise in ihr gehandelt werden soll.«[58]

Dabei kommt es auf die gesellschaftlichen Zusammenhänge an, die oft übersehen werden und die einen historischen Ursprung haben, den man nicht verteufeln oder wegwischen kann. Entlang von Verbindungslinien und Traditionen vollzieht sich Entwicklung und Sinnstiftung für eine gemeinsame Zukunft von Gesellschaft. Insofern wird die Frage nach Wahrheit und Realität zum Anlass, um gesellschaftliche Leitsysteme, Werte, die durch die oben ausgeführten Bedingungen auf die Probe gestellt werden, zu diskutieren. Steyerl will mit ihrem Werk solche Verbindungslinien aufzeigen, um übersehene Verknüpfungen sichtbar und beurteilbar zu machen. Im folgenden Abschnitt möchte ich das Werk inhaltlich und formal zusammenfassen, in dem auf die dem Werk zugrunde liegende poststrukturalistische, dekonstruktivistische Perspektive eingegangen wird.

Zusammenfassung

Hito Steyerl richtet ihren Blick in ihrer Filmarbeit »How Not to Be Seen« auf die Paradoxien der Gegenwartsgesellschaft, die durch technische Entwicklung und Digitalisierung hervorgerufen werden, und geht der Frage nach, wie man der ständigen Last des Abgelichtet-werdens und dem narzisstischen Hang von Vielen, sich immer zu selbst ablichten zu müssen, entfliehen kann. Das Werk hat einen starken inhaltlichen Kern, der ein Bildungsanliegen ohne moralischen Anspruch verfolgt. Eine zeitgenössische Narration soll künstlerisch über das Format der Lernvideos (vgl. filmische Kapitel) entstehen. In den filmischen Kapiteln werden mögliche Varianten verhandelt, wie der Einzelne unsichtbar werden kann. Vorgeschlagen wird beispielsweise sich täglich zu maskieren, gelegentlich sich eine Hand vor das Gesicht zu halten, sich hinter anderen Personen wegzuducken

[58] Arendt, Hannah (2012): Zwischen Vergangenheit und Zukunft, Übungen im politischen Denken I, München.

oder schlicht die Nachahmung anderer Verhaltensweisen. Grotesk erscheinen diese Möglichkeiten und spiegeln so jedoch genau jene paradox anmutende Situation wieder, in der eine autonome Entscheidung darüber, wann, wer, wie individuelle Daten sammelt und reproduziert, nahezu unmöglich geworden ist. Und doch inszeniert Steyerl kreative Formen für ein selbstbestimmtes Handeln. Einmal nicht gesehen zu werden, das muss doch möglich sein!

Insofern sind die Lerneinheiten des Films eine Aufschlüsselung, was wir über unsere Welt der Gegenwart in Verbindung bringen sollten, um zu verstehen, wie es um die Herkunft und Entwicklung der Gesellschaft bestellt ist. In einem Radio-Feature stellt Hito Steyerl fest:

> *»[…], dass es so scheint, dass keine Alternative glaubwürdig behaupten könnte, sie stehe komplett außerhalb des Systems, auch weil das System technologisch so invasiv geworden ist, dass es wirklich schwer ist, irgendeinen Platz zu finden, der davon nicht komplett vereinnahmt ist. Und dass man jetzt eher aus einer Position schauen muss, der Eingebettetheit weiter zu wurschteln.«*[59]

Steyerl greift vor diesem Hintergrund den Modus des Durchfließens in der Montage von Bildern, Inszenierungen, Tanzelementen, Sound- und Musikcollage auf. Während der Film eine klare Struktur vorgibt, kommt es immer wieder zu Überlagerungen, Unterwanderungen, Störungen bis hin zu Überhöhungen in Form von Ironie. Es entfaltet sich eine Ästhetik, die die Dinge in Bewegung versetzt. Ein spielerischer Rhythmus greift um sich, sich leidenschaftlich den blinden Flecken dieses Systems anzunähern. Richten wir zusammenführend einen Blick auf diese Welt einschränkende Sicht, Sichtweisen und Ausschlüsse.

In der Videoarbeit »How Not to Be Seen« wird eine poststrukturalistische, dekonstruktivistische Perspektive als Element der Kunstproduktion bemüht. Im Subtext des Videos scheint es mir um den Prozess eines auf Brüche hin orientierten Umgangs mit dem gesamtgesellschaftlichen Problem der bannoptischen Überwachungs- und Kontrollpraxis zu gehen. Steyerl spekuliert über die Auswirkungen des Internets und die Digitalisierung auf unsere Wahrnehmung von Realität und unser alltägliches Leben. Ihre filmische und essayistische Analyse bietet Bilder der Beschleunigung, die im nächsten Moment

---

[59] Schröter (2015).

stehen bleiben bzw. beinahe auseinanderfallen. Sie geht davon aus, dass man der Gegenwart nicht entfliehen kann, es auch kein zurück gibt, sondern man sich den Realitäten zu stellen hat und die gegebenen Bedingungen zum Ausgangspunkt des eigenen Handelns machen muss.[60]

Die Situation ist allerdings auch geprägt von Sprachlosigkeit und Passivität. Steyerl drückt es so aus, wobei ihr Befund für das im Film dargestellte Problem ebenso gilt: »In dieser Sprachlosigkeit ist eines besonders unsagbar geworden: die Solidarität jenseits der Identität«. Weiter heißt es:

> *»Es ist, als beruhte die herrschende Ordnung nicht mehr auf dem Ausschluss der Anderen, sondern auf der radikalen Verleugnung ihrer möglichen Gleichheit. Und auch wenn die Forderung nach Gleichheit noch so deutlich artikuliert wird, verhallt sie in einer Hegemonie, die Diversität zur imperialen Machttechnik verfeinert hat.«*[61]

Diese Sprachlosigkeit herrscht nicht zuletzt unter den Bedingungen von Hyperprävention und Digitalisierung und wird weiter vorangetrieben. Subalternität wird durch Social-Profiling-Programme erzeugt und reproduziert sich nicht minder in digitalen Bildern der sozialen Netzwerke. Im Film von Steyerl geht es deshalb auch um die Marginalisierten, um die, denen der Zugang zur aktiven Teilhabe an der Gesellschaft bzw. hegemonialer Aushandlung verwehrt bleibt – eine Situation, die sich durch digitale Techniken verdichtet und immer schneller, allumgreifender und an jedem Ort der Welt um sich greift und gesellschaftliche, klassenspezifische, ökonomisch-politische Unterschiede markiert. Diesem auf Ausschluss beruhenden System sind nicht nur Menschen unterworfen, die aus existenziell, bedrohten Lebenslagen auf der Flucht sind oder aufgrund von religiösen Symbolen, Zeichen, Kleiderordnungen als vermeintliche Terrorist_innen gelten. »How Not to Be Seen« zeigt vielmehr die gesamte Komplexität und das Ausmaß dieser Systematik, wenn darin zum Beispiel der Ausschluss von Frauen über 50 thematisiert wird.

[60] Aikens (2014): S. 7 f. (übersetzt von der Autorin).

[61] Steyerl, Hito (2008): Die Gegenwart der Subalternen (Einleitung), in: Spivak, Gayatri Chakravorty (2007): Can the Subaltern Speak? Postkolonialität und subalterne Artikulation, Aus dem Englischen von Alexander Joskowicz und Stefan Nowotny, Mit einer Einleitung von Hito Steyerl, in: Buden; Kastner; Marchart u.a. (Hg.): Texte zur Theorie der politischen Praxis, Bd. 6, Wien, S. 14.

Ihre Arbeit folgt dem Credo: »dealing with the point of impact, the crash, and the time after«[62]. Für Steyerl geht es um den täglichen Versuch zu verstehen, wie Kapitalismus funktioniert und mit welchen Konsequenzen sich das immanent krisenhafte System immer wieder reproduziert. Warum gibt es Marginalisierte? Weshalb wird man zum gläsernen Menschen? Welche Rolle spielen Beschleunigung und Geschwindigkeit von technischer und sozialer Innovation? Dabei ist für sie die Krisenhaftigkeit kein politisches Konzept, vielmehr muss es als ein Aspekt der Analyse berücksichtigt werden. Es kommt ihr mehr darauf an, mit den Mitteln der Gegenwart Perspektiven gegen den Ausschluss zu entwickeln – nicht allein, sondern im Kollektiv.[63] Insofern führt sie das Publikum mit der Kamera in die Wüste, wobei eine Nähe entsteht, die uns unmittelbar in einen Zustand versetzt, als würden wir einer technischen Inspektion über die Möglichkeiten von Überwachung beiwohnen. Es kommt also nicht zu einer plumpen Geste der Vereinnahmung. Das zeichnet das gesamte Video aus: Niemals entsteht eine Situation, in der man aufgefordert wird, stellvertretend für andere zu sprechen oder die vorgestellten Möglichkeiten, sich unsichtbar zu machen, ausprobieren zu müssen. Stattdessen bestimmt das Werk eine Ansprache, die eine anregende Atmosphäre zum Nachdenken und sich Auseinandersetzen schaffen will, um 1. diese Art der digitalen Subalterne (in diesem hyperpräventiven Machtkonstrukt der hegemonial herrschenden Klassen) zu erkennen, 2. sich mit diesen neuen Formen hegemonialer Verhältnisse zu beschäftigen, 3. zu begreifen, dass die Intellektuellen nicht außerhalb digitaler Subalternität stehen und 4. es darauf ankommt, Formen zu finden, sich einer eigenen Sprache zu ermächtigen. Solidarität hat als bestimmendes gesellschaftliches Moment an Einfluss verloren, da sie sich immer weniger über Arbeit, Kultur, Identität definieren lässt.

Insofern scheint momentan ein Modus der Kritik an Machtverhältnissen notwendig, der zumindest die eigene problematische bzw. privilegierte Lage und Funktion in der Gesellschaft mitdenkt. Im Moment des Bruchs stellt sich die Aufgabe, »nicht das autistische ›Für-sich-selbst-Sprechen‹ der einzelnen Subjekte zu verstärken, sondern vielmehr darin, ihr gemeinsames Schweigen zu hören«[64].

---

[62] Kay, Jean (2014): An Interview with Hito Steyerl, in: aqnb, 16.04.2014, verfügbar unter: http://www.aqnb.com/2014/04/16/an-interview-with-hito-steyerl/ (Stand 16.02.2016).

[63] Vgl. ebd.

[64] Steyerl (2008), S. 16.

IX »All You Need Is Data – The DLD 2012 Conference Redux« (2013), Simon Denny

»All You Need Is Data – The DLD 2012 Conference Redux« ist eine Mixed-Media-Installation von Simon Denny aus dem Jahr 2013. Sie steht im Zentrum dieses Kapitels. Zuvor wird Simon Denny künstlerisch anhand seiner Arbeiten eingeordnet und dabei auf seine Arbeitsweise, Motive und künstlerische Formensprache eingegangen. Daran schließt sich eine detaillierte Werkanalyse der Installation an, um schließlich ausführlich der Frage nach dem Besonderen in diesem Kunstwerk aus medientheoretischer, formal-ästhetischer und ethisch-politischer Perspektive nachzugehen. Welchen besonderen Blick auf die Welt eröffnet dieses Werk dem Betrachtenden? Gibt es Spuren eines politisch gelagerten Potenzials außerhalb der ästhetischen Wahrnehmung des Werkes? Und was ist als das politische Potenzial dieser künstlerischen Arbeit zu verstehen und wie kommt es zur Geltung?

Simon Denny[65]

> *»A text message that bites you in the ass is a craft. You have to know the craft to deploy the material well, it´s a simple as that.«*[66]

Für einen perfekten Materialeinsatz muss man Handwerk und Technik beherrschen können, so könnte das Kunstverständnis von Simon

---

[65] Simon Denny wurde 1982 in Neuseeland geboren. Mit einem Bachelor of Fine Arts absolvierte er 2005 die Elam School of Fine Arts der University of Auckland. Vier Jahre später schloss er die Meisterschule am Frankfurter Städel ab, der staatlichen Hochschule für Bildende Künste in Frankfurt. Seitdem hat er an zahlreichen internationalen Ausstellungen teilgenommen, etwa im Kunstverein München; Museum Moderner Kunst Stiftung Ludwig Wien (mumok) in Wien, 55th Venice Biennale (2013); MoMA PS1 in New York; Portikus in Frankfurt (2014); Serpentine Sackler Gallery« in London; 56th Venice Biennale (2015); »WIELS Contemporary Art Centre« in Brüssel (2016). Ein detaillierter Einblick in Dennys künstlerischen Lebenslauf ist hier zu finden: Petzel (2016): Simon Denny, verfügbar unter: http://prod-images.exhibit-e.com/www_petzel_com/SD_CV_MASTER.pdf (Stand 05.09.2016).

[66] Reichert, Kolja (2015): Can One Make Works of Art which are »not of Art«, in: Spike Art Quarterly, Spring, verfügbar unter: http://prod-images.exhibite.com/www_petzel_com/2015_4_Spike_SD_compre ssed.pdf (Stand 06.09.2016).

Denny kurz umrissen werden. Der mit dem Baloise-Kunstpreis auf der Art Basel im Jahr 2012 ausgezeichnete Künstler interessiert sich in seinen Installationen und Projekten für die Analogien und Diskontinuitäten medialer Verbindungslinien zwischen Ästhetik, digitaler Technik, Ökonomie und Politik.
Sein Selbstverständnis als Künstler ist inspiriert von der Figur des Unternehmers. So bezeichnet er seine künstlerische Arbeit als Produkte und tritt lediglich unter dem Branding bzw. der Marke »Simon Denny« auf.[67] Um Grenzen auszuloten, betrachtet er in seinen Projekten verschiedene Themen aus unterschiedlichen Blickwinkeln. Dabei arbeitet er auch mit Expert_innen und Journalist_innen oder Wissenschaftler_innen zusammen wie etwa im Rahmen des Daten visualisierenden Projekts »Envisaging Vocational Rehabilitation« aus dem Jahr 2012. Bei der Erstellung eines Buchs über die Geschichte von Arbeitsbeschaffungsmaßnahmen in Neuseeland kooperierte er mit der Berufsforscherin Joanna Fadyl.
Ebenso wie der koreanische Videokünstler Nam Jun Paik setzt Denny in seinen Installationen TV-Geräte als skulpturales Element ein wie etwa in seiner Installation »Deep Sea Vaudeo« aus dem Jahr 2009. In dieser Arbeit übernimmt Denny die Logik von TV-Formaten und eignet sich deren Formsprache an, um so ihre spezielle Funktionsweise von Kommerzialisierung und Vermarktung sichtbar zu machen. In dieser Weise produziert er in Ausstellungsräumen ortsspezifische Readymades. Die Titel seiner Arbeiten[68] erinnern oft an eine Sprachform, die aus Wirtschaftsmagazinen stammen könnten. In Anlehnung an Videokunst und Fluxus der 1970er und 1980er Jahre (Vito Acconi, Wolf Vostel) untersucht er den gesellschaftlichen Einfluss von Massenmedien (Fernsehen), Medienunternehmen (Burda), Geräteproduzenten (Samsung) auf deren Marketing- und »Corporate Identity«-Konzepte. Durch sie ko mmen visuelle Klischees, Sichtweisen und Rhetoriken zustande, die es seiner Meinung nach zu hinterfragen gilt. Er stellt sich dieser massenmedialen Geschäftswelt und will sein Publikum daran teilhaben lassen, in dem er eine dokumentarisch-ästhetische Annäherung ermöglicht. Seine Kunst will über den ästhetischen Schwebe-

[67] Vgl. Feldhaus, Timo (2015): The Soul of Simon Denny. A portrait of the artist on his way up, in: Spike Art Quarterly, Summer, verfügbar unter: http://www.spikeart-magazine.com/en/articles/soul-simon-denny (Stand 07.09.2016).

[68] Exemplarisch seien folgende Titel genannt: »All you need is Data?« (2013) sowie »Envisaging Vocational Rehabilitation« (2012) oder eben »Corporate Video Decisions« (2011) und »Introductory Logic Video Tutaorial« (2010).

zustand erfahrbar sein, indem etwas zum Vorschein kommt, was neue Fragen bei den Betrachtenden erzeugt.
Generierte Bilder tangieren die Funktion der Kunst der Gegenwart und stellen sie in ihrer Bedeutung infrage. Das ist für Denny Anlass für eine intensive Auseinandersetzung mit psychologischen Prozessen der Bildbetrachtung und den verschiedenen Präsentationsformen von Bildern – wie ist mit visuellen Klischees und den medial endlos reproduzierten Bildwelten umzugehen? Vor diesem Hintergrund arbeitet er mit bereits erzeugten Motiven und visuellen Objekten (vgl. unter anderem die Arbeit »Speculations on Anonymous Material«[69], 2014). Während er in früheren Werken die Entwicklung von Fernsehen und Video behandelte, widmen sich aktuelle Arbeiten anthropologisch-soziologischen Aspekten. Ein typisches Beispiel dafür ist die Installation »All You Need Is Data – The DLD 2012 Conference REDUX«. Verweilen wir noch einen Moment in der Betrachtung einiger seiner Werke, um Motive, Anliegen und Arbeitsweise des Künstlers näher kennenzulernen, bevor wir uns der künstlerisch in den Ausstellungsraum überführten Konferenz DLD 2012 zuwenden.

Full Participation

> *»Es ist uns bewusst, dass nicht nur wir sie ansehen, sondern auch sie uns, dass sie uns bewerten und manipulieren.«*[70]

»Full Participation« problematisiert die Kurzlebigkeit und den selektiven Charakter medialer Informationen am Beispiel des Community-Fernsehsenders GrassRoots TV in Aspen, Kalifornien (USA). Die Arbeit stammt aus dem Jahr 2012 und wurde im Aspen Art Museum installiert.[71] In der Manier des Found Footage verwendet Denny dabei Filmmaterial aus dem Archiv des Senders und spielt mit der veralteten Stofflichkeit des Materials. So lässt er den Sender wieder auferstehen und macht die Fernseh- und Videokul-

---

[69] Pfeffer, Susanne (Hg.) (2014): Speculations on Anonymous Materials, Ausst.Kat., Kassel.

[70] Larios, Pablo (2012): Devolutions, in: Spike Art Quarterly, Winter, S. 65, verfügbar unter: http://prod-images.exhibit-e.com/www_petzel_com/2012_Winter_Spike_SD.pdf (Stand 07.09.2016).

[71] Vgl. Ausstellungsansichten: Aspen Art Museum (2012): Simon Denny: Full Participation, Past Exhibitions, verfügbar unter: https://www.aspenartmuseum.org/exhibitions/88-simon-denny-full-participation (Stand 06.06.2017).

tur des GrassRoots TV neu erlebbar. Durch mediale Überlagerung von Medien, Videofilm, Bildern, Fotografien und Skulpturen wird das kulturelle Konstrukt von Fernseh-, Video- und Filmtechnologie mit seinen visuellen Effekten auf die Rezeption der Konsument_innen reflektiert. Deutlich wird, welche Wirkung – positiv wie negativ – Soziale Medien heute und das Communityfernsehen damals als Form medienspezifischer Netzwerke auf ihre Nutzer_innen haben.

New Management
Denny re-inszeniert mit der Arbeit »New Management« im Portikus in Frankfurt am Main im Jahr 2014 eine Managementkonferenz des globalen Elektronik-Mischkonzerns Samsung. Samsung hat 1993 ins Luxushotel Kempinski Frankfurt-Gravenbruch geladen und eine Show für Führungskräfte ausgerichtet. Samsung-Vorsitzender Lee Kunhee präsentiert zu diesem Anlass die »Frankfurt Declaration« – eine 800-seitige Handreichung über das Firmenkonzept von Samsung, die einen Einblick in die Geschichte, Philosophie und den Führungsstil des Unternehmens eröffnet.
Zwischen Dokumentation und Fiktion zeigt sich die Arbeit in mannigfaltiger Formensprache und informiert auf Tafeln in leuchtendem Blau Logos, Bilder, Slogans, Daten und Fakten – gedruckt auf Plexiglasscheiben – rund um das globale Geschäft des Unternehmens. Das Bild einer bunten und heiteren asiatischen, sich global bewegenden Oberklassengesellschaft entsteht. Dazu gesellt sich ein Modell des Wolkenkratzers Burj Khalifa in Dubai, das wie zufällig auf einer Kiste ausgestellt ist – und an dessen Bau die südkoreanische Firma beteiligt war. Das Logo der Firma ist über allem präsent. In größeren Vitrinen werden historische bis hin zu aktuellen Mobilfunkgeräten der Marke Samsung gezeigt. Sie ergänzen so die Kollektion von Luxusartikeln des Unternehmens.
Denny verwandelt den Portikus in eine »History Hall«,-welche die Entwicklung des Konzerns vom Lebensmittelhandelsgeschäft zum globalen Hightech Unternehmen nachzeichnet. Samsung entpuppt sich als gigantischer Akteur der Informationsgesellschaft, der mit innovativen kapitalistischen Strategien zum Global Player wurde. Im Hintergrund rauschen die Motoren zweier veralteter Klimaanlagen und beschallen das Sujet. Im Zusammenspiel der schnurrenden Geräte erscheinen die Verlautbarungen unternehmerischer Weisheiten abgeschmackt und dechiffrieren sich als Übertreibungen: Botschaften wie »Qualität statt Quantität« oder »Change everything but your spouse and kids«

erscheinen ebenso wahr wie inhaltsleer.[72]

The Personal Effects of Kim Dotcom[73]

In digitalen Zeiten stellt sich die Frage nach den Auswirkungen des Datenaustauschs, also der Möglichkeit ohne großen Aufwand Daten zu kopieren und zu teilen. Bürgerliche Konzepte wie Eigentum und darauf beruhende Unternehmensmodelle werden dadurch herausgefordert. So auch im Fall von Kim Schmitz, besser bekannt als »Kim Dotcom«, Gründer des Sharehosters Megaupload, der mit seiner Internetfirma urheberrechtlich geschütztes Material zum Austausch anbot. Wiederholt von Film- und Musikproduzenten angeklagt, wird die Filesharing-Plattform von den US-Behörden im Jahr 2012 wegen Urheberrechtsverletzung geschlossen und Kim Dotcoms Besitztümer vom FBI beschlagnahmt.[74] Sein in der Nähe von Auckland in Neuseeland konfiszierter Besitz umfassten Bargeld in Höhe von »175 Millionen US-Dollar […], 60 Server, 22 Autos, weitere Kunstwerke, Fernseh- und sonstige Unterhaltungselektronik und nicht zuletzt eine ganze Menge an Domainnamen«[75].

Auf 110 Digitaldrucken werden die beschlagnahmten Objekte des Kim Dotcom erstmals 2013 im White Cube des Mumok (Wien) auf einer Ausstellungsfläche von 200 Quadratmetern ausgestellt. Durch die Inszenierung wird die Copyright-Auseinandersetzung und die netzspezifische Kopierkultur der Gegenwart ebenso zur Diskussion gestellt wie das exzentrische Verhalten der Hackergestalt Kim Schmitz. Aber genau diese extreme Kombination scheint, wie Christian Höller im Ausstellungskatalog provokativ anmerkt, ein Maß zur Sichtbarmachung der Gegenwartsbedingungen zu sein:

---

72 Vgl. Pohlen, Annelie (2014): Simon Denny »New Management«, Portikus, Frankfurt, 12.7.–7.9.2014, in: Kunstforum International, Band 229, Ausstellungen: Frankfurt, 282, verfügbar unter: http://www.kunstforum.de/intern/artikel.aspx?a=229514&z=lex&page= (Stand 01.02.2016).

73 Michalka, Matthias (Hg.) (2013): Simon Denny: The Personal Effects of Kim Dotcom, Katalog, Köln.

74 Vgl. Burg von, Dominique (2014): The Darknet. »From Memes to Onionland, An Exploration«, Kunst Halle St. Gallen, 11.10.2014–11.1.2015, in: Kunstforum International, Band 230, Ausstellungen: St. Gallen, S. 286, verfügbar unter: http://www.kunstforum.de/intern/artikel.aspx?a=230530&z=lex&page= (Stand 08.09.2016).

75 Thalmair, Franz (2013): Simon Denny: The Personal Effects of Kim Dotcom, Mumok, Wien, 5.7.–13.10.2013, in: Kunstforum International, Band 223, Ausstellungen: Wien, S. 342, verfügbar unter: http://www.kunstforum.de/intern/artikel.aspx?a=223824&z=lex&page= (Stand 28.09.2016).

> *»Braucht es techno-kulturelle und juridische, den sicheren Boden des etablierten Rechts verlassende Grenzgänger wie Kim Schmitz, um der herrschenden kulturell-ökonomischen Ordnung den längst fälligen Todesstoß zu versetzen?«*[76]

Die gesellschaftliche Ordnung erfährt offensichtlich auch durch die Wirkung solcher Personen wie Kim Dotcom mit ihren ungenierten Methoden den Verweis auf ihre Halbwertszeit. Zwischen legal und illegal bewegte sich Dotcom; während er eine Unzahl privater Wertgegenstände ansammelte, engagierte er sich paradoxer Weise für Open Access. Diese Person zelebriert einen von Grenzen befreiten Umgang mit digitalen Möglichkeiten, in dem er rigoros juristische Grundlagen des Copyrights und der Autorschaft unterwandert und sich zugleich dem Genuss an Luxusgütern hingibt. In dem Werk von Denny wird dieser Vertreter des neuen Typus der modernen Welt ästhetisiert und in dieser Installation wahrnehmbar. Denny eignet sich die Wertgegenstände in Form der Digitalprints an und überträgt sie in den musealen Raum. Dabei werden die wertintensiven Artikel auf einfache und kostengünstige Weise in diese digitalen Drücke überführt. Indem er sie vervielfältigt, erfahren sie eine veränderte Gestalt und helfen somit, die Problematik von »Copy & Paste« durch ihre anschaulich ausgestellte und sichtbar gewordene Anzahl differenziert zu betrachten.

Durch die Anordnung der Objekte wie etwa von schwarz lackierten Metallboxen, die auch durch ihre Materialität im ersten Moment deplatziert wirken, werden Fragen nach Ziel, Funktion und Sinnbild aufgerufen. Ein strahlend blaues Harley-Davidson-Motorrad steht neben einer Anhäufung von speziell beschrifteten Nummerntafeln mit Aufdrucken wie »Hacker«, »Evil«, »God« oder »Good«. Dass Schmitz eine umstrittene Persönlichkeit mit überbordendem Hang zu Besitz und Luxusgüter ist, wird hier offensichtlich. Mehr noch, Denny verdichtet und konzentriert diese Wahrnehmung. Wie ein Muster wiederholt sich dieses Bild. Insofern treten die Nachbildungen den Besucher_innen zugewandt in Augenschein und spielen mit dem Konzept der Kopie wie die Ansammlung von TV-Geräten aus MDF-Platten und

[76] Vgl. Höller, Christian (2013): Suprapersonal Effects. The Copy Culture and Incriminated Property, in: Michalka (Hg.) (2013): Simon Denny, Köln, S. 40 (übersetzt von der Autorin).

Glas.[77] Insofern haben die Objekte gerade in Bezug auf die technologischen Bedingungen der Jetztzeit eine zeitliche Dimension, durch die die Objekte zwischen Vergangenheit und Gegenwart wechseln und immer wieder auch etwas Neues in der Betrachtung zum Vorschein bringen. Kim Dotcom erscheint in diesem Kontext trotz seiner Zwiespältigkeit als ein Vorreiter und Katalysator so wie Snowden oder Assange in ihren jeweiligen Feldern. Ihr Handeln hat gesamtgesellschaftliche Auswirkungen, in dem es die technologischen Bedingungen und Möglichkeiten hinterfragt und auslotet.

Secret Power

Um geleakte Geheimdokumente über internationale Überwachungsstrategien dreht sich die Installation »Secret Power Highlighted« aus dem Jahr 2015. Inspiriert wurde die Arbeit unter anderem durch das gleichnamige Buch[78] von Nicky Hager (1996). Darin verhandelt der Journalist die Bedeutung Neuseelands im internationalen Überwachungsgeflecht[79].

Bilder und Symbole der Macht veranschaulichen in der Installation die Struktur der Geheimdienste und dechiffrieren das komplexe Netzwerk. Die allumfassende Manie des Sammelns, Sichtbarmachens oder Erstellens sozialer Profile, kurzum die Verwertung von Informationen zum Zwecke der Überwachung, ergießt sich in dieser Arbeit in der Frage nach dem Grundsätzlichen und dem gesellschaftspolitischen wie staatlichen Sinn einer solchen Datensammelwut. Für die Bürger_innen scheint das Ausmaß kaum fassbar. Denny thematisiert vor diesem Hintergrund die Kultur der Geheimdienste, also den Ort, an dem all diese Entscheidungen produziert werden.

Schauplatz ist die 56. Venedig Biennale. Der Boden der Ankunftshalle des Marco-Polo-Flughafens in Venedig ist mit einem gigantischen Deckengemälde beklebt, dessen Motiv aus der Nationalbibliothek am Markusplatz stammt. Dort wiederum präsentiert Denny im Internet gefundenes Material von David Darchicourt[80] und Edward Snow-

---

[77] Thalmair (2013), verfügbar unter: http://www.kunstforum.de/intern/artikel.aspx?a=223824&z=lex&page= (Stand 28.09.2016), S. 342.

[78] Hager, Nicky (1996): Secret Power. New Zealand´s Role in the International Spy Network, Nelson.

[79] Neuseeland bildet mit Großbritannien, USA, Australien und Kanada die Allianz der fünf Augen, dass sogenannte »Five Eyes Intelligence Alliance« (FVEY).

[80] Darchicourt stand Ende der 1990er Jahre bis Anfang 2000 als Grafiker im Dienst

den über den NSA in acht großen Glasvitrinen. Verkabelte Server, die in Verbindung mit den Vitrinen stehen, surren und kontrastieren das altehrwürdige Gebäude mit seinem Sujet aus historischen Globen und Deckengemälden von 16 Denkern der Antike.
Flughafen und Bibliothek spiegeln sich in ihren geopolitischen Bedeutungen, damals und vor dem Hintergrund der Zeit nach den Snowden-Enthüllungen und werfen so die Frage auf, »[w]elche visuelle Sprache die Geheimdienste in ihren Graphiken, Logos, Bildern und Diagrammen [verwenden]?«[81]

Blockchain Future States
In Fortsetzung seiner kritischen Untersuchungen der Ästhetik der sogenannten digitalen Revolution verhandelt Simon Denny mit seinem Beitrag für die 9. Berlin Biennale[82] (2016) die virulente Entfaltung dezentralisierter Währungsplattformen. Denn die Digitalisierung bringt auch tief gehende Veränderung für das Bankgeschäft mit sich. Kryptowährung, bargeldloser Handel, Bitcoin-Netzwerke und dezentrale digitale Datenbanken (engl. »Blockchain«) stellen das bestehende Geldsystem vor große Herausforderungen.
Im Zentrum der Installation »Blockchain Visionaries« stehen Unternehmen wie 21 Inc., Digital Asset und Ethereum.[83] Sie gelten als Firmen mit dem stärksten Interesse an der Umsetzung der Bitcoin-Basistechnologie Blockchain. Die Blockchain-Technologie ist eine (staatenunabhängige) Datenbanktechnik, die es ermöglicht, dezentral in Form der

der NSA und illustrierte strengvertrauliche Dokumente der Regierung. Denny verwendet in seiner Arbeit die comicähnlichen Zeichnungen Darchicourts.

81 Vogel, Sabine B. (2015): Neuseeland, Simon Denny: Secret Power, Kommissar: Heather Galbraith. Kurator: Robert Leonard, Ort: Biblioteca Nazionale Marciana, Marco Polo Airport, in: Kunstforum International, Band 233, 56. Biennale Venedig – All the World´s Furtures: Länderbeiträge Stadtgebiet, S. 564, verfügbar unter: http://www.kunstforum.de/intern/artikel.aspx?z=iv&a=233253&li=i (Stand 28.09.2016).

82 Vgl. hierzu: Webseite der 9. Berlin Berlinale für zeitgenössische Kunst (2016): Simon Denny mit Linda Kantchev, verfügbar unter: http://bb9.berlinbiennale.de/de/participants/denny/ (Stand 05.09.2016).

83 »21 Inc.«, »Digital Asset« und »Ethereum« sind drei real existierende Unternehmen, die die Bitcoin-Basistechnologie Blockchain in die traditionelle Finanzwelt übertragen wollen. Das dezentrale Zahlungssystem Bitcoin (»digitale Münze«) funktioniert mit Unterstützung der dezentral verwalteten Datenbank (engl. Blockchain). Diesem System mit Open-Source-Referenzen wollen u. a. die drei Firmen (kommerzielle) Alternativen gegenüberstellen.

Bitcoin-Währung Handel zu betreiben. Sollte die Zukunft von Gesellschaften in den Händen privatökonomischer Interessen liegen?
Die Firmen werden in der Art von Messeständen im Ausstellungsraum präsentiert. Neben Pappaufstellern von Firmenrepräsentanten und Informationsdisplays tauchen dort Briefmarken auf, die in Kooperation mit der Designerin Linda Kantchev entstanden sind. Diese kleinen Bildchen sind als Corporate Identity der Unternehmen für die Präsentation sinnstiftend und werden zum Symbol der Währung bzw. eines supranationalen Wirtschaftskonzeptes und stehen gleichzeitig stellvertretend für das schwindende Währungssystem: Im Vergleich zu modernen Zahlungssystemen wie Bitcoin erscheint in Dennys Werk die haptisch erfahrbare und künstlerisch gestaltete Briefmarke wie ein nostalgisch verklärtes Relikt einer vergangenen Zeit, dessen gesellschaftlicher Stellenwert als Währung vermehrt in den Hintergrund getreten ist. Stattdessen tritt eine neue Generation digitaler Bezahlungsformen hervor und markiert den technischen Fortschritt, der auch Fehler hat. Diese gilt es, aufzuspüren und zu thematisieren.[84]
Wie diese kleine Werkschau zeigt, handelt es sich bei Simon Denny um einen zeitgenössischen Konzeptkünstler, für den inhaltliche Aspekte der digitalisierten Welt im Informationszeitalter eine große Rolle spielen. Durch die Kombination unterschiedlicher Materialien und Medien konstruiert er Sujets, in denen ästhetische und nichtästhetische Formen derart zusammenwirken, dass Raumerfahrungen entstehen, die ein Reflexionsspiel eröffnen. Auf die Sache konzentriert, produziert er Erfahrungsräume, die das Publikum in eine performanceähnliche Auseinandersetzung mit der jeweiligen Objektwelt treten lassen. Die vermeintliche Virtualität dieser Themen bricht und wird ästhetisch erfahrbar. Eine Kraft entfaltet sich. Geradezu dialogisch entwickelt sich ein künstlerischer Ausdruck in seinen Werken, die oft auch traditionelle Sprachformen aufgreifen und sie im Spiegel von Kunst und digital-medialen Techniken aktualisieren. »[S]ein eigentliches Medium – ist Information selbst«, die er nach Zirkulation, Beschaffenheit, Wirkung, Funktion, Ursache und Preis prüft: »Was machen Daten mit dem Einzelnen in der Gemeinschaft? Welchen Preis bezahlen wir, die wir immer stärker selbst zu Währungseinheiten werden, zugleich Objekt und Subjekt der Datenflut?«[85] Seine Mixed-Me-

[84] Vgl. Boecker, Susanne (2016): ESMT, in: Kunstforum International, Band 241, Titel: Künstler als Kuratoren: 9. Berlin Biennale, S. 238, verfügbar unter: http://www.kunstforum.de/intern/artikel.aspx?a=241233&z=lex&page= (Stand 29.09.2016).

[85] Larios, Pablo (2012): Devolutions, in: Spike Art Quarterly, Winter, S. 59, verfüg-

dia-Installationen bestechen durch ihre vielfältigen Formen und Kompositionen. Wie Hybride wirken seine Arbeiten und sind zum Beispiel technische, formale Überführungen zwischen Video zu Skulptur hin zur Malerei um schließlich digital bedruckte Leinwände zu werden. So bewegen sich die Arbeiten zwischen Forschungsprojekt, Unternehmermagazin, Marketingkonzept und Werbekampagne, den Relikten einer Konferenz, gefundenem Metallica-T-Shirt und den klassischen Erscheinungen von Leinwänden, bedruckt mit Slogans einer digitalen Zukunftskonferenz oder Skulpturen aus TV-Geräten und Monitoren, Fotografien, Dokumentarfilmen, chronologischen Zeitstrahlen oder vitrinenartigen Skulpturen[86]. Mit diesen Elementen webt er in den Arbeiten Kombinationen aus dichten und dünneren Strukturen, die so vielfältige Assoziationen bereitstellen, dass sie keine lineare Reflexion zu lassen. Sein Vorgehen, durch die Vielfalt künstlerischer und nichtkünstlerischer Formen eigene Strukturen und Grammatiken zu entwickeln, bewirkt, dass die Komplexität der Wirklichkeiten selbst sichtbar wird.

Popkulturelle bzw. massenmediale Überproduktion vermeintlicher Inhalte verstellen den Blick für die Funktionsweisen und Zusammenhänge globaler Produktionsbedingungen im digitaltechnologischen Informationszeitalter. Dieser Fehlstelle nähert sich Simon Denny ortsspezifisch an und orientiert sich bei der künstlerischen Gestaltung seiner Werke an seinem Publikum und deren potenziellen Erwartungen. Ihm kommt es auf den Versuch an, ästhetische Erfahrungen und mehrdimensionale Kunsterlebnisse zu ermöglichen und zugleich eine spannende inhaltliche Setzung im Werk zu erzeugen. Seine Arbeiten sind dokumentarisch wie disruptiv. Unterbrechungen und stille Störungen dechiffrieren die scheinbare Reibungslosigkeit und Glätte des gesellschaftlich Verborgenen und Unsichtbaren. Sie sind quasi als Enthüllungsplattformen konzipiert und lassen die Paradoxien normativer Ordnungen, visueller Stereotypen und alltäglicher Rhetorik von Unternehmen und Politik hervortreten. Schauen wir uns nun eine solche »Enthüllungsplattform« genauer an und wenden uns seinem Werk »All You Need Is Data?« zu.

---

bar unter: http://prod-images.exhibit-e.com/www_petzel_com/2012_Winter_Spike_SD.pdf (Stand 07.09.2016).

[86] Vgl. die auf der Art Basel präsentierte Videoarbeit »Channel Document« aus dem Jahr 2012.

Beschreibung und Analyse der Installation von Simon Denny

Gegenstand der Arbeit »All You Need Is Data?« ist eine Konferenz, auf der unterschiedliche Perspektiven aus Wissenschaft, Technologie, Kunst, Kultur und Politik zum Thema Digitalisierung zusammenkommen. In den Blick genommen werden in der Arbeit die Verwertungsinteressen an Informationen im digitalisierten Zeitalter. Nach der Beschreibung der Installation »All You Need Is Data?« wird im Anschluss auf Thema, Anlass und grundlegende formale Aspekte der Arbeit eingegangen.

Vorbemerkungen (Angaben zum Werk)

Der Künstler Simon Denny (geb. 1982) macht in der Mixed-Media-Installation »All You Need Is Data?« die Münchner »Digital Life Design«-Konferenz (DLD) aus dem Jahr 2012 zum thematischen Gegenstand. Die Beschäftigung mit der DLD-Konferenz beginnt Denny im Rahmen seines Atelierstipendiums von »Kunstzeitraum« in München in den Jahren 2012 und 2013. Schon vor seinem Atelierstipendium in München ist Denny durch seine Teilnahme an der Ausstellung »Remote Control«[87] am »Institute for Contemporary Art« (ICA) in London im Jahr 2011 auf die DLD aufmerksam geworden. In München stellt er Nachforschungen an und entwickelt eine künstlerische Überführung der DLD 2012 in Form einer komplexen Installation. Das Material,

[87] Die Ausstellung »Remote Control« (dt. Fernsteuerung) (ICA, 2011) beschäftigt sich mit dem Einfluss von Fernsehgeräten auf die künstlerische Praxis von zeitgenössischen Künstler_innen und fängt verschiedene Blickwinkel auf die nächste Generation von Künstler_innen im digitalisierten Zeitalter ein. Dennys Beitrag für diese Ausstellung ist ein spezielles Ausstellungsdesign in Form einer Rochade, welche die mediale Umstellung porträtiert. Er verwendet Überbleibsel der Londoner Rundfunkanlage aus analogen Zeiten und kombiniert diese Hardware mit Videoarbeiten u. a. von Richard Serra (»Television delivers People«, 1973, vgl. Serra, Richard; Schoolman, Carlota Fay (1973): »Television delivers People«, Video, Sound, 6:55 min, in: Youtube.com, verfügbar unter: https://www.youtube.com/watch?v=LvZYwaQlJsg (Stand 13.09.2016). Diese Kurzfilme kritisieren meist die massenmedialen Auswirkungen auf das Publikum und eröffnen die Analyse von Fernsehen als kommerziellen Produzenten von Abhängigkeitsverhältnissen. Zur Ausstellung »Remote Control«, vgl. dazu: ICA Institute of Contemporary Arts (2012): Remote Control, verfügbar unter: https://www.ica.org.uk/whats-on/remote-control (Stand 13.09.2016).

das Denny für die Installation verwendet, wird ihm durch die DLD-Organisator_innen selbst zur Verfügung gestellt, die ihm den Zugang zu ihrem digitalen Archiv gewähren.

Die über drei Tage währende DLD-Konferenz findet seit 2005 alljährlich im Januar in München statt. Sie ist eine exklusive Zusammenkunft der Branche, die sich an Großveranstaltungen wie der kalifornischen Innovationskonferenz TED (Technology, Entertainment, Design) orientiert. Ausgerichtet wird sie vom Hubert-Burda-Media-Unternehmen. International bekannte Persönlichkeiten aus den Bereichen Technologie, Wissenschaft, Kultur, Unterhaltung sowie Kunst und Design werden als Podiumsgäste, Redner_innen und Teilnehmende eingeladen. Kern der »Hightech«-Fachtagung ist die Zusammenkunft einer ausgewählten internationalen Klientel von Investor_innen, Technologie- und Wirtschaftsdenker_innen sowie Trendforscher_innen im Bereich Handel und Vermarktung, die an Zukunftsfragen und Trendsetzung interessiert sind. Hier wird die Zukunft gedacht, könnte ein Slogan der Konferenz lauten.

Ein Jahr nach der DLD 2012 wird »All You Need Is Data – The DLD 2012 Conference Redux« im Kunstverein München zeitgleich zur DLD 2013 präsentiert. Danach wird die Arbeit, mit erweitertem Titel, »All You Need Is Data – The DLD 2012 Conference REDUX rerun«, in der Petzel Gallery in Manhattan (New York City) gezeigt. Es folgen Ausstellungen in Kanada und Neuseeland. Im Zuge dessen entsteht unter Mitwirkung von Saim Demircan (Co-Kurator) der Ausstellungskatalog zur Installation.

In der Auseinandersetzung mit der DLD 2012 kommt Denny auf den Versuch an, das Algorithmische, nicht Dinghafte des Systems dieser Konferenz zu ergründen und das Design mit künstlerischen Mitteln in eine neue Form zu überführen, wozu auch die dort ausgetauschten Visionen und Zukunftsprognosen zählen. Für seine künstlerische Überführung orientierte sich Denny dabei an der Leitfrage: »Was bleibt von all den innovativen und kreativen Zukunftsspekulationen? Produzieren sie Mehrwert«, so könnte die Leitfrage lauten, an denen sich Denny in seinem Werk orientiert.

Diesem Gedanken folgend werde ich im nächsten Abschnitt die im Münchner Kunstverein ausgestellte Installation analysieren sowie dem Aufbau nach beschreiben und auf den Ausstellungskatalog eingehen, der als ein weiterer Teil dieser künstlerischen Arbeit zu verstehen ist. Warum dem so ist, möchte ich im Zusammenspiel mit der formal-ästhetischen und inhaltlichen Analyse erörtern. Diese Annäherungen münden in der Auswertung, Interpretation und Beurteilung von »All You Need Is Data?«. Die Interpretation dieses Werks erfolgt auf medientheoretischer, ästhetischer und anthropologischer Ebene.

Aufbau und Beschreibung der Installation »All You Need Is Data?«

Die Mixed-Media-Installation »All You Need Is Data« besteht aus einer Installation, die in Form von Werbeartikeln, Fahnen und animierten Grafikelementen die gesamte Konferenz entsprechend ihres chronologischen Ablaufs in den Ausstellungsraum überführt. Dabei ist das Foyer des Ausstellungsraums mit scheinbar wahllos aufgehängten Fahnen ausstaffiert. Sie dienten auf der DLD 2012 als farbiges Leitsystem für die Teilnehmer_innen. Der Hauptraum selbst ist durch die großformatige ortsspezifische Installation bestehend aus einer Display-Struktur mit 89 bedruckten Leinwänden geprägt.
Die Wände des White Cube sind dezent beschriftet. Drei Schriftzüge in schwarzen großformatigen serifenlosen Lettern auf weißem Grund zeigen das Datum der dreitägigen DLD-Konferenz. Es handelt sich bei den vertikal in der Höhe angebrachten Schriftzügen um die englischen Datumsangaben: »Sunday January 22 2012« (Abb. 58), »Monday January 23 2012« und »Tuesday January 24 2012«. An hüfthohen metallisch-silbrig matten Geländer Stangen ist die Mehrzahl der digital bedruckten 89 Leinwände angebracht, die den chronologischen Ablauf bzw. das Programm der DLD 2012 dokumentieren. Das Geländer ist so im Raum aufgestellt, dass es einen Parcours ergibt, ähnlich einem Wartebereich in öffentlichen Gebäuden.
Im Gegensatz zur Nüchternheit der weißen Wände des White Cube, die zugleich einen Licht verstärkenden Effekt haben, sind die ansprechend wirkenden Leinwände farbig in Braun-, Pink-, Gelb-, Rot- oder Blautönen raumillusorisch gestaltet und erinnern an sehr geschmackvoll gestaltete Werbeplakate oder Pinnwände, die nichts mit der Rustikalität von sogenannten Schwarzen Brettern zu tun haben. Sie dokumentieren von der »Registrierung« bis zur letzten »Keynote« alle Events, Panels, Pausen oder musikalischen Zwischenspiele der DLD 2012. Sie gliedern die Installation in drei Abteilungen entlang der Konferenztage: Sonntag, den 22. Januar 2012, Montag, den 23. Januar 2012, und Dienstag, den 24. Januar 2012. Die verschiedenen Programmpunkte werden in Form von spezifisch bedruckten Leinwänden dargestellt. Das Format der Ta-

feln entspricht 160 x 110 x 1,8 cm, die im Inkjet-Druckverfahren bearbeitet wurden.
Der erste Bereich präsentiert den ersten Konferenztag auf 29 Leinwänden und zeigt Registrierung, Willkommensgruß, Keynote, Programmpunkte mit Titeln wie »Privacy«, »Knocking on Heaven's Door«, »Extra-Sensory Reception«, »Demo: Aurasma – The Future of Augmented Reality«, »Talent is King« oder »Family Strings«, gefolgt von »Break« und Gesprächsrunden – »Conversation« zu Themen wie »Fireside Chat« oder »Understanding India«.
Der nächste Abschnitt, der dem zweiten Konferenztag entspricht, besteht aus 42 bedruckten Leinwänden, die zum Teil an den Geländer Stangen montiert sind. Auch hier beginnt der Konferenztag mit der »Registration«, es folgen Vorträge, Präsentationen (»Demo«), Pausen (»Break«), Mittagessen (»Lunch«), Gespräche (»Conversation«), »Music« und die »DLD Night« im Haus der Kunst. Die Vorträge tragen Titel wie »Creatively Social«, »The digital Consumer«, »Need, Speed and Greed«, »Money and Data«, »Mobile Metropolis«, »Hot Deals«, »Creative Capital«, »Digital Diplomacy«, »Secrets of Success«, »The Big Picture« oder »Ways beyond the Internet«.
Der dritte Programm-Abschnitt schließt mit dem letzten Tag die Konferenz als auch die Installation ab. Er umfasst 18 Leinwände. Der Tag beginnt mit der Registrierung (»Registration/Breakfast«), obligatorischen Vorträgen zu Themen wie »India – Market of Tomorrow«, »Shaping, Shoping – Everywhere«, »Turkey in the 21st Century«, »Woman want more«, gefolgt von Gesprächen (»In Conversation«), Pausen (»Break«), einer Preisverleihung (»Aenne Burda Award«) und endet mit einer »Keynote«.

Die Leinwände – Tafel, Bildschirm, Screen

Die Leinwände der Installation unterscheiden sich in ihrer Funktion erkennbar durch ihren formalen Aufbau. Die erste Leinwand der Installation mit dem Titel »Registration« (Abb. 59) setzt sich aus Vorder-, Mittel- und Hintergrund zusammen. Das Bild umfasst wie alle Bilder dieser Mixed-Media-Installation eine Größe von 160 x 110 x 1,8 cm. Im Inkjet-Druckverfahren wurde das Motiv maschinell aufgetragen. Mit einem breiten schwarzen Rand wird der Bildausschnitt gerahmt. Am unteren Bildrand ist mittig das Logo des Unternehmens für Außenwerbung »Wall« angebracht. Der Bildhintergrund zeigt ein alpines Bergmassiv in leuchtend rosa, roter und weißer Farbe, der Fläche nach getüncht wie ein technisch erzeugter Farbfilter, der über dieses

Motiv gelegt wurde. Im unteren Bildteil wird dieses Sujet von einem unsichtbaren Band mit dem wiederholt aufgedruckten Konferenzlogo »DLD« unterbrochen. Vor diesem steinern wirkenden Motiv spielt sich der Mittelgrund ab. Im obersten Bildbereich ist das Wort »Registration« zu lesen. Im unteren Bildbereich ist eine Art weißlich-rosafarbenes Plateau abgebildet. Unmittelbar über diesem Plateau ist seitlich zur Bildmitte gerückt ein weißer Bilderrahmen mit einer Aufnahme von zwei stehenden Personen in geschäftlichem Dresscode zu sehen, die fachmännisch ihre Köpfe über einer Sache zusammenstecken. Der Bilderrahmen erinnert durch sein Format eher an das Äußere von Tablets oder größeren Smartphones. Auf der vorderen Bildebene ist im linken oberen Bildfeld eine Akkreditierungskarte angehängt mit dem Logo der Konferenz und einer handschriftlichen Notiz – »07:45–08:30 Monday 23 January 2012«. Das Design der Bildtafel »Registration« ist auch bei anderen Leinwänden zu finden. Bis auf wenige Variationen im Mittel- und Vordergrund (andere Titel, die Akkreditierungsetiketten sind entweder links oder rechts unterhalb des Titels angeordnet und enthalten angepasste Datumsangaben, das Motiv in der Applikation im unteren Bildteil wechselt) wiederholt sich die Grafik bei anderen Leinwänden mit organisatorischen Programmpunkten wie »Break« oder »Lunch« oder der »Registration« an den anderen Tagen. Der markante Rotton dieser Grafiken produziert als Wiedererkennungsmerkmal eine Orientierung in der Installation. Diese Hilfestellung bindet und hält das System spürbar geschlossen: Einmal drinnen kann man nicht verloren gehen.

Die Tafeln »Family Strings« (Abb. 60) und »The Digital Consumer« (Abb. 61) bzw. »Privacy II« (Abb. 62) und »Digital Policies« (Abb. 63) zeigen zwei weitere Gestaltungstypen der Installation. Auch bei diesen Leinwänden fallen die Bilder, Fotos und Polaroids sowie die angesteckten Akkreditierungskarten mit DLD-Logo als Erstes ins Auge. Sie treten optisch nach vorn. Die Leinwände sind ebenfalls im Bildaufbau in Vorder-, Mittel- und Hintergrund gegliedert und mit einem breiten schwarzen Rand mit »Wall«-Logo gerahmt.

Die Blickrichtung konzentriert sich auf das Geschehen im Inneren. »Family Strings« und »The Digital Consumer« sind dem Konferenzprogramm des ersten und zweiten Tags entnommen. Beide Tafeln haben einen sehr räumlich gehaltenen Hintergrund, der an Hüttenzauber oder die Innengestaltung von finnischen Saunen erinnert. Dadurch entsteht eine scharfwinklige Raumillusion. Horizontal aufeinandergeschichtete dunkle Holzleisten bilden eine Wandoptik, die

von unten durch vertikal nebeneinandergelegte dunkle Holzdielen flankiert wird. Zum äußeren Bildrand verläuft diese Raumillusion in einen starken Schattenbereich aus. Im oberen Drittel des Hintergrunds scheint in weißen Lettern auf dunklem Grund das DLD-Logo wie ein Newsticker hindurchzulaufen. Durch einen scharf gesetzten Hell-Dunkel-Kontrast entsteht nicht nur der Eindruck von Räumlichkeit, sondern auch unterschiedlich gelagerter Bildebenen.
Den Mittelgrund bildet die Schriftebene mit den fett gesetzten, serifenlosen Titeln – »Family Strings« (Abb. 60) bzw. »The Digital Consumer« (Abb. 61) –, der wie eine Schlagzeile erscheint. Darunter ordnen sich zentriert, kleiner geschriebene sowie in schwarzen und weißen Lettern verfasste Zitate. Ihr handschriftlicher Stil erinnert an Notizen, die im Gespräch festgehalten wurden, um bestimmte Eindrücke oder Informationen aufzuzeichnen.
Verschieden großflächige Bilder, die Personen(-gruppen) zeigen, scheinen eine Art Hierarchie anzuzeigen. Von oben nach unten gelesen sind unterschiedliche Bildmotive und -formate zu sehen, im oberen Bildteil von »Family Strings« etwa das Foto eines älteren Herrn im Querformat. Er scheint sitzend eine offene Haltung eingenommen zu haben. In der Hand hält er ein Mikrofon und führt offensichtlich einen Gedanken aus. Das Bild ist auf einem ausgerissenen Blatt Papier, vielleicht aus einem Notizblock, mit einer angedeuteten größeren Büroklammer »angebracht«. Rechts davon hängt eine Akkreditierungskarte mit unter anderem der Angabe des Namens »Freeman Dyson«. Ein Pfeil mit Pünktchenlinie deutet in die Richtung des Mannes auf dem Bild im oberen Bildteil. Offensichtlich handelt es sich also um den Physiker und Mathematiker Freeman Dyson.
Unter der Akkreditierungskarte sind andere situationsspezifische Aufnahmen zu sehen. Das erste Motiv zeigt eine Frau, die freundlich lächelnd ein Mikrofon hält und mit leichter Handbewegung gestikuliert. Auch sie scheint in ein Gespräch vertieft zu sein. Sie schaut nach links aus dem Bild heraus, als ob dort ihre Sprechrichtung ihr Objekt findet. Es folgt ein Sujet, dass eine Podiumsdiskussion mit mehreren Teilnehmenden darstellt. Darunter ist eine Nahaufnahme eines Mannes zu sehen, die ihn ebenso ein Mikrofon in Kopfhöhe haltend dem bildproduzierenden Objekt entgegen gerichtet zeigt rechts neben einem Mann mit Glatze in weißem Hemd und dunklem Sakko, der ihm seitlich von hinten zugewandt ist. Diese drei Bilder sind leicht tänzelnd untereinander mit einem Klebestreifen-Effekt angeordnet. Im untersten Bildteil folgen Polaroidbilder dieser Menschen teilweise mit

Pinnwandnadeln und Klebestreifen in asynchroner Linie aufgereiht. Insgesamt entsteht der Eindruck, dass »Family Strings« eine Podiumsdiskussion im Rahmen der DLD 2012 zeigt. Unter den fünf Polaroidaufnahmen sind die Namen der Sprechenden nur schematisch angedeutet. Mit großer Mühe lassen sich folgende Namen entziffern – von links nach rechts gelesen: George Dyson (Autor, Technikhistoriker), Esther Dyson (WaytoWellville) und Freeman Dyson (Royal Air Force, Duke University, Physiker, Mathematiker) sowie Adrian Kreye (Süddeutsche Zeitung) und John Bockman (Edge.org).
Auf der Leinwand »Family Strings« steht unter der größeren Aufnahme von Freeman Dyson ein Zitat, wohl eine von ihm vorgetragene These: »We've had four Revolutions: Space, Nuclear, Genetics, Computing. These all started roughly at the same time – postwar« (»Wir haben vier Revolutionen gehabt: Raumfahrt, Atomkraft, Vererbungslehre (Genetik), Datenverarbeitung. Diese Dinge haben alle ungefähr zur gleichen Zeit stattgefunden, nämlich in der Nachkriegszeit.«).
Die in der Bildmitte abgedruckten Zitate scheinen Äußerungen aus der Podiumsdiskussion zu sein: »The World is unfortunately driven more by politics than by facts« (»Die Welt wird leider mehr von Politik als von Fakten bestimmt.«); »Two big things happened in computers: you went from mainframes to PCs for individual people and you went from the government sponsored internet to the word wide web of today« (»Zwei große Dinge sind von Computern ausgegangen: Die eine Entwicklung vollzieht sich vom Großrechner zum PC und die andere ist die eines von der Regierung finanzierten Internets hin zum World Wide Web von heute.«); »Europe kinda invented social pessimism« (»Europa scheint so eine Art sozialen Pessimismus erfunden zu haben.«) sowie »We are all part of a single organism – life on this planet is a single organism« (»Wir sind alle Teil eines einzigen Organismus – das Leben auf diesem Planeten ist ein einziger Organismus.«) oder »I certainly believe very strongly in the privatization of human space« (»Ich glaube auf jeden Fall an die Privatisierung der bemannten Raumfahrt.«).
Diese Äußerungen sind teils philosophischen teils anthropologisch, historischen Inhalts und legen nahe, die gesellschaftlichen Entwicklungen der Nachkriegszeit seien grundlegend technischer Art, in deren Zentrum die Computernutzung stünde. Die Effekte dieser Fortschritte bedingten den Fortschritt der Gesellschaft – abzulesen an der Tatsache, dass es heutzutage Computer für jedermann gäbe und das Internet nicht mehr von einer Regierung finanziert würde, son-

dern zum »World Wide Web von heute« geworden sei. Was das im Konkreten bedeuten mag, bleibt vorerst offen. Es ist nicht eindeutig, ob das Podium glaubt, dass gesellschaftlicher Fortschritt mit technischem Fortschritt gleichzusetzen sei. Fakt ist, technische Entwicklungen haben Einfluss auf die Menschen, die auf diesem Planeten leben, der »einen einzigen Organismus« darstellt – was eventuell als Paradigma der Zukunft verstanden werden kann. Mit der Äußerung zur privatwirtschaftlichen Expansion ins Weltall wird der Bogen zur Kommerzialisierung des Internets geschlagen, das vom durch das US-Verteidigungsministerium finanzierte Computernetzwerk zum WWW von heute wurde und sich inzwischen als Geschäftsmodell trägt. Kurzum: Die technologischen Entwicklungen sind unaufhaltsam und fortschreitend.

Tatsächlich sind diese Notationen Zitate aus der Veranstaltung »Family Strings«. Über die visuellen und schriftlichen Impressionen dieser Leinwand wird eine stimmungsvolle Atmosphäre erzeugt. Beide Formen suggerieren das Momenthafte (in meiner Interpretation greife ich diese Beobachtung erneut auf und verhandle diese im medientheoretischen Kontext, siehe Medienspezifische Dimension).

Im Vergleich zu »Family Strings« erscheinen die Leinwände wie »Privacy II« oder auch »Digital Policies« wie futuristische farbenfrohe Banner einer nächsten Generation. Die Aufteilung der Bildebenen und die schwarze Rahmung sind auch in diesen Bildern zu finden. Eingängig in leuchtende Grün-, Gelb-, Rot-, Blau- und Violetttöne getaucht (vgl. hierzu »Conversation«, Abb. 64), bestimmen sie den Hintergrund. Eine alpine Landschaft flächig abstrahierter Bergmassive in ebendieser Farbgebung und in Form facettierter viereckiger Flächen, die über-, neben- und durcheinander geschichtet erscheinen, werden durch die organische Struktur von Kiefern- und Nadelwaldbäumen nach oben hin erweitert präsentiert. Die Struktur des Baumgrüns setzt sich bis in die sehr dunkel gehaltene Höhe fort und verschwindet dann. Davor gelagert ist die Text- und Bildebene.

Das Podium der Sprechenden wird im unteren Bildbereich durch ein Tableau oder eine tischähnliche Platte angedeutet und erhält durch die farbig, kantigen Schablonen einen Hintergrund. Es ähnelt dem einer Präsentationsfläche, eben einer Bühne. Im unteren Bereich sind Polaroidbilder angepinnt. Eingefügt sind eine tabellenartige Grafik und Screenshots von Webseiten wie »4Chan«. Über das Bild verteilt sind Momentaufnahme aus den Vortragsrunden, Panels, Keynotes mit Blick auf die Sprechenden in Porträtformat eingefangen und ab-

gebildet. Im oberen Bildsegment erscheint alternierend das Bild der Hauptperson der jeweiligen Einzelveranstaltung und auf gleicher Höhe die wie angesteckt wirkende Akkreditierungskarte mit diversen Angaben. Die Grafiken der Leinwände sind mit speziellen Bildbearbeitungsprogrammen computergeneriert gestaltet und insofern deutlich als konstruiert zu erkennen.
Die unterschiedlichen Hintergründe legen nahe, dass es drei verschieden gestaltete Leinwände in der Installation gibt: Neben den rötlich gestalteten Tafeln haben wir es offensichtlich mit zwei Varianten bei den inhaltlich gestalteten Tafeln zu tun. Diese zwei Typen lassen sich gestaltungstechnisch den beiden Konferenzräumen »Atrium« und »Maxsaal« im Münchner Veranstaltungsort der DLD, dem Forum der HypoVereinsbank (HVB Forum), zuordnen.[88] Der Maxsaal zeichnet sich durch ein bäuerlich gehaltenes Interieur aus mit heller Holzverkleidung an Wänden und Boden. Rustikale Holzmöbel, rot-weiß karierte Vorhänge in den Aufbewahrungsschränken und allerlei Staffage wie mit Blumen bemalte Keramikkrüge oder ein an der Wand aufgehängter »Seppelhut« schaffen eine urige, eigentümlich ländliche Atmosphäre und erinnern an Bauernhöfe inmitten einer agrarischen Landschaft mit Bergpanorama.
Im Gegensatz dazu präsentiert sich das Atrium der DLD 2012 in nüchtern futuristischem Ton. Das Motiv der alpinen Berglandschaft wird hier abstrakt in kubistischen Formen und mit leuchtender Farbgebung aufgegriffen. Die moderne Fassade bildet den Hintergrund für die Ereignisse und Events auf der Bühne. Ein moosgrüner Teppich, eine weiße, stark beleuchtete Bühne mit Redner_innenpult und ein bestuhltes Auditorium fügen sich in das futuristische Sujet dieses Saales ein.[89]
Im Artrium, dem wesentlich größeren Veranstaltungsraum, finden Programmpunkte und Panels statt wie »Conversation«, »Keynote«, »Aenne Burda Award«, »Privacy I«, »Privacy II«, »Mission State«, »Fireside Chat«, »Antarctica«, »Greeting«, »Sharing Economy«, »Meet New People«, »Spotlight« oder »Creatively Social«. Die moderne Gestaltung des Showcases wird in der Installation übernommen

[88] Vgl. Das Programm: DLD (2012): DLD2012. All you need is...data?, Programm, verfügbar unter: http://www.dld-conference.com/DLD12#program-2012-01-22 (Stand 14.09.2016).

[89] Vgl. Innenansichten der DLD 2012 auf der Webseite: DLD (2012): DLD2012. All you need is...data?, verfügbar unter: http://www.dld-conference.com/events/social-media-commerce (Stand 14.09.2016).

ebenso wie die rustikale Aufmachung des Maxsaals. Denny benutzt insofern das räumliche Erscheinungsbild der beiden Konferenzräume als farbiges Leitsystem seines Werkes. Und so erscheinen die Bildtafeln mit den Schwerpunktvorträgen wie »Family Strings«, »Hot Deals«, »University 2.0«, »Start-Up Nation« oder »Understanding India« und speziellen Präsentationen (»Demo«) in der Gestalt des alpinen Hüttenzaubers.

Es lässt sich festhalten: Die gesamte grafische Palette zur Gestaltung der Leinwände setzt sich aus dem originalen Fundus des DLD-2012-Erscheinungsbilds zusammen, angefangen von Logo, Symbolen, Sprache, Rhetorik sowie Farben des Teppichs im Artium, dem Design der weißen Bühne, der kubistischen Abstraktionen einer alpinen Landschaft bis hin zu den Teilnehmenden und den Aussagen der aufgezeichneten Paneldokumentationen. Denny transportiert das Design der DLD-Show in seine Arbeit.

In der Bildtafel »Privacy II« etwa präsentiert Denny eine Auswahl aus der Videodokumentation des gleichnamigen Panels der Konferenz. Urteilt man nach dem präsent gesetzten Foto im oberen Bildteil, scheint die zentrale Figur dieser Veranstaltung wohl Chris Poole »Moot« gewesen zu sein, der Gründer des anonymen Nachrichtenforums »4Chan«. Die um den Text im Bildzentrum und unter das zentrale Bild drapierten Polaroids scheinen die anderen Sprecher_innen zu zeigen. Dass sie diejenigen sind, die mit Chris Poole das Podium zum Thema »Privacy II« bilden, unterstreicht die untere Bildreihe. Auf einem im Raum schwebenden weißlichen Plateau, das an eine Bühne erinnert, wiederholen sich Polaroids von ihnen. Auffallend ist, dass Chris Poole als Einziger im Profil mit Blick nach links außen zu sehen ist. Er scheint in einem hellen Raum auf einer Treppe zu sitzen, im Hintergrund ist ein Treppengeländer zu erkennen. Die anderen Personen werden offiziell in Frontalansicht wie auf einem Bewerbungsfoto mit neutralem einfarbigem Hintergrund sehr seriös dargestellt. Zu sehen sind Männer zwischen 30 und 40 Jahren mit Hemd, Jackett, teilweise Krawatte und schnittiger Kurzhaarfrisur. Im Gegensatz zu ihnen wirkt Chris Poole weitaus jünger. Er trägt ein dunkles Rundhalsshirt und auch sonst wirkt sein Erscheinungsbild legerer, unangepasst, jugendlicher. Gemäß der DLD-Webseite haben sich neben Christopher Poole zur Diskussion gestellt (von links nach rechts gelesen): Sebastian Nerz (Geschäftsführer der Piratenpartei in Deutschland), Stefan Gross-Selbeck (Geschäftsführer u. a. Xing) und als Moderator der Autor Nick Bilton (Technologie- und Wirtschaftskolumnist). Die Namen der Podiums-

teilnehmer sind – mit Ausnahme des hervorgehobenen Namens von Poole auf dem Akkreditierungsausweis – kaum zu erkennen. Wer hier neben dem 4Chan-Gründer Poole zu Wort gekommen ist, scheint für Denny rückblickend nebensächlich bzw. kaum erwähnenswert zu sein. Dieser Effekt ist bereits bei der Leinwand »Family Strings« zu beobachten. Auf beiden Tafeln setzt er eine zentrale Figur, macht diese über den Vermerk auf der Akkreditierungskarte zum Sprecher der Runde und positioniert zudem die Zitate in der Bildmitte, umsäumt von visuellen Impressionen. Die Zitate stammen aus der entsprechenden Videodokumentation der Podiumsrunde. Stellvertretend für die Diskussion am 22. Januar 2012 wählte er folgende Statements aus:
»You cannot have a real freedom of speech without being able to be anonymous« (»Man hat keine wirkliche Redefreiheit, wenn man nicht in der Lage ist, anonym – unsichtbar – sein zu können.«); »The concept of what privacy is has changed but, nah, i don´t think its dead yet« (»Die Idee von Privatheit hat sich verändert, aber ich denke, sie ist noch nicht gestorben.«); »You talk to regulators and they don´t get it. For them data is something scary, something that people need protection from« (»Man spricht mit Regulierungsbehörden und sie verstehen es nicht. Für sie sind Daten etwas unheimliches, etwas vor dem die Leute Schutz brauchen«); »We left a lot up to Mark Zuckerberg and a lot of it didn´t go so well« (»Wir haben eine Menge Mark Zuckerberg überlassen und vieles davon verlief nicht so gut.«) oder »People don´t understand that data is the oil of the 21st Century« (»Die Leute verstehen nicht, dass Daten das Öl des 21. Jahrhunderts sind.«) bzw. »Many People are underestimating how public they are on social networks« (»Die Menschen unterschätzen, wie öffentlich sie in sozialen Netzwerken sind.«).
Die Zitate sind in bekannter Manier (unterschiedliche Schriftgröße, weiße Schrift, handschriftlicher Font) auf der Leinwand umgesetzt. Das Gespräch selbst wird kulissenhaft im Hintergrund des Screens inszeniert, obwohl die Diskutant_innen wichtige Themen behandeln. Es geht um das digitale Bewusstsein der Menschen, die Rolle des Facebook-Gründers Mark Zuckerbergs, die Bedeutung von Daten, deren ökonomischer Stellenwert mit dem Öl gleichgesetzt wird. Die Art und Weise, wie die Podiumsteilnehmer sprechen, befeuern den Eindruck, dass hier das Thema der Allgegenwart von Daten und Privatheit eher belanglos behandelt wird. Die Aussagen klingen unsicher und unentschieden. Entweder man ist zum Thema falsch eingeladen, hat eigentlich keine Ahnung davon oder man ist ohnehin der Meinung,

dass beim Umgang (oder: mit dem Geschäft) mit Daten Privatheit an sich keine Rolle spielt bzw. ein überholtes Ideal darstellt, das nur noch für eine Minderheit von Bedeutung ist. Denn anscheinend sind »die Menschen« oder »die Leute« sich gar nicht bewusst, wie öffentlich sie sich in sozialen Netzwerken bewegen, auch wenn – wie zu Bedenken gegeben wird –, man nur von Meinungsfreiheit sprechen kann, wenn man auch anonym sein kann. Durch die von Denny ausgewählten Gesprächsauszüge entsteht also der Eindruck eines sehr allgemeinen Austauschs über das Thema der »Privacy«.
Zusammenfassend lässt sich über die grafische Gestaltung der Leinwände sagen, dass sie im weiteren Sinne an die Benutzeroberflächen von Webseiten erinnern. Gleichzeitig ähneln sie herkömmlichen Informationstafeln mit angeklebten oder angepinnten Notizzetteln, Fotos und Polaroids. Die Titel der Leinwände kommen Schlagzeilen gleich. Der handgeschriebene Text im Bild bekräftigt den analogen, manuellen, selbst gebastelten Eindruck der Schautafeln und es entsteht ein Bild der Momentaufnahmen.
Insgesamt gesehen erscheint die Installation »All You Need Is Data?« wie ein Labyrinth, das sich durch den kompletten Ausstellungsraum zieht. Der Raum selbst wird dominant und statisch eingenommen. Dicht an dicht ist der Raum gegliedert und alternierend tauchen einzeln versetzt Leinwände je an den gegenüberliegenden Wandseiten sowie in den Zwischenräumen auf. Die gesamte Fläche wird von den Leinwänden bespielt. Folgt man dem System der Geländer, wird man durch die Installation geführt – und zwar in eine Richtung. Am Ende der Installation ankommen, muss man quasi umkehren und erneut den Weg durch die Leinwandreihen nehmen. Auf diesem Weg ist man mit den blanken herkömmlichen Rückseiten klassischer Leinwände konfrontiert. Diese Keilrahmen sind unbedruckt, unbemalt, beigefarben und aus Baumwoll- bzw. Leinengewebe. Zutage tritt das nackte Skelett einer Leinwand (Abb. 65), die auf Fichte- bzw. Tannenholz bespannt ist, wie sie von Hobby-Maler_innen oder Künstler_innen benutzt wird. Nach diesem deskriptiven Blick auf das Werk wenden wir uns nun analytisch seiner Ästhetik und seinen Besonderheiten zu.

Besondere Dimensionen

Was zeigt sich in der Installation und inwiefern kommt »Welt« zum Vorschein? Hat diese Arbeit eine politische Dimension? Oder ist das besondere der Arbeit vielmehr anthropologisch, soziologischer Art? Welche Rolle spielt das Publikum in dieser Arbeit? Was geschieht auf der medialen ästhetischen Ebene? Was passiert, wenn auf den Leinwänden auf einmal Plakate, Bildschirme, TV-Geräte oder Fotografien, Videodokumentation und Soundspuren durchscheinen? Wie ist die Wirkung des Director's Cut in dieser Installation zu verstehen? Diesen Fragen soll im Weiteren nachgegangen werden.

Medienspezifische Dimension
Die Materialisierung von Zukunftsvisionen als »Digital Life Design« – Überlagerungen (digital-analog)

> *»I try to go through all the problems. There is obviously a certain point when I have to decide on a direction. I try to take risks with what I make – I guess every producer would say the same thing. But I try to keep myself interested, and part of being interested is challenging what I am comfortable with, what I want, what is possible, and what I can afford. In the situation of making this thing about Burda and DLD there was a big shift for me aesthetically. For the audience, that was a new Denny culpture and that was really scary at the time. I had a lot of doubt. Is this too busy?«*[90] (Simon Denny 2015)

Der erste Eindruck ist der eines monumentalen Bildmassivs (Abb. 66). Statisch und schwerfällig schieben sich von der linken und rechten Seite die facettenreichen Bildlandschaften durch den White Cube. Ein rigider Konstruktionsaufbau organisiert sich durch streng und kühl erscheinende Leinwände, die gerade wegen ihrer schematisch immer gleichen Grafik den Eindruck mehrerer Plakatwände im Ausstellungsraum bestimmern. Die Arbeit ist gerahmt von einer merkwürdigen Glätte und schematischen Struktur, die keine Abweichung erlaubt. Nicht zuletzt wiederholt sich der grafische Aufbau der Leinwände in allen zur Installation zählenden Bildern. Die Installation an sich wirkt wegen der Statik der an einem Stahlgeländer angeordneten Leinwände wie eine Mauer. Die gesamte Anordnung kann als ein Algorithmus gelesen werden, der den gesamten Ablauf und Aufbau der Installation rhythmisiert – angefangen mit der Beschriftung der Wände (Letterstil,

[90] Feldhaus (2015), verfügbar unter: http://www.spikeartmagazine.com/en/articles/soul-simon-denny (Stand 07.09.2016).

vertikaler Schriftzug, Datumsangabe), dem Geländersystem mit der vorbestimmten, nicht zufälligen, allerdings strikten Leinwandanbringung sowie dem Aufbau, der Farbe, Komposition und Sprachform der Notizen im jeweiligen Bildmotiv. Hier ist nichts dem Zufall überlassen. Auf diese Weise wird das Publikum direkt in die Installation hineingeführt. Wie ein linear strukturierter Parcours, durch den dem Betrachtenden das unterschiedliche, auch parallel nebeneinander ablaufende Konferenzprogramm eröffnet wird, baut sich die Installation zu einer physisch wahrnehmbaren Architektur auf. Durch die gesamte Komposition der Arbeit wird die »Timeline« der Konferenz in chronologischer Abfolge als begehbarer Körperraum wahrnehmbar. Zur räumlichen Orientierung in diesem bereits vergangenen Event stellt Denny den Betrachtenden das grafische Design der Leinwände zur Verfügung. Ein Spiel aus Zeit und Raum entfaltet sich entlang der renaissancehaften Inszenierung. In der Installation materialisiert sich Zeit in Form von Be- und Entschleunigung. Die »Timeline« ist ein Motiv bereits seiner früheren Arbeiten und spielt mit dem Format als einer technischen Entwicklung des automatischen Fließens, die den Gleichschritt von wirtschaftlichem und kulturellem Fortschritt suggeriert. Deutlich wird, wie weitreichend die Auswirkungen des Konsums auf ästhetische Erfahrungen im Alltag (HD-TV usw.) ist.

Ein willkürliches Flanieren ist im System der Installation nicht möglich. Sich nach Gutdünken in dieser Architektur »frei« zu bewegen, macht keinen Sinn. Denn nur durch das Abschreiten der vorgegebenen Wege wird die Installation als Erfahrungsraum zugänglich. Diese Ästhetik, die mehr will, entsteht durch den regelgeleiteten Aufbau des Werkes. Das Geländersystem selbst ist eine normierende Wegführung (vgl. Abb. 73). Will man sich in der Installation bewegen und die Einzelheiten erfassen, dann ist man gezwungen, der vorgegebenen Systematik zu folgen. Nur so ist die körperliche Erfahrbarkeit dieses Bildraums möglich. Man wird vor die Frage gestellt, will ich mich diesem fremden Regelwerk fügen oder verzichte ich auf den Zugang zu dieser Welt? Gleichzeitig wird diese Wirkung anders geleitet: Sowohl der White Cube wie auch das massive Erscheinungsbild der Installation rufen keineswegs ein Gefühl der Bedrohung oder Ablehnung auf, sich nicht in das Installationsgefüge begeben zu wollen, vielmehr wird jegliches unbehagliche Gefühl zerstreut.

Betrachtet man die Installation im übertragenen Sinne als eben diesen sich vergegenständlichenden Zeitstrahl, definiert er sich zunächst in eine bestimmte, nämlich fortschreitende Richtung im Raum. Trotzdem gibt es diesen Moment der Entschleunigung, des Innehaltens, da das einzelne Bild für sich genommen eine einnehmende Ästhetik hat. Während man von der einen Seite die DLD-Konferenz betritt und entlang der einzelnen, chronologischen Programmpunkte abschreitet, entsteht ein dynamisch fortlaufender Eindruck. Kommt man zur letzten Leinwand, ist man am »Point of Return« angelangt. Von nun an durchschreitet man die Zeit rückwärts und es entsteht der Eindruck von nackter Konfrontation mit dem Gegenteil des bisher Gezeigtem. Wird das Publikum zuerst medial, inhaltlich und farbenfroh durch die Vorderseite der Leinwände unterhalten, wirkt die Rückseite wie der blanke Entzug des bisherigen Entertainmentprogramms. Erfahrbar werden die zwei Seiten der Medaille (nicht nur) der DLD-2012-Konferenz. Kontrastreich erscheint das, was einst da und uns so lebendig erschien, nun nach dem Ende des Events irgendwie obsolet. Als ob der Inhalt der Veranstaltung verpufft wäre. Die Visionen und Zukunftsprognosen, die auf der Konferenz ausgetauscht und gefeiert wurden, scheinen so blank wie der Rücken einer Leinwand zu sein. Hat doch das nächste Event mit seinen Informationen und Neuheiten das Alte längst überholt. Was bleibt, ist das digitale Dokument. Es kann berichten und liefert bei genauerer Betrachtung Impressionen einer Schau von Fortschrittsglauben und Nachdenklichkeit, von ausgelassener Stimmung und einem Setting von Leichtigkeit und Exklusivität. Dennys künstlerischer Versuch einer Annäherung an dieses Unterfangen bemüht sich, die inhaltliche Komplexität aufzuzeigen und eignet sich deshalb die visuellen Formen, Grammatiken und Rhetorik dieser Veranstaltung an. Die Logik des DLD-Events aufgreifend, überführt er diese Elemente in den Ausstellungsraum. Er folgt dabei dem typischen und ortsspezifischen Arrangement von Museen, um Wissen und Inhalt aufzubereiten. Insofern erinnert die Architektur der Leinwände mit den metallischen Geländer Stangen auch an das Design von 3D-animierten virtuellen Umgebungen – an das sogenannte Cover Flow. Dabei werden grafische Elemente, Bilder oder Cover von Musikalben zur leichteren Navigation auf einer Ebene angeordnet und man kann am Computerbildschirm, wie an einer visuellen Bar die eigenen Informationen oder Bilder flüssig durchblättern. Die Anordnung der Bildmauer wird nicht zuletzt verstärkt durch den ersten Blick auf eine Leinwand selbst. Diese erscheint einem zunächst wie eine überfrachtete Dokumentationsreihe bzw. wie herkömmliche Informationstafeln oder Plakate. Im Allgemeinen wäre man als Betrachtende von einer solchen Anordnung tendenziell überfordert und geradezu abgestoßen. Aufgrund der

Reizüberflutung abzuschalten, läge nah. Zum anderen eröffnet sich über die verdichtete Installationsanordnung aber auch der Eindruck effektiver Raumnutzung, wie wir sie als Ausdruck von Professionalität und Seriosität von Konferenzen kennen. Was hier deutlich wird: Wie mit dem Verweis auf den »Cover Flow« angedeutet, fängt die Installation das gewisse Maß an eigentlich zu viel Inhalt in einer Form auf, die es dem Publikum noch erträglich macht, sich dem Ganzen und dem Detail widmen zu können.

Als ob man in einem Elektronikfachgeschäft wäre und vor einer dicht aufgebauten Mauer von Fernsehbildschirmen stünde, erscheinen die Leinwände in der Installation wie die Bildschirme von TV-Geräten und werden zum Screen. Sie zeigen verschiedene Ansichten und Aufnahmen der Veranstaltung, Zitate, Grafiken, Fotos und Präsentationen. Sowohl die Anordnung der Bildschirme als auch die Komposition und das Design der Bildmotive bekräftigen die Illusion, vor einer Front einer Unmenge an Bildschirmen – Screens – zu stehen. Allerdings gleichen die Bildschirme einem merkwürdigen Mischwesen und versinnbildlichen so die Mutation von Materie: Die Leinwand, als historisierter Gegenstand der Bildenden Kunst, erweitert sich durch die Art ihrer Bearbeitung zum Display eines Smartphones bzw. wird zu einer mauerähnlichen Anordnung von Fernsehgeräten, aufgereiht wie Unterhaltungselektronik in Fachgeschäften. Eines teilen diese Objekte, sie sind sinnstiftend für den Blick in die Welt: Die Leinwand, auf der die Renaissance-Malerei unverkennbar Perspektiven für die Weiten des Weltgeschehens eröffnete, die Fernsehgeräte, die Transporteur von Nachrichten und Unterhaltungsangeboten aller Art sind, und schließlich die Kommunikationswelten, die ein Smartphone bereithält – kurzum: von der Entdeckung der Dreidimensionalität in zweidimensionalem Format bis hin zu den algorithmischen Welten scheinbar unendlicher Möglichkeiten. Die Rezipierenden werden über den Screen-Effekt der Leinwände auf visuell, kommunikative Weise Teil des Werkes.

Denny spielt bewusst mit Bildern bzw. visuellen Eindrücken, die seit langer Zeit Teil des kulturellen Gedächtnisses sind. Das Geländersystem als (analoges) Leitsystem scheint einem merkwürdig vertraut. Es erinnert an Kontrollbereiche auf Flughäfen, bei Massenveranstaltungen, Fußball-Events, Konzerten oder in großen Museen. Dieses Bild ruft alltägliche Routinen ab und wirkt deshalb vertrauenerweckend und einladend, die Installation zu durchlaufen.

Dennys Rauminstallation ist so gestaltet, dass ein Spannungsverhält-

nis zwischen der monochromen, statischen Anordnung der Leinwände an den Geländern und den grafisch reich angelegten Bildern der Leinwände erzeugt wird. Die Bildkomposition, die sowohl räumlich als auch rhythmisch ist, folgt einer Systematik, die es dem Zuschauenden leicht macht, sich auf die Informationstafeln und die Installation selbst einzulassen. Wie selbstverständlich scheint man bereit, sich durch das Regelsystem der Installation zu bewegen. Trotz der mauerähnlichen Statik und des sehr opulenten Designs der Leinwände, die den Zugang abzuwehren scheinen, wirken die Bildmotive einladend, indem sie etwas »mehr« in Aussicht stellen, also anziehend wirken. An dieser Stelle deutet sich bereits an, dass die gesamte Installation und insbesondere die Leinwände visueller Transporteur der DLD-2012-Konferenz sind, denn sie materialisieren deren bewegte, abwechslungsreiche und professionelle Stimmung und eröffnen so einen Erfahrungsraum der Reflexion über das Schauspiel, das auf den Bildschirmen visualisiert wird.
Anschaulich wird dies an der Leinwand »Digital Policies«, die die Gesprächsteilnehmer_innen einer Podiumsdiskussion zeigt. Zu sehen sind zwei Schnappschüsse des Podiums im Gespräch. Dass es sich bei dem Thema rund um digitale Richtlinien (»Digital Policies«) handelt, erfährt die Betrachtende über den Titel und über die Zitate, die im Bildmittelgrund eingelassen sind. Bildaufbau und Komposition folgen dem oben beschriebenen grafischen Muster: Das farbige Hintergrund-Design eines abstrakten Bergmassivs lässt vermuten, dass auch diese Veranstaltung im Atrium des HVB-Forums 2012 stattgefunden hat. Denny streut Spuren der originären Großveranstaltung in seine Werkanordnung. Umso intensiver man sich dem Werk widmet, desto wahrnehmbarer wird die Installation als Ort eines realen Ereignisses. Denny orientiert sich unmittelbar an der präsentierten DLD-2012-Realität, übersetzt allerdings die einzelnen Facetten des Erscheinungsbildes der Tagung künstlerisch-kreativ in ein analoges Set an Materialien, Medien und Werkstoffen. Dabei handelt es sich nur vordergründig um eine Reproduktion, denn er konstruiert durch seine audio- und visuelle Auswahl eigene Bilder der Highlights der Konferenz. Der Mehrzahl der 89 Leinwände liegen Videos der Panels und Gesprächsrunden zugrunde, die Denny an der Stelle erforscht und gesichtet haben muss. Man gewinnt den Eindruck, dass Denny sich intensiv mit dem Bestand des DLD-2012-Archivs auseinandergesetzt hat. Er fängt nach seiner persönlichen Wahrnehmung Momente und Stimmungen ein. Die Vermittlung der Veranstaltung erfolgt bei

Denny besonders stark auf der Bildebene, also im Screen, und stellt seine individuellen visuellen und audiovisuellen Setzungen zur Schau. Die Videodokumentationen aus dem DLD-Archiv werden wie im Schnittverfahren des Director´s Cut, bekannt von Spielfilmproduktionen, auf persönliche Art des Filmregisseurs nachbearbeitet – in diesem Fall ist es der Nachbearbeiter Denny. Diese nachbearbeiteten Fassungen von Filmen nennt man auch »Redux«. In Anlehnung an den Werktitel »All You Need Is Data – The DLD Conference 2012 Redux« überträgt Denny also das Schnittverfahren des Director´s Cut auf seine Installation. Die filmische Praxis wird für ihn zur künstlerischen Strategie – und zwar in mehrfacher Weise. Schaut man sich vergleichsweise die Leinwand »Privacy II« und die originale Videodokumentation[91] zu diesem Panel an, kann man unter anderem feststellen, dass Christopher Poole keinen Vortrag hält und – auch wenn er zwischen den anderen beiden Sprechenden sitzt – eben keine zentral zugewiesene Position auf diesem Podium innehat. Auf der Leinwand hebt ihn Denny allerdings auf der Bildebene hervor. Er nimmt also Setzungen für seine Auswahl vor. Diese Setzungen sind wie Teile eines Musters, eines Gestaltungsprinzips, das Denny auf den 89 Leinwänden immer wieder neu zu fassen versucht oder zum Einsatz bringt. Dieses Muster der Leinwände ergibt sich aus seiner individuellen Setzung bei der Auswahl seiner Motive und durch seine strengen Regeln folgendem Umgang mit dem digitalen Material. Ihm kommt es nicht auf eine lückenlose und exakte Rekonstruktion der filmischen Erzählung an. Vielmehr geht es Denny bei seinen normierten Filmausschnitten (Fokus auf die Oberkörper, Gesichter, Perspektive, Schwerpunkt auf den Porträtaufnahmen versus die Abbildung des gesamten Podiums) eher um die bewusste Setzung von offenen Wahrnehmungsräumen für freie Assoziationen beim Publikum. Paradox verschwimmen Zeit- und Raumebenen in- und durcheinander und stellen die stringente Chronologie des Programmablaufs der Konferenz auf den Kopf.
Denny greift sich einzelne Personen und Themen auf der visuellen, inhaltlichen, persönlichen, ästhetischen und auditiven Ebene aus dem digitalen Filmmaterial heraus. Er fertigt Schnappschüsse (Snapshots) und Transkripte von Personen, Sujets, Podiumsrunden und Audiospuren der Gespräche an und transformiert diese in ein spezielles Bild- und Textdesign. Auf der Bildebene komponiert er schließlich die Film-Stills als fotografische Replik des jeweiligen DLD-Panels mit den

91 Auf der DLD-Webseite ist die Videodokumentation unter: http://www.dld-conference.com/events/privacy (Stand 16.09.2016) verfügbar.

handschriftlichen Transkriptionen der digitalen Audiospur. Dass Denny bemüht ist, das imaginäre Erscheinungsbild der Konferenz in seine Installation zu überführen, sieht man unter anderem an dem Farbsystem der Leinwände, die ihre Entsprechung im originalen Raumdesign des jeweiligen Veranstaltungsorts finden sowie an der Auswahl der Zitate aus den Gesprächsrunden. Aufgrund des aufwendigen Reproduktionsverfahrens der Film-Stills präsentiert Denny das fotografische Moment als etwas Einzigartiges und Originales. Dadurch wird die Installation zu einem eigenständigen Werk. Die Videodokumentationen aus dem DLD-Archiv sind für sich selbst genommen ästhetisierte Produkte und dokumentieren ein längst vergangenes Ereignis, das an sich keine sonderliche Bedeutung zu haben scheint: Die DLD-Konferenzen reihen sich schematisch aneinander und die Dokumentation auf der DLD-Webseite dient der Präsentation, kreiert aber keinen Wert an sich. Dennys Überführung allerdings schon. Ihm dienen sie als »unmittelbare Einschreibungen des Realen«[92] und helfen im Rückblick auf die DLD 2012, eine neue Perspektive auf diese Veranstaltung einzunehmen.
Die montierten Aufnahmen geben stimmungsvolle Eindrücke wieder. Wie im oben genannten Beispiel des Panels »Digital Policies« erfreut sich die abgebildete Person im oberersten Bildbereich bester Laune. Scheinbar umgeben von einer illustren Gesprächsrunde, lächelt die Person im Bild verschmitzt zur linken Seite, wo eventuell seine Gesprächspartner_innen sitzen könnten. Die Setzung, die Denny hier vornimmt, fokussiert das Gesicht der Person. Eine Praxis, die der Künstler in der Regel auf alle sprechenden Konferenzteilnehmer_innen anwendet. In diesem Fall ist Alec Ross nahezu als Büste stilisiert zu sehen. Kopf, Gesicht und Oberkörper mit angedeuteten Armen bilden den Ausschnitt, der für die gesamte Podiumsrunde steht. Die anderen Teilnehmenden können aufgrund der Mimik und Gestik von Ross erahnt werden. Die Sprechenden sind zur Linken und der Moderator ist zur rechten im Bild angeordnet. Dazwischen wird das versammelte Podium wie in Echtzeit gezeigt. Im Bildmittelgrund sind handschriftlich geschriebene Zitate eingebaut. Sie wirken spontan und sind umgangssprachlich verfasst. Denny wiederholt auch auf dieser Leinwand transkribierte Auszüge aus den Audioaufzeichnungen dieser Gesprächsrunde und erweitert so seinen visuellen Fundus, aus dem er die Installation gestaltet. Die Polaroidbilder im unteren

---

92 Geimer, Peter (2010): Theorien der Fotografie, Zur Einführung. Hamburg, S. 98.

Bildteil sind pyramidal übereinander angeordnet und ebenso auf die Gesichter der Personen vor einem monochromen Hintergrund ausgerichtet. Auch diese Bilder erinnern an Passbilder, also sachliche Personaldokumente, und wirken teilweise sogar wie Masken mit mal ernster, mal zurückhaltend lächelnder Miene.

Die fotografisch wirkenden Repliken erscheinen durch das Momenthafte, den individuellen Fokus auf die Gesichter bzw. die Festlegung des Ausschnitts des Schnappschusses und insbesondere durch die Anordnung der visuellen Motive in Kombination mit dem Text im gesamten Bildaufbau wie Realitätseinbrüche und bringen die Spannungsfelder der Installation zum Vorschein. Wie Highlight-Effekte wirken diese Momente und inszenieren etwas Besonderes im Werk, denn sie sind zugleich Zeugen der Echtheit. Es sind eben nicht, wie im ersten Augenblick empfunden, überfrachtete Informationstafeln, die eine Veranstaltung bewerben, sondern eine eigenständige künstlerische Auseinandersetzung. Das Film-Still mit dem Denny hier arbeitet, ist nicht unmittelbar produziert, sondern zeitlich verschoben und nicht am selben Ort entstanden. Es entsteht nicht am Set der Konferenz von 2012, sondern wie beim Director's Cut in einer Nachbearbeitung mittels digitaler Bildbearbeitungsprogramme. Zeitliche und räumliche Gegensätze verweisen auf die Unterschiede zwischen analogem Schauplatz der Konferenz, an der nur ein exklusives Publikum teilnehmen kann, und dem filmischen bzw. fotografischen Medium als Dokument von Realität und der weiteren Komposition als Bildschirm – Screen – auf der Leinwand als Teil der Gesamtkomposition der Installation selbst. Ein Rhythmus zeichnet sich ab. Im Wechsel von Bewegung – Bewegung – Stillstand – Bewegung – Stillstand scheint sich der Algorithmus der Installation zu takten. Das Film-Still ist ein rekonstruiertes fotografisches Element in der Installation und ist als »eingefrorene Raumkunst«[93] zu verstehen – zu dem Zeitpunkt der Abbildung im Stillstand hält es doch einen filmischen Moment der Bewegung fest und erzeugt den Effekt des Als-ob – als ob da mehr im Gange wäre, als eigentlich zu sehen. Der Schnappschuss selbst suggeriert schließlich Nähe und Unmittelbarkeit der vermeintlichen Realität. Trotzdem bleiben die Film-Stills nur eine Spur des digitalen Films und dergleichen ein Element des Bilds. Die filmische Struktur

[93] Moser, Walter (o. J.): Zur Funktion von Film-Stills bei der Film-Rekonstruktion, Filmvermittlung und Filmrestaurierung, verfügbar unter: http://www.kunst-der-vermittlung.de/dossiers/filmrestaurierung/walter-moser-film-stills-bei-film-rekonstruktion/ (Stand 05.12.2016).

des Videodokuments wird direkt in den Hintergrund gerückt.
Das gesamte Sujet der Leinwand selbst erinnert an etwas Plakatives, wobei im Zusammenspiel mit den Film-Stills die Vorstellung entsteht, vor einem Bildschirm zu sein. Ein Effekt, der erneut als räumliches Spiel verstanden werden kann. Interessant ist auch das Format, in das diese Momentaufnahme eingepflegt wurde. Das Bild von Alec Ross, dem »Senior Advisor for Innovation to Secretary of State Hillary Clinton« (so die Auskunft auf der zur rechten neben dem Bild angebrachten Akkreditierungskarte), befindet sich in einem weißen Rahmen. Auf dem Bildhintergrund ist diese Momentaufnahme in einen viereckig, querformatigen weißen Rahmen gebannt. Dabei erinnert dieser weiße Rahmen an das Design eines hochmodernen Smartphones. Es ist derselbe Effekt, der auch durch Rahmung, Format und Farbgebung der anderen Fotografien erzeugt werden soll. Entweder sehen wir die Fotos der Konferenzteilnehmenden im Format von aktuellen Mobilfunkgeräten oder im Stil der Polaroidbilder, die ihren Triumph als neuester fotografischer Standard in den 1970er Jahren haben.
Darüber hinaus kommen neben dem Design von Smartphones oder Polaroidbildern herkömmliche Utensilien einer analogen Schreibtischausstattung wie Klebestreifen oder Pinnnadeln zum Einsatz. Angespielt wird hier auf vertraute visuelle Muster und Stereotype einer analogen Schreib-, Arbeits- und Kommunikationsweise – stofflich und haptisch, wie zum Anfassen wirken die platzierten visuellen Objekte, aber auch die Schrift im Bild. Die verschiedenen Hintergründe der jeweiligen Bilder sind an sich auch als Leinwand zu verstehen und markieren derart die Bühne des Screens. Der Screen wird zum Motiv der Installation und potenziert sich abermals durch die Vielzahl an Wiederholungen zu einer reflexiven Fläche. Bei der Gestaltung der »Bildschirme« erscheinen die Bilder vertrauter und hochwertiger. Die Motive der Konferenz wurden im Design dem bekannten Verfahren des »Skeuomorphismus« unterzogen und sind demnach ausschließlich als Printmedien wahrnehmbar. Die visuellen Inhalte der Leinwände erscheinen somit im Oberflächendesign von Computern mit App-ähnlichen Komponenten. Diese Überlagerungen verweisen auf die materielle Kontingenz dieser rastlosen ökonomischen Wertproduktionsmaschine, die in dieser Weise eben als gleichsam brüchig und sich selbst verschiebend wahrgenommen werden kann.
Was ist das Besondere aus formal-ästhetischer Perspektive? Es liegt in der Art und Weise, in der Denny die Verwobenheit der analogen und digitalen Formen als eigene Formensprache verhandelt. Als Ver-

treter einer Generation zeitgenössischer Künstler_innen thematisiert er in seinen Werken und insbesondere in diesem Installationswerk wie »Daten, Kommunikation, Computernutzung, etc. [...] beträchtliche materielle Fußspuren in der Welt«[94] hinterlassen. Bemerkenswert an dieser Arbeit ist die Leichtigkeit im Rückgriff auf digitales Material. Seine künstlerische Praxis zeugt von denen, die längst in diese hybride – digital durchwobenen – Welt hineingeboren sind. Denny spielt regelrecht auf der Klaviatur der digitalen Reproduktionsmöglichkeiten von Bildern. Auf dem analogen und insbesondere klassischen Grund der Leinwand arrangiert er Bilder und Grafikelemente in der Optik analoger, haptisch erfahrbarer Werkstoffe. Dabei imaginiert sich die digitale Welt in die Welt des Manuellen. Sie bedient sich einem Erscheinungsbild, dass Stofflichkeit, Textur und Grafik, Wärme wie Energie als Atmosphäre suggeriert. Erfahrbar wird eine Oberfläche, die als Fata Morgana wirkt. Denny konfrontiert die Betrachtenden mit dieser optischen Täuschung, die vorgibt mehr zu sein, als sie ist. De facto ist die Welt der Informationen keine sinnlich erfahrbare, sondern eine technisch strukturierte und computergenerierte Kälte. Das Design, das Denny seiner Arbeit zugrunde legt, spiegelt sich ebenso in der Gestaltung des gleichnamigen Ausstellungskatalogs wider. Als Grundlage dient das offizielle Magazin der DLD 2012, das er sich als Dokument aneignet und an dem er nur minimale Veränderungen vornimmt. Das Magazin wird durch seine Auswahl an Panels, also den von ihm gestalteten Leinwänden, Ausstellungsansichten und ein Inhaltsverzeichnis angereichert. Diese Ergänzungen sind schwarzweiß auf vergleichbar dünnerem blanko Kopierpapier gedruckt und in das Magazin eingearbeitet worden. Dennys Zugaben sind im Vergleich zum farbenfroh wie unterhaltsam gestalteten Design der DLD-Printausgabe nahezu zurückhaltend. Das Deckblatt wurde mit einem sogenannten Lenticular übergeklebt. Das ursprüngliche Cover scheint merklich hindurch und wird lediglich in Bewegung versetzt – je nach Bewegungsrichtung kippt scheinbar der Schriftteil, sodass ein Teil verschwindet und ein anderer wieder hervortritt. Die Mitte des neuen Covers überklebt er mit einer überdimensioniert großen Sprech- oder Textblase, im Design von Nachrichtenforen (wie sie zur Kommunikation auf Facebook oder in Messenger wie WhatsApp genutzt werden).

[94] Gockel, Cornelia (2013): »Simon Denny: All you need is Data«, Kunstverein München, 19.1.2013–10.3.2013, in: Kunstforum International, Band 220, Ausstellungen: München, S. 325, verfügbar unter: http://www.kunstforum.de/intern/artikel.aspx?a=220524&z=lex&page= (Stand 31.10.2016).

Die drei Punkte, die in der grauen Textblase hintereinander gesetzt wurden, könnten darauf hindeuten, dass die Gesprächspartner_in just in dem Moment im Begriff ist zu antworten. In der rechten Wölbung der Blase steht – leicht zu übersehen – in schwarzen Lettern der Name des Künstlers und der Titel seines Werkes. Diese Art der Überführung, wie sie für das gesamte Werk systematisch zu sein scheint, ähnelt den künstlerischen Aneignungsstrategien der Appropriation Art.

In diesem künstlerischen Herangehen tritt eine medientheoretische wie formal-ästhetische Besonderheit hervor: Durch die Übertragung digitaler Bilder auf eine analoge Leinwand wird der algorithmische Vollzug im Sinne digitaler Bildreproduktion und somit der ungehinderte Strom, Information und Daten nach Belieben zu vervielfältigen, im Moment des Vollzugs festgehalten. Er stoppt nicht einfach. Vielmehr friert er in der ewig gleichen Wiederholung ein. Wie eine zeitlich-räumliche Zäsur wirkt die Installation. Die klassische Leinwand rahmt die fortwährende Dynamik und begrenzt im übertragenen Sinne die digitalen Reproduktionsbedingungen. Diese Materie ist zwar digital bedruckt, verhält sich aber wie ein Film-Still, also wie die Fotografie zum Film. Sie ist als eingefrorene Raumzeit wahrnehmbar, hält im Verlauf eine Bewegung an, kann aber nicht die gesamte (filmische) Narration digitaler Entwicklung erzählen. An dieser Stelle erscheint sie als der Moment des Innehaltens im musealen Kontext.

Diese Film-Stills sind simultane Realitätssuggestionen vermittels digitaler Technologie. Sie werden in dem Werk von Denny wieder in die Zeitwahrnehmung des Betrachters und im musealen Raum in eine echte Erfahrungswelt zurückgeholt.

Perfekt simuliert Denny durch das Verfahren des Skeuomorphismus[95] die manuelle oder analoge Dingwelt und ermöglicht eine andere Form der Rezeption. Es ist, als ob die Betrachtende ein Stück weit an den realen Ort der DLD 2012 zurückgebracht werden würde. Der Rezeptionskreis erfährt eine Erweiterung. Es sind Bilder der Realität, nur liest Denny diese in verschiedenen Stufen aus und eröffnet auf

---

[95] Der Begriff Skeuomorphismus geht auf die griechischen Wörter »skeuos« (Behälter) und »morphe« (Form) zurück. Im Bereich des Software-Designs findet es eine neue Entsprechung, meint es doch die programmiertechnische Möglichkeit, eine Software oder eine Oberflächenform wie etwas anderes erscheinen zu lassen. Vgl. Matthey, Florian (2012): Skeuomorphismus, Software-Design soll auch Apple-intern zu Streit führen, in: Giga, 12.09.2012, verfügbar unter: http://www.giga.de/unternehmen/apple/news/skeuomorphismus-software-design-soll-auch-apple-intern-zu-streit-fuhren/ (Stand 12.01.2017).

der Bildebene und im Zusammenspiel mit dem Design eine andere Möglichkeit der Realität. Digitale und analoge Dimensionen werden so ausgelotet und als eine verwobene Authentizität reflektierbar. »Die Digitalisierung bringt das Konzept der ›analogen Fotografie‹ zuallererst hervor«, so Peter Geimer, wobei sich »beide Konzepte [...] gegenseitig [stabilisieren, AW]«.[96] Auf der allgemeinen Ebene wäre das als die Möglichkeit zu verstehen, dass die digitale und analoge Logik die Wahrnehmung von Realität bedingt und sie die Bildproduktionsmöglichkeiten selbst längst verändert hat. Das ist nichts Neues, insofern stellt sich die Frage: Gelingt es Denny durch die Überführung der neuen digitalen Medien in das Feld klassischer Kunstformen und Materialien eine andere medientheoretische Perspektive auch auf die Frage zu werfen, was Kunst heute ist bzw. einen neuen Bildtypus zu entwickeln?

Ich denke, Dennys Werk veranschaulicht eindrucksvoll, was eine Ästhetik der Gegenwartskunst charakteristisch macht: Auf interessante Weise überlagern sich künstlerische Sprachformen. Ein mehrdimensionales Hybrid mit Konsistenz lässt Formen, Materialien und Strategien der Malerei (Leinwand), Fotografie, Film, das Pikante der Konzeptkunst, die charmante Art der Aneignung der Appropriation Art sowie das Derbe der Institutionskritik in seiner Präsentation, Design und Gegenstand als eine besondere Ästhetik ins Verhältnis treten. Denny schafft somit ein Werk, das durch die Methodik der Anordnung wie ein Ready-made in der Institution des White Cube funktioniert und durch den scheinbar nicht abreißenden Informationsfluss wie eine GIF-Animation wirkt – hier wird der Tag nie zur Nacht. Der Kunstkritiker Kevin McGarry beschreibt die Struktur der Installation als ein »memento mori«[97] der DLD-Konferenz. Denny spielt mit dem Symbol der »Vanitas«, der Vergänglichkeit. Dieser Aspekt potenziert sich, wenn man nur noch auf den kahlen Rücken der Leinwände schaut – soll das das Ende sein? Es ist der Moment, in dem etwas in den bisherigen Erfahrungsraum hinein bricht, um im nächsten Augenblick durch die Monumentalität der Installationsarchitektur eine Korrektur zu erfahren, die sich in dem Gefühl der unendlichen Wiederholung und Fortsetzung reproduziert: Alles Visionäre ist ausgesprochen, die

[96] Geimer (2010), S. 110.

[97] McGarry, Kevin (2013): »Simon Denny«, in: Frieze Magazin, Review, 18.05.2013, verfügbar unter: https://frieze.com/article/simon-denny-0?language=de (Stand 07.09.2016).

Konferenz zu Ende, die ausgetauschten Informationen just überholt, Anfang und Ende fallen in eins zusammen. Der Modus Operandi wird erfahrbar, dass das Streben nach Fortschritt sich immer wieder selbst einholt. Also, wie viel Sinn hat es, an Fortschritt zu glauben? Offensichtlich ist diese milieuspezifische Szenerie weit von der Wirklichkeit gesellschaftlicher Ängste, Sorgen und Nöte entfernt. Es stellt sich insofern die Frage: Gelingt es Denny mit dem Werk »All You Need Is Data?« eine andere Sicht auf Welt zu eröffnen? Dieser Frage möchte ich weiterführend im anschließenden Unterkapitel nachgehen.

Anthropologische Dimension

Gesellschaftliche Vermarktungsprozesse im Zusammenspiel von Kultur, Wissenschaft und digitalen Medien als Bausteine einer Hightech-Ökonomie

> *»I'm a believer that if you give people information, if you give them rich data that allow them to make good decisions, they will make good decisions, because they can potentially see all angles.«* (Jack Dorsey, Twittergründer, DLD 2012)

Denny zeigt in seinem Werk »All You Need Is Data?« dem Publikum seine Sicht auf die Welt der Netzwerker_innen und Visionäre, der Ökonomen, Forscher_innen und Kulturproduzent_innen, die sich 2012 auf der DLD-Konferenz tummelten. Die Versammelten erscheinen in seinem Werk nicht als gewöhnliche Teilnehmende einer quirligen Handelsvertretershow, sondern eher als professionelle Akteure auf einer Managementveranstaltung zur Optimierung der kapitalistischen Verwertung des Internets. Die Konferenz selbst erscheint als seriöse und erlesene Plattform, die dem Austausch hochkarätiger Ideen über technologischen Fortschritt in den Feldern Wirtschaft, Wissenschaft, Kunst und Kultur dient – ein Basar handverlesener Personen als Garanten für exquisite Netzwerkkontakte, Ideen und Impulse. Auf den verschiedenen Podien der Konferenz wurden von Vertreter_innen diverser globaler Unternehmen wie Jack Dorsey (Twitter), Jimmy Wales (Wikipedia), Sheryl Sandberg (Facebook), Chris »Moot« Poole (4chan) oder David Karp (tumblr) Zukunftsprojekte, Visionen sowie neueste Hightechprodukte und Start-ups gepriesen und beworben. Eine positive ausgelassene Stimmung, fröhliche Gesichter, Momente der Nähe sind auf den Bildschirmen der Leinwände zu sehen. Die Nahaufnah-

men der Porträtierten zeigen Offenheit, Zugewandtheit, Neugier und Begeisterung. Es entsteht der Eindruck von gelöster Heiterkeit. Das, worüber man sich auszutauschen pflegt, wird kompetent gemeistert. Der Bühnenauftritt wirkt unaufgeregt, klar und jeder Herausforderung erhaben. Engagiert werden Argumente ausgetauscht. Die Sprechenden verfügen offensichtlich über soziale und kommunikative Kompetenzen. Man weiß sich in diesem Forum zu verhalten und zu bewegen. Gesetzt und kontrolliert pflegt man sich den Dingen und Menschen gegenüber zu verhalten. Es werden Netzwerke geschmiedet, Kontakte geknüpft und Bekanntschaften gepflegt. Mit technischen Geräten ausstaffiert, den Laptop auf dem Schoss, werden die Konferenzbeiträge aus dem Auditorium in Echtzeit über verschiedene Kanäle (Twitter, Facebook und dergleichen) kommentiert. Neuheiten, wie die solarbetriebene LED-Lampe von Olafur Eliasson, die er mit einem Partner für Afrika kreiert hat, werden ausgestellt und beworben.
Die Leinwände der Installation lassen die Geschehnisse einer besonders elaborierten und versierten Klientel wiederauferstehen, die sich der Innovation, dem technischen Fortschritt und der effizienten Vermarktung verschrieben haben. Dennys Film-Stills sind wie eine soziologisch-anthropologische Studie angelegt. Das Sujet zeigt einen erlesenen Kreis, der sich überwiegend aus weißen Männern mit hoher Bildung und aus stabilen ökonomischen Verhältnissen zusammensetzt. Zu sehen sind Manager_innen, Techniker_innen, Wissenschaftler_innen (Mathematiker_innen, Physiker_innen, Geisteswissenschaftler_innen), Kulturagent_innen, Künstler_innen sowie Journalist_innen oder Verleger_innen. Denny richtet den Blick auf die Vertreter_innen dieser neuen-alten Klasse, die neue Märkte kreiert und lenkt. Im Fokus stehen die habituelle Art und Weise der Porträtierten. Sie strahlen eine souveräne wie rastlose Beharrlichkeit im Wetteifer um die beste Ausgangsposition am Markt aus. Komplettiert wird dieser Eindruck durch die auf den Leinwänden aufgedruckten Kommentare. Sie zeigen das gesprochene Wort und oft auch einen selbstherrlichen Unterton. Etwa wenn Denny den ehemaligen stellvertretenden Ministerpräsidenten des Landes Bayern, Martin Zeil, mit den Worten zitiert »We always say Apps and Alps« oder »Bavaria is the centre of the Digital revolution in Germany, and in Europe«. Demnach scheint Bayern das Zentrum der Digitalen Revolution in der Bundesrepublik bzw. München das Silicon Valley Europas zu sein. Glaubt man den Worten Zeils, dann handelt es sich bei dieser Region um einen Ort mit Standortfaktoren der Superlative. Aufwertung und Abgrenzung. Erhabenheit wird suggeriert.

In Szene gesetzt werden Prophezeiungen wie »This year we may see a billion-dollar IPO from Facebook«. Andere Aussagen proklamieren den exorbitant gestiegenen Produktionswert von Daten als neuen Rohstoff der Informationsgesellschaft – »People don't understand that data is the oil of the 21st century«. Digitale Daten und Informationen gehören demnach die Zukunft. Da das Peak Oil unlängst erreicht ist, muss der Tüchtige und am Fortschritt Interessierte sein Schiff neu navigieren. Der Geschäftstüchtige hat den anderen – den »Leuten« – etwas voraus, er hat die Gunst der Stunde erkannt und handelt danach. Postuliert wird das Ende natürlicher Ressourcen als Einkommensquelle: Informationen und Daten sind wertvoller als Erdöl.
Daten können gesammelt und für spätere Verwendungen gespeichert werden. Es sind Informationen, die in der Regel ohne Scheu in sozialen Foren, beim Onlineshopping oder durch die Nutzung des Internets gegeben, also kostenlos abgegeben werden. Internetunternehmen verwerten dieses Gut und transformieren das vermeintlich individuelle Subjekt zu einem Objekt ihres Interesses. Daten werden benutzt, um soziale Profile zu erstellen. Darüber wird der potenzielle Klient, Käufer_in oder Kreditnehmer_in abbild- und überwachbar. So entsteht auch das digitale Objekt der Überwachung, das im »Kampf gegen Terror« im digitalen Datenstrom dynamisch ausgespäht werden kann.
Auf einer Leinwand mit dem Titel »Mobile Facts« ist zu lesen: »Apple is really leading in mobile« – »Apple ist wirklich führend im Bereich Mobiles«. Eine andere Leinwand wirbt mit »Entrepreneurial Capital« (Abb. 68), also »unternehmerischem Kapital«. Unter dieser Überschrift finden sich Aussagen wie »We´ve been pushing Washington to not overregulate public companies« – »Wir haben Washington bedrängt, Unternehmen nicht übermäßig zu regulieren« oder »Silicon Valley is just this incredible machine of strength« – »Silicon Valley ist nur diese unglaubliche Maschine der Stärke«. Schnell gesprochen, wie ein Kaugummi aufgeblasen, wirken diese Aussagen verflachend, lapidar und redundant. Es deutet sich eine symptomatische Rhetorik an, die überquillt an Adjektiven der Superlative, eines vermeintlichen Positivismus und die latent imperativ ist. Gleichzeitig wirken die Aussagen teilweise verkürzt und profan. Dies würde dem »Format der DLD-Konferenz«[98] nicht entsprechen, wird eingewendet. Zu beden-

---

[98] Gockel (2013), verfügbar unter: http://www.kunstforum.de/intern/artikel.aspx?a=220524&z=lex&page= (Stand 31.10.2016).

ken ist jedoch, dass Denny durch die Verknappung eine andere Perspektive auf die Szenerie hervorbringt. Die Zitate als Bestandteil des Werkes markieren Ungleichzeitigkeit. Denny gelingt es durch diese Holzschnittartigkeit eine Atmosphäre zu vermitteln, die durch das Zusammenstauchen oder Verkürzen eine Verdichtung, eine andere Sicht auf die DLD ermöglichen. Zitate von Gesprächen und Diskussionen wie »If you can type an email, you can make an app«, »Social media gives people an identity« oder »Somebody should create a GPS for the soul« sind Reduktionen, die wie Schlaglichter wirken. Es geht nicht darum, einen bestimmten Redner_in über die Zitate zu entlarven, sondern durch formal-ästhetische Überlagerungen einen kritischen Zugang zur Gegenwartsgesellschaft im Informationszeitalter zu entspinnen.
Dass die DLD 2012 nicht eindeutig einem Freund-Feind-Schema folgend verhandelt werden kann, machen Zitate deutlich wie »Ways Beyond the Internet« oder »Your animated gifs run on burnt coal and your computers – they're made by slaves«. Dass die gesamtgesellschaftliche Ungleichverteilung von Ressourcen und Entwicklungsmöglichkeiten ein Teil der kapitalistischen Gesellschaft ist, ist offensichtlich auch Thema im Kontext der Klasse, die ihre Repräsentant_innen auf der DLD 2012 findet, allerdings werden entsprechende Fragen alleine aus der Perspektive fortschreitender Technikentwicklungen behandelt, wobei der Fortschrittsglaube, der die ökonomische Weiterentwicklung sichern soll, nur privatwirtschaftlich gedacht wird. Aus dem Blick gerät dadurch, was im Kapitalismus ebenso im Gleichschritt mitproduziert wird: Exklusion und Entfremdung. Weitermachen und Fortschreiten, und zwar beschleunigt, so lautet die unausgesprochene Devise dieser Tagung der Visionäre, denn in der radikalen Bereitstellung von Kapital soll das Neue sich produzieren. Dabei werden Lösungen für soziale Probleme alleine unter die Beschleunigung von technischem Fortschritt subsumiert. Sie sind nicht das primäre Anliegen. Worauf es nicht ankommt, ist die Verbesserung der Welt. An diesem Punkt erscheint die Konstruktion der Installation von Denny analog zu den Bemühungen der Weiterentwicklung der kapitalistischen Ökonomie, wie sie auf der DLD 2012 zelebriert worden ist: Ein Ausstieg scheint weder aus dem Geländersystem der Installation noch aus dem fortschrittsorientierten Modus des Markts immanent angelegt zu sein. Angestrebt wird die Etablierung neuer Märkte, wobei entsprechend der Marktlogik im freien Wettbewerb auch ein neues Heilmittel gegen Krebs oder eine inno-

vative Idee zur Energiegewinnung für unwegsame Regionen auf der Welt hervorgebracht werden kann wie etwa die solarbetriebene LED-Lampe von Olafur Eliasson. Es geht also um Fortschritt und – ja auch – um so etwas wie gesellschaftlichen Fortschritt, allerdings bleibt unklar, wie durch technische Weiterentwicklung gleichsam eine sozial gerechte gesamtgesellschaftliche Entwicklung stattfinden kann. Vor diesem Hintergrund wendet sich Denny dem Technikdiskurs zu. Relevant für ihn ist, dass Technologie von Menschen benutzt und verstanden werden kann, denn er stellt fest, dass all die wunderbaren und interessanten Entwicklungen nicht per se auch vorteilhaft sind oder einem Gleichheitsverhältnis zugutekommen:

> *»Technology and its development are two different things. Technology lets interesting and amazing things happen, but I don't think those things necessarily have an overall good effect all the time, or even necessarily part of the time. I think they can, but as the scientist Freeman Dyson said at DLD 2012, the world is governed more by politics than by technology. Technology is a tool and politics is something else. Humans decide how technology gets used.«*[99]

Denny betont, dass der Einzelne bzw. die Gesellschaft entscheiden muss, wie mit den technischen Werkzeugen umzugehen ist. Dieser Umgang bestimmt sich als eine politische Frage, die in der Formensprache der Installation zum Ausdruck kommt.
Die Zitate auf den Leinwänden entstammen der internationalen Businesssprache Englisch, sind themenspezifisch, technisch wie ökonomisch und eher exklusiv nachvollziehbar. Ähnlich der Architektur der Installation, die sich durch die strenge Führung durch das Geländersystem auszeichnet, scheint das Leben in ihnen – gerahmt von Digitalität und Design – vor allem eine ökonomische Bedeutung zu spielen. Wildwuchs oder Zufall scheint in dieser Welt nicht möglich. Die Virtualität der DLD-Konferenz wird körperlich im Ausstellungsraum erfahrbar. Jeder Satz wirkt regelgeleitet, im Twitter-Stil kurz gefasst, als ob Denny rückwirkend die Echtzeitkommentare, die auf der DLD 2012 aus dem Auditorium oder Podium kamen, reaktiviert. Die Wiederholung der Kommentare in schriftlicher Form, die sich um die

---

[99] Feldhaus (2015), verfügbar unter: http://www.spikeartmagazine.com/en/articles/soul-simon-denny (Stand 07.09.2016).

Informationsindustrie drehen, bekräftigen zugleich die Struktur der Installation. Das Gefühl des Vergänglichen entsteht. Die installative Architektur – in Form der Timeline des Konferenzprogramms – demonstriert Zeit als Vergänglichkeit. Das Motiv der »Vanitas« durchdringt das Werk und wiederholt sich im Sujet der Leinwände. Wobei es in Wirklichkeit nicht zum Ende kommt, denn nach dem DLD-Event steht schon das nächste DLD-Event bevor. Aber genau das ist es auch. Ein stetes Weitermachen als Imperativ. Die Angst vor Kontrollverlust entzieht sich dieser Szenerie nicht. Die statische Anlage steht für Redundanz – einer Überfülle an Informationen – und doch verkörpert sie Reibungslosigkeit. Zum einen die dichte Kompression von einer Unmenge an Informationen und zum anderen Nüchternheit – das sind die Pole einer digitalisierten Dynamik. Das Besondere an dieser Energie ist, dass sie technisch reglementiert ist und insofern einer gewissen Statik nicht entbehrt. Die Dynamik, die diesen systemimmanenten Prozessen zugrunde liegt, potenziert sich algorithmisch, d. h. sie ist regelgeleitet programmiert und kann sich unendlich fortsetzen. Das Neue und dessen »Vanitas« sind eins. Es ist der Moment einer Beschleunigung, die dem Aufkommen und Entstehen des Neuen innezuwohnen scheint. Denny inszeniert das Aufblasen einer potenziellen Neuheit, bis sie wieder platzt. Zeit und die Wahrnehmung von Zeit spielen in Dennys Installation eine wesentliche Rolle. Die Halbwertszeit des Gesagten ist gering und fällt – überspitzt formuliert – quasi mit dem Output zusammen. Zeit wird räumlich als Chronologie installiert. Sie erhält einen Raum, einen Körper, der erfahrbar wird. Die Zeiten der Abbildung und Wahrnehmung sind verschieden. Sie vollzieht sich im Zusammenhang mit dem Programm. Die Netzgemeinde gründet und produziert sich dabei in den Pausen, Essenzeiten, die als solche explizit auch von Denny plakatiert werden. Indem in der Installation Zeit räumlich wahrnehmbar wird, entsteht Raum für Distanz und Auseinandersetzung.
Das gilt auch für den Umstand, dass Denny die DLD 2012 mit einem Jahr Abstand wieder aufrollt und das Gesagte ein Jahr nach seiner erstmaligen Präsentation in der Rückschau eine entlarvende Wirkung entfalten. Die Brüchigkeit und die geringe Halbwertszeit der damaligen vermeintlich radikalen Ideen werden im installativen Raum erfahrbar. So schnell und innovativ dieser Zirkel zu sein vorgibt, er ist am Ende doch zu langsam und zu ignorant gesamtgesellschaftlichen

Problemen und Entwicklungen gegenüber.[100] Was hier zum Ausdruck kommt, ist eben auch der Einblick in eine Szene, die sich selbst enorm unter Druck setzt. Und es scheint so, als ob hier ein Habitus bzw. eine Kultur und ein Leistungsethos zelebriert werden, die/der analog zu technischen Mechanismen funktioniert. Im Beat des Algorithmus wird Unendlichkeit generiert und rastloses Streben nach Neuem. Es offenbart sich eine Welt, die ersichtlich darin besteht, die Zukunftsgestaltung für sich selbst zu beanspruchen. Die zum einen zwar in ihrer Wirklichkeit verharrt, zum anderen aber nur minder die Perspektive einer globalen menschlichen Zukunft zum Thema hat. An dem Punkt angekommen wird die hochkarätig ausstaffierte Konferenz ein Schauplatz der Einfalt. Was bleibt, ist ein schales Gefühl, eine Katerstimmung. Was ist das für eine Wirklichkeit und in welchem Verhältnis steht sie zur gesamtgesellschaftlichen Lebensrealität? Was sagt uns Dennys Zugang zur DLD über die gegenwärtige Wirklichkeit aus?

Berücksichtigt man an dieser Stelle das gesellschaftliche Phänomen des »digital devide«, so konturiert sich Dennys Werk einmal mehr als geschlossener Klub und das Werk an sich wird zu einer Art »Enthüllungsplattform, die Aufschluss darüber gibt, wie vorherbestimmte Zukunftsszenarien aus der Perspektive der digitalen Wirtschaft beworben werden«[101].

Theorien über soziale Ungleichheit helfen, sich dem Phänomen des »digital devide« – der digitalen Spaltung – zu nähern. Sie verweisen auf die »ungleiche Verteilung materieller und immaterieller Ressourcen in einer Gesellschaft und die sich daraus ergebenden unterschiedlichen Möglichkeiten zur Teilhabe an diesen«[102]. Hradil differenziert und bezieht soziale Ungleichheit als Begriff auf »bestimmte Güter«, die in »einer Gesellschaft als wertvoll gelten«. Wer viele dieser »wertvollen Güter« besitzt, hat Vorteile. Dazu zählt neben Bildung auch »Wohlstand, Sicherheit, Gesundheit und individuelle Autonomie«. Diese wertvollen Güter sind allerdings unterschiedlich in der Gesellschaft verteilt. Entlang ihrer Stellung in der Gesellschaft erhalten Menschen »regelmä-

---

100 McGarry (2013), verfügbar unter: https://frieze.com/article/simon-denny-0?language=de (Stand 07.09.2016).

101 Kunstverein München (2013): Ausstellungstext auf der Webseite, verfügbar unter: http://www.kunstverein-muenchen.de/de/programm/ausstellungen/20161823/2013/simon-denny-all-you-need-is-data (Stand 06.12.2016).

102 Zit. n. Kraus, Detlev (2008): Ungleichheit, soziale, in: Fuchs-Heinritz, Werner u. a. (2008): Lexikon zur Soziologie, Wiesbaden, S. 686.

ßig mehr als andere«.[103] Auf den »digital devide« angewandt, bedeutet dies zum einen, dass in der Informations- und Wissensgesellschaft Informationen und Wissen an Relevanz und Einfluss gewonnen haben und dem entsprechend einen »kollektiven Wert« besitzen. Zum anderen kann geltend gemacht werden, dass dieses wertvolle Gesellschaftsgut ungleich verteilt ist. Oder anders ausgedrückt: Insofern ein mangelhafter Zugang zu Information dauerhaft vorliegt, entsteht soziale Ungleichheit.[104] Auf der Grundlage der »Wissensklufthypothese« wird seit den 1970er Jahren davon ausgegangen, »dass ein wachsendes Informations- und Medienangebot die Kluft zwischen Menschen mit formal höherem und Menschen mit niedrigerem Bildungsgrad vergrößere«[105]. Das Problem rekurriert auf den Wissenszuwachs, der zwischen dem Bildungsstatus der Menschen einer Gesellschaft divergiert, und koppelt sich an das soziale Umfeld, in dem man sich bewegt. Diese Kluft konterkariert das demokratische Ideal eines gleichberechtigten Zugangs zu gesamtgesellschaftlich bedeutsamen Informationen. In der digitalen Informationsgesellschaft soll das Internet für chancengleiche Bedingung sorgen, am Wissensaustausch teilzuhaben bzw. sich nach individuellen und sozialen Interessen global vernetzen zu können. Digitale Medien haben lediglich das Potenzial grenzenloser Kommunikation. Allerdings steht dieser demokratiefördernden Eigenschaft entgegen, dass nicht Jeder/Jedem der Zugang zu Informations- und Kommunikationstechnologie gegeben ist. Vielmehr liegt eine digitale Kluft vor. Die digitalisierte Gesellschaft zeichnet sich durch Spaltung, dem »digital devide« aus. Marr und Zillien führen diese Gedanken weiter und beobachten in ihren Untersuchungen, »dass infolge der Zugangs- und Nutzungsdifferenzen eine Verfestigung sozialer Ungleichheit auftritt«[106]. Hier kann von dauerhaften Unterschie-

---

[103] Hradil, Stefan (2001): Soziale Ungleichheit in Deutschland, Wiesbaden, S. 30.

[104] Vgl. Vortrag von Dr. Nicole Zillien (2015): Ungleichheit der Internetnutzung – Auswirkung der digitalen Kluft auf die Gesellschaft, 12.02.2015, in: Colloquium Fundamentale am ZAK | Zentrum für Angewandte Kulturwissenschaft (2015): Digitale Revolution = Digital Citizen?, Studium Generale, WS 2014/15. Der Vortrag ist auf Youtube.com unter: https://www.youtube.com/watch?v=-G2cU5Y8mek&feature=youtu.be (Stand 26.09.2016) abrufbar.

[105] Wulff, Hans Jürgen (2011): Wissensklufthypothese, engl.: Knowledge-Gap Hypothesis, in: Lexikon der Filmbegriffe der Christian-Albrechts-Universität zu Kiel, verfügbar unter: http://filmlexikon.uni-kiel.de/index.php?action=lexikon&tag=det&id=2683 (Stand 26.09.2016).

[106] Marr, Mirko; Zillien, Nicole (2010): Digitale Spaltung, in: Schweiger, Wolfgang; Beck, Klaus (2010): Handbuch Online-Kommunikation, Wiesbaden, S. 257–282.

den zwischen sozialen Schichten gesprochen werden. Alter, Geschlecht, ökonomisches Kapital, Bildungshintergründe, soziales Milieu oder Hautfarbe determinieren demnach chancenungleiche Zugänge, Nutzung und den Gebrauch von Informations- und Distributionsmöglichkeiten digitaler Massenmedien. In Deutschland bzw. in vielen westlichen Ländern konnte auf Initiative der Politik durch den infrastrukturellen Netzausbau seit der Jahrhundertwende fast jedem Haushalt der direkte Internetzugang ermöglicht werden[107]. In diesem Fall konzentriert sich das Problem auf die Anwendung und Nutzung. Der Anschluss und der Besitz des technischen Geräts allein sind bei der Überwindung sozialer Ungleichheit nicht entscheidend. Es kommt auf die Fähigkeiten an, dass eigene verfügbare Wissen umzusetzen, also nützlich anzuwenden.

Die auf Technologien basierenden Medien arbeiten regelgeleitet und voraussagbar. Dieser Mechanismus nivelliert vormals vorherrschende Kompetenzunterschiede, so Zillien. Durch benutzerfreundliche Anwendung des technischen Geräts ist es zwar möglich, bildungsspezifische Barrieren leichter zu überwinden. »Das technologische Artefakt beinhaltet demnach ein Gleichheitszeichen«[108]. Allerdings gibt Zillien mit Schulz-Schaeffer zu bedenken, »dass durch die Welt des Knöpfchen Drückens, Gelegenheiten schwinden, differentes kulturelles Kapital« einzusetzen. An einer Stelle in Dennys Installation heißt es: »Access is more Powerful than Ownership« – »Der Zugang zu Informationen selbst ist wertvoller als ihr Besitz«. Der Besitzende von Wissen sollte demnach fähig sein, sich mit dezidierter Meinung an Gesprächen und Problemlösungen zu beteiligen. Gleichwohl der freie und gleiche Zugang zu Informationen, Wissen und Bildung gesellschaftlich grundlegend ist, ist doch auch das Vermögen essenziell, eine Sache erschlossen zu haben und sie insofern zu besitzen. Meinungsbildung bedingt sich zwar durch den Zugang zu Wissen, aber sie hört an der Stelle nicht auf. Der Prozess der Einverleibung und Inbesitznahme von Wissen gehört dazu, um eine Position formulieren und darlegen zu können. Dabei muss unterschieden werden zwischen Kritik und Kommentar. Die Zitate auf den Leinwänden sind

---

[107] Vgl. hierzu die Ergebnisse ARD-ZDF-Onlinestudie aus dem Jahr 2015 über das massenmediale Nutzungsverhalten in der Bevölkerung, verfügbar unter: http://www.ard-zdf-onlinestudie.de/index.php?id=535 sowie den Bericht der Breitbandkommission der Vereinten Nationen aus dem Jahr 2015, verfügbar unter: http://broadbandcommission.org/Documents/reports/bb-annualreport2015.pdf (Stand 27.09.2016, beide Links).

[108] Vgl. Zillien (2015), verfügbar unter: https://www.youtube.com/watch?v=-G2cU5Y8mek&feature =youtu.be (Stand 26.09.2016), hier: Min. 18.

als verknappte Kommentare zu verstehen und eben nicht als komplex angewandtes kulturelles Wissen. Ist man nicht befähigt, »differentes kulturelles Kapital« anzuwenden, ergeben sich schließlich qualitative Nutzungsunterschiede im Umgang mit Technologie und somit beim Erwerb von Wissen und Informationen.

Dennys Installation »All You Need Is Data« präsentiert einen Auszug aus der Welt im Informationszeitalter. Die DLD-2012-Szenerie erscheint im Kontrast zum eben am Phänomen der »digital divide« ausgeführten sozialen Problem der manifesten Ungleichheit als eine geschlossene Gesellschaft. Denny zeigt hier meiner Meinung nach die Exklusivität einer neuen-alten Klasse, die dank Bildung und Besitz ihre Vorlieben und Lebensentwürfen auslebt und gegenwärtig das Internet, digitale Technologien und Daten für sich entdeckt hat. Ästhetisch korrumpiert der Kapitalismus Werte wie Kritik als privates Eigentum und schafft regelhafte Prozesse fühlbar und haptisch ab, ähnlich der Verschachtelung der Realitäten, ohne später noch zu wissen, was vom Eigentlichen der jeweiligen Realität übrig bleibt wie in Kafkas »Process«. Denny nähert sich mit einem Jahr rückblickend der »DLD«-Konferenz von 2012 und eröffnet sich und den Rezipierenden die Gelegenheit, ein stilles Paradoxon sichtbar zu machen. Denn die Informationen, die auf dieser qualitativ hochwertigen und mit großem Kostenaufwand organisierten Konferenz als die neuesten, innovativsten und die Zukunft am stärksten prägendsten gehandelt werden, haben in der Regel nur eine sehr kurze Lebensdauer. Ein nächstes Phänomen, eine noch bessere Idee ist bereits in der Pipeline. Kurzum: Auf dieser Veranstaltung wird lediglich Gegenwart produziert und in keiner Weise grundlegende Probleme erörtert, wie sie sich am Beispiel des »digital devide« zeigen. Ökonomie definiert sich über den Nutzen und macht sich frei von gesellschaftlicher Verantwortung. Insofern spielen gesamtgesellschaftliche Verhältnisse keine relevante Rolle. Eine Reproduktion bekannter Mechanismen nur in Form von Technologien beinhaltet eben auch, dass Personen mit niedrigem Status trotz des egalitären Potenzials digitaler Technik und des Internets in der Spirale der nicht gleichwertigen Mitbestimmung in gesamtgesellschaftlichen Fragestellungen gefangen bleiben.[109]

Zusammenfassung

Was ist das politische Potenzial in diesem Kunstwerk?

[109] Vgl. Nolte, Paul (2001): Unsere Klassengesellschaft. Wie können die Deutschen angemessen über ihr Gemeinwesen sprechen? Ein unzeitgemäßer Vorschlag, in: Die Zeit, 56. Jg., Nr. 2, 04.01.2001, S. 7.

Die Arbeit interveniert nicht mit kraftvoller Geste. Wesentlich subtiler, aber dafür nachhaltiger wirkt das Werk Dennys. Das politische Moment daran scheint mir im Besonderen die implizite Aufforderung zu sein, sich auf das Werk einzulassen. Dem Werk gelingt es, Lust darauf zu machen, genauer betrachtet zu werden. Durch dezente Störungen wird man angehalten, genauer hinzusehen, um zu verstehen, was sich in dieser temporären Rauminstallation erfahren und verstehen lässt. Die Installation konfrontiert durch die überlagerten Formensprachen, die einen durchzucken und impulsiv in das DLD-Programm manövrieren. Ehe man sich versieht, hat man die monumentale Architektur betreten und erfährt sie als ein in sich selbst gefangenes Zeit- und Raumding. Aus- und Einschluss, Teilhabe und Mitbestimmung werden zu Themen der Auseinandersetzung vor dem Hintergrund einer alten-neuen Klassengesellschaft. Es kommt hier nicht auf die emanzipatorische Selbsterfahrung an. Das Gefühl, in dieser Szenerie mitmischen zu können, kommt nicht auf. Es bleibt die Erfahrung, sich mit zeitlichem und formalem Abstand dem DLD-Event anzunähern – allerdings in merkwürdiger Passivität, so als ob man zu Hause vorm Bildschirm sitzen würde und eine Dokumentation über die IT-Branche sieht. Der Moment der Distanznahme bietet Raum zur Reflexion. Durch ein formal-ästhetisches Spiel mit vertrauten Symbolen und Materialien der Werbewelt, den Hightech-Grafiken bekannter Smartphone-Applikationen, den analogen Schreibtischutensilien erhalten die Zuschauenden einen Zugang zu dieser Arbeit. Und fast wie beim Schauen von Kinofilmen wird das Publikum zum Teil dieser Installation. Christiane Voss spricht vom »Leihkörper« als Konzept der Rezeption unter Bedingungen technischer Bildproduktion wie im Film.[110]
Vertrauensvoll schleicht sich die visuelle Rhetorik in die Wahrnehmung und Rezeption ein und markiert die gegenwärtigen Bedingungen der digitalen Bildproduktion, die mit den analogen Medien verbunden sind. Diese Entwicklung ist längst Normalität. Sie wird als gegeben betrachtet und weniger differenziert erfasst. Deutungsmuster werden so dekonstruiert und in Analogie zu gesellschaftlichen Ungleichverhältnissen verhandelbar. Denn es gibt keine gerechte Normalität im Umgang mit digitaler Technologie weder in der Verfügbarkeit noch in der Anwendung und im Einsatz von Wissen. Das Paradoxe bezieht sich auf die Kluft zwischen den Menschen im digitalen Informationszeitalter. Dem Treiben und Tummeln der DLD 2012

110 Vgl. Voss (2013), S. 107 f.

gegenübertretend kann man sich seiner eigenen Stellung in der Gesellschaft gewahr werden und darüber hinaus die Frage ergründen, was noch Realität ist. Allerdings beinhalten diese Ansichten groteske Wendungen, die auf Vergänglichkeit und die Halbwertszeit von Informationen, Deutungsschemen oder Grafiken verweisen. Die Visionen von heute sind die Visionen von gestern – schwer zu glauben, dass sich an solchen Orten Zukunft entwickelt, zumindest nicht im Sinne einer auf die gesamte Gesellschaft hin orientierten Zukunftsvision. Eine parallele Wirklichkeit etabliert sich und wird als solche in der Installation künstlerisch aufgearbeitet. Allerdings scheint mir die künstlerische Überführung subtiler zu sein. Denny kommt es nicht auf Kritik an und so referiert seine Installation »All You Need Is Data?« auch nicht unmittelbar auf eine politische Ebene. Vielmehr ist sie eine Art anthropologisch-soziologische Studie. Zum Vorschein kommt ein Rhythmus, der stets nach Neuem hungert und so das Immergleiche produziert und nichts Neues hervorbringt. Das Verfallsdatum gleicht dem einer Eintagsfliege und doch lebt es für die Geste der Wiederholung. Steril, stringent, smart, etwas unterkühlt wirkt die Fassade der Visionäre, Denker und Schöpfer des digital Zukünftigen – und doch ist auf dem Kessel der Druck – »Weitermachen!« die Devise. Obwohl das Bergmassiv im Hintergrund farbig angeleuchtet ist, regt sich doch nichts. Spannungsvoll und unerwartet schließlich der Moment, wenn das Ende der Timeline erreicht wird, zeigt sich doch jetzt nur noch der blanke, kahle Rücken der Leinwände. Ab hier weht ein anderer Wind und die Atmosphäre der Installation verändert sich. Erst durch die Reflexion ist die Erfahrung möglich, dass der Schauplatz dieser Parallelwelt konstruiert ist und ein Paradoxon der Verflüssigung in sich trägt.

X Kritische Diskussion und Zusammenführung der Kunstwerke

Nachdem wir eine Reise durch das britische Postsystem unternommen, ein US-Militärgelände in der kalifornischen Wüste besucht und uns das Treiben einer Internetkonferenz in München angesehen haben, gehen wir auf die Suche nach Gemeinsamkeiten: An dieser Stelle sollen die drei analysierten und interpretierten Kunstwerke zusammengeführt werden. Die formale Beschreibung der Kunstwerke diente dazu, sie ästhetisch zu erfassen. Zum Abschluss dieser Arbeit sollen die werkspezifischen Besonderheiten der drei Werke hinsichtlich ihrer ästhetischen Wirkung und ihrer ethisch-politischen Ebene gegenübergestellt, verglichen und zusammengeführt werden.
Die Reise durch die britische Post ermöglicht uns die !Mediengruppe Bitnik mit ihrem Werk »Delivery for Mr. Assange« (2013). Die Videoarbeit »How Not to Be Seen« von Hito Steyerl (2013) führt uns in die kalifornische Wüste und in eine Gated Community und die Installation »All You Need Is Data – The DLD 2012 Conference Redux« von Simon Denny (2013) macht uns einen Event der globalen Internetökonomie erfahrbar.

Erstens: Mit dem Kunstwerk »Delivery for Mr. Assange« legen die Künstler_innen der !Mediengruppe Bitnik ein mehrdimensionales Werk vor. Auf den ersten Blick wirkt es vor allem technisch und weniger künstlerisch, um dann doch zu einem ästhetischen Erlebnis zu werden. Ein herkömmliches Postpaket wird in einer anonymen Poststation irgendwo in East-London am 16. Januar 2013 an Julian Assange als Empfänger aufgegeben. Kurz darauf ist klar, dass die Zuschauenden ein Teil der Paketreise sind. Uns – dem Publikum – ist es vom 16. auf den 17. Januar 2013 möglich, live via Internet das Geschehen mitzuverfolgen und nach Lust und Laune zu kommentieren. Die Performance versteht sich als Experiment, als sogenannter Ping-Test (vgl. VI »Delivery for Mr. Assange (2013), !Mediengruppe Bitnik,). Mit einem »Ping-Test« werden Kommunikationsnetzwerke – hier der Postweg – mithilfe des »Pings«, hier also das zum Diagnosewerkzeug aufgerüstete Postpaket, – überprüft, ob ein ausgewählter »Host« – hier Julian Assange – erreichbar ist. Dabei wird die Paketumlaufzeit (»round trip delay«), kurz gesprochen der Weg und die Dauer des Ping, aufgezeichnet und ausgewertet. So kann die Belastbarkeit und Funktionsfähigkeit eines Netzwerks bzw. eines Kommunikationsweges getestet werden. Ist das System aktiv oder inaktiv, erreichbar oder kann keine Verbindung aufgebaut werden? Ist der Kommunikationsweg gestört, stellt sich die Frage der Problembeseitigung. Ein Systemausfall kann verschiedene Ursachen haben, oftmals bedingt durch äußere Faktoren, insofern dient ein »Ping-Test« auch der Ermittlung von Sicherheitslücken.

»Delivery for Mr. Assange« fasziniert durch die Überführung dieses rein computertechnischen Verfahrens in eine alltägliche, dem Menschen so vertraute Situation. Durch diesen Transfer wird eine ästhetische Erfahrung über die reine Form des Werkes möglich, die zu Reflexion und Wissensbereicherung anregt. Eine inhaltliche Entsprechung bekommt das Werk durch den Empfänger des Paketes. Assange verkörpert einen zeitgenössischen Typus unserer Gegenwartsgesellschaft. Wie viele andere Whistleblower_innen, Hacker und Haecksen oder Computerexpert_innen steht er für das Erkennen und Sichtbarmachen von – auch im übertragenen Sinne zu verstehenden – Sicherheitslücken. Dieses technisch-versierte Milieu beleuchtet gesellschaftliche Schattenbereiche und forciert eine Auseinandersetzung mit herkömmlichen Begriffen, Kategorien und Weltbildern. So stellen die Snowden-Enthüllungen über die Überwachungspraxis des britischen und US-amerikanischen Geheimdienstes konventionelle Vorstellungen von Demokratie, Repräsentation, Mitbestimmung, Freiheit und Sicherheit infrage und verlangen eine Neujustierung. Der »Live-Charakter« der Onlineperformance wiederholt sich auch in der Ästhetik des filmischen Dokuments des Werkes. Lebt das Werk durch die Begegnung mit dem Publikum während der Performance, lässt es teilhaben und fordert es zum Kommentar auf, tut es dies zeitverzögert auch im Video. Als ob es offene Angebote bereithielte, bezieht es sein Publikum in den Verlauf der Geschehnisse mit ein, wodurch der Eindruck entsteht, direkt Teil eines bewusst initiierten Systemtests zu sein. Sowohl die Möglichkeit, die Performance von 2013 im Internet und in Sozialen Medien verfolgen zu können, ebenso wie die besondere ästhetische Dimension des Werkes eröffnen einen Zugang, etwas zu erleben, was vorher quasi nicht existierte. Im filmischen Werkteil wirkt die Kraft der unmittelbaren Anwesenheit (vgl. Voss und das Konzept »Leihkörper«[1]).

Über das starke Gefühl beim Sehen und Erfahren des Films wird die Zuschauende zum Körperteil, zum Vehikel des Films. Dadurch potenziert sich das ästhetische Erlebnis, der Film wird zum Werk. Wie

---

[1] Voss (2013).

als aktive Teilnehmende mitgenommen, erfährt man sich, obwohl die Performance längst vorbei ist, als Teil des Geschehens. Zwischen grotesk anmutenden Landschaften hindurchbewegt, schwebt man zwischen Hell und Dunkel, zwischen Leben und Tod, zwischen aktiv und passiv, zwischen Bewegung, Stillstand und brennender Ohnmacht. Etwas ganz Eigenes entsteht, das als Irrfahrt begann und im Ergebnis doch schlicht den Erfolg des Ping belegt.
Angesicht der zur Normalität gewordenen scheinbaren Alternativlosigkeit, in der Ängste die Menschen am Handeln hindern, entpuppt sich dieses Werk als Plädoyer für das Festhalten an der »unmöglichen Möglichkeit«. »Delivery for Mr. Assange« ist ein Paradebeispiel für einen spielerischen, lustvollen Umgang mit Technik und Programmiersprache. Es zeigt, dass sich Probieren und die Freude am Experiment lohnen. Es ist mehr als die Kopie eines »Ping-Tests« in die analoge Welt, sondern bietet die Gelegenheit, selbst zu prüfen, wie und ob Kommunikation heutzutage funktioniert und möglich ist. Die reale Performance und die Ästhetik des Films fordern dazu auf, Wirklichkeit mitzugestalten. Das Werk, und darin erscheint das Besondere, eröffnet Sichtbarkeit für Schattenbereiche. Dunkle Flecken werden sichtbar gemacht und dadurch erfahrbar, in dem ein Raum geschaffen wird, sich mit einem kontrollierten und überwachten System auseinanderzusetzen, das viele zur Unauffälligkeit anhält und in dem jene auffallen, die Transparenz einfordern.

Zweitens: Die Arbeit »How Not to Be Seen: A Fucking Didactic Educational .Mov File« von Hito Steyerl (2013) thematisiert die Verbindungen zwischen neoliberaler Selbstverwertung, Militarisierung und gesellschaftlichen Machtverhältnissen und rüttelt so an einer monokausalen Weltbetrachtung. Während ihre Selbstinszenierung als Dummy die technischen Möglichkeiten der Bildbearbeitung verdeutlicht, unsichtbar zu sein bzw. zu werden, zeigt das Werk, dass der Stellenwert von Anonymität und Privatsphäre nicht nur durch den Wunsch der Vielen, sich in Foren, Chats, auf Instagram oder Youtube bildlich in Szene zu setzen, verrückt wird, sondern auch durch die militärischen bzw. staatlichen Interessen der Sichtbarmachung, Kontrolle und Überwachung von Personen und Territorien.
Bilder werden bearbeitet, grundsätzlich verändert, übersetzt, verdreht, gequetscht und rekonfiguriert, um Wirklichkeit darzustellen. NSA-Überwachungssysteme scheinen sich in Form von Google-Anwendung zu vermehren und reproduzieren geschlossene Räume der

Wahrnehmung. Geschlossene Räume sind auch Gated Communities, in denen sich die Bewohner_innen exklusiv abgrenzen und eine geschlossene Gesellschaft bilden. Doch der Film von Steyerl bleibt bei der Betrachtung dieser Elemente der Gegenwartsgesellschaft nicht stehen. Die Arbeit lässt sich auch im Sinne einer Ästhetik des Widerstands beschreiben, denn sie befeuert in ihrer intermedialen Formensprache nicht nur das Feststellen des Status quo, sondern lenkt den Blick auf das Problem von Ausgrenzung und Abschottung. In Form der verhüllt Tanzenden oder der Ninjas brechen die Subalterne in die funktionale, glatte Welt der eingeschränkten Wahrnehmung ein, erscheinen so als Teil der Realität und wirken trotzdem merkwürdig randständig. Sie wirken regelrecht spirituell und magisch in ihren Praktiken.
Der Film will keine Utopie einer besseren Welt zeigen, er will Störpotenzial sein und zeigen, dass die unerschrockene Lust, Fehler aufzuspüren, Voraussetzung für Veränderung ist. Insofern setzt sich in Steyerls Werk eine andere Form fort, politische Filme zu machen. Deutlich wird dies unter anderem durch die im Film erkennbare Haltung der technischen Welt gegenüber, die sich etwa darin ausdrückt, dass man die Welt als in »Pixelhand« begreifen solle. Mit anderen Worten: Die Möglichkeit der Distanznahme, der Kritik und der aktiven Handlung entsteht erst, wenn man sich auf das System einlässt bzw. sich wie die Filmarbeit in ihren Bildern der hegemonialen Wahrheit von Wirklichkeit nähert.

Drittens: Ganz im Gegensatz zu künstlerischen Strategien der Aneignung, Piraterie, des Fälschens, der Paraphrase, des Nachsingens oder Nachahmens (Mimikry) will Simon Denny in seiner Mixed-Media-Installation »All You Need Is Data – The DLD 2012 Conference Redux« (2013) nicht nur bewusst kopieren, sondern durch die künstlerisch-ästhetische Überführung in das Format der Installation eine nachdigitale Ästhetik herausarbeiten. Er wiederholt das gesamte zusammengetragene und zugängliche Material der DLD 2012 und unterzieht es seinem formalen wie ästhetischen Konzept. Das Geschehen wird in haptisch erfahrbaren Leinwänden seiner Fremdheit und Exklusivität entrissen. In dem er die Szenerie des DLD-Kongresses nutzt, zeigt er nicht nur eine Welt, in der die Trennung zwischen digital und analog längst aufgehobenen ist, sondern macht auch die Profiteure der postdigitalen Informationsgesellschaft sichtbar. Seine Annäherung an das Milieu ist dabei mehr als die Anwendung von »Copy & Paste«, sondern sie erfolgt über seine künstlerischen Setzungen in der Materialwahl, der subjektiv gewählten Ausschnitte, Nahaufnahmen, Fokussierungen auf Personen und Aussagen. Die Konferenzteilnehmer_innen werden zu Porträtierten, wobei es ihm offensichtlich nicht darum geht, die Personen identifizierbar zu machen. Kulissenhaft werden Thesen oder Beobachtungen der Podiumsdiskussion inszeniert. Dabei wird durch den spielerischen Umgang mit Schriftgröße, -farbe und -stil das Zitat zur Nebensache und unterstreicht somit die Banalität der Aussage. Zum Vorschein kommt in Dennys »DLD12-Welt« ein planes, glattes und unaufgeregtes Sujet von Menschen, die global in den verschiedenen gesellschaftlichen, ökonomischen, politischen, wissenschaftlichen oder kulturellen Bereichen wirken. Die Installation suggeriert einen algorithmischen Rhythmus, der sich mechanisch und spiralförmig fortsetzt und unerschöpflich scheint. Und genau an dieser Stelle bricht es: Denn dieser bunte Reigen verschiedener Akteure – Intellektuelle wie Ökonom_innen – erscheint in Dennys Werk wie ein nicht intaktes Fahrradtretlager, dessen blanke Ritzel es zur Übersetzung der Trittkraft fehlt. Im Kontrast dazu erscheint der Künstler selbst. Die Vermittlung der Veranstaltung erfolgt besonders stark auf der visuellen und ästhetischen Ebene, also im Screen der Leinwände und in Zusammenspiel mit Raum und Zeiteffekten sowie durch die Konzeption der Anordnung im Geländersystem. Denny manifestiert sich als Konstrukteur von Wirklichkeit. Er schafft durch die Anwendung von Techniken des Kopierens, des Skeuomorphismus (vgl. VII Medienspezifische Dimension) und besonders des Director`s Cut ein künstlerisches Konstrukt der Kontingenz. In konzeptkünstlerischer Manier entwickelt er eine Navigation durch das Geschehen auf der DLD-Konferenz. Hier findet Aneignung statt. Das Politische im Werk zeigt sich durch den Anspruch, durch Einbindung das Publikum herauszufordern, differenziert zu beobachten. Dabei ist die Rolle des Künstlers von besonderer Bedeutung, denn Denny behauptet sich als unaufdringlicher Konstrukteur von Wirklichkeit, der den künstlerischen Versuch unternimmt, Unsichtbares sichtbar zu machen.

Unsichtbares sichtbar zu machen – dieser Anspruch eint alle drei Werke. Welche verborgenen Verknüpfungen zwischen Digitalisierung, Kontrolle und Gesellschaft machen die drei Kunstwerke auf? Diese Frage wird im nächsten Abschnitt behandelt, um anschließend die medientheoretischen Bezüge dieser zeitgenössischen Kunstwerke im postdigitalen Informationszeitalter zu beleuchten.

Thematische Ebene: (Un-)Sichtbarkeiten

Thematisch stehen digitale Technologie, Big Data, Datensammelwut, Überwachung bzw. der Sicherheits- bzw. Kontrollstaat als ein soziales Gefüge, in dem Ausgrenzung und Unsichtbarkeit hergestellt werden, im Mittelpunkt der werkspezifischen Auseinandersetzung. Als beherrschende gesellschaftliche Prozesse erscheinen sie als Normalität, also quasi unsichtbar. Vor diesem Hintergrund greifen Simon Denny, Hito Steyerl und die !Mediengruppe Bitnik jeweils auf ihre Art alltägliche Wahrnehmungen auf, hinterfragen sie und stellen sie auf die Probe. Indem sie Sehen und Verstehen von Welt als tägliches Experimentieren inszenieren und mit der Herstellung von Wirklichkeit in Verbindung setzen, sind ihre Werke kleine Motoren des kritischen, subversiven Umgangs mit permanent angebotenen Letztbegründungen oder neoliberalen Losungen der Alternativlosigkeit oder »Das-Boot-ist-voll«-Metaphern.

Verborgene Verknüpfungen werden in den Werken »sichtbar gemacht«, weil sie einen Raum erschließen, in dem man gegenüber dem Werk eine selbst gewählte Stellung beziehen kann, und zwar einerseits durch das Künstlerische im Werke selbst und andererseits in der Form, wie sie durch die ästhetische Erfahrung mit dem Werk erfahrbar wird: Das Beziehen einer Position gegenüber den hegemonialen Wirklichkeitskonstrukten wird im Wechselverhältnis zwischen Werk und Subjekt möglich. Sich seiner eigenen Stimme, Identität, Meinung und gesellschaftlichen Stellung bewusst zu werden, ist eine Form der Emanzipation und Voraussetzung für die selbstbestimmte Mitwirkung bei der Gestaltung von Gesellschaft.

Alle drei Werke nehmen aus verschiedenen Blickwinkeln gesellschaftliche Schieflagen in den Blick und eröffnen im Prozess der ästhetischen Begegnung eine Auseinandersetzung mit Ansichten auf eine Welt, die sich durch ausschließende und abwertende Mechanismen charakterisieren lässt. In den drei Werken wird eine Verbindung gezogen zwischen den Bedingungen der digitalen Gegenwart und ihrer sozialen Eingebundenheit in eine Klassengesellschaft. Thema von Simon Denny ist der digitale Transformationsprozess, der neue Formen sozialer Spaltung (»digital devide«) mit sich bringt. Er zeigt sich nicht nur im Zugang zu entsprechenden Ressourcen, die die Kluft zwischen statushohen und statusniedrigen Menschen wachsen lässt. Die Digitalisierung aller Lebensbereiche führt auch zur Erschließung neuer Märkte, mit weitreichenden und nicht absehbaren Folgen. Schon heute floriert das Geschäft mit Big Data so sehr, dass Informationen

inzwischen den ökonomischen Wert von Erdöl eingenommen haben, weil täglich und vermeintlich freiwillig Menschen ihre persönlichen Daten im Internet der Vermarktung preisgeben.
Was bedeutet Anonymität und Privatheit in einer Welt, in der man unweigerlich Datenspuren hinterlässt? Um das gesehen werden, sich zeigen können oder sich nicht zeigen wollen, geht es Hito Steyerl. Hinter dem Wunsch von Sichtbarkeit oder Unsichtbarkeit stehen verschiedene Motive, der aber immer Ausdruck eines individuellen oder kollektiven Anliegens ist. Dabei ähnelt das Verhaltens- und Handlungsmuster des Ausblendens visuell gesprochen dem Abblenden von Perspektiven, Personen, Personengruppen, Ereignissen oder gesellschaftlichen Problemstellungen. Problematisiert wird, dass die Freiheit zur Selbstbestimmung durch die Möglichkeiten digitaler Technologie, den überbordenden Überwachungsmethoden des Staats und privatwirtschaftlichen Verwertungsinteressen so weit eingeschränkt ist, dass die Idee, sich frei und gleich entfalten zu können, unmöglich erscheint.
Wie umkämpft dieses Feld ist, zeigt die !Mediengruppe Bitnik, wenn sie das Postgeheimnis (in Form eines schlichten Pakets) in Kontrast zur Überwachungs- und Durchleuchtungsmaschinerie der staatlicher Sicherheitsdienste als Abenteuerreise inszeniert, bei der man mitfiebert, ob das altehrwürdige Recht immer noch bestand hat. Allerdings findet Normierung nicht nur durch Überwachung statt, sondern findet, wie Hito Steyerl zeigt, seine Form auch in geschlossenen Gesellschaften wie einer Gated Community, die sich zudem jeglicher städtebaulicher Verantwortung für sozialen Ausgleich entzieht. Simon Denny erweitert diesen Blick auf die Welt durch die Inaugenscheinnahme eines sozialen Milieus, das sich unter anderem dadurch kennzeichnen lässt, soziale Perspektiven immer mit einem ökonomischen Effizienzgedanken zu verbinden. Wir lernen: Technologie bringt nicht per se gesellschaftlichen Fortschritt mit sich.
In allen drei Werken schieben sich Bildebenen wie Eisschollen im bitterkalten Winter übereinander, treten miteinander in Kontakt und formen Plastiken des gefrorenen Moments. So wird die Hybridität digitaler Bildproduktion dechiffriert und zeigt sie in ihrem gemachten Wesen. Es geht dabei nicht um schwarz oder weiß – weder die Möglichkeit, alles sichtbar und gläsern zu machen, noch das totale Verschwinden oder unsichtbar sein ist eine Lösung. Die Digitalisierung ist in ihren mannigfachen Formfindungen umfassend und komplex, sodass sich einfache Lösungen verbieten. Insofern ist jede_r selbst

angehalten, sich mit den Prozessen der Digitalisierung auseinanderzusetzen. Nicht übersehen werden darf, dass die Voraussetzungen dafür ungleich verteilt sind. Es gibt Profiteure des Systems und Verlierer_innen, das sind vor allem jene, die aufgrund von mangelnden Zugängen zur Technik und zu Wissens- und Bildungsmöglichkeiten herausfallen.
Die drei Werke zeichnen das Bild einer Welt, die von geschlossenen bzw. sich abgrenzenden gesellschaftlichen Gruppen geprägt ist, in der Abschottung freiwillig und bewusst initiiert bzw. unfreiwillig und aus purer Naivität immer weiter um sich greift. Mit ihren je eigenen künstlerischen Mitteln versuchen die drei Werke, diese Zustände in den Blick zu nehmen und den Raum zu öffnen, Perspektiven zu weiten und Distanz herzustellen, um zu einer eigenen Erzählung über die gesellschaftliche Entwicklung, ihre Chancen und Widersprüche zu kommen.

Medientheoretische Auseinandersetzung

> *»In einer von massenmedial reproduzierten Bildern dominierten Gesellschaft bietet gerade die Kunstfotografie eine Möglichkeit, Objektivität und Wahrheitsgehalt des Mediums wie auch des Sichtbaren überhaupt infrage zu stellen und den Betrachter auf die tägliche Bilderflut vorzubereiten. Vor allem der inszenierten Fotografie wird dabei attestiert, dass die von ihr erzeugte ›doppelte Perspektive von Distanz und Nähe‹ (Markus Brüderlin) ein Spezifikum des postmodernen Kunstwerks sei.«*[2] (Büsser 2012)

Auch diese Kunstwerke bereiten auf die Bilderflut vor, denn sie loten im Umgang mit digitaler Technologie die Konturen von Medien und Kunstformen aus. Sie zeigen auf, wie weitreichend der Einfluss digitaler resp. technischer Reproduktion von Bildern geht. Zugleich schärfen sie den Blick für den hybriden bzw. intermedialen Charakter der drei Arbeiten, der durch das Zusammenspiel analoger und digitaler Elemente entsteht. In ihnen wirkt die Reizüberflutung durch das künstlerische Spiel mit der Bilderflut wie eine Art Schmerz, der eine Offenheit Neuerungen und Veränderungen gegenüber herstellen soll. Das Sehen soll nicht erschlaffen und wird zum künstlerischen Gegenstand. Im Gegensatz zur kulturindustriellen Inwertsetzung durch

[2] Büsser, Martin (2012): Dopplung und Deutung, in: ders. (2012): Dopplung und Deutung. Kritische Kommentare zur zeitgenössischen Kunst, Mainz, S. 233.

Bilderproduktion und Ästhetisierung von Tod und Leid, Schmerz und Hunger, Nacktheit und Körper, Ängsten und Nöten entsteht in diesen Werken eine andere Bildsprache. Die drei Werke sind nicht laut und schrill oder brutal, vielmehr entfalten sie ihre Wirkung im Subtext, sozusagen auf den zweiten Blick. Das Werk »Delivery for Mr. Assange« zieht beispielsweise in den Bann durch seinen Mut zum und seine Lust am Experiment, herkömmliche Dinge des Alltags zum Träger eines Schauplatzes werden zu lassen. Über die Normalität des Dargestellten stellt sich in allen drei Werken der Blick auf die Wirklichkeit ein und erzeugt Wahrheit, die über das behandelte Thema hinausgeht und auf die aktuelle gesellschaftliche Verfassung verweist. Sie stellen sich dem Sog monetärer Verwertung im Feld der Kunst entgegen und trotzen den daraus resultierenden Entkunstungstendenzen, weil sie eine andere Auseinandersetzung zum Gegenstand haben: In den Arbeiten wird das stereotype Sehen und Deuten von Welt und Wirklichkeit auf die Probe gestellt. Die Wahrnehmung von Welt, die sich in den Bildern der Werke zeigt, ist komplex und widersprüchlich und wird durch Störungen auf der Bildebene hervorgerufen. Verschiedene Formen wie Musik, Text, Performance oder Tanz im Video, aber auch der Einsatz kaputter Pixel (»How Not to Be Seen«) und blanker Leinwandrückseiten (»All You Need Is Data«) oder die Untiefen der roten und grünen Posttaschen (»Delivery for Mr. Assange«) bilden das zu deutende Sujet, in dem Ebenen entstehen, die sich gegenseitig auszuhebeln scheinen. Die Wahrnehmung von Realität erfordert gesteigerte Aufmerksamkeit, folgerichtig fordern auch die Werke ihr Publikum auf, kritisch und teilweise mit einem Augenzwinkern (vgl. »How Not to Be Seen«) zu prüfen, ob sie alles glauben, was ihnen vor Augen geführt wird.

Halten wir fest: Für Gegenwartskunst einer postdigitalen Ära kann charakterbildend festgestellt werden, dass die Werke ihre Wirkung weder außerhalb von sich selbst suchen, noch dort wirken. Sie sind Teil der gesellschaftlichen Bedingungen, spiegeln sie wider und spiegeln sich in ihnen. Eine gesellschaftliche Utopie spielt dabei offensichtlich keine Rolle, denn in den Werken wird keine Vorstellung von gesellschaftlichem Fortschritt entwickelt, die über das Bestehende hinausweist. Allerdings geht es um Hinterfragen, Experimentieren und um kollektive Prozesse. Am Anfang steht eine Idee, die gemeinsam mit anderen – Expert_innen, Freund_innen, Wissenschaftler_innen, Journalist_innen etc. – zu etwas Konkretem weiterentwickelt wird, wobei offensichtlich bereits bei der Entstehung und Umsetzung der künstlerischen Idee die Rezipierenden, das Publikum, mitgedacht und einbezogen wird. In der Hinwendung zu ihrem Publikum äußert sich die offene Gestalt der Werke ebenso wie die offene Haltung der Künstler_innen.

»I try to go through all the problems.«[3] Diese Aussage von Simon Dennys kann als paradigmatisch für eine künstlerische Praxis verstanden werden, die drängende Themen der Zeit aufspüren will, und so auch für die !Mediengruppe Bitnik und Hito Steyerl gelten dürfte. Ihnen gemeinsam ist, auf fast unnachgiebige Weise ausfindig gemachten »Fehlerstellen« nachzugehen. Sie werden zu eigenen autonomen ästhetischen Sujets. Auch wenn sie dabei in postdigitaler Manier mit dem Kopieren der Kopie jonglieren, ist das Ergebnis etwas anderes als die schlichte Überführung von digitalem Material in den analogen Raum wie zum Beispiel im Werk »Extended Operations XWB«[4] von Yngve Holen aus dem Jahr 2014. Auf die experimentelle Anwendung des digitalen Materials oder Werkzeugs kommt es ihnen an. Die Ästhetik der Werke entspringt aus der Sichtbarmachung des »Post«-Zustandes unserer Gegenwartsgesellschaft, die sich mitten in einer digitalen Revolution befindet und seit Ende der 1990er Jahre jeden Tag ein Stückchen mehr glaubt, nicht ohne digitales Endgerät kommunizieren, Informationen teilen oder sich selbst vergegenwärtigen zu können.

Wie Haroun Farocki so führt auch Steyerl in ihrem Werk eine medientheoretische Auseinandersetzung, indem sie einen eigenen Bildtypus entwickelt. In »How Not to Be Seen« ist eine Bildmächtigkeit am Wirken, die an die postdramatischen Theaterstücke von René Pollesch erinnert, die unabgeschlossene Denkfiguren offerieren, nimmer enden wollende Assoziationsräume eröffnen und wie grenzenlose Denkmaschinen daherkommen: Alles erfassen zu wollen, führt in die Irre, zumal es keine lineare Narration gibt. Deshalb erscheinen die Erzählstränge nicht enden wollend und in einem Punkt mündend. Es taucht immer wieder eine Ebene mehr auf – die das Nachdenken und Weiterdenken anfeuert. Das Denken als Prozess. Durch die Überlagerungen der unterschiedlichen ästhetischen und nichtästhetischen Impulse werden zugleich die eigenen Deutungsmuster herausgefordert.

---

[3] Feldhaus, Timo (2015): The Soul of Simon Denny. A portrait of the artist on his way up, in: Spike Art Magazine, Summer 2015, verfügbar unter: http://www.spikeartmagazine.com/en/articles/soul-simon-denny (Stand 07.09.2016).

[4] Vgl. http://www.galerieneu.net/artist/yngve+holen/1526 (Stand 21.11.2016).

Indem sie Found-Footage-Materialien benutzt, arrangiert sie eigene Bildtypen bzw. Weltansichten. Steyerl konstruiert eine paradoxe Welt, die von Ausschluss und Abgehobenheit (vgl. das Beispiel der Gated Communities) geprägt ist.
Durch ihre künstlerischen Strategien und Formensprachen appellieren alle drei Arbeiten an die offene Lust an der Begegnung, die sich nonlinear, also kritisch und experimentell, gegenüber ontologischen Begriffen, Rhetorik und Bildern zeigen soll, die permanent in der Kunst wie in der Gesellschaft produziert werden. Dabei spielt der Moment des Kippens der einen in die andere Form eine besondere Rolle. Dieser Moment steht für aktive Bewegung, für eine Praxis, offen auf Gegenstände, Dinge, Sachen einzugehen bzw. sich einer neuen Begegnung unvoreingenommen zu stellen, sich ihr unter Umständen auch einfach auszuliefern. Weil diese Werke eine solche Haltung in ihren künstlerischen Formen beinhalten, besitzen sie ein politisches Potenzial. In einer technisch reglementierten Welt drohen öffentliche Aushandlungsformen und Kritik unterzugehen, eine Gesellschaft braucht jedoch Streit, Kontroverse, Alternativen, um sich zu entwickeln. Diese Werke wollen Räume dafür öffnen. Reich an Inhalten, geht es in ihnen um die Aufforderung, sich zu bemühen, zu verstehen, zu denken. Als konzeptkünstlerische Werke adressieren sie ein bestimmtes Kontextwissen, im Fokus steht die digitalisierte Sicherheits- und Informationsgesellschaft. Sie entfachen dabei keine sinnlich explosionsartige Wahrnehmungseruption. Im Kontrast zur kulturindustriell beförderten Passivität fordern diese Werke zum aktiven Mitdenken auf.

Conclusion: Das Laute und Leise erspüren

Auch mich haben die Werke der !Mediengruppe Bitnik, von Hito Steyerl und Simon Denny, die im Rahmen dieser Arbeit besprochen wurden, zum aktiven Mitdenken angeregt. Oder anders formuliert: Die drei Kunstwerke haben in mir ein ästhetisches Erlebnis geweckt. Sie haben den Wunsch geweckt, mit ihnen in Verbindung treten zu wollen und sich offen einer ästhetischen Wahrnehmung hinzugeben, sodass ein für mich gültiger und gütiger Erfahrungsraum des lebendigen Austauschs und der Distanznahme mit dem Werk entstanden ist. An dieser Stelle sei an die theoretische Hinführung dieser Arbeit erinnert: Es wurde die These aufgestellt, dass ein Kunstwerk sich in seinem ästhetischen Vermögen nur dann zeigt, wenn über intersubjektive Distanz- und Nahbewegungen und individuelle Reflexion in Form von Realitätseinbrüchen das Erfahren von Wirklichkeit und Welt ermöglicht wird. Nur in einer solchen energetischen Begegnung entsteht ein Mehr, wodurch sich das Erleben einer ästhetischen Erfahrung und eines politischen Potenzials einstellen kann. Hierbei wirkt sich eine Haltung[5] der offenen Bereitschaft positiv aus: diese Haltung sollte sowohl im Werk selbst angelegt sein, als auch über das Werk hinausweisend die Sub- und Kontexte einbinden.

Sich verwickeln, sich entfremden, sich von einer Sache einverleiben zu lassen, in eine neue Verkörperung zu schlüpfen, sich einer Illusion hinzugeben, eine andere Vorstellung von Realität auszuhalten und diese auszuprobieren, sich darin zu verlieren, um sich dann wieder zu besinnen und nach Konkretion zu suchen, verlangt das Zuhören und Spüren des Leisen und Lauten im Werk. Hierin zeigt sich die Ressource der Erfahrung von Kunst, die einen mit der eigenen Taub- und Blindheit seiner Umwelt oder dem eigenen Empfinden gegenüber konfrontieren kann. Die Bereitschaft sich auf Kunst einzulassen, wird zur Bedingung. Herkömmliches, vermeintliche Normalität, Ordnungssysteme, geschlossene Ideologien, abgesecktes Terrain, normative Rahmungen brauchen Überführungen in lebendige Wahrnehmungsmöglichkeiten, um sie in ihrem Wesen als ausschließend und abgrenzend begreifbar zu machen. Hierzu zählt sicher auch, sich der eigenen, sozialen, politischen, gesellschaftlichen, ökonomischen, ökologischen und psychosozialen Bedingungen gewahr zu werden. Macht man sich dann mit dieser Erkenntnis auf den Weg und rückkoppelt diese Erfahrungen mit einer Praxis und darüber hinausweisenden Handlungen, entsteht das, was Peter Weiss eine Ästhetik des Widerstands nennt. Es findet Aneignung der Umwelt und Dinge (Kunstwerke usw.) statt.

Ich wiederhole: Ist man sich der Konstruktion der Werke resp. des eigenen künstlerisch wie ästhetischen Empfindens bewusst und scheut sich nicht vor selbstkritischer Korrektur, indem historische Kontexte und sozioökonomische und politische Verhältnisse berücksichtigt werden, entsteht eine besondere Kraft: eine Bewegung hin zur Auseinandersetzung und Veränderung, wodurch eine ästhetische Bewertung möglich wird und das eigene ästhetische Erleben von Kunstwerken sich als spannender multiperspektivischer Erfahrungsraum zeigt. Durch die Verflüssigung der Grenzen der Kunst, die unter anderem

[5] Vgl. Voss (2013), S. 288.

durch die digitale Technikentwicklung beschleunigt wird, erweckt Kunst gegenwärtig den Eindruck, quasi alles sein zu können. Jeder lebensweltliche Gegenstand, jedes Ding, jede Sache kann ästhetisch wahrgenommen werden. Für den Rezipierenden ist die Konfrontation mit der Flut an visuellen und sinnlichen Eindrücken im Zeitalter des Digitalen permanent und überall. Daraus scheint sich in der Gegenwartskunst die Tendenz zu ergeben, dass in den Werken immer noch komplexere Verschränkungen von Formen angestrebt werden, um überhaupt Rückkopplungen und Reflexionen zu erzeugen.

Postdigitale Phänomene in der Gegenwartskunst zeugen von einem solchen ästhetischen Angebot vielschichtiger und paralleler Realitätsmodelle, um durch formale, mediale und inhaltliche Verquickungen in den Werken lebensweltliche Nähe zum Ausdruck zu bringen. Indem die digitale Welt sich in die analoge Welt imaginiert, wird sie greifbar. Sie erscheint über die Narration der Werke nicht mehr als etwas opak Undurchschaubares, sondern wird als Teil der Realität bearbeitet. Es geht demnach darum, den postdigitalen Status als eine Natürlichkeit, als zweite Natur der Wirklichkeit zu verstehen und ich meine, dass deshalb das Sprechen über eine vermeintliche Netzkultur, Netzkunst oder Post-Internet-Art, die hier nur exemplarisch genannt werden, rückwärtsgewandte Kategorien sind, die es abzustreifen gilt. Problematisch an diesen Begriffen scheint mir zu sein, dass sie vermeintlich eindeutige Definition bereitstellen und angeblich eine Richtschnur zur Orientierung in einer Welt bieten, die sich allerdings als äußerst komplex, schnelllebig und schwer fassbar darstellt. Sie machen es scheinbar leicht, sich eine Sicht auf Welt zu erarbeiten und sich in dieser Welt zu bewegen, wobei fahrlässig in Kauf genommen wird, wichtige Details für die Beurteilung unberücksichtigt zu lassen.

Zu prüfen bleibt, welche Sinnstiftung aus zeitgenössischen Kunstwerken abgeleitet werden kann: Reproduzieren sie herkömmliche Verhältnisse im Sinne von »Normierung und Uniformierung der Weltwahrnehmung«[6] oder stören sie die normierte Weltsicht, wie etwa die Werke der !Mediengruppe Bitnik, von Hito Steyerl und Simon Denny. Diese Arbeiten entwickeln komplexe Formensprachen und bieten so eine ästhetische Vielfalt für potenzielle Reflexionen sowie individuelle Rezeptionen an, gleichzeitig findet über das Formenspiel eine Differenzierung und Setzung innerhalb der Werke statt. Auf je werkspezifische Weise eröffnen die Arbeiten Perspektiven, die dazu anregen,

[6] Heibach, Christiane (1999): Literatur im Internet. Theorie und Praxis einer kooperativen Ästhetik, Berlin, S. 370.

sich mit der Komplexität des aktuellen Weltgeschehens auseinanderzusetzen, und sie zeigen Varianten der Annäherung: sich zum Beispiel spielerisch, zugewandt, humoristisch oder experimentierfreudig den gesellschaftlichen Herausforderungen zu stellen.
Zudem entsteht in den Werken je etwas Eigenes, etwas, dass sich engagiert für eine Realität des Dissens einsetzt und keineswegs zur Aufrechterhaltung von Konformität beitragen möchte. Hier wird eine Weltsicht vermittelt, die sich auf einer ästhetischen Erfahrung gründet, die Offenheit voraussetzt. Erleben, spüren, sehen werden in einen Schwebezustand versetzt, der Denken und Handeln in den Zustand einer offenen Beweglichkeit bringt. Austausch und Korrektur sind diesem Prozess immanent. Insofern entfalten die drei Werke je ein politisches Potenzial über ihre besondere und eigenwillige Werkanordnung und der daraus entstehenden werkspezifischen Ästhetik. Verschmelzung und Hybridität sind Kennzeichen der Materialität der vorgestellten Arbeiten, wodurch eine sehr konkrete, physisch wahrnehmbare mediale Erfahrung der Konstruktion von Wirklichkeit möglich wird. Offensichtlich ist bei der medialen und bildspezifischen Manipulation alles machbar, gleichwohl existieren in den so hergestellten Welten immer auch Grenzen. Besonders Hito Steyerl macht in ihrem Werk »How Not to Be Seen« auf diese Begrenzungen der gegenständlichen Welt aufmerksam: Ausschlaggebend dafür ist die Wahrnehmung eines »Melting Point« in Form eines formal-ästhetischen Zusammenspiels von Betrachtungspunkten, die erzeugt werden über das eigentümliche Arrangement von Sound, den computergenerierten Stimmen, die popkulturellen Einflüsse (vgl. die Bewegtbilder der tanzenden »The Three Degree´s« Interpret_innen), das Wechselspiel zwischen den gegenständlichen und körperlich wahrnehmbaren bzw. animierten Figuren oder Räumlichkeiten. Vor der inszenierten Kulisse einer Landschaft aus anonymen Körpern, Gated Communities und in Kontrast dazu das Gebiet verbrannter Erde einem Niemandsland gleich materialisiert sich mit pulsierender Schubkraft Wirklichkeit, bedrückend und hedonistisch zugleich. Brüchigkeit und Fehlerhaftigkeit werden zu Vehikeln im dargestellten Schau-Spiel, wodurch die Widersprüchlichkeit einer digital glatten Bildproduktion virulent wird. Auch dieses Werk schöpft aus einem schier unermesslichen Schatz gesammelter, gefundener und kopierter Materialien aus dem Internet (Bilder, Songs, Videos) und doch geht es um mehr als nur die Thematisierung von der Möglichkeit, endlos Kopien von Kopien anfertigen zu können. Statt dessen wird die Strategie verfolgt, eine

autonome wie authentische Narration von der Welt unter digitalen Bedingungen zu eröffnen – und das gelingt. Denn die Verfahrensweise des Kopierens der Kopie, also eines Arbeitens nach dem Modus des Internets, wird im Werk von Steyerl spielerisch benutzt, um es zugleich zu dekonstruieren. Ihre künstlerische Praxis geht kritisch mit den postdigitalen Bedingungen der Bild- und Kunstproduktion um. Insofern handelt es sich nicht um die bloße materielle, künstlerische oder formale Zitation, sondern um ein Formspiel, das etwas Neues zum Vorschein bringt. In diesem Sinne ist diese Arbeit politisch, wird doch eine eigene meinungs- und haltungsfreudige Position über das Werk zur Gegenwart spür- und verhandelbar.
Alle drei hier behandelten Werke entfalten ein politisches Potenzial, weil sie künstlerisch und ästhetisch eine Welt inszenieren, die stark an der Wirklichkeit angelehnt ist. In ihnen wird jeweils eine besondere Blickrichtung auf unsere Jetztgesellschaft eingenommen: In der Arbeit »Delivery for Mr. Assange« der !Mediengruppe Bitnik ist es die Welt, in der es »Zwitschermaschinen« und Whistleblower_innen offensichtlich braucht, um zu erfahren, dass das, was wir vermeintlich als Wahrheit zu wissen glauben, nur einem Bruchteil von dem ist, was sich gesamtgesellschaftlich vollzieht und ereignet. Am Beispiel von Whistleblower_innen, die sich für den freien Zugang zu Wissen durch die Veröffentlichung von geheimen Dokumenten und Informationen einsetzen, wird die Aufmerksamkeit auf die Praxis von Geheimdiensten, Regierungen, extremen Glaubensgruppierungen, Staatsmännern, Wirtschaftsunternehmen oder Banken generiert und die Frage nach Machtverhältnissen aktualisiert.
Allen drei Arbeiten ist zudem gemein, dass sie den Diskurs über die Verquickung des menschlichen Körpers, die vorherrschenden Reglementierungs- und Normierungsprozesse und dessen Einhegung in Befehlsstrukturen sowie die vermeintlich freiwillige, aber eigentlich fremdbestimmte Kontrolle über den eigenen Körper weiterführen. Vor diesem Hintergrund können die ästhetisch und künstlerisch erlebten Perspektiven als Argumente in der Ausbildung einer Erzählung über die gesellschaftliche Komplexität der Jetztzeit verstanden und als solche in einer eigenen diskursiven handlungsorientierten Praxis überführt werden.
Weiterführend wäre es interessant zu prüfen, inwiefern die Kunstproduktion gezwungen ist, den Bedingungen der digitalen Möglichkeiten und den erhöhten technischen, also realweltlichen Ansprüchen der digitalen, beschleunigten visuellen Bildproduktion gerecht zu

werden, um überhaupt noch als Kunst wahrgenommen zu werden? Das Sehen hat sich ob der genannten Umstände stark verändert und weiterentwickelt. Es bleibt also dabei, sich immer wieder neu aus philosophisch-ästhetischer Perspektive die Frage zu stellen: Was ist Kunst?

Literaturverzeichnis

Adorno, Theordor W. (1953): »Der Artist als Statthalter. Zu Valéry's Degas-Buch«, in: Merkur, Heft 69, 11/1953, 7. Jahrgang, S. 1034–1045, Stuttgart.

– (1967): Über einige Relationen zwischen Musik und Malerei. Die Kunst und die Künste, Berlin.

–; Horkheimer, Max; Kogon, Eugen (1989): »Die verwaltete Welt oder: Die Krise des Individuums«, Aufzeichnung eines Gesprächs im Hessischen Rundfunk, 4. September 1950, in: Horkheimer, Max (1989): Gesammelte Schriften, Bd. 13, Nachgelassene Schriften 1949–1972, Frankfurt/M.

– (1991): Dissonanzen. Musik in der verwalteten Welt, Göttingen.

– (1997): »Ästhetische Theorie«, in: Tiedemann, Rolf (Hg. u.a.) (1997): Gesammelte Schriften, Bd. 7, Frankfurt/M.

– (1997): »Kulturkritik und Gesellschaft«, in: Tiedemann, Rolf (Hg. u. a.) (1997): Gesammelte Schriften, Bd. 10.1, Kulturkritik und Gesellschaft I, »Prismen. Ohne Leitbild«, Frankfurt/M.

–; Marcuse, Herbert (1998): »Briefwechsel zwischen Herbert Marcuse und Theodor W. Adorno«, in: Kraushaar, W. (Hg.) (1998): Frankfurter Schule und Studentenbewegung. Von der Flaschenpost zum Molotowcocktail 1946 bis 1995, Bd. 2, Hamburg.

– (2003): »Kunst und Künste«, in: Tiedemann, Rolf (Hg. u. a.) (2003): Gesammelte Schriften, Bd. 10.1, »Ohne Leitbild: Parva Aesthetica«, Frankfurt/M.

– (2006): Zur Lehre von der Geschichte und von der Freiheit, Frankfurt/M.

Agamben, Giorgio (1996): »Disappropiata maniera«, in: ders. (1996): Categorie italiane. Studi di poetica, Venedig.

– (2009): »What is the Contemporary?«, in: ders., What is an Apparatus and other Essays. Stanford.

AG Rechtskritik (2015): Zweite Marx-Frühjahrsschule 2015, Marx und Recht – Rechtsphilosophie? Rechtstheorie? Rechtskritik?, 08.–10.05.2015, Rosa-Luxemburg-Stiftung, Berlin, verfügbar unter: https://rechtskritik.files.wordpress.com/2016/04/programm-2-marx-frc3bchjahrsschule-2015.pdf (Stand 20.12.2016).

Aikens, Nick; Flechter, Annie (2014): »Introduction«, in: Aikens, Nick (Hg.) (2014): Too Mutch World. The Film of Hito Steyerl, Berlin, S. 7–12 (übersetzt von der Autorin).

Alberti, Sarah (2015): »Das Fenster zum Wurf«, in: Freitag, Ausgabe 20/15, 14.05.2015, verfügbar unter: https://www.freitag.de/autoren/der-freitag/das-fenster-zum-wurf (Stand 16.02.2016).

American Standards Association (1963): American Standard Code for Information Interchange, Washington D.C., verfügbar unter: http://worldpowersystems.com /archives/codes/X3.4-1963/ (Stand 18.12.2016).

Araújo, Sandra (o. J.): »Deconstructing Vuk Ćosić: Data as Language«, in:

Art&Education, verfügbar unter: http://www.artandeducation.net/paper/deconstructing-vuk-cosic-data-as-language/ (13.01.2017).

Arcangel, Cory (2002): »Super Mario Clouds«, in: Cory Arcangel's Official Portfolio Website and Portal, verfügbar unter: http://www.coryarcangel.com/things-i-made/2002-001-super-mario-clouds (Stand 03.11.2016).

ARD-ZDF-Onlinestudie (2015), verfügbar unter: http://www.ard-zdf-onlinestudie.de/index .php?id=535 (Stand 27.09.2016).

Arendt, Hannah (2012): Zwischen Vergangenheit und Zukunft, Übungen im politischen Denken I, München.

Arnold, Heinz Ludwig (1981): »Im Gespräch mit Peter Weiss. Peter Weiss über die Ästhetik des Widerstands«, in: Youtube.com, verfügbar unter: https://www.youtube.com/watch? v=X_D0zqMaBjU (Stand 06.06.2016).

Artforum (o. J.): Steyerl, Hito (2013): How Not to be Seen: A Fucking Didactic Educational .MOV File, 2013, Video, 15:52 min, verfügbar unter: https://www.artforum.com/video/mo de=large&id= 51651 (Stand 19.01.2017).

Artistsspace (o. J.): Pictures, September 24–October 29, 1977. Troy Brauntuch, Jack Goldstein, Sherrie Levine, Robert Longo, Philip Smith, Organized by Douglas Crimp, verfügbar unter: http://artists-space.org/exhibitions/pictures (Stand 03.11.2016).

Arts Catalyst (2014): »GenTerra, Critical Art Ensemble and Beatriz da Costa«, in: Vimeo, 27.10.2014, verfügbar unter: https://vimeo.com/110141892 (Stand 13.01.2017).

Aspen Art Museum (2012): Simon Denny: Full Participation, Past Exhibitions, verfügbar unter: http://old.aspenartmuseum.org/event/simon-denny-full-participation/ (Stand 06.12.2016).

Baumann, Zygmunt; Lyon, David (2013): Daten, Drohnen, Disziplin. Ein Gespräch über flüchtige Überwachung, Berlin.

Baumgärtel, Tilman (o. J.): »Die Teilung aller Tage«, Beschreibung des Films, verfügbar unter: http://www.harunfarocki.de/de/filme/1970er/1970/die-teilung-aller-tage.html (Stand 04.01.2016).

– (2001): net.art 2.0. Neue Materialien zur Netzkunst: New Materials Towards Net Art, Nürnberg.

Beardsley, John (1989): Earthworks and beyond. Contemporary Art in the Landscape, New York.

Bednarczyk, Svenja (2014): Das Wars – Taz.Lab 2014, »Überwachung im Hinterkopf«. Bei der NSA-Affäre geht´s um Freiheit überhaupt – Das taz.lab-Podium zum digitalen Widerstand, in: taz.de, verfügbar unter: https://m.taz.de/Das-wars--tazlab-2014/!136772;m/ (Stand 14.04.2016).

Behrens, Roger; Stakemeier, Kerstin (Kunstklub) (2012): »Politische Kunst als Pest«. Im Kunstklub diskutieren Roger Behrens und Kerstin Stakemeier mit Johannes Paul Raether und Hans Stützer über den neuesten Trend in der Gegenwartskunst, in: Phase 2 Zeitschrift gegen die Realität, Nr. 42, Frühjahr 2012, Frühlingsgefühle – Internationale Aufbrüche und ihr linker Widerhall, verfügbar unter: http://phase-zwei.org/hefte/artikel/politische-kunst-als-pest-62/ (21.12.2016).

– (2016): »Die Ästhetik des Widerstands. Ästhetisierung der Politik und Politisierung der Kunst in Zeiten der Kulturindustrie. Anmerkungen zu Peter Weiss«, in: Körner, Alex; Kuppe, Julian; Schüßler, Michael (Hg.) (2016): Der Widerspruch der Kunst. Beiträge zum Verhältnis von Kunst und Gesellschaftskritik, Berlin.

–; Stakemeier, Kerstin (o. J.): »Zur Gegenwartskunst als Industrie. Kerstin Stakemeier und Roger Behrens im Gespräch über den Wandel der Kunst im Übergang von der Moderne in die Gegenwart«, in: Phase 2 Zeitschrift gegen die Realität, Nr. 43, Sommer 2012, Reich der Mitte, verfügbar unter: http://phase-zwei.org/hefte/artikel/zur-gegenwartskunst-als-industrie-167/ (Stand 14.01.2016).

Bell, Kirsty (2013): »Il Palazzo Enciclopedico. 55. Biennale di Venezia«, in: Frieze Magazin, 12.08.2013, verfügbar unter: http://frieze-magazin.de/archiv/kritik/il-palazzo-enciclopedico/ (Stand 15.02.2016).

Benjamin, Walter (2015): Das Kunstwerk im Zeitalter seiner technischen Reproduzierbarkeit. Die drei deutschen Fassungen in einem Band, Berlin.

– (2010): »Über den Begriff der Geschichte«, Bd. 19, in: Raulet, Gérard (Hg.) (2010): Werke und Nachlaß. Kritische Gesamtausgabe, Frankfurt/M.

9. Berlin Berlinale für zeitgenössische Kunst (2016): Simon Denny mit Linda Kantchev, verfügbar unter: http://bb9.berlinbiennale.de/de/participants/denny/ (Stand 05.09.2016).

Bernard, Andreas; Staun, Harald (2016): Politisches Handeln im Netz, »Widerstand ist zwecklos«, Computernetzwerke üben eine neue Form von Kontrolle aus. Darum brauchen wir neue Strategien für politisches Handeln. Ein Gespräch mit dem Medientheoretiker Alexander Galloway, in: FAZ.net., 29.06.2016, verfügbar unter: http://www.faz.net/aktuell /feuilleton/politisches-handeln-im-internet-14308016.html?printPagedArticle=true#page Index_2 (Stand 07.07.2016).

Berry, David M.; Dieter, Michael (2015): Postdigital Aesthetics. Art, Computation and Design, Basingstoke.

Bezzola, Tobia; Kurzmeyer, Roman (Hg.) (2007): Harald Szeemann with by through because towards despite, Ausst. Kat., Zürich; Wien.

Boecker, Susanne (2016): »ESMT«, in: Kunstforum International, Bd. 241, Titel: Künstler als Kuratoren: 9. Berlin Biennale, verfügbar unter: http://www.kunstforum.de/intern/arti-kel.aspx?a=241233&z=lex&page= (Stand 29.09.2016).

Boeing, Niels; Lebert, Andreas (2014): »Tut mir leid, aber das sind Tatsachen«, Ein Gespräch mit Byung-Chul Han, in: Zeit Online, 7. September 2014, Hamburg, verfügbar unter: http://www.zeit.de/zeit-wissen/2014/05/byung-chul-han-philosophie-neoliberalismus/seite-3 (Stand 27.01.2016).

Bonz, Jochen; Struve, Karen (2006): »Homi K. Bhabha«, in: Moebius, Stephan; Quadflieg, Dirk (Hg.) (2006): Kultur. Theorien der Gegenwart, Wiesbaden.

Bookchin, Natalie; Shulgin, Alexei (1999): Introduction to Net.Art (1994–1999), Chose Genre, Webseite, verfügbar unter: http://subsol.c3.hu/subsol_2/contributors/bookchintext.html (Stand 28.01.2016).

Borchers, Detlef (2013): »Internet-Aktivist Aaron Swartz ist tot«, in: heise online, News, 13.01.2013, verfügbar unter: http://www.heise.de/newsticker/meldung/Internet-Aktivist-Aaron-Swartz-ist-tot-1782789.html (Stand 28.07.2016).

Bosma, Josephine (2011): Nettitudes. Let's Talk Net Art, Rotterdam.

Bourriaud, Nicolas (2008): Relational Aesthetics, Dijon.

Brauns, Nick (2010): »Wie starb Andrea Wolf?«, Europäischer Gerichtshof für Menschenrechte verurteilt Türkei, in: Junge Welt, 9. September 2010, verfügbar unter: http://libertad.de/story/2010/09/ wie-starb-andrea-wolf (16.06.2016).

Brecht, Bertolt (1981): »Fragen eines lesenden Arbeiters«, in: Kalendergeschichten, Reinbek.

Breitwieser, Sabine (Hg.) (2002): Adrian Piper seit 1965. Metakunst und Kunstkritik, Köln.

Broeckmann, Andreas (2011): »50 Wege, die Medienkunst (nicht mehr) zu fördern«, in: BAK; Shedhalle (Hg.) (2011): Connect. Kunst zwischen Medien und Wirklichkeit. Eine Ausstellung mit Medienkunstarbeiten des Sitemapping-Programmes (BAK) 2003–2011, Shedhalle Zürich 14. Juli–11. September 2011, Zürich.

BTC-Echo Bitcoin & Blockchain Pioneers (o. J.): Wie funktioniert Bitcoin Mining?, verfügbar unter: https://www.btc-echo.de/wie-kann-ich-bitcoins-minen/ (Stand 06.12.2016).

Bubner, Rüdiger (1989): Ästhetische Erfahrung, Frankfurt/M.

Bunz, Mercedes (2012): Die stille Revolution. Wie Algorithmen Wissen, Arbeit, Öffentlichkeit und Politik verändern, ohne dabei viel Lärm zu machen, Berlin.

Butin, Hubertus (Hg.) (2006): DuMonts Begriffslexikon zur zeitgenössischen Kunst, Köln.

Butler, Judith (2012): »Gibt es ein gutes Leben im falschen?«, Dankesrede bei der Verleihung des Adorno-Preises in der Frankfurter Paulskirche am 11.11.2012, verfügbar unter: http://www.fr-online.de/kultur/judith-butlers-dankesrede-kann-man-ein-gutes-leben-im-schlechten-fuehren-,1472786,17255122.html (Stand 26.07.2016).

Burg von, Dominique (2014): The Darknet. »From Memes to Onionland. An Exploration«, Kunst Halle St. Gallen, 11.10.2014–11.01.2015, in: Kunstforum International, Bd. 230, Ausstellungen: St. Gallen, S. 286, verfügbar unter: http://www.kunstforum.de /intern/artikel.aspx?a=230530&z=lex &page= (Stand 08.09.2016).

Büsser, Martin (2010): Dopplung und Deutung. Kritische Kommentare zur zeitgenössischen Kunst, Mainz.

Cascone, Kim (2002): The Aesthetics of Failure. ›Post-Digital‹ Tendencies in Contemporary Computer Music, verfügbar unter: http://subsol.c3.hu/subsol_2/contributors3/casconetext .html (Stand 13.05.2016).

Castro Varela, María do Mar; Dhawan, Nikita (2005): Postkoloniale Theorie. Eine kritische Einführung. Bielefeld.

4chan (o. J.): 4chan, verfügbar unter: http://www.4chan.org/ (Stand 25.01.2016).

Chaos Computer Club (o. J.): hackerethics, verfügbar unter: http://www.ccc.de/hackerethics ?language =de (Stand 25.01.2016).

Collins, Nick; Schedel, Margaret; Wilson, Scott (2013): Electronic Music. Cambridge Introduction to Music, Cambridge.

Compton, Michael; Crimp, Douglas u.a. (1989): Marcel Broodthaers, Walker Art Center, Minneapolis; Rizzoli; New York.

Connor, Michael (2013): »What's Postinternet Got to do with Net Art?«, in: Rhizome, 01.11.2013, verfügbar unter: http://rhizome.org/editorial/2013/nov/1/postinternet/ (Stand 25.02.2016)

Cornell, Lauren (2006): »Net results. Closing the gap between art and life online«, in: TimeOut, 09.02.2006, verfügbar unter: https://www.timeout.com/newyork/art/net-results (30.07.2017).

Cramer, Florian (2016): »Nach dem Koitus oder nach dem Tod? Zur Begriffsverwirrung von »postdigital«, »Post-Internet« und »Post-Media«, in: Kunstforum International, Bd. 242, Titel: post-digital 1, verfügbar unter: http://www.kunstforum.de/lesen/artikel.aspx?a=242005 (Stand 12.10.2016).

Crimp, Douglas (2012): »Douglas Crimp on Cindy Sherman's Untitled Film Still #60, 1980«, in: Walker Art Center, Cindy Sherman Ausstellung von November 2012 bis Februar 2013, in: Youtube.com, verfügbar unter: https://www.youtube.com/watch?v=JeeDS WPDQJM (Stand 05.09. 2014).

– (2012): »Our Kind of Movie«. The Films of Andy Warhol, Cambridge.

Critical Art Ensemble (2001): GenTerra, 2001–2003, verfügbar unter: http://www.critical-art.net/Biotech.html (Stand 29.01.2016).

Danto, Arthur C. (1991): Die Verklärung des Gewöhnlichen. Eine Philosophie der Kunst, Frankfurt/M.

Decker, Oliver; Kiess, Johannes; Brähler, Elmar (Hg.) (2016): Die enthemmte Mitte. Autoritäre und rechtsextreme Einstellung in Deutschland, verfügbar unter: https://www.rosalux.de/fileadmin/rls_uploads/pdfs/Studien/Mittestudie_Uni_Leipzig_2016.pdf (Stand 03.11.2016).

Debatty, Régine (2008): »Interview with Marisa Olson«, in: We make Money not Art, 28.03.2008, verfügbar unter: http://we-make-money-not-art.com/how_does_one_become _marisa/ (Stand 30.07.2017).

Deines, Stefan; Liptow, Jasper; Seel, Martin (Hg.) (2013): »Kunst und Erfahrung«. Eine theoretische Landkarte, in: dies. (Hg.) (2013): Kunst und Erfahrung, Beiträge zu einer philosophischen Kontroverse, Berlin.

Deleuze, Gilles; Guattari, Félix (1977): Rhizom, Berlin.

– (1992): Tausend Plateaus. Kapitalismus und Schizophrenie, Berlin.

Demircan, Saim (2013): Simon Denny. All you Need Is Data – The DLD 2012 Conference REDUX, 19. Januar bis 10. März 2013, Ausst.Kat., Köln.

Demirovic, Alex; Becker, Florian; Bader, Pauline (2011): Vielfachkrise. Im finanzmarktdominierten Kapitalismus. In Kooperation mit dem Wissenschaftlichen Beirat von Attac, Hamburg.

Denkfabrikat – Kreatives Netzwerk zur Förderung junger Ideen (o. J.): Die verwaltete Welt (Theodor W. Adorno), Wien, verfügbar unter: http://www.verwalte-te-welt.info/ (Stand 26.01.2016).

Dewey, John (2010): Kunst als Erfahrung, Berlin.

Diedrichsen, Diedrich (2008): Eigenblutdoping. Selbstverwertung, Künstlerromantik, Partizipation, Köln.

– (2008): On (Surplus) Value in Art. Reflections 01, Berlin.

Diserens, Corinne (Hg.) (2003): Gordon Matta-Clark, London.

Dittert, Franziska (2010): Mail Art in der DDR. Eine intermediale Subkultur im Kontext der Avantgarde, Berlin.

DLD (2012): DLD2012. All you need is...data?, Programm, verfügbar unter: http://www.dld-conference.com/DLD12#program-2012-01-22 (Stand 14.09.2016).

– (2012): DLD2012. All you need is...data?, Innenansichten, verfügbar unter: http://www.dld-conference.com/events/social-media-commerce (Stand 14.09.2016).

– (2012): DLD2012. All you need is...data?, Videodokumentation, verfügbar unter: http://www.dld-conference.com/events/privacy (Stand 14.09.2016).

Dram (o. J.): New Music for Electronic and Recorded Media. Woman in Electronic Music – 1977, verfügbar unter: http://www.dramonline.org/albums/new-music-for-electronic-and-recorded-media-women-in-electronic-music-1977-2/notes (15.12.2016).

Düttmann, Alexander Garcia (2015): Was weiss die Kunst? Für eine Ästhetik des Widerstandes, Konstanz.

Dziewior, Yilmaz (2015): Yilmaz Dziewior über Richard Price. »Der Trickster«, in: Monopol, Magazin für Kunst und Leben, Interpol, 2.6.2015, verfügbar unter: http://www .monopol-magazin.de/Yilmaz-Dziewior-ueber-Richard%20Prince (Stand 25.02.2016).

Eco, Umberto (1977): Das offene Kunstwerk, Frankfurt/M.

– (2004): Die Geschichte der Schönheit, München/Wien.

Eugster, David: Interview mit Armen Avanessian, Akzelerationismus, »Entschleunigung ist der falsche Weg«, in: WOZ Die Wochenzeitung, Nr. 14/2015, 02.04.2015, verfügbar unter: https://www.woz.ch/1514/akzelerationismus/entschleunigung-ist-der-falsche-weg (Stand 09.04.2015).

EYE, EYE Prize (2015): German artist Hito Steyerl (Munich, 1966) is the winner of the inaugural EYE Prize, verfügbar unter: https://www.eyefilm.nl/en/about-eye/eye-prize/winner-eye-prize-2015-hito-steyerl (Stand 18.01.2016).

Farocki, Harun (1969/1970): Die Teilung aller Tage, Original: 67 Min, 16mm, s/w,

Mono, BR Deutschland, 1969/1970, Dokumentarfilm, Regie: Hartmut Bitomsky, Harun Farocki, Drehbuch: Hartmut Bitomsky (Konzept), Harun Farocki (Konzept), Kamera: Carlos Bustamante, Darsteller: Peter Schleh, Gerd Volker Bussäus, Ingrid Oppermann, vgl. ders. (o. J.): Harun Farocki. Webseite, Die Teilung aller Tage, Filme, Angaben, verfügbar unter: http://www.harunfarocki.de /de/filme/1970er/1970/die-teilung-aller-tage.html (Stand 18.12.2016).

Feldhaus, Timo (2015): »The Soul of Simon Denny.« A portrait of the artist on his way up, in: Spike Art Quarterly, Summer, verfügbar unter: http://www.spikeart-magazine. com/en/articles/soul-simon-denny (Stand 07.09.2016).

Fischer-Lichte, Erika (1999): Kurze Geschichte des deutschen Theaters, Tübingen; Basel. Fischer-Lichte, Erika; Hasselmann, Kristine; Rautzenberg, Markus (Hg.) (2010): Ausweitung der Kunstzone. Interart-Studies, Neue Perspektiven der Kunstwissenschaften, Bielefeld.

Foucault, Michel (1994): »Die Geburt des Gefängnisses«, in: Überwachen und Strafen, Frankfurt/M.

– (1994): »Panoptismus«, in: Überwachen und Strafen, Frankfurt/M.

Frohne, Ursula; Katti, Christian (2007): »Einführung«. Bruchlinien und Bündnisse zwischen Kunst und Politik, in: Held, Jutta (Hg.) (2008): Kunst und Politik, Jahrbuch der Guernica-Gesellschaft, Schwerpunkt: Politische Kunst heute, Bd. 9/2007, Osnabrück.

Füller, Henning; Glasze, Georg (2014): »Gated communities und andere Formen abgegrenzten Wohnens«, in: APuZ Aus Politik und Zeitgeschichte, Grenzen, 4–5/2014, 13.01.2014, Bundeszentrale für politische Bildung, verfügbar unter: http://www.bpb.de/apuz/176307/gated-communities-und-andere-formen-abgegrenzten-wohnens?p=all (Stand 14.12.2016).

Gadamer, Hans-Georg (1991): »Plato im Dialog«, in: Gesammelte Werke. Griechische Philosophie 3, Bd. 7, Tübingen.

Geimer, Peter (2010): Theorien der Fotografie, Zur Einführung, Hamburg.

Gillen, Eckhart (2004): »Der Künstler als Täter«. Keine Schöpfung ohne Zerstörung, in: NGBK (2004): legal/ illegal (Wenn Kunst Gesetze bricht/ Art beyond Law), Berlin.

Glynn, Earl F. (1999): Image Processing. Tech Note, USAF 1951 and Microcopy Resolution Test Charts and Pixel Profiles, verfügbar unter: http://www.efg2.com/Lab/Image Processing/Test Targets/#USAF1951 (Stand 14.12.2016).

Gockel, Cornelia (2013): »Simon Denny: All you need is Data«, Kunstverein München, 19.01.2013–10.03.2013, in: Kunstforum International, Bd. 220, Ausstellungen: München, verfügbar unter: http://www.kunstforum.de/intern/artikel.aspx?a=220524&z=lex&page= (Stand 31.10.2016).

Goethe-Institut (2015): Symposium, »Politik der Kunst«. Über Möglichkeiten, das Ästhetische Politisch zu denken, 11.–13.06.2015, in: Akademie der Künste, Berlin, verfügbar unter: https://www.goethe.de/de/uun/ver/pdk.html?wt_sc=politik-der-kunst (Stand 05.08.2015).

Goriunova, Olga (2012): Art Platforms and Cultural Production on the Internet, London.

Greene, Rachel (2004): Internet Art (World of Art), London.

Greenberg, Clement (1997): Die Essenz der Moderne. Ausgewählte Essays und Kritiken, Amsterdam/Dresden.

Greenmuseum (o. J.): Critical Art Ensemble, verfügbar unter: http://www.green museum.org/c/en-terchange/artists/cae/ (Stand 01.02.2016).

Groys, Boris (2009): »Comrades of Time«, in: e-flux, Journal #11, 12/2009, verfügbar unter: http://www.e-flux.com/journal/11/61345/comrades-of-time/ (Stand 01.02.2016).

Gruen, Arno (2015): Wider den Gehorsam, Stuttgart.

Hager, Nicky (1996): Secret Power. New Zealand´s Role in the International Spy Network, Nelson.

Han, Byung-Chul (2012): Gastbeitrag. »Im Schwarm. Wir fingern heute nur noch, statt zu handeln«, Souverän ist, wer über die Shitstorms des Netzes verfügt. Das ist das Ende der Politik, in: FAZ.net, 03.10.2012, verfügbar unter: http://www.faz.net/aktuell/politik/staat-und-recht/gastbeitrag-im-schwarm-11912458.html?printPagedArticle=true#pageIndex_2 (Stand 11.08.2015).

Hanhardt, John G. (1982): Nam June Paik, Ausst.Kat. Whitney Museum of American Art New York, New York

Haraway, Donna (1995): »Ein Manifest für Cyborgs«. Feminismus im Streit mit den Techno-wissenschaften, in: dies. (1995): Die Neuerfindung der Natur. Primaten, Cyborgs und Frauen, Frankfurt/M/New York.

Harlan, Volker; Rappman, Rainer; Schata, Peter (1984): Soziale Plastik. Materialien zu Joseph Beuys, Achberg.

Hartjes, Fabian (2016): Hartmut Rosa. »Den Panzer auf der Brust der Studenten«, Seite 2/2: »Man muss kreativ mit den Strukturen umgehen«, in: Zeit Campus Online, Interview: Fabian Hartjes, 23.05.2016, verfügbar unter: http://www.zeit.de/campus/2016-05/hartmut-rosa-soziologe-studium-entschleunigung-resonanz-bologna-reform/seite-2 (Stand 26.05.2016).

Heibach, Christiane (1999): Literatur im Internet. Theorie und Praxis einer kooperativen Ästhetik, Berlin.

Heiser, Jörg (2015): »Post-Internet-Art«. Die Kunst der digitalen Eingeborenen, in: Deutschlandfunk, Reihe NetzKultur! (2/5), 11.01.2015, verfügbar unter: http://www.deutsch landfunk.de/post-internet-art-die-kunst-der-digitalen-eingeborenen.1184.de.html?dram:article_i d=304141 (Stand 10.08.2015).

– (2016): Doppelleben. Kunst und Popmusik, Bd. 219, Hamburg.

Herndon, Holly (2014): »Home«, in: Youtube.com, 16.09.2014, verfügbar unter: https://www.youtu be.com/watch?v=I_3mCDJ_iWc (Stand 04.05.2016).

Hirsch, Joachim (1995): Der nationale Wettbewerbsstaat. Staat, Demokratie und Politik im globalen Kapitalismus, Berlin.

Hoffmann, Anke; Volkart, Yvonne (2011): »Essays: Connect. Kunst zwischen Medien und Wirk-lichkeit«, in: BAK; Shedhalle (Hg.) (2011): Connect. Kunst zwischen Medien und Wirklichkeit. Eine Ausstellung mit Medienkunstarbeiten des Sitemapping-Programmes (BAK) 200 –2011, Shedhalle Zürich 14. Juli–11. September 2011, Zürich.

Holen, Yngve (2013): »ETOPS – Extended Operations«, in: Galerie Neu, 2013, Berlin, verfügbar unter: http://www.galerieneu.net/publication/76/1299 (Stand 03.11.2016).

Holland, Martin (2014): »NSA-Skandal: Klage gegen britischen Geheimdienst GCHQ erhält in Straßburg Priorität«, in: heise online, 24.01.2014, verfügbar unter: https://www.heise.de/ newsticker/meldung/NSA-Skandal-Klage-gegen-britischen-Geheimdienst-GCHQ-erhaelt-in-Strassburg-Prioritaet-2096429.html (Stand 06.01.2017).

Höller, Christian (2013): »Suprapersonal Effects«. The Copy Culture and Incriminated Property, in: Michalka (Hg.) (2013): Simon Denny, Köln.

Holmes, Thomas B.: Electronic and Experimental Music. Pioneers in Technology and Composition, New York, London.

Hradil, Stefan (2001): Soziale Ungleichheit in Deutschland, Wiesbaden.

ICA Institute of Contemporary Arts (2012): Remote Control, verfügbar unter: https://www.ica.org.uk/ whats-on/remote-control (Stand 13.09.2016).

International Communication Union (ITC); United Nations Educational, Scientific and Cultural Organi-sation (UNESCO) (2015): The State of Broadband 2015. Broadband as a Foundation for Sustainable Development, A Report by the Broadband Commission for Digital Development, September 2015, verfügbar unter: http://broadbandcommission .org/Documents/reports/bb-annualreport2015.pdf (Stand 27.09.2016).

Ippolito, Enrico (2015): »Radikal zieht an.« Philosophie-Kongress in Berlin, Akzeleration, »Terror des Daseins«, in: taz.de, 18.01.2015, verfügbar unter: http://www.taz.de/!5023444/ (Stand 16.02.2016).

ITWissen Das große Online-Lexikon für Informationstechnologie (2017): Bit (binary digit). Binäre Einheit, 05.01.2017, verfügbar unter: http://www.itwissen.info/definition/lexikon /binary-digit-Bit-Binaere-Einheit.html (06.08.2016).

Joselit, David (2013): After Art. Point, Essays on Architecture, Princeton.

Kant, Immanuel (1790): »B. Vom Dynamisch-Erhabenen der Natur, § 28. Von der Natur als einer Macht«, in: Kritik der Urteilskraft, 261, verfügbar unter: https://korpora.zim.uni-duisburg-essen.de/kant/aa05/ (17.05.2016).

– (1963): Kritik der Urteilskraft, Stuttgart.

Kay, Jean (2014): »An Interview with Hito Steyerl«, in: aqnb, 16.04.2014, verfügbar unter: http://www.aqnb.com/2014/04/16/an-interview-with-hito-steyerl/ (Stand 16.02.2016).

Knowbotic Research (2010): MacGhillie_Just a Void, 2010 – ongoing, Performance, verschiedene Orte, verfügbar unter http://knowbotiq.net/macghillie/ (Stand 03.11.2016).

Kobler, Seraina (2013): »Zürcher Spionage-Angriff auf Assange«. Zwei hiesige Künstler überrasch-ten den Wikileaks-Gründer mit ihrer »Delivery for Mr. Assange«, in: Tagesanzeiger, 01.11.2013, verfügbar unter: http://www.tages-anzeiger.ch/leben/gesellschaft/Zuercher-SpionageAngriff-auf-Assange/story/13270030?track (Stand 05.11.2013).

Köhler, Benjamin (2013): »Theorie der Anerkennung als kritische Theorie der Gesellschaft? – Ein Interview mit Axel Honneth«, Teil 2, Das Gespräch mit Prof. Dr. Axel Honneth (Institut für Sozialforschung Frankfurt/M) wurde von Nico Bobka und Sina Knoll für das Soziologiemagazin am 21.08.2012 in Frankfurt geführt, 14.02.2013, verfügbar unter: http://soziologieblog.hypo-theses.org/4002 (Stand 12.11.2015).

Kraus, Detlev (2008): »Ungleichheit, soziale«, in: Fuchs-Heinritz, Werner u. a. (2008): Lexikon zur Soziologie, Wiesbaden.

Krempl, Stefan (2014): »Strafanzeige im NSA-Skandal: Zeichen gegen die Ohnmacht«, in: heise online, 03.02.2014, verfügbar unter: https://www.heise.de/newsticker/meldung/Straf anzeige-im-NSA-Skandal-Zeichen-gegen-die-Ohnmacht-2104284.html (Stand 06.01.2017).

Kulturelle Filmförderung Schleswig Holstein e.V. (Hg) (2013): »30. Kasseler Dokumentarfilm- und Video-fest – Die Preisträger«, in: infomedia-sh.org, verfügbar unter: http://www.infomedia-sh.org/index.php?page=nl_1312_dokfest_kassel_preise (Stand 26.07.2016).

Kunak, Göksu (2013): »Interview mit Hito Steyerl«. Zero Probability and the Age of Mass Art Production, in: BerlinArtLink, 19.11.2013, verfügbar unter: http://www.berlinartlink.com /2013/11/19/interview-hito-steyerl-zero-probability-and-the-age-of-mass-art-production/ (Stand 13.10.2016).

Kunstverein München (2013): Simon Denny: All you need is Data, verfügbar unter: http://www.kunst verein-muenchen.de/de/programm/ausstellungen/20161823/2013/simon-denny-all-you-need-is-data (Stand 12.09.2016).

Laclau, Ernesto (1990): New Reflections on the Revolution of Our Time, London/New York.

Larios, Pablo (2012): »Devolutions«, in: Spike Art Quarterly, Winter, verfügbar unter: http ://prod-images.exhibit-e.com/www_petzel_com/2012_Winter_Spike_SD.pdf (Stand 07.09.2016).

Lazzarato, Maurizio (2012): Die Fabrik des verschuldeten Menschen. Ein Essay über das neoliberale Leben, Berlin.

Lee, Dave (2013): »Parcel for Julian Assange is geo-tracked by artists«, in: BBC News, Technology, 17.01.2013, verfügbar unter: http://www.bbc.com/news/technology-21058597 (Stand 09.04.2015).

Lemmey, Huw (2013): »Mission Creep.« K-Hole and Trend Forecasting as Creative Practive, in: Rhizome, 26.03.2013, verfügbar unter: http://rhizome.org/editorial/2013/mar/26/mission-creep/#_ftn4 (Stand 25.02.2016).

Levy, Steven (2010): Hackers. Heroes of the Computer Revolution – 25th Anniversary Edition, Sebas-topol.

Lialina, Olia (1996): My Boyfriend Came Back From the War, Browser, Webseite, Hyperlink, Internet-Art, verfügbar unter: http://www.teleportacia.org/war/ (Stand 10.08.2015).

Lindner, Martin (2009): »Was sind Meme im Web? Eine Definition«, in: microinformation.überleben im digitalen klimawandel, 28.01.2009, Blog, verfügbar unter: https://microinformation.wordpress.com /2009/01/28/was-sind-meme-im-web-eine-definition/ (Stand 03.11.2016).

Loick, Daniel (2015): »General Intellect«. Daniel Loick über »Testo Junkie« von Paul B. Preciado, in: Texte zur Kunst, Medien, Heft Nr. 98, 06/2015, verfügbar unter: https://www.textezurkunst.de/98/gen eral-sex/ (Stand 20.07.2016).

Ludz, Ursula; Nordmann, Ingeborg (Hg.) (2002): Hannah Arendt. Denktagebuch 1950–1973, Bd. 1, München.

Lütticken, Sven (2014): »Hito Steyerl«. Postcinematic Essays after the Future, in: Aikens, Nick (Hg.) (2014): Too Mutch World. The Film of Hito Steyerl, Berlin, S. 45–62.

Malcher, Ingo (2014): »Unter Beobachtung«. Kameraüberwachung in London, in: BrandEins, Ausgabe 03/2014, Schwerpunkt Beobachte, verfügbar unter: https://www.brandeins.de/archiv/2014/ beobachten/unter-beobachtung/ (Stand 06.08.2016).

Mathews, Max; Moore, Richard (1970): »Groove«. A Program to Compose, Store, and Edit Function of Time, in: Communications of the ACM, Volume 13, Issue 12, New York, S. 715–721.

Matthey, Florian (2012): »Skeuomorphismus, Software-Design soll auch Apple-intern zu Streit führen«, in: Giga, 12.09.2012, verfügbar unter: http://www.giga.de/unternehmen/ apple/news/skeuomorphismus-software-design-soll-auch-apple-intern-zu-streit-fuhren/ (Stand 12.01.2017).

Marchart, Oliver (2004): Der Apparat und die Öffentlichkeit. Zur medialen Differenz von Politik und dem Politischen, Zürich.

– (2005): Neu beginnen. Hannah Arendt, die Revolution und die Globalisierung, Wien.

– (2010): Die politische Differenz. Zum Denken des Politischen bei Nancy, Badiou, Laclau und Agamben, Berlin.

Marr, Mirko; Zillien, Nicole (2010): »Digitale Spaltung«, in: Schweiger, Wolfgang; Beck, Klaus (2010): Handbuch Online-Kommunikation, Wiesbaden.

Marx, Karl (1845): »Thesen über Feuerbach«, in: MEW, Bd. 3, Berlin, These 5, verfügbar unter: http://www.mlwerke.de/me/me03/me03_005.htm (Stand 06.06.2016).

Mattes, Eva und Franco (2009–2010): Synthetic Performances, Online Performance, Video Game »Second Life«, verfügbar unter: http://0100101110101101.org/synthetic-performances/ (Stand 26.01.2016).

Matzke, Annemarie (2013): »Wenn du gut bist, fliegst du in den Zuschauerraum…«. Ein Gespräch über künstlerische Energien (Mit Rolf Elberfeld, Erika Fischer-Lichte, Barbara Gronau, Susanne Sachsse, Anne Tismer und Christoph Winkler), in: Barbara Gronau (Hg.) (2013): Szenarien der Energie. Zur Ästhetik und Wissenschaft des Immateriellen, Bielefeld, S. 223–234.

McGarry, Kevin (2013): »Simon Denny«, in: Frieze Magazin, Review, 18.05.2013, verfügbar unter: https://frieze.com/article/simon-denny-0?language=de (Stand 07.09.2016).

!Mediengruppe Bitnik (2015): !Mediengruppe Bitnik, Webseite, verfügbar unter: https://wwwwwww wwwwwwwwwwwwwwww.bitnik.org/about/ (Stand 05.01.2017).

– (2007): Opera Calling. Hacking The Opera – Arias For All!, Zürcher Opernhaus, Performance, Audio-Bugs (Wanzen), 4363 (Haushalte) Telefonanrufe, 09.03.–26.05.2007, Zürich, verfügbar unter: https://wwwwwwwwwwwwwwwwwwwwwww .bitnik.org/o/ (Stand 03.11.2016).

– (2007): Opera Calling, Arien für Alle, »Der Rosenkavalier« by Richard Strauss, Performance, Telephone Call – Sunday, March 25th 2007, 16:28:52, Audio-Bugs, Audiomitschnitte, verfügbar unter: https://vimeo.com/66007470 (Stand 20.12.2016).

– (2008): CCTV – A Trail of Images (2008), The Invisible City – Tools for Surveillance, verfügbar unter: https://wwwwwwwwwwwwwwwwwwwwwww.bitnik.org/c/ (Stand 06.08.2016).

– (2010): »CCTV: Überwachung im geschlossenen Kreislauf«. Die städtische Überwachung als Ort künstlerischer Feldforschung, in: Museum Folkwang (2011): Hacking the City. Interventionen in urbanen und kommunikativen Räumen, Göttingen.

– (2012): »!Mediengruppe Bitnik, @bitnk, Art Group. Zurich. Post Conceptual Art, (Mis)using the Net«, in: Twitter, verfügbar unter: http://twitter.com/bitnk (Stand 26.07.2016).

– (2012): Surveillance Chess, Hijacking CCTV Cameras in London, Werkpräsentation, Webseite, verfügbar unter: https://chess.bitnik.org/about.html (Stand 06.01.2017).

– (2012): Surveillance Chess, Video, 7:00min, verfügbar unter: http://chess.bitnik.org/ (Stand 06.01.2017).

– (2012): Surveillance Chess (2012), Hijcking CCTV Cameras in London, verfügbar unter: https://wwwwwwwwwwwwwwwwwwwwwwww.bitnik.org/s/ (Stand 06.08.2016).

– (2013): Delivery for Mr. Assange, A Live Mail Art Piece, Rrrrrrrrrrrrrrrrrrrrrrrrradical Realtime, Werkpräsentation, Webseite, verfügbar unter: http://wwwwwwwwwwwwwwwwwwwwwwww.bitnik.org/assange/ (Stand 02.11.2016).

– (2013): »Delivery for Mr. Assange«, 16.–17.01.2013, #Tracker, Webseite, verfügbar unter: http://wwwwwwwwwwwwwwwwwwwwwwwwww.bitnik.org/assange/#tracker (Stand 26.07.201).

– (2014): »Delivery for Mr. Assange – !Mediengruppe Bitnik«, 2-Channel Video Installation (Web Version), 19.03.2014, in: Youtube.com, verfügbar unter: https://www.youtube.com/watch?v=zlZTghhCuxg (Stand 02.11.2016).

– (2014): Ein Paket für Herrn Assange. Zürich.

Medienkunstnetz (o. J.): Critical Art Ensemble (CAE), GenTerra, Werke, Bilder, Webseite, verfügbar unter: http://www.medienkunstnetz.de/werke/genterra/bilder/12/ (Stand 01.02.2016).

Medientheorie.com (o. J.): »Cyborg Manifesto«, Haraway, Donna: Ein Manifest für Cyborgs, verfügbar unter: http://www.medientheorie.com/doc/haraway_manifesto.pdf (Stand 25.01.2016).

Menke, Christoph (2013): Die Kraft der Kunst. Berlin.

– (2015): Abendveranstaltung. »Marx und die Kritik des Rechts mit Christoph Menke und André Kistner«, Vortrag, 09.05.2015, in: AG Rechtskritik (2015): 2. Marx-Frühjahrsschule, Marx und Recht, 08.–10.05.2015, Rosa-Luxemburg-Stiftung, Berlin.

Menkman, Rosa (2015): »Beyond Resolution«, in: Vimeo, verfügbar unter: https://vimeo.com/125070 255 (Stand 17.01.2017).

Michalka, Matthias; Mumok Wien (Hg.) (2013): Simon Denny: The Personal Effects of Kim Dotcom, Ausst.Kat., Köln.

Moebius, Stephan; Quadflieg, Dirk (Hg.) (2006): Kultur. Theorien der Gegenwart, Wiesbaden.

Möntmann, Nina (2002): Kunst als sozialer Raum. Andrea Fraser, Martha Rosler, Rirkrit Tiravanija, Renée Green, in: Posthofen, Christian (Hg.) (2002): Kunstwissenschaftliche Bibliothek, Bd. 18, Köln.

Morinis, Leora (2014): »Hito Steyerl's How not to be Seen: A F**king Didactic Educational .MOV File«, in: MoMA.org, 18.06.2014, Collection & Exhibitions, verfügbar unter: https://www.moma.org/explore/inside_out/2014/06/18/hito-steyerls-how-not-to-be-seen-a-fucking-didactic-educational-mov-file (Stand 02.11.2016).

Moser, Walter (o. J.): Zur Funktion von Film-Stills bei der Film-Rekonstruktion, Filmvermittlung und Filmrestaurierung, Aus den Archiven des Filmvermittelnden Films, verfügbar unter: http://www.kunst-der-vermittlung.de/dossiers/filmrestaurierung/walter-moser-film-stills-bei-film-rekonstruktion/ (Stand 05.12.2016).

Mousse Magazins (o. J.): Exhibitions, Katja Novitskova ›Spirit, Curiosity and Opportunity‹ at Kraupa-Tuskany Zeidler, Berlin, verfügbar unter: http://mousse-magazine.it/novitskove-gw2014/ (Stand 05.01.2016).

Muuss, Michael John (o. J.): The Story of the PING Program, Webseite, verfügbar unter: http://ftp.arl.mil/~mike/ping.html (Stand 12.12.2016).

Nancy, Jean-Luc (1993): The Experience of Freedom. Stanford.

– (2004): Singulär plural sein. Berlin.

Nedo, Kito (2016): »Künstlerischer Kampfsport«. 9. Berlin Biennale 2016 – Hito Steyerl, in: art Das Kunstmagazin, 02.06.2016, verfügbar unter: http://www.art-magazin.de/kunst/16079-rtkl-9-berlin-biennale-2016-hito-steyerl-kuenstlerischer-kampfsport (Stand 19.01.2017).

Nielson, Sikora, Jürgen (2012): »Walter Benjamin und die Europäische Moderne«, in: Glanz@Elend Magazin für Literatur und Zeitkritik, verfügbar unter: http://www.glanz undelend.de/Artikel/benja minmoderne.html (Stand 13.11.2012).

Nolte, Paul (2001): »Unsere Klassengesellschaft«. Wie können die Deutschen angemessen über ihr Gemeinwesen sprechen? Ein unzeitgemäßer Vorschlag, in: Die Zeit, 56. Jg., Nr. 2, 04.01.2001.

Novitskova, Katja (o. J.): Katja Novitskova and Timur Si-Quin. Webseite, Installationsansichten, verfügbar unter: http://katjanovi.net/ccsbard.html (Stand 03.11.2016).

O´Carroll, Tanya (2015): »Five reasons to care about mass surveillance«, in: Amnesty International UK/Blogs, Into the ether, 24.02.2015, verfügbar unter: http://www.amnesty.org.uk/blogs/ether/five-reasons-care-about-mass-surveillance-edward-snowden-gchq-nsa-citizenfour (Stand 06.01.2017).

Olsen, Marisa (2009): »Conference Report: Net.Art (Second Epoch)«, in: Rhizome, 09.03.2009, verfügbar unter: http://rhizome.org/editorial/2009/mar/09/conference-report-netart-second-epoch/ (Stand 28.01.2016).

Paras Buildtech (2015): »Paras Irene Exteriors Official – Upcoming & New Residential Projects in Gurgaon«, in: Youtube.com, verfügbar unter: https://www.youtube.com /watch?v=PG0C3OcNQn4 (Stand 08.07.2016).

– (o. J.): Webseite von Paras Irene, verfügbar unter: http://www.parasirene.com/ (Stand 14.12.2016) sowie Paras Irene Residential Apartment in Gurgaon, Überblick der Kaufangebote, verfügbar unter: http://www.parasbuildtech.com/residential-apartment-paras-irene-gurgaon.php (Stand 14.12.2016) und Unternehmensseite von Paras Buildtech, Building Landmarks, verfügbar unter: http://www.parasbuildtech.com/ (Stand 08.07.2016).

Parisi, Luciana (2013): Contagious Architecture. Computation, Aesthetics, and Space, Cambridge/Massachusetts/London.

Patalong, Frank (2014): »Oper am Hörer«. Telefongeschichte, in: Spiegel Online, 21.04.2014, verfügbar unter: http://www.spiegel.de/einestages/theatrophon-rundfunk-per-telefon-a963143.html (Stand 10.10.2016).

Paul, Christiane (2011): Digital Art, Berlin.

Petzel Gallery (o. J.): Exhibitions. Simon Denny, All you need is data: the DLD 2012 Conference REDUX rerun, June 20 – July 26, 2013, 456 W 18th Street, New York, verfügbar unter: http://www. petzel.com/exhibitions/2013-06-20_simon-denny/ (Stand 02.11.2016).

– (2016): Simon Denny, verfügbar unter: http://prod-images.exhibite.com/www_petzel_com/SD_CV_MASTER.pdf (Stand 05.09.2016).

Pfeffer, Susanne (Hg.) (2014): Speculations on Anonymous Materials, Katalog, Kassel.

Pluta, Werner (2011): Aus Protest. »Knapp 19 000 wissenschaftliche Dokumente bei The Pirate Bay«, in: Golem, 21.07.2011, verfügbar unter: http://www.golem.de/1107/85133.html (Stand 05.10.2016).

Pohlen, Annelie (2014): »Simon Denny: New Management«, Portikus, Frankfurt, 12.07.–07.09.2014, in: Kunstforum International, Bd. 229, Ausstellungen: Frankfurt, S. 282, verfügbar unter: http://www.kunstforum.de/intern/artikel.aspx?a=229514&z=lex&page= (Stand 01.02.2016).

Poitras, Laura (2014): CitizenFour, Dokumentarfilm, Edward Snowden, 1h 54min, 06.11.2014. Weitere Informationen über den Film verfügbar unter: https://citizenfourfilm.com/about (06.01.2017).

Preciado, Paul B. (2016): Testo Junkie. Sex, Drogen, Biopolitik in der Ära der Pharmapornographie, Berlin.

Python, Monty (1970): »How Not To Be Seen«, aus: Monty Python´s Flying Circus, 11. Folge, 2. Serie, Kurzfilme, in: Youtube.com, verfügbar unter: https://www.youtube.com/watch?v=ifmRgQX82 O4 (Stand 13.10.2016).

Radical Culture Research Collective (2007): »A very short Critique of Relational Aesthetics«, in: EIPCP, verfügbar unter: http://transform.eipcp.net/correspondence /1196340894 (Stand 02.01.2016).

Rakow, Christian (2012): »Gut gegoogelt.« Ein Volksfeind – Thomas Ostermeier inszeniert Henrik Ibsens Demokratiebefragung, in: Nachtkritik.de, verfügbar unter: https://www.nachtkritik.de/index.php?option=com_content&view=article&id=7215:ein-volksfeind-thomas-ostermeier-inszeniert-henrik-ibsens-demokratiebefragung&catid=34&Itemid=100190 (Stand 13.09.2017).

Ranciére, Jacques (2006): Die Aufteilung des Sinnlichen. Die Politik der Kunst und ihre Paradoxien, Berlin.

Rau, Milo (2016): »Der Weltmarkt des Mitleids«, in: Sonntagszeitung, Fokus, 17.07.2016, verfügbar unter: http://www.sonntagszeitung.ch/read/sz_17_07_2016/fokus/Der-Weltmarkt-des-Mitleids-68829 (Stand 23.07.2016).

Raunig, Gerald (2005): Kunst und Revolution. Künstlerischer Aktivismus im langen 20. Jahrhundert, Wien.

Rebentisch, Juliane (2013): Theorien der Gegenwartskunst. Zur Einführung, Hamburg.

– (2013): »Über eine materialistische Seite von Camp«, Naturgeschichte bei Jack Smith, in: ZfM, 1/2013, S. 165–178.

– (2014): »Lecture & Film: Andy Warhol«, Andy Warhols Geisterwissenschaft: Über »Outer and Inner Space, Vortrag von Juliane Rebentisch, 06.02.2014, in: Deutsches Filmmuseum, Youtube.com, Frankfurt/M., verfügbar unter: https://www.youtube.com/watchv=gTtAw6fcmCI (Stand 06.09.2014).

Reichert, Kolja (2015): »Can One Make Works of Art which are »not of Art«, in: Spike Art Quarterly, Spring, verfügbar unter: http://prodimages.exhibite.com/www _petzel_com/2015_4_Spike_SD_compressed.pdf (Stand 06.09.2016).

Rimini Protokoll (o. J.): Hausbesuch Europa, Webseite, verfügbar unter: http://www.rimini-proto koll.de/website/de/project_6692.html (Stand 01.02.2016).

Rozendaal, Rafael (o. J.): »Post internet art«, verfügbar unter: http://www.newrafael .com/post-internet-art/ (25.02.2016).

Rulff, Dieter (2007): »Vom Rechtsstaat zur Sicherheitsgesellschaft«, in: Vorgänge 178, Zeitschrift für Bürgerrechte und Gesellschaftspolitik, 46. Jahrgang, Heft 2, 06/2007, Berlin, verfügbar unter: http://hpd.de/node/2494 (Stand 24.01.2016).

Ruffo, Nico (2014): »Die 20 Quadratmeter des Julian Assange«, in: SRF Radio, Kultur, 17.02.2014, verfügbar unter: http://www.srf.ch/kultur/kunst/die-20-quadratmeter-des-julian-assange (Stand 06.08.2016).

Scott, Raymond (1950–1960): »Backwards Overload«, Musik, Sound, aus: Manhattan Research Inc., 2000, in: Shazam.com, verfügbar unter: https://www.shazam.com/de/track/73999694 /backwards-overload (Stand 14.12.2016).

– (1962): »Lullaby«, aus: Soothing Sounds For Baby, Vol. 1, Track 1, in: Youtube.com, verfügbar unter: https://www.youtube.com/watch?v=k66nGplNRmQ (Stand 15.12.2016).

– (1963): »Sleepy Time«, aus: Soothing Sounds For Baby, Vol. 1 (0–6 Months), in: Soundcloud.com, verfügbar unter: https://soundcloud.com/basta-music/sleepy-time (Stand 27.04.2016).

Schalk, Helge (1999): Umberto Eco und das Problem der Interpretation. Ästhetik, Semiotik, Textpragmatik, Würzburg.

Schnabel, Ulrich (2014): Hartmut Rosa. »Hier kann ich ganz sein, wie ich bin: Warum wir am glücklichsten sind, wenn wir mit anderen mitschwingen können«, Interview: Ulrich Schnabel, in: Die Zeit, Nr. 34/2014, 14.08.2014, verfügbar unter: http://www.zeit.de/2014/34/hartmut-rosa-ich-gefuehl (26.05.2016).

Schröter, Lorenz (2015): »Der Klang der Wahrheit. Die politische Künstlerin Hito Steyerl in Venedig«, in: »Feature, Kulturradio RBB«, 07.02.2016, 53:29 min, nicht mehr online verfügbar (Stand 24.01.2017).

Secondlife (o. J.): Secondlife. Your World. Your Imagination, verfügbar unter: http://secondlife.com/ (Stand 28.01.2016).

Serra, Richard; Schoolman, Carlota Fay (1973): »Television delivers People«, Video, Sound, 6:55 min, in: Youtube.com, verfügbar unter: https://www.youtube.com/watch?v=LvZY waQlJsg (Stand 13.09.2016).

Shapiro, Peter (2005): Turn the Beat Around. The Secret History of Disco, London.

Shulgin, Alexei (1997): »I feel it's time now to give a light on the origin of the term – ›net.art‹«, in: Nettime, Nettime mailing list archives, 17.03.1997, verfügbar unter: http://www.nettime.org/Lists-Archives/nettime-l-9703/msg00094.html (Stand 10.08.2015).

Sievers, Uwe (2014): »Kommunikationstechnik«. Die Schweizer Mediengruppe Bitnik setzt auf Technik für unkonventionelle Kunstprojekte, in: ND, 23.04.2014, verfügbar unter: https://www.neues-deutschland.de/artikel/930795.kommunikationstechnik.html (Stand 05.08.2016).

Smith, Terry; Mathur, Saloni (2012): »Contemporary Art«. World Currents In Transition Beyond Globalization, in: contemporaneity, #4, 17.10.2012 Department of the History of Art and Architecture, University of Pittsburgh.

Spiegel, Laurie (1974–1976): »Old Wave«, Musik, Sound, 6:40 min, aus: LP, The Expanding Universe, in: Youtube.com, verfügbar unter: https://www.youtube.com/watch?v=OhpjHB4076g (Stand 27.04.2016).

– (1980): »East River Dawn«, Musik, Sound, 14:16 min, aus: LP, The expanding Universe, in: Youtube.com, verfügbar unter: https://www.youtube.com/watch?v=zlqS5_bh4nM (28.05.2016).

Spiegel Online (2015): Bundeskriminalamt. »Anschläge auf Asylunterkünfte haben sich 2015 vervierfacht«, in: Spiegel Online, 09.12.2015, verfügbar unter: http://www.spiegel.de/politik/deutschland/bundeskriminalamt-anschlaege-auf-asylunterkuenfte-haben-sich-2015-vervierfacht-a-1066932.html (Stand 03.11.2016).

Spivak, Gayatri Chakravorty (2007): Can the Subaltern Speak? Postkolonialität und subalterne Artikulation, Wien.

Stakemeier, Kerstin (2014): »Kapitalaffekt«. Zur Beziehung von immaterieller Arbeit und kongnitiven Kapital, in: Springerin Hefte für Gegenwartskunst, 4/2014, Wien.

Stallman, Richard (o. J.): »Warum Open Source das Ziel Freie Software verfehlt«, in: GNU Betriebssystem, verfügbar unter: http://www.gnu.org/philosophy/open-source-misses-the-point (Stand 19.12.2016).

Stange, Raimar (2014): Interview: Zentrum für politische Schönheit. »Wir wollen nicht sterben!«, 17.11.2014, in: Art Das Kunstmagazin, verfügbar unter: http://www.art-magazin.de/szene/8317-rtkl-interview-zentrum-fuer-politische-schoenheit-wir-wollen-noch-nicht-sterben (Stand 16.12.2016).

Steyerl, Hito (2003): Spricht die Subalterne deutsch? Postkoloniale Kritik und Migration, Münster.

– (2004): November, AT/DE, 25 Min, verfügbar unter: https://vimeo.com/88484604 (Stand 13.06.2016).

– (2007): Lovely Andrea, J/D, DVD 30 Min, verfügbar unter: http://www.ubu.com /film/steyerl_andrea.html (Stand 20.06.2016).

– (2007): »Die Gegenwart der Subalternen« (Einleitung), in: Spivak, Gayatri Chakravorty (2007): Can the Subaltern Speak? Postkolonialität und subalterne Artikulation, Aus dem Englischen von Alexander Joskowicz und Stefan Nowotny, Mit einer Einleitung von Hito Steyerl, in: Buden, Boris; Kastner, Jens; Marchart, Oliver; Nowotny, Stefan; Raunig, Gerald; Steyerl, Hito; Vavra, Ingo (Hg.): Texte zur Theorie der politischen Praxis, Bd. 6, Wien.

– (2008): Die Farbe der Wahrheit. Dokumentarismen im Kunstfeld. Wien.

– (2009): »In Defense of the Poor Image«, in: e-flux, Journal, New York, verfügbar unter: http://www.e-flux.com/journal/in-defense-of-the-poor-image/ (Stand 16.02.2016).

– (2013): Is the Museum a Battlefield?, Video lecture, two channel HD video, 16:9, color, sound, 39:53 min, verfügbar unter: https://vimeo.com/76011774 (Stand 20.06.2016).

– (2013): »I Dreamed a Dream: Politics in the Age of Mass Art Production«, Lecture-Performance, in: Former West Research Congresses, Documents, Constellations, Prospects, 18.03.–24.03.1013, verfügbar unter: https://vimeo.com/64 703899 (Stand 21.06.2016).

– (2013): »Too Much World. Is the Internet Dead?«, in: e-flux, Journal #49, 11/2013, verfügbar unter: http://www.e-flux.com/journal/too-much-world-is-the-internet-dead/ (Stand 14.07.2016).

Teasdale, Paul (2013): »Tendenz: 3D-Printing«. Verschiedene Orte, in: Frieze Magazin, Ausgabe 10, Juni–August 2013, 31.05.2013, Berlin/London/New York, verfügbar unter: http://frieze-magazin.de /archiv/kritik/tendenz-3d-printing/ (Stand 05.01.2016).

Tedford, Matthew Harrison (2010): 2.7 / Review, »ASCII History of Moving Images«, in: Art Practical, 08.12.2010, verfügbar unter: http://www.artpractical.com/review /ascii_history/ (Stand 13.01.2017).

Teran, Michelle (2010): »Random Encounters«, in: Hacking the City Essen, 16.07.2010–25.09.2010, verfügbar unter: http://www.ubermatic.org/?p=1601 (Stand 03.11.2016).

Thalmair, Franz (2013): »Simon Denny: The Personal Effects of Kim Dotcom«, Mumok, Wien, 05.07.–13.10.2013, in: Kunstforum International, Bd. 223, Ausstellungen: Wien, S. 342, verfügbar unter: http://www.kunstforum.de/intern/artikel.aspx?a=223824 &z=lex&page= (Stand 28.09.2016).

– (2016): »Postdigital 2«, Erscheinungsformen und Ausbreitung eines Phänomens, in: Kunstforum International, Bd. 243, Titel: Postdigital 2, 40, verfügbar unter: http://www.kunstforum.de/intern/artikel.aspx?a=243004&z=lex&page= (Stand 14.11.2016).

The Center for Land use Interpretation (2013): »Photo Calibration Targets«. Terrestrial Test Patterns used for Aerial Imaging, in: Lay of the Land Newsletter, Winter 2013, verfügbar unter: http://www.clui.org/ newsletter/winter-2013/photo-calibration-targets (Stand 14.12.2016).

The Editors of Encyclopaedia Britannica (2009): »Dziga Vertov«. Soviet Director, in: Encyclopaedia Britannica, School and Library Subscribers, 15.09.2009, verfügbar unter: https://www.britannica .com/biography/Dziga-Vertov#ref187617 (Stand 15.07.2016).

The Free Art and Technology (F.A.T.) Lab (o. J.): fffff.at, verfügbar unter: http://fffff.at/ (Stand 19.12.2016).

The Jargon File (o. J.): »hacker ethic«, in: The Jargon File (version 4.4.7), Glossary, verfügbar unter: http://catb.org/~esr/jargon/html/H/hacker-ethic.html (Stand 25.01.2016)

The Three Degrees (1974): »When will I see you again, Soul«, Disco, Musik, Videoclip, in: Youtube.com, verfügbar unter: https://www.youtube.com/watch?v=HUSYj5zq144 (Stand 15.12.2016).

Tribelhorn, Marc (2010): »Als in Zürich die Jugend rebellierte«. 20 Jahre nach dem Opernhauskrawall: Zwei neue Dokumentationen zu den achtziger Unruhen und ihren Folgen, in: Neue Zürcher Zeitung, 29.05.2010, verfügbar unter: http://www.nzz.ch/als-in-zuerich-die-jugend-rebellierte-1.5823074 (Stand 10.10.2016).

Trecartin, Ryan (2016): »Mark Trade«, Video, Sound, 1:13:30 min, in: Vimeo.com, 20.01.2017, verfügbar unter: https://vimeo.com/200299829 (Stand 02.08.2017).

Tschechne, Martin (2016): »Desinformation«. Angst essen Gehirn auf. Politisches Feuilleton, 22.07.2016, in: Deutschlandradio Kultur, verfügbar unter: http://www.deutschlandradiokultur. de/desinformation-angst-essen-gehirn-auf.1005.de.html?dram%3Aarticle_id=360787 (Stand 23.07.2016).

Turner, Luke (2015): »Metamodernism«. A Brief Introduction, in: Notes on Metamodernism, In the Press, Theory, 12.01.2015, http://www.metamodernism.com /2015/01/12/metamodernism-a-brief-introduction/ (Stand 19.12.2016).

Ubermorgen.com (2000): [V]ote-auction – Bringing democracy and capitalism closer together, Webseite, 2000–2006, verfügbar unter: http://www.vote-auction.net/ (Stand 04.01.2016).

Valodim (2014): »Was ist ein Hackerspace?«, in: Stratum 0, Hackerspace Braunschweig, verfügbar unter: https://stratum0.org/blog/posts/2014/01/02/was-ist-ein-hackerspace/ (Stand 25.01.2016).

Vertov, Dziga: »Kinopravda and Radiopravda«, in: Michelson, Annette (1995): Kino-Eye. The Writings of Dziga Vertov, Berkeley.

Vogel, Sabine B. (2015): Neuseeland, »Simon Denny: Secret Power«, Kommissar: Heather Galbraith. Kurator: Robert Leonard, Ort: Biblioteca Nazionale Marciana, Marco Polo Airport, in: Kunstforum International, Bd. 233, 56. Biennale Venedig – All the World´s Furtures: Länderbeiträge Stadtgebiet, 564, verfügbar unter: http://www.kunstforum.de/intern /artikel.aspx?z=iv&a=233253&li=i (Stand 28.09.2016).

Vierkant, Artie (2010): The Image Object Post-Internet, verfügbar unter: http://jstchillin.org /artie/pdf/The_Image_Object_Post-Internet_us.pdf (Stand 14.11.2016).

Voss, Christiane (2013): Der Leihkörper. Erkenntnis und Ästhetik der Illusion, München.

Wachter & Jud (2008–): New Nations, Installation und Webseite, verfügbar unter: http://www.new-nations.net/ (19.12.2016).

Wallace, Ian (2014): »What Is Post-Internet Art?«. Understanding the Revolutionary New Art Movement, in: Artspace, Trend Report, 18.03.2014, verfügbar unter: http://bit.ly/1MvuxM0 (25.02.2016).

Welsch, Wolfgang (1993): »Adornos Ästhetik«. Eine implizite Ästhetik des Erhabenen, in: ders. (1993): Ästhetisches Denken, Stuttgart.

Weiss, Peter (1971): »10 Arbeitspunkte eines Autors in der geteilten Welt«, in: ders. (1971): Rapporte 2, Frankfurt/M.

– (1981): Notizbücher 1971–1980. Bd. 1, Frankfurt/M.

– (1998): Ästhetik des Widerstands, Frankfurt/M.

Welty, Ute (2016): »Sich genügend Zeit lassen«, Hartmut Rosa im Gespräch mit Ute Welty, in: Deutschlandradiokultur, 02.01.2016, verfügbar unter: http://www.deutschlandradiokultur .de/soziologe-hartmut-rosa-sich-genuegend-zeit-lassen.1008.de.html?dram:article_id=34130 9 (Stand 02.01.2016).

Wick, Rainer K. (1973): »Theorie des Happenings Teil 1«, in: Kunstforum International, Bd 8.

WikiLeaks (o. J.): Gitmo Files, WikiLeaks Reveals Secret Files on All Guantánamo Prisoners, verfügbar unter: https://wikileaks.ch/gitmo/ (Stand 10.10.2016).

– (o. J.): NSA Untersuchungsausschuss, verfügbar unter: https://wikileaks.org/bndnsa/press/index.de.html (Stand 10.10.2016).

– (2008): Church of Scientology collected Operating Thetan documents, 24.03.2008, verfügbar unter: http://bit.ly/1KAbRgW (Stand 10.10.2016).

Winker, Gabriele (2015): Care Revolution. Schritte in eine solidarische Gesellschaft, Bielefeld.

Wirth, Günter (2008): »Die Ästhetik des Widerstands«. Beobachtungen bei der »postsozialistischen« Lektüre, in: UTOPIE kreativ, Heft 208, 02/2008, S. 101–11, verfügbar unter: https://www.rosalux .de/fileadmin/rls_uploads/pdfs/208Wirth.pdf (Stand 27.05.2016).

Wulff, Hans Jürgen (2011): »Wissensklufthypothese«. engl.: Knowledge-Gap Hypothesis, in: Lexikon der Filmbegriffe der Christian-Albrechts-Universität Kiel, verfügbar unter: http ://filmlexikon.uni-kiel.de/index.php?action=lexikon&tag=det&id=2683 (Stand 26.09.2016).

Yildiz, Misal Adnan (2014): »The Calibration Scale«. An interview with Hito Steyerl, in: Revue Magazin for the Next Society, Artist Feature – Interview, Heft 16 (Herbst 2014), verfügbar unter: http://www.gesichter-der-nachhaltigkeit.de/sites/default/files/pdf/revue_ hildebrandt.pdf (Stand 10.02.2016).

Zelik, Raul (2013): »Die Fabrik des verschuldeten Menschen« v. M. Lazzarato, in: WOZ Wochenzeitung, 10.01.2013, verfügbar unter: http://www.raulzelik.net/kritik-literatur-alltag-theorie/410-die-fabrik-des-verschuldeten-menschen-rezension-woz-10-januar-2013 (Stand 24.10.2015).

Zentrum für politische Schönheit (o. J.): Selbstbeschreibung, Webseite, verfügbar unter: http://www.politicalbeauty.de/Zentrum.html (Stand 09.11.2016).

Zillien, Nicole (2015): »Ungleichheit der Internetnutzung – Auswirkung der digitalen Kluft auf die Gesellschaft«, 12.02.2015, aus: Colloquium Fundamentale am ZAK | Zentrum für Angewandte Kulturwissenschaft (2015): Digitale Revolution = Digital Citizen?, in: Youtube.com, verfügbar unter: https://www.youtube.com/watch?v=-G2cU5Y8mek&feature=youtu.be (Stand 26.09.2016).

Zimmermann, Friederike (2007): Mensch und Kunstfigur. Oskar Schlemmers intermediale Programmatik, Freiburg.

Zitko, Hans (2012): Kunstwelt. Mediale und systemische Konstellationen. Bd. 191, Hamburg.

Abkürzungen

Abb.	Abbildung
Ausst.Kat.	Ausstellungskatalog
Bd.	Band
bspw.	Beispielsweise
dies .	dieselben
ders.	derselbe
d. h.	das heißt
Ebd.	Ebenda
f.	folgende Seite
ff.	folgende Seiten
Hg.	Herausgeber_in
min	Zeichen; Minute
Min	Minute
o. J.	ohne Jahresangabe
resp.	respektive
S.	Seite
sek.	Sekunde
Taf.	Tafel
vgl.	vergleiche
z. B.	zum Beispiel
zit. n.	zitiert nach

Bildnachweis

Abb. 1: !Mediengruppe Bitnik (2013): »Ultraschallaufnahme« des Paketes adressiert an Julian Assange, Copyleft !Mediengruppe Bitnik, all rights reserved.

Abb. 2 bis 18: Screenshots »Delivery for Mr. Assange«, !Mediengruppe Bitnik, 2014, Copyleft !Mediengruppe Bitnik, all rights reserved.

Abb. 19 bis 57: Steyerl, Hito (2013): Screenshot 1–39, Resolution Target, Video still: How Not to be Seen: A Fucking Didactic Educational .Mov File, HD Video, 15:52 min, Copyright Hito Steyerl.

Abb. 58: Installationsansicht, Simon Denny, All you Need Is Data – The DLD Conference REDUX, 2013, Fotografie Ulrich Gebert, Copyright Simon Denny, Kunstverein München.

Abb. 59: Installationsansicht Detail »Registration«, Simon Denny, All you Need Is Data – The DLD Conference REDUX, 2013, Fotografie Ulrich Gebert, Copyright Simon Denny, Kunstverein München, aus: Demircan, Saim (2013): Simon Denny. All you Need Is Data – The DLD 2012 Conference REDUX, 19. Januar bis 10. März 2013, Ausst.Kat., Köln, S. 66.2.

Abb. 60: Installationsansicht Detail »Family Strings«, Simon Denny, All you Need Is Data – The DLD Conference REDUX rerun, 2013, Copyright Simon Denny, Petzel Gallery, New York.

Abb. 61: Installationsansicht Detail »The Digital Consumer«, Simon Denny, All you Need Is Data – The DLD Conference REDUX, 2013, Fotografie Ulrich Gebert, Kunstverein München, aus: Gockel, Cornelia (2013): »Simon Denny: All you need is Data«, Kunstverein München, 19.01.2013–10.03.2013, in: Kunstforum International, Bd. 220, Ausstellungen: München, S. 325.

Abb. 62: Installationsansicht Detail »Privacy II«, Simon Denny, All you Need Is Data – The DLD Conference REDUX, 2013, Fotografie Ulrich Gebert, Copyright Simon Denny, Kunstverein München, aus: Demircan (2013), S. 8.4.

Abb. 63: Installationsansicht Detail »Digital Policies«, Simon Denny, All you Need Is Data – The DLD Conference REDUX, 2013, Fotografie Ulrich Gebert, Copyright Simon Denny, Kunstverein München, aus: Demircan (2013), S. 66.8.

Abb. 64: Installationsansicht Detail »Conversation« (farbige Gestaltung), Simon Denny All you Need Is Data – The DLD Conference REDUX rerun, 2013, Copyright Simon Denny, Petzel Gallery, New York.

Abb. 65: Installationsansicht Detail Leinwandrücken, Simon Denny All you Need Is Data – The DLD Conference REDUX, 2013, Fotografie Ulrich Gebert, Kunstverein München.

Abb. 66: Installationsansicht Detail »Mauer«, Simon Denny, All you Need Is Data – The DLD Conference REDUX rerun, 2013, Copyright Simon Denny, Petzel Gallery, New York.

Abb. 67: Installationsansicht Detail »regelgeleitete Wegführung«, Simon Denny, All you Need Is Data – The DLD Conference REDUX rerun, 2013, Copyright Simon Denny, Petzel Gallery, New York.

Abb. 68: Installationsansicht Detail »Entrepreneurial Capital«, Simon Denny, All you Need Is Data – The DLD Conference REDUX, 2013, Fotografie Ulrich Gebert, Copyright Simon Denny, Kunstverein München, aus: Demircan (2013), S. 66.7.

DANK

Mein herzlicher Dank geht an

Prof. Dr. Marie-Luise Lange, Hans-Böckler-Stiftung, Graduiertenakademie der TU Dresden, Kölner Kunst/Kunstpädagogik-Promotionskolloquium, Dresdner Kunstpädagogik-Kolloquium, Prof. Dr. Torsten Meyer; Prof. Dr. Manfred Blohm, Sandra Bauske, Dr. Mandy Schulze, Dr. David Löw-Beer, Dr. Heiko Gerlach, Stefan Meißner, Dr. Lisa Vollmer, Verena Letsch, Dr. Nils Christian Kumkar, Dr. Falk Eckert; Anja Thiele, Ulrike Stansch, Marit Baarck (PWH), MB; Claudia Jerzak, !Mediengruppe Bitnik; Simon Denny; Charlotte Winkler.

ABBILDUNGEN

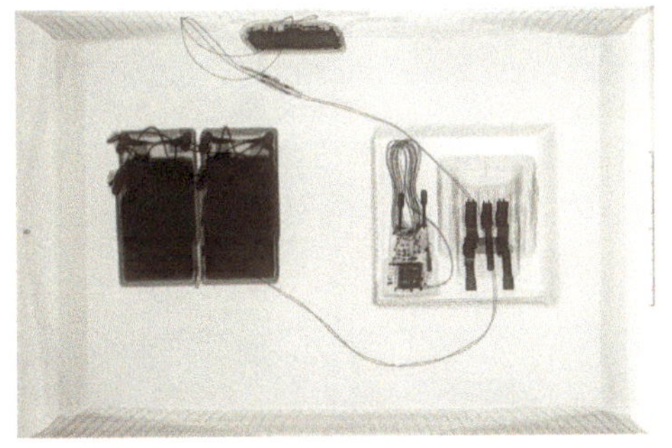

LIVE 16.01.2013 12:40

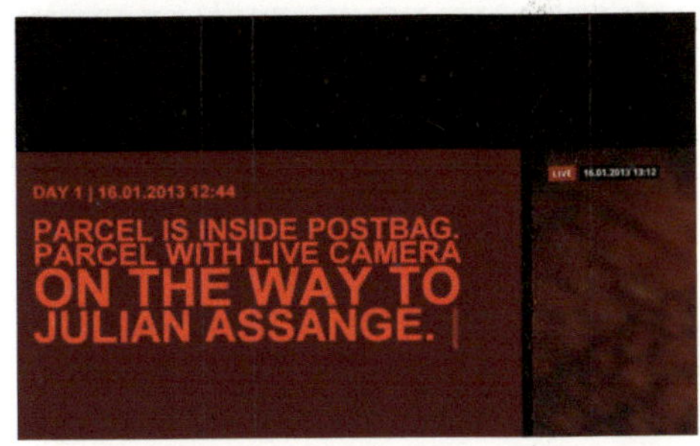
DAY 1 | 16.01.2013 12:44
PARCEL IS INSIDE POSTBAG.
PARCEL WITH LIVE CAMERA
ON THE WAY TO
JULIAN ASSANGE. |
LIVE 16.01.2013 13:12

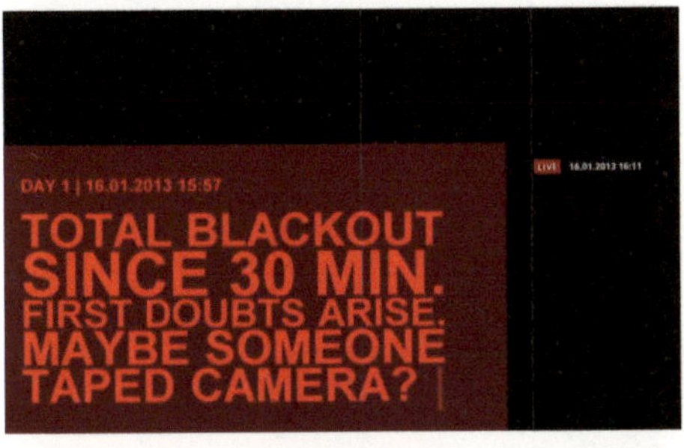
DAY 1 | 16.01.2013 15:57
TOTAL BLACKOUT
SINCE 30 MIN.
FIRST DOUBTS ARISE.
MAYBE SOMEONE
TAPED CAMERA? |
LIVE 16.01.2013 16:11

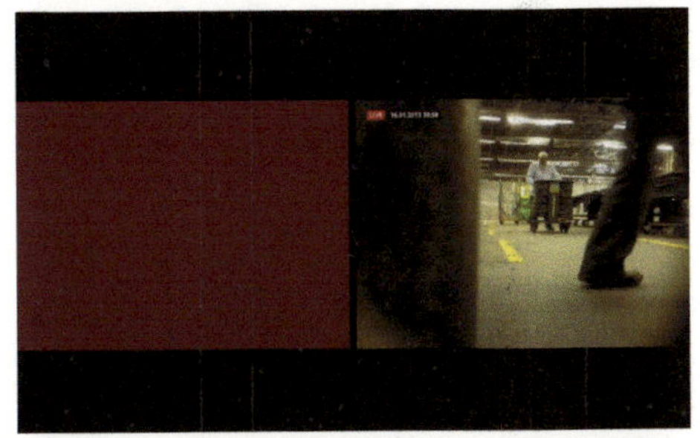

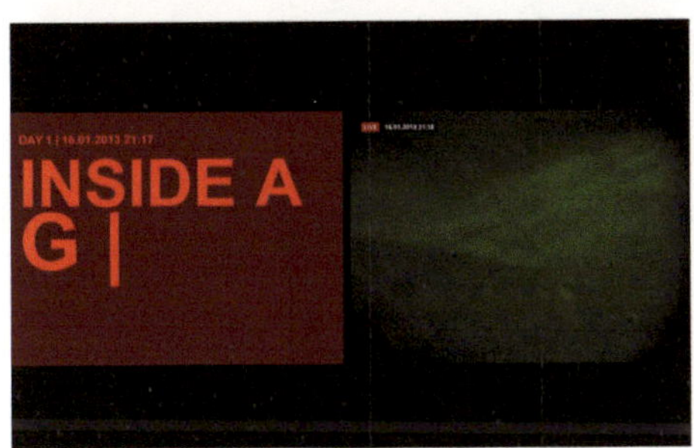
INSIDE A
G |

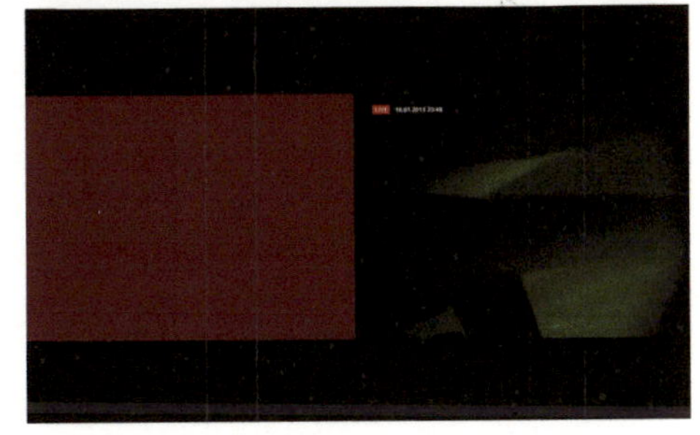

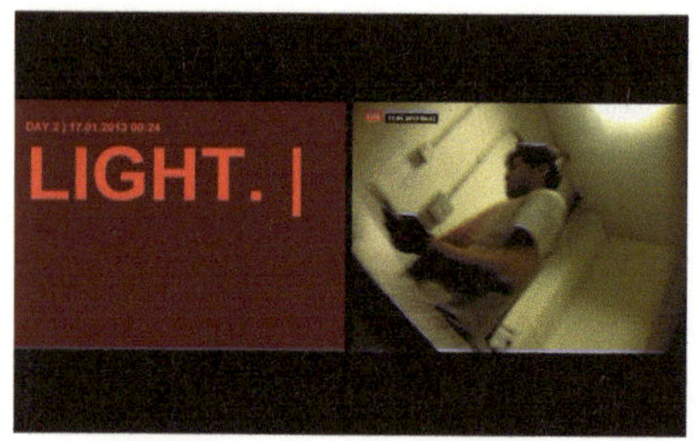
DAY 2 | 17.01.2013 00:24
LIGHT. |

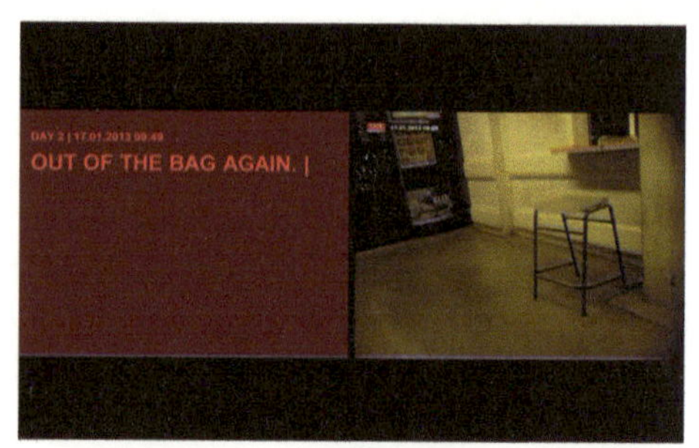
OUT OF THE BAG AGAIN. |

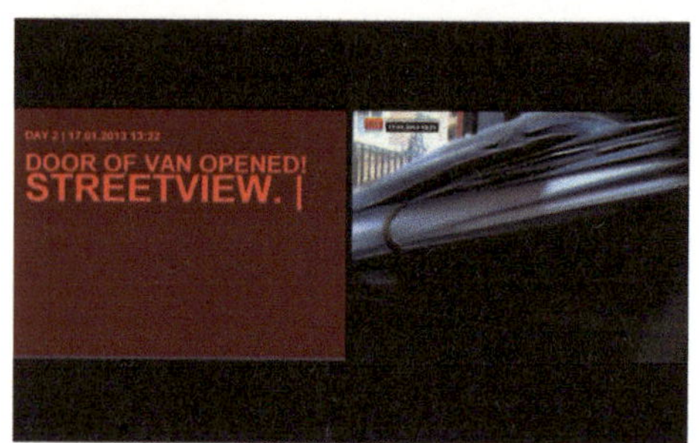
DOOR OF VAN OPENED!
STREETVIEW. |

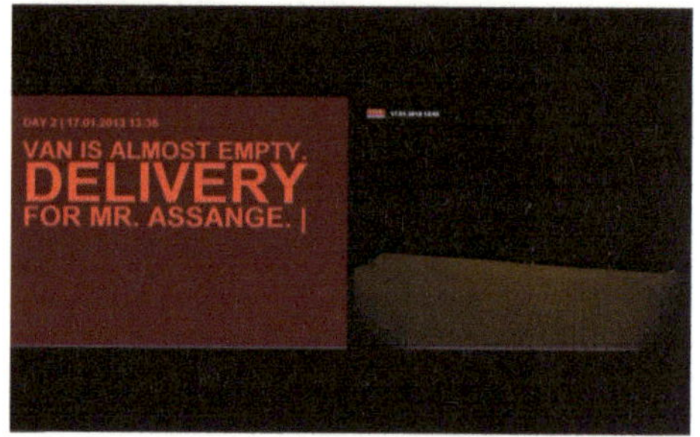
VAN IS ALMOST EMPTY.
DELIVERY
FOR MR. ASSANGE. |

DAY 2 | 17.01.2013 17:19
@WIKILEAKS:
CAMERA IS RUNNING FOR 30 HOURS.
BATTERY LASTS 36 HOURS MAX.
BATTERY LEVEL MIGHT
GET CRITICAL SOON. |

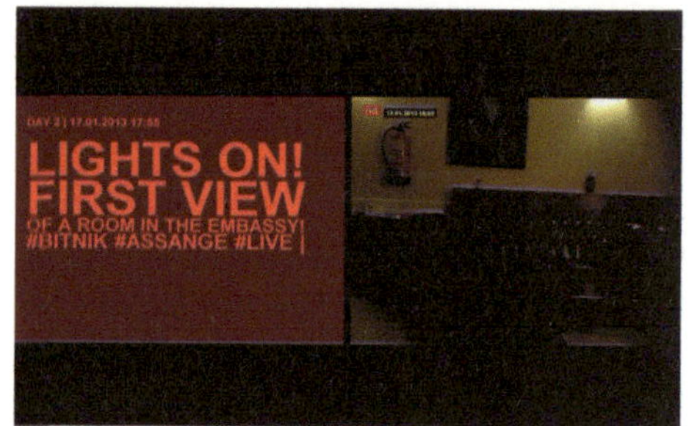
LIGHTS ON!
FIRST VIEW
OF A ROOM IN THE EMBASSY!
#BITNIK #ASSANGE #LIVE |

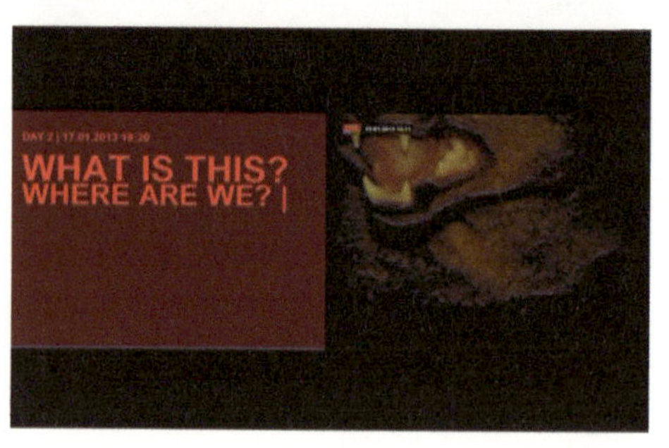
WHAT IS THIS?
WHERE ARE WE? |

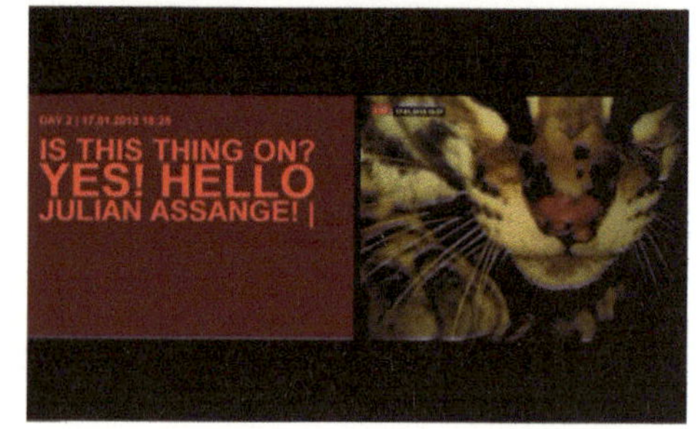
IS THIS THING ON?
YES! HELLO
JULIAN ASSANGE! |

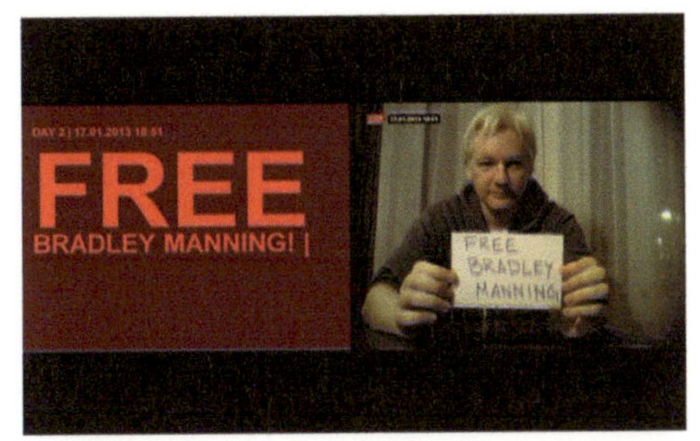
FREE
BRADLEY MANNING! |
FREE
BRADLEY
MANNING

BACK TO BLACK.
#ASSANGE #BITNIK #LIVE |

BACK TO BLACK.
#ASSANGE #BITNIK #LIVE |

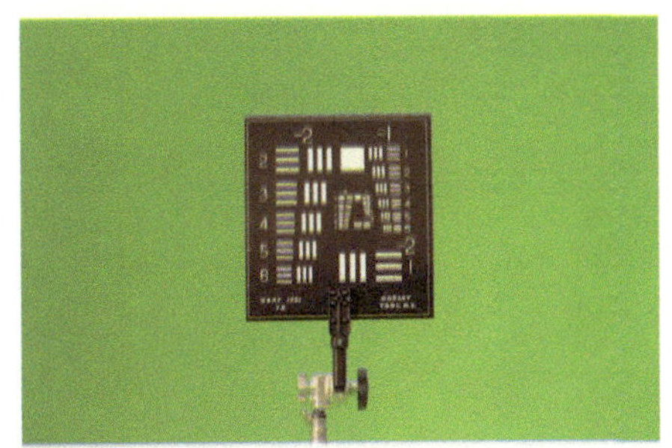

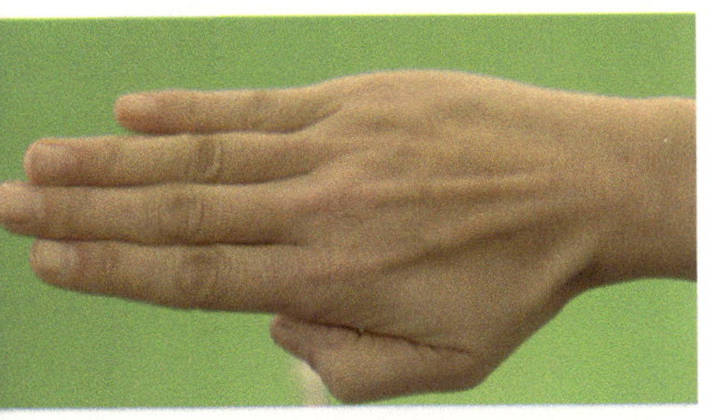

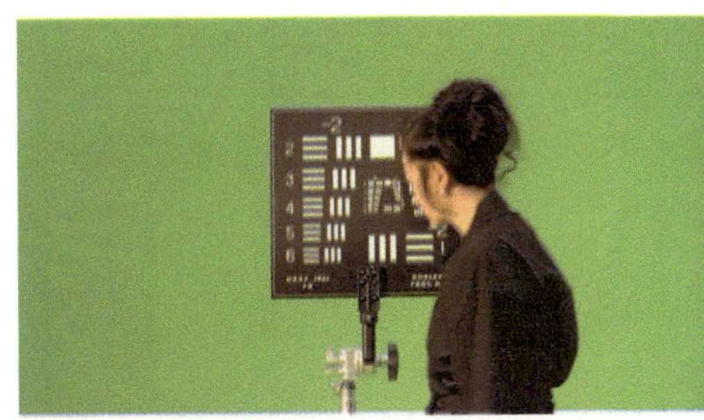

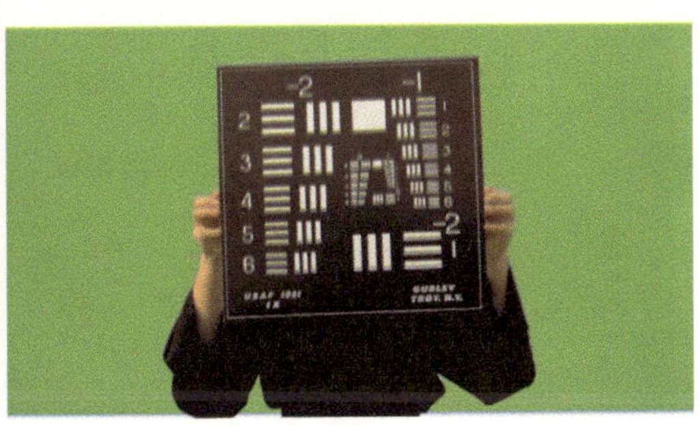

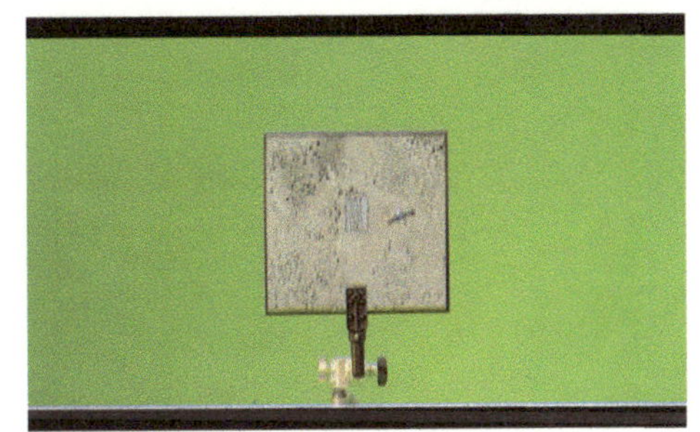

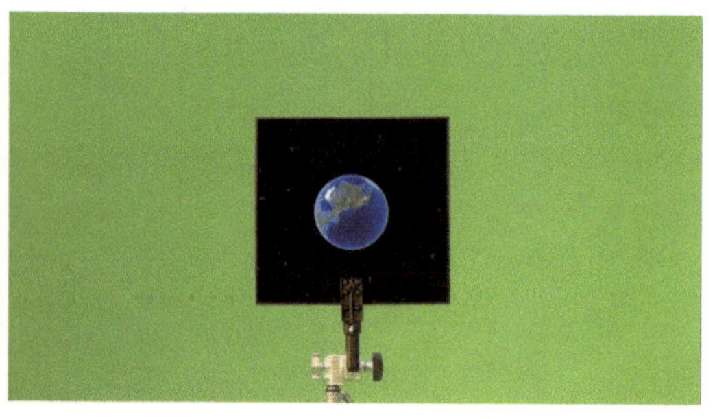

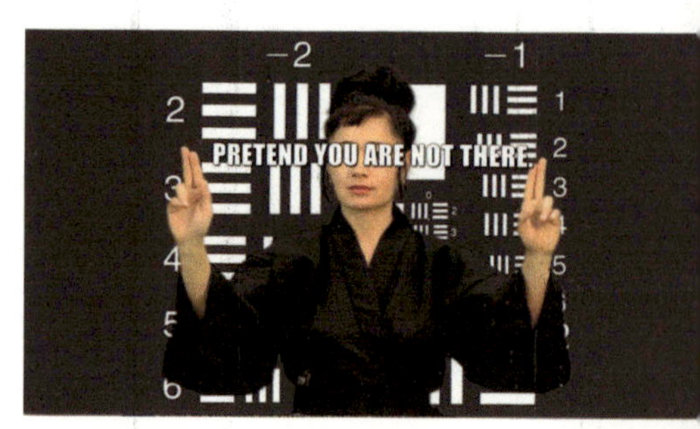
PRETEND YOU ARE NOT THERE.

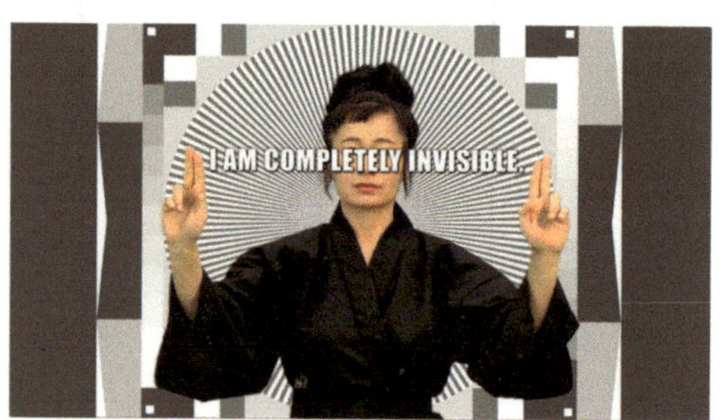
I AM COMPLETELY INVISIBLE.

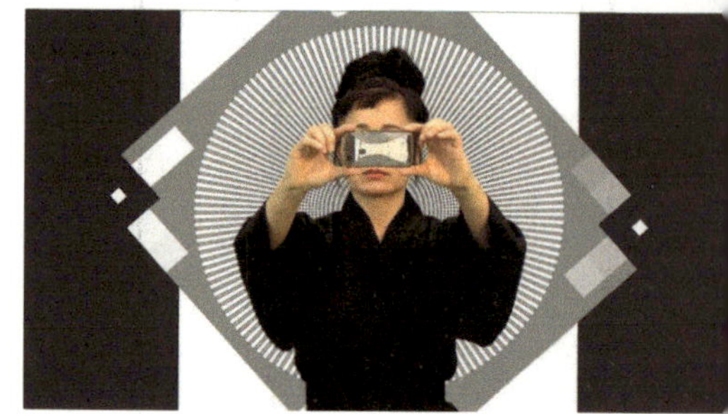

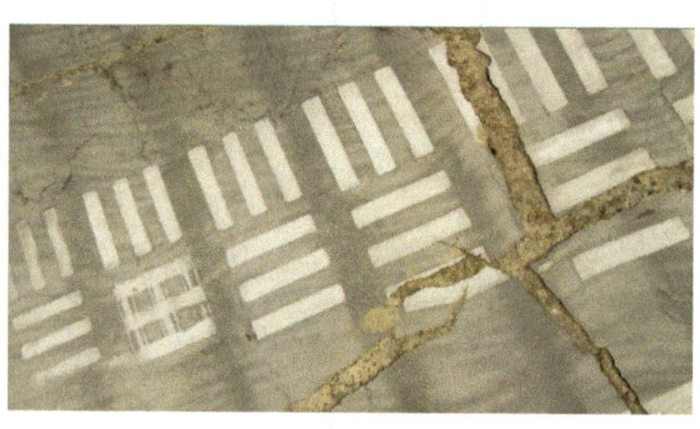

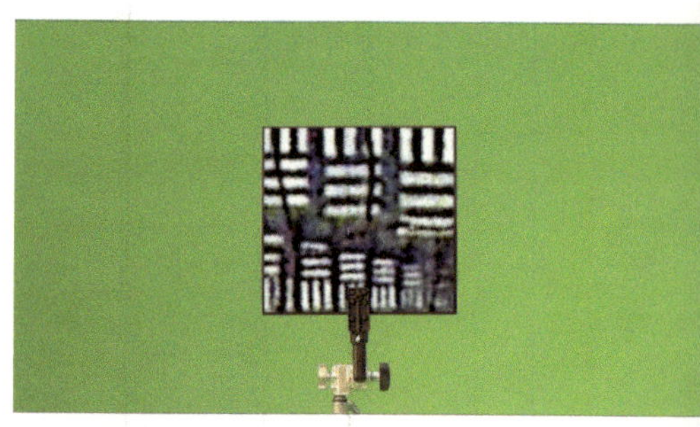

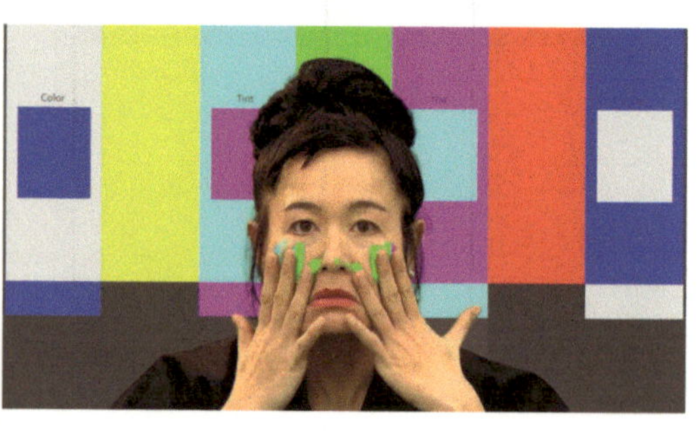

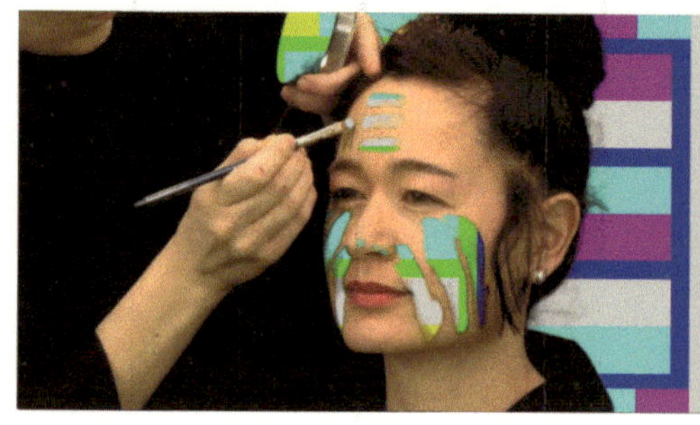

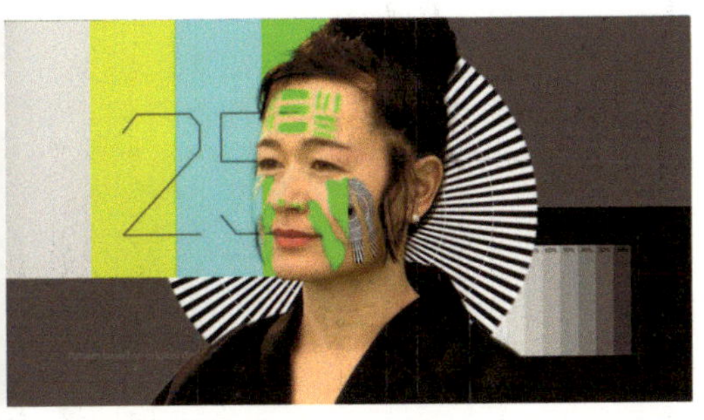
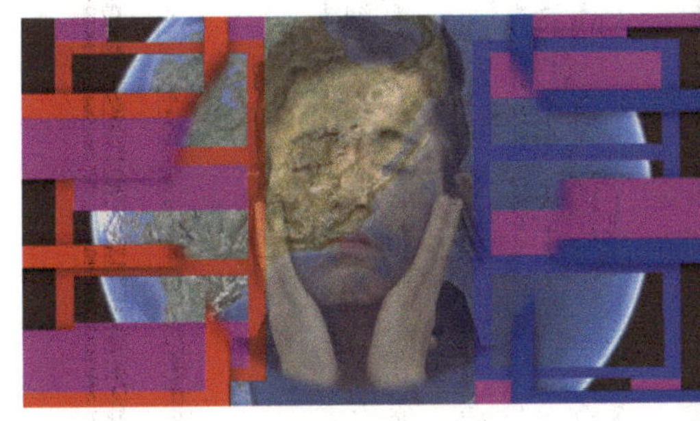
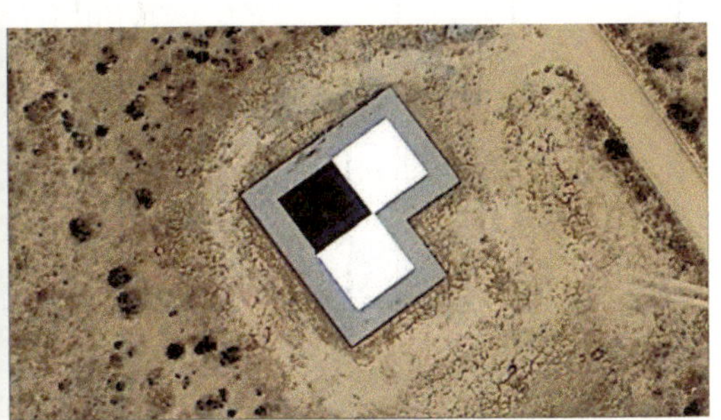
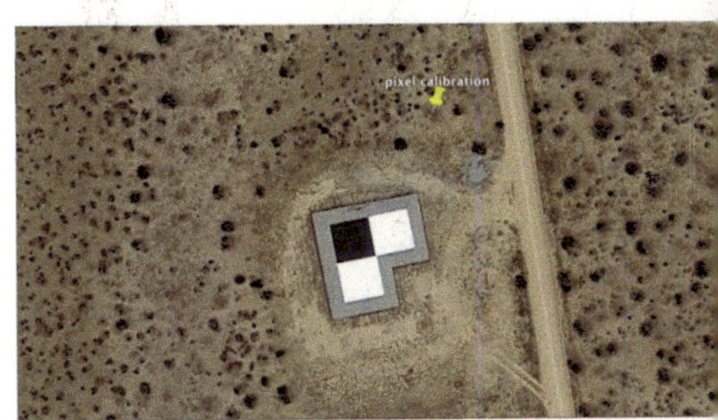
pixel calibration
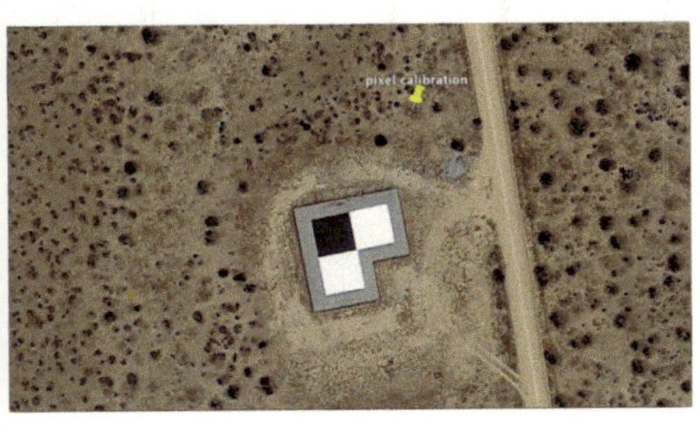
pixel calibration
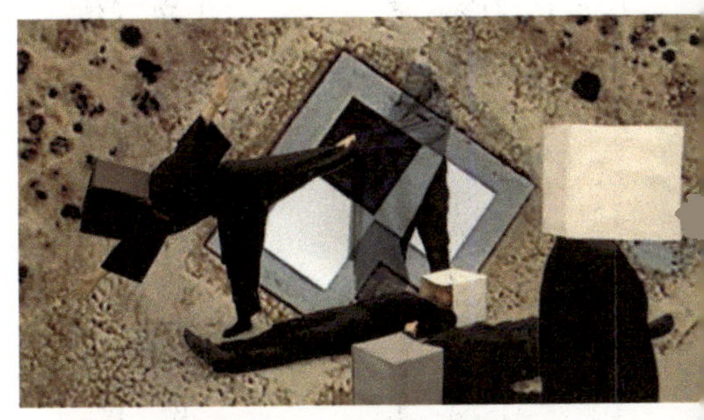
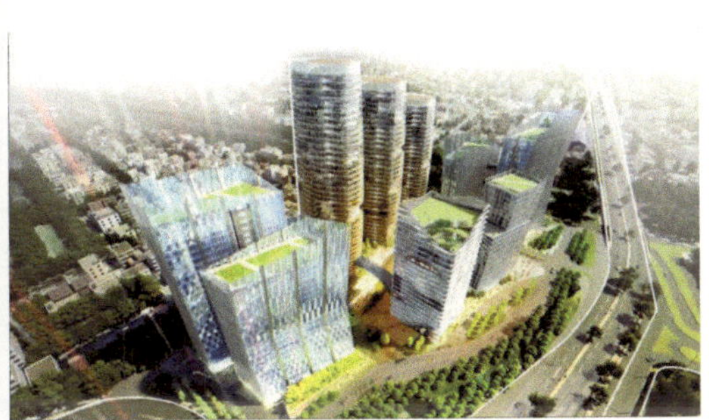
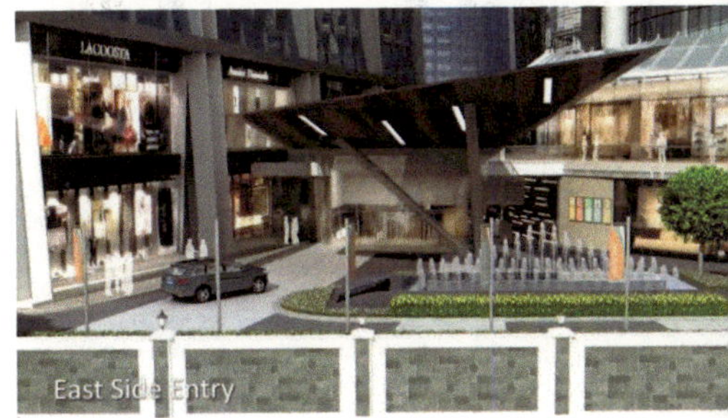
LACOSTA
East Side Entry

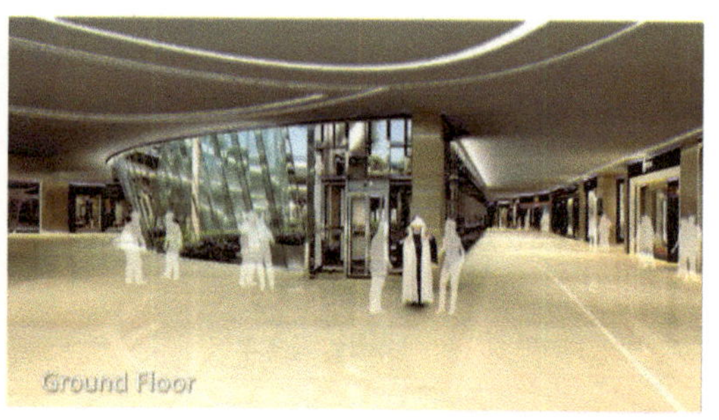
Ground Floor

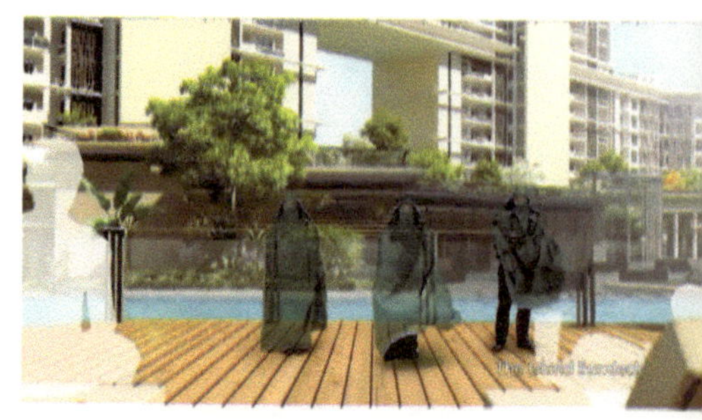

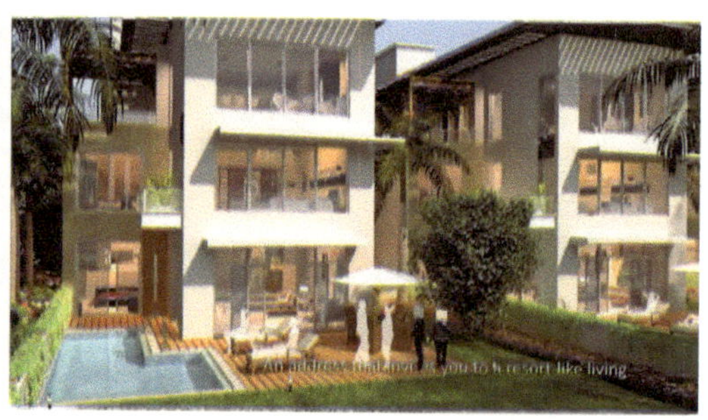
An address that invites you to a resort like living

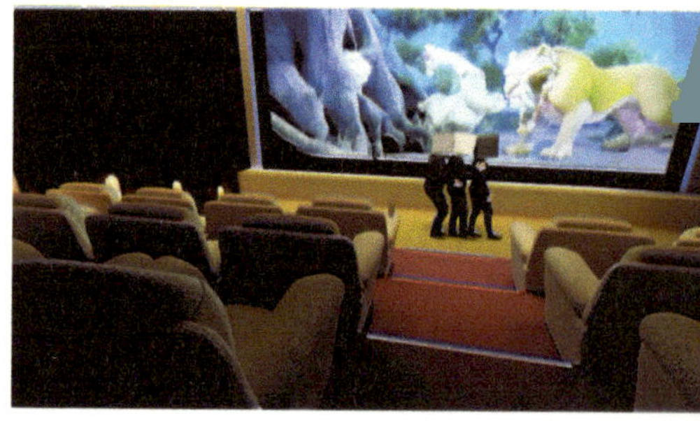

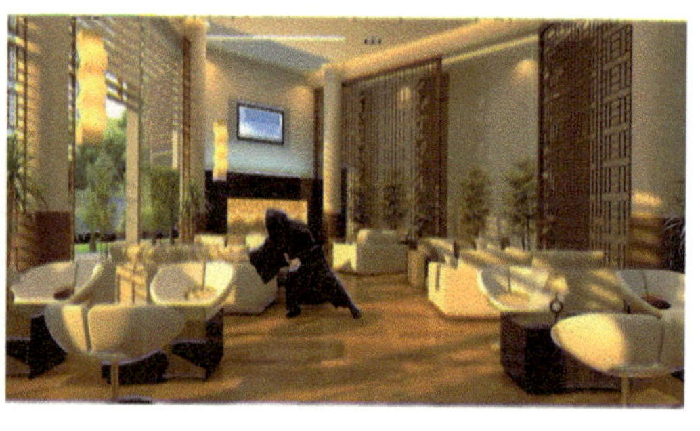

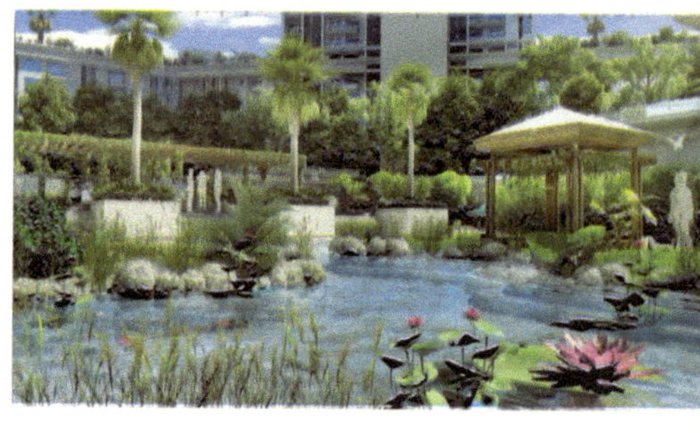

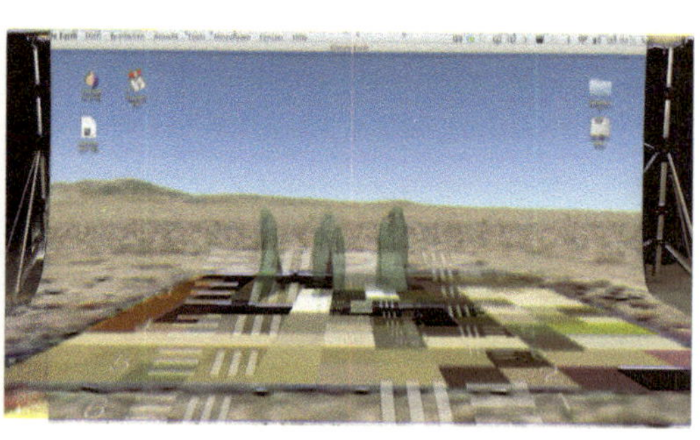

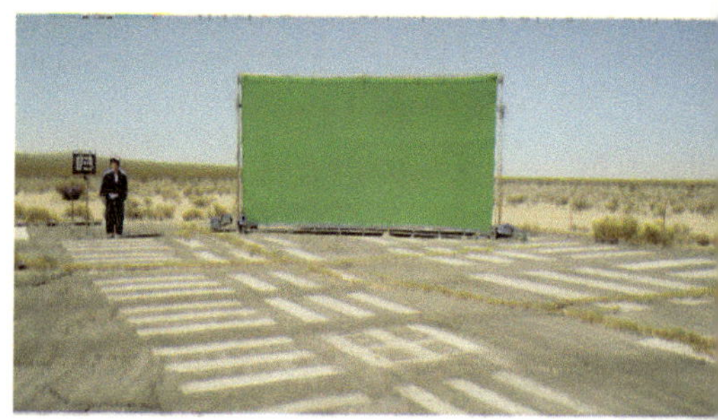

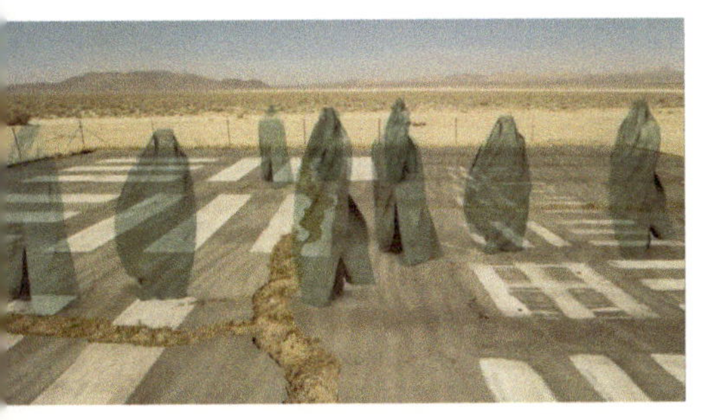

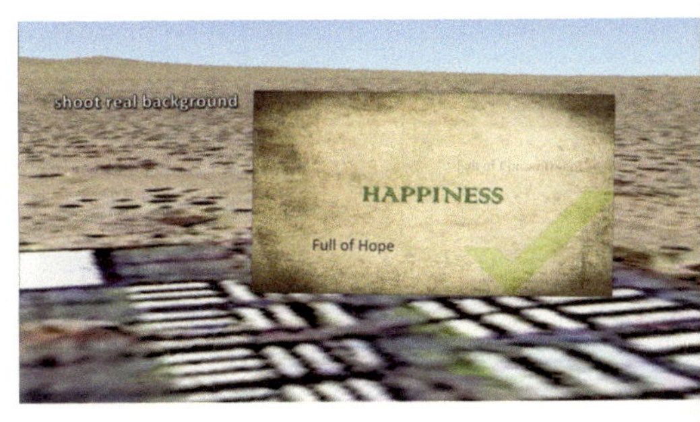
shoot real background
HAPPINESS
Full of Hope

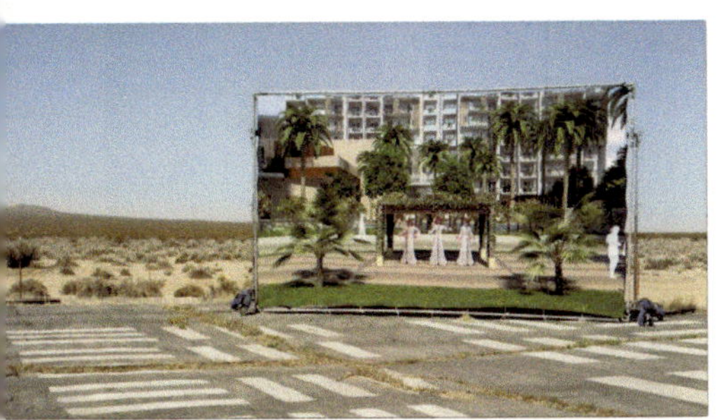

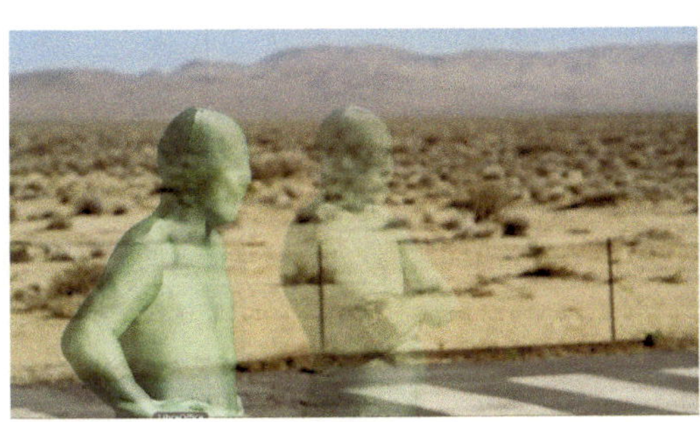

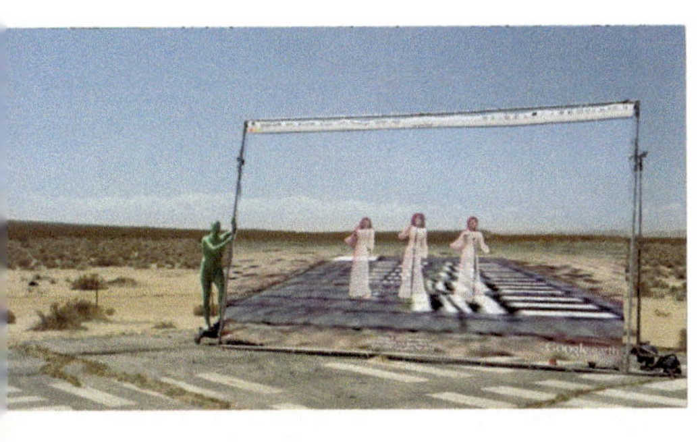

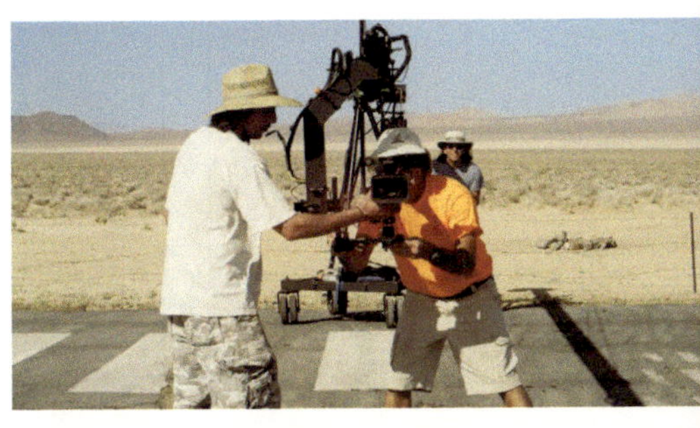

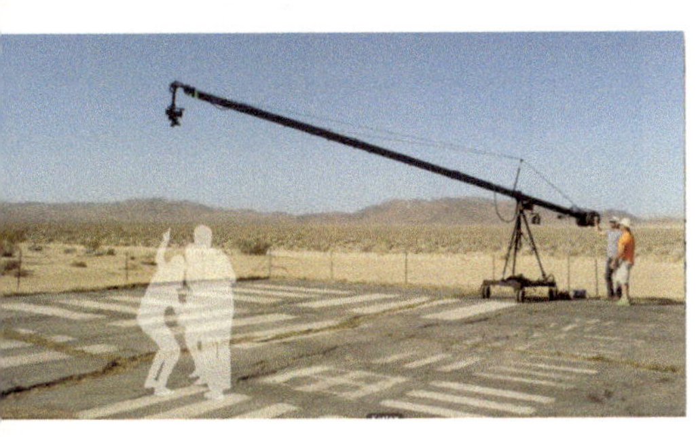

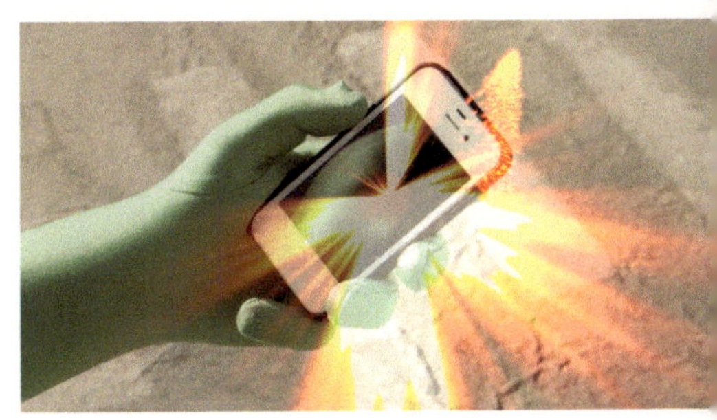

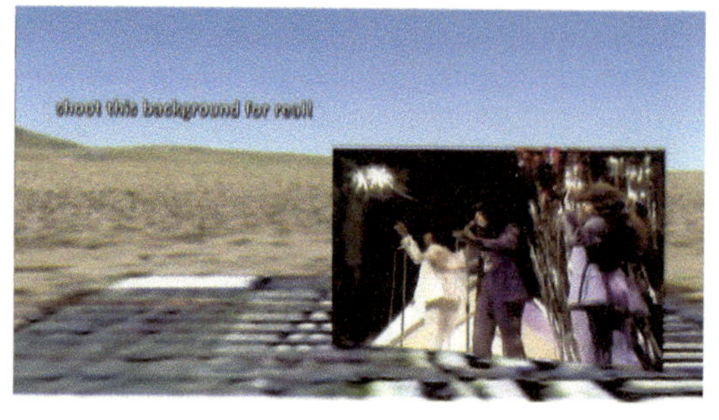
shoot this background for real!

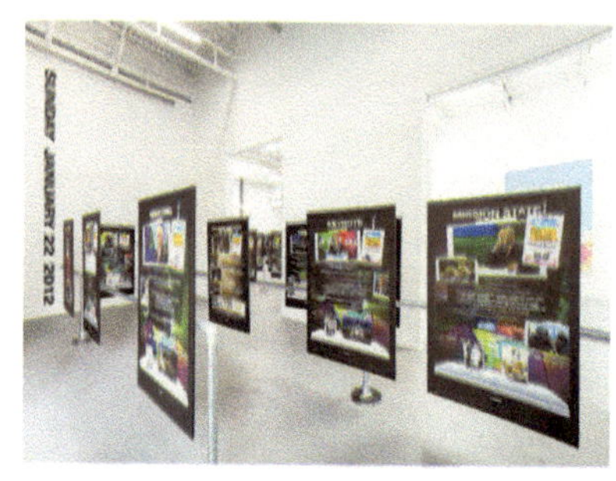
SUNDAY JANUARY 22 2012

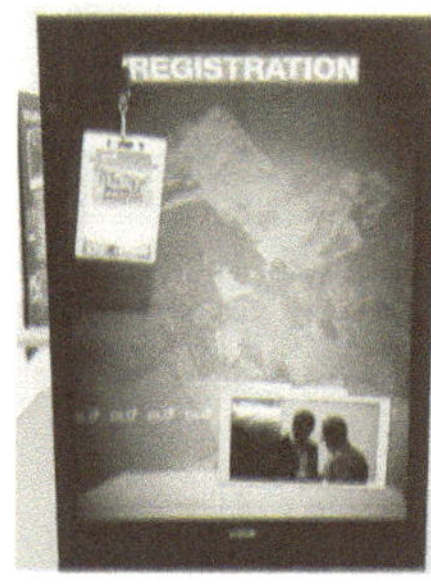
REGISTRATION

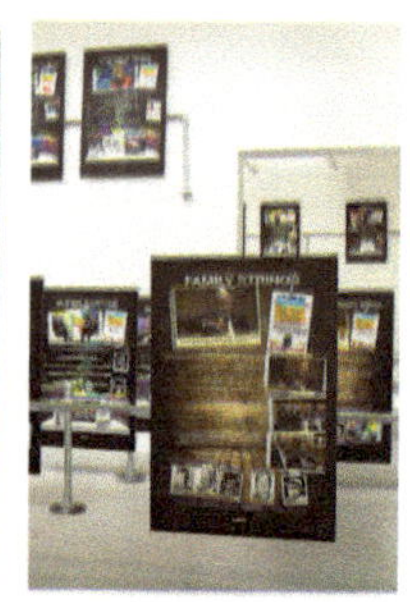
FAMILY STRINGS

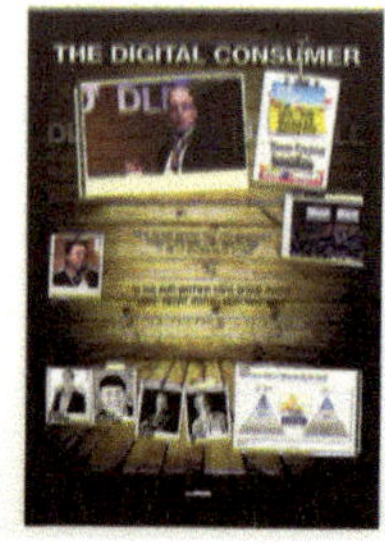
THE DIGITAL CONSUMER

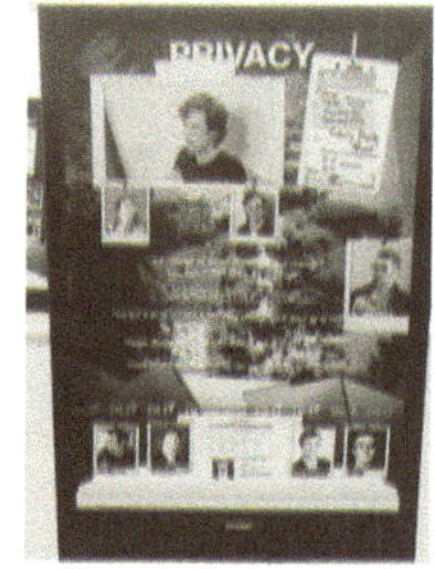
PRIVACY

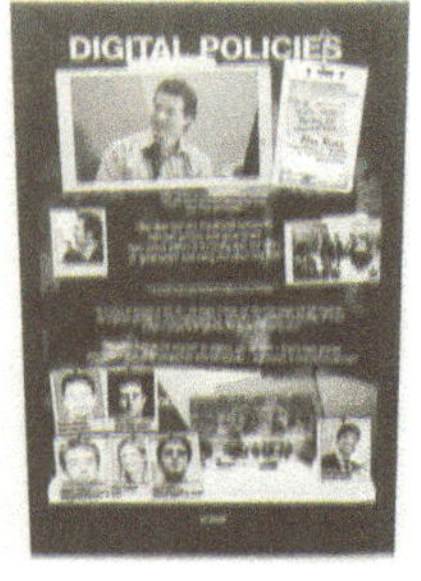
DIGITAL POLICIES

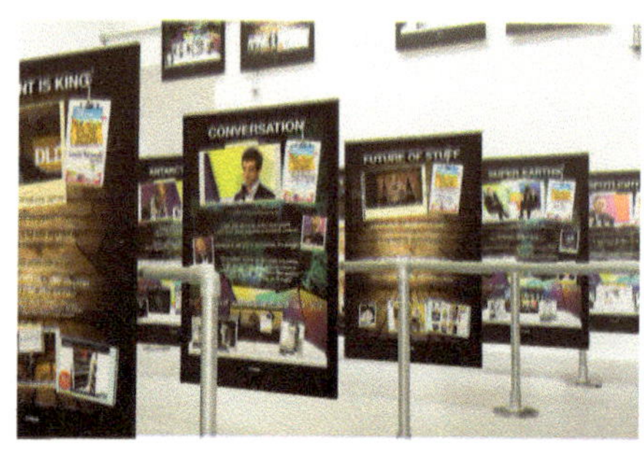
CONVERSATION
FUTURE OF STUFF
SUPER EARTHS

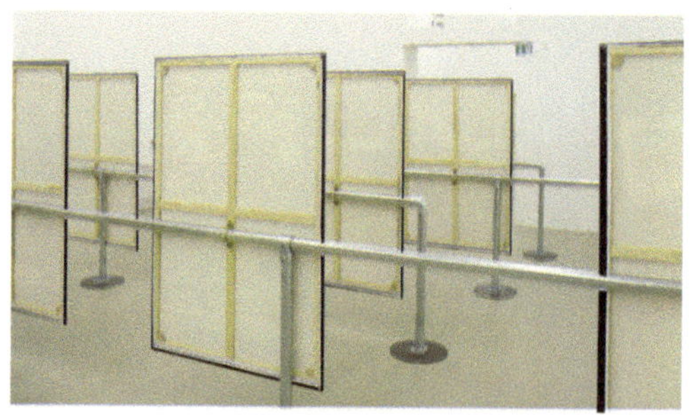

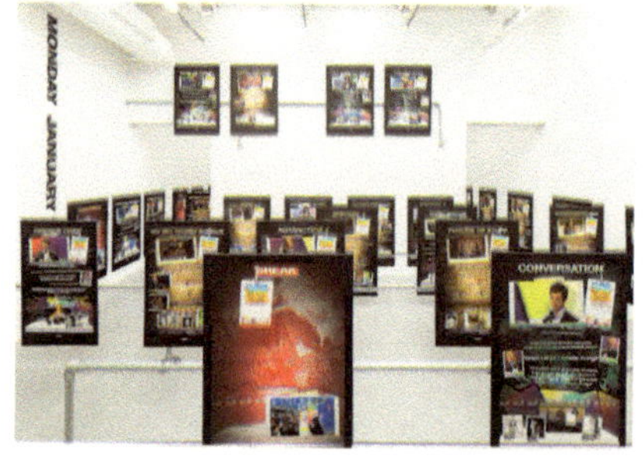
MONDAY JANUARY
CONVERSATION

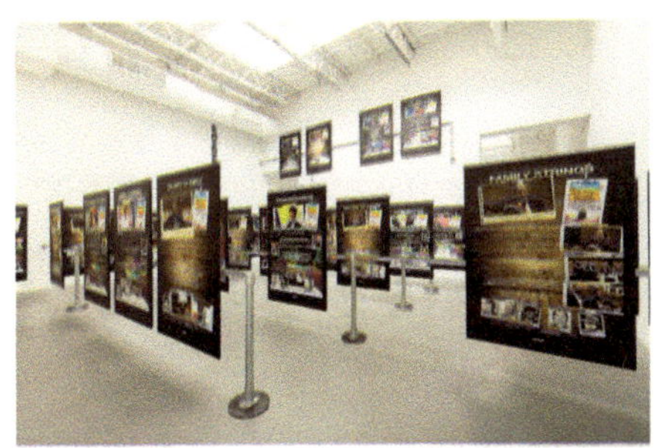
FAMILY STRINGS

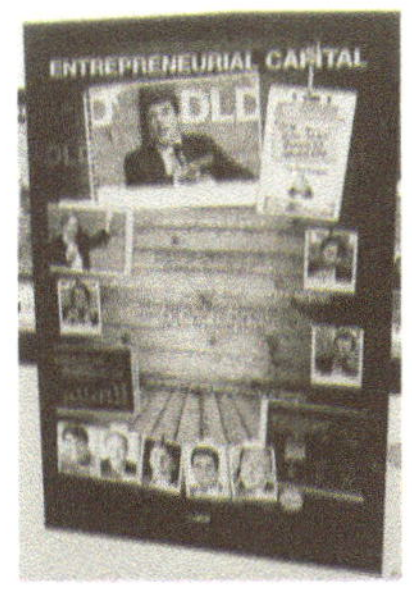
ENTREPRENEURIAL CAPITAL
DLD